PONTO FINAL
O reencontro do espiritismo com
ALLAN KARDEC

Cartas de Kardec revelam mais sobre os bastidores do espiritismo e as convicções do seu fundador

Solicite nosso catálogo completo, com mais de 400 títulos, onde você encontra as melhores opções do bom livro espírita: literatura infantojuvenil, contos, obras biográficas e de autoajuda, mensagens espirituais, romances, estudos doutrinários, obras básicas de Allan Kardec, e mais os esclarecedores cursos e estudos para aplicação no centro espírita – iniciação, mediunidade, reuniões mediúnicas, oratória, desobsessão, fluidos e passes.

E caso não encontre os nossos livros na livraria de sua preferência, solicite o endereço de nosso distribuidor mais próximo de você.

Edição e distribuição

EDITORA EME
Caixa Postal 1820 – CEP 13360-000 – Capivari-SP
Telefones: (19) 3491-7000 | 3491-5449
Vivo (19) 9 9983-2575 ☺ | Claro (19) 9 9317-2800
vendas@editoraeme.com.br – www.editoraeme.com.br

WILSON GARCIA
Autor do livro **O corpo fluídico** e outros títulos

PONTO FINAL
O reencontro do espiritismo com
ALLAN KARDEC

Cartas de Kardec revelam mais sobre os bastidores do espiritismo e as convicções do seu fundador

Capivari-SP
– 2020 –

© 2020 Wilson Garcia

Os direitos autorais desta edição foram cedidos pelo autor para a Editora EME, o que propicia a venda dos livros com preços mais acessíveis e a manutenção de campanhas com preços especiais a Clubes do Livro de todo o Brasil.

A Editora EME mantém o Centro Espírita "Mensagem de Esperança" e patrocina, junto com outras empresas, instituições de atendimento social de Capivari-SP.

1ª edição – dezembro/2020 – 3.000 exemplares

CAPA | Joyce Ferreira
DIAGRAMAÇÃO E PROJETO GRÁFICO | Marco Melo
REVISÃO | Rubens Toledo e Izabel B. Camargo

Ficha catalográfica

Garcia, Wilson, 1949
    Ponto final – O reencontro do espiritismo com Allan Kardec –
1ª ed. dez. 2020 – Capivari-SP: Editora EME.
    320 p.

    ISBN 978-65-5543-044-8

1. Espiritismo. 2. Allan Kardec. 3. Cartas inéditas de Kardec.
I. TÍTULO.

CDD 133.9

Sumário

Agradecimentos 9

Uma declaração necessária 11

Prólogo 17

Introdução 35

1. **Kardec em Bordéus** 45

Kardec, incisivo com Roustaing, na última carta 58

Mensagem revela a Kardec quem é Roustaing 63

Sociedade Espírita Bordalesa 64

A viagem na *Revista Espírita* 65

Kardec e o corpo fluídico 70

As relações de Kardec e Roustaing 71

Collignon na *Revista Espírita* 75

Collignon – duas cartas inéditas 76

Mais sobre Sabò 83

Uma quase ruptura 84

Secretário de Kardec 91

Kardec e *Os quatro Evangelhos* 100

A Gênese é o futuro 104

A mensagem de Erasto 114

2. **Roustaing no terreno espírita** 125

Uma edição (5ª) estranha 132

O Céu e o Inferno, outra vítima 133

Leymarie e Édouard Buguet 134

Enriquecimento, desvios e Blavatsky 135

Amélie, arquivos queimados e Roustaing 138

3. **Grupo Sayão: o roustainguismo brasileiro** 145

A fonte ideológica da FEB 150

O livro escondido 153

As contestações 157

Composição e operacionalização das sessões 159

O *sim*, finalmente, é dado 167

De volta aos guias dos médiuns 168

Santos, finalmente, encontra seu guia 172

Jesus, espírito puríssimo, visita o Grupo Sayão 176

O Juízo Final, a obra, pelos evangelistas 178

Controvérsias, preocupações e outras inutilidades 182

Um reino de crenças e razões controversas 184

Kardec "preside" sessão em sua própria homenagem 188

O espiritismo à moda católica 191

Depois de Jesus, a Virgem Santíssima 198

Um mesmo Kardec impostor? 200

4. História falseada e história real 211

A FEB e seu perfil inicial 216

O perfil da Sociedade Acadêmica 218

O Escorço e o Grupo Confúcio 221

Mais imprecisões históricas 223

Novo Centro da União Espírita? 226

Um Bezerra discricionário e o futuro da FEB 227

Caridade e Justiça Social 238

Grupo Ismael e sua fase febiana 240

Ismael, um Anjo na FEB 242

5. Cultura espírita ou hibridismo cultural 249

Centenário de Allan Kardec 254

O Estatuto oficializa as intenções 258

Leitura dos estatutos 258

Estatuto de 1884 260

Estatuto de 1901 262

Estatuto de 1905 263

Estatuto de 1912 264

Organização Federativa 265

Estatuto de 1917 268

A constituinte e a liga espírita 270

Um movimento chamado Constituinte Espírita Nacional 270

A USE e o movimento em São Paulo 273

Congresso Brasileiro de Unificação 275

O médium Chico Xavier 277

Confederação Espírita Panamericana 281

II Congresso Espírita Panamericano 282

Pacto Áureo – O documento 287

Estatuto de 1954 290

Estatuto de 1991 292

Estatuto de 2003 293

10 anos depois 294

Estatuto de 2019 298

A festa, o embate e a razão 303

6. O espiritismo reencontra Kardec 307

Referências bibliográficas 315

Outras fontes 317

Wilson Garcia 317

Obras do autor 318

Índice das Cartas

Carta de Kardec a Madame A. Robert 41
Carta de Kardec a Roustaing 53
Carta de Kardec a Roustaing 56
Carta de Kardec a Roustaing 62
Carta de Kardec a Sra. Collignon 79
Carta de Kardec à Sra. Collignon 81
Carta de Kardec a Sabò 86
Carta de Kardec a Sabò 88
Carta de Kardec a Sabò 90
Carta de Kardec a Sabò 91
Carta de Kardec a Sabò 93
Carta de Kardec ao Sr. Dombre 95
Carta de Kardec ao Sr. Pemjeam 96
Carta de Kardec ao Sr. Bez 98
Carta de Kardec ao Sr. d'Ambel 100
Carta de Kardec à Sra. Bouillant 310

Para *Léon Denis*,
o grande filósofo espírita poeta da prosa, cuja vida foi inteiramente
voltada à causa do espiritismo, dedico.

AGRADECIMENTOS

À Editora EME pela parceria de sempre e, em especial, por proporcionar os meios para a publicação deste livro.

Ao estimado amigo Paulo Henrique de Figueiredo, pelo convite à realização deste projeto, bem como pelo empenho decisivo para que se concretizasse.

À FEAL – Fundação Espírita André Luiz e ao CDOR – Centro de Documentação e Obras Raras, minha gratidão pelo apoio promocional e pela liberação dos documentos do Acervo Canuto de Abreu.

À Fundação Maria Virgínia e José Herculano Pires pela solidariedade à publicação deste livro.

Ao CPDoc – Centro de Pesquisa e Documentação Espírita, também associado aos esforços deste projeto.

Ao TELMA – Teatro Espírita Leopoldo Machado, de Salvador-BA, na pessoa de seu diretor, Lucas Sampaio, por sua contribuição de suma importância.

Ao caro amigo Luís Jorge Lira Neto, pelo inestimável apoio e pronta adesão à materialização deste livro.

À minha estimada esposa, Tânia Regina Zagury Tourinho, pela parceria e incentivos constantes no decorrer da realização deste projeto.

Wilson Garcia

Uma declaração necessária

...tomávamos um café ao pé da jabuticabeira carregada...

No início de julho de 2019, tomávamos um café, contando e relembrando casos curiosos, eu e Wilson Garcia, ao pé da jabuticabeira carregada, no quintal dos fundos do CDOR (Centro de Documentação e Obras Raras da FEAL – Fundação Espírita André Luiz). Iniciava naquele dia a sua colaboração nos trabalhos de pesquisa entre os manuscritos de Allan Kardec, milhares de escritos de Canuto de Abreu e tudo mais do acervo. Mas nem imaginávamos o que estava por vir!

Eu já havia reunido uma pesquisa preliminar, destacando cartas e documentos colecionados quando da elaboração da obra *Autonomia – a história jamais contada do espiritismo*. É como colher legumes e verduras na horta. Vamos determinados a um objetivo, pegamos o suficiente, mas toma-se conhecimento do que está maduro, das coisas inesperadas. Não se apanha de tudo, mas se planeja a próxima colheita. Pois bem, havia material para outro livro, importante e conclusivo, mas que precisava aguardar o momento oportuno.

Wilson é da velha guarda do espiritismo. Viveu histórias valorosas ao lado de Herculano Pires, Jorge Rizzini, Chico Xavier, Julio de Abreu, nosso amigo em comum, Eduardo Carvalho Monteiro e tantos outros. Esteve presente nos fatos históricos do movimento espírita brasileiro. Enfrentaram lutas, dificuldades e parcos recursos, muito diferente do que temos hoje disponível para pesquisar. Escrevi no livro *Autonomia*:

> Além desses lúcidos pensadores do espiritismo, também Luciano Costa, Carlos Imbassahy, Deolindo Amorim, Nazareno Tourinho, Wilson Garcia. Todos lançaram livros no século anterior, em palestras e artigos lutaram para divulgar o espiritismo como obra resultante do esforço de Allan Kardec, batalhando bravamente contra os desvios e as mistificações, como o roustainguismo. Em *O verbo e a carne*, Herculano faz um apelo, afirmando que "não é possível calar diante da astúcia dos mistificadores e da fascinação dos que a aceitam e aplaudem". E completa:
>
> "É dever dos espíritas sinceros combater a mistificação roustainguista neste alvorecer da era espírita no Brasil. Ou arrancamos o joio da seara ou seremos coniventes na deturpação doutrinária que continua maliciosamente a ser feita. O Cristo agênere é a ridicularização do espiritismo, que se transforma num processo de deturpação mitológica do Cristianismo. A doutrina do futuro nega-se a si mesma e mergulha nas trevas do passado. O homem-espírita, vanguardeiro e esclarecido, converte-se no homem da era anticristã, no crente simplório das velhas mitologias." (PIRES, 1972, p. 61). E Herculano termina com uma citação de Edmund Burke: "Para o triunfo do mal, basta que os bons fiquem de braços cruzados".

Desde jovem, li diversas vezes toda a obra de Allan Kardec e dos pioneiros fiéis do espiritismo. Mas foi a leitura das obras dessa geração de Herculano que me motivou a pesquisar Kardec com amplitude, desvendando o cenário cultural de seu tempo, comparando paradigmas, saindo da caixa, olhando além do horizonte.

— Caso estivesse hoje entre nós, de posse de todos esses documentos extraordinários, o que faria Herculano Pires? — foi o que me perguntou Wilson Garcia naquela conversa. Mas, o que imediatamente pensei, lembrando dos documentos reunidos para a obra futura, foi perguntar a mim mesmo: "estando entre nós, o que faria Wilson, representando sua geração de pensadores espíritas?".

Tarefa oferecida, tarefa aceita!

Tenho anotado entre as mensagens trocadas na época pelo WhatsApp:

— Olá, Paulo, tem como me enviar os livros do Sayão e suas anotações?

— Mando tudo o que tenho. Você está em contato com um conteúdo de grande valor, necessário, na hora certa.

E Wilson respondeu:

— Estou trabalhando a todo vapor, levantando documentos, analisando, para formar um todo. Após isso, as coisas certamente se formarão de modo a criar o discurso. As noites têm sido intensas, pouco sono e muita conversa com os amigos espirituais. Vamos em frente! O prazo me preocupa, mas estou convicto de chegar ao objetivo no tempo adequado.

Wilson alçou voo solitário em sua recuperação dos fatos históricos. Mergulhou no esforço íntimo do escritor e jornalista experiente. A certa altura, comentei:

— Acho fundamental, em sua obra, a seguinte questão: a fraude roustainguista tem apenas uma força negativa, não positiva. Essa força é a de impedir o acesso à nova teoria moral. Pois a moral heterônoma já é a difundida amplamente pelas religiões tradicionais. O esforço positivo é de esclarecimento, o negativo é de impedimento, falseamento. Algo semelhante foi o esforço negativo da igreja para impedir a difusão das ideias libertárias de Jesus, mantendo a fé cega e a obediência passiva das religiões ancestrais.

— Sem dúvida, Paulo, isso tudo está muito claro para mim. Estou atento ao viés cultural da questão, mas também quem fez pouco para que isso não ocorresse, e quem nada fez, nos prejuízos causados devido ao propósito de impedir a moral autônoma de Kardec – respondeu Wilson, desenvolvendo seus apontamentos e resgates.

Seguimos desde então caminhos diferentes. Vivenciei os fatos relacionados com o livro *Nem céu nem inferno – as leis da alma segundo o espiritismo*. A viagem do Lucas Sampaio para Paris, os novos documentos inéditos. A história do golpe dado na estrutura da obra de Kardec após a sua morte. As adulterações de seus livros conclusivos.

Em 27 de janeiro, Wilson me afirmou que a obra estava pronta e, em fevereiro, já estava preparada a versão final para publicação.

E então veio a pandemia!

Vejo aqui no meu celular uma troca de mensagens no dia 24 de março. Afirma Wilson:

— Por aqui, vou tocando os projetos. Penso em abordar a figura humana de Allan Kardec. E o que você está fazendo?

— Continuo trabalhando em casa, aguardando que o dia em que a Terra parou acabe – respondi prontamente. E Wilson anotou: — kkkkkk.

Os livros possuem histórias próprias e caminhos que não podem ser previstos entre a ideia inicial até chegar às mãos do leitor. O livro do Wilson estava programado para chegar primeiro às livrarias, trazendo o ineditismo de sua importantíssima pesquisa. Mas o destino não quis assim.

No livro *Nem céu nem inferno* fizemos uso de algumas cartas anteriormente presentes na obra de Wilson. Foram abordagens completamente diversas, isso o leitor pode constatar por si mesmo, lendo as duas obras. Mas o meu em coautoria com o Lucas saiu primeiro, em virtude das excepcionais e inéditas circunstâncias desse marcante ano de 2020.

Cá entre nós, quem sabe o livro de Wilson, munido de seus próprios intentos, exigiu fazer valer a força de seu título: *Ponto final!*

Achei que seria importante e necessário este relato e esclarecimento sobre alguns dos bastidores desta importante obra. O próprio Wilson, com o livro *O corpo fluídico*, Herculano, Julio de Abreu, Luciano Costa, e tantos outros guerreiros fiéis da mensagem original do espiritismo, lutaram no século passado de peito aberto, confiança plena, como faziam os celtas, cientes da imortalidade, defendendo sua terra da invasão romana. Pois Wilson Garcia, representando a todos eles, mas agora munido dos fatos irrecusáveis, fontes primárias de próprio punho de Allan Kardec, vem terminar essa saga, de forma conclusiva e irrefutável. Chegou a hora da clareza e dos pratos limpos. Pois como afirmou o fundador do espiritismo, num trecho adulterado de *O Céu e o Inferno*:

> Deus, então, julgando que a humanidade saiu da infância, e que o homem está hoje maduro para compreender verdades de uma ordem mais elevada, permite que a vida espiritual lhe seja revelada por fatos que põem um termo às suas incertezas, fazendo cair os andaimes das hipóteses. É a realidade após a ilusão.

Parabéns, Wilson! Obrigado por sua trajetória contínua e produtiva, superando ilusões e restabelecendo as origens, em dois diferentes séculos da história do espiritismo.

Paulo Henrique de Figueiredo[1]
Outubro de 2020

---

1. Além de suas atribuições junto ao CDOR-FEAL, Paulo Henrique de Figueiredo é autor dos livros: *Mesmer – a ciência negada e os textos escondidos*, *Revolução espírita – a teoria esquecida de Allan Kardec*, *Autonomia – a história jamais contada do espiritismo* e o recém-lançado *Nem céu nem inferno, as leis da alma segundo o espiritismo*.

Prólogo

Tendo deixado em aberto as possibilidades de o espiritismo estar sempre atualizado, Kardec garantiu sua validade pela conjugação dialética dos princípios da unidade e da progressividade.

No campo espírita brasileiro e internacional, Wilson Garcia, autor do livro que o leitor agora tem em suas mãos, dificilmente precisa de apresentação. Como Thomas Moro, ele é um homem válido para todas as estações, e ouso dizer, completando o louvor que Erasmo dedicou ao seu amigo, também para qualquer empreendimento intelectual a que decida se lançar, pois sua curiosidade e conhecimento, seus esforços e saberes alcançam vastos horizontes.

Analista e autor de referência sobre os mais variados assuntos relativos à teoria espírita e à práxis que a sustenta, de sua ágil caneta têm nascido inúmeros textos em que ele se ocupa de analisar os fundamentos filosóficos, científicos e éticos que são inerentes à doutrina espírita, mas não apenas com propósitos de divulgação destinados a informar e orientar aqueles que desconhecem ou se opõem a ela sob várias perspectivas, senão que há também utilizado seu talento, conhecimentos e esforços para consolidar convicções e certezas naqueles que se reconhecem como espíritas, apresentando sólidos argumentos e evidências sobre a realidade imortal do espírito, sua preexistência e sobrevivência, sua permanente evolução e aperfeiçoamento em sucessivas vidas, além da inter-relação psíquica e mediúnica que facilita a comunicação entre a humanidade invisível, *habitat* do espírito na condição de desencarnado, e a humanidade visível constituída pelos seres humanos encarnados, no âmbito de um dinâmico e sustentável processo comunicacional que utiliza determinados canais e códigos e flui em diversas direções.

Sendo o espiritismo razão e paixão de sua vida, Wilson Garcia tem se esmerado para oferecer sua contribuição intelectual à louvável tarefa de garantir que o *corpus* doutrinário em que se reúnem seus postulados essenciais, com seus princípios e valores, permaneça fiel às linhas mestras que foram desenhadas por Allan Kardec, seu ilustre codificador, que contou para o exercício de seu trabalho pioneiro e fundador com o apoio e assessoramento de espíritos de singular sabedoria e elevação moral. Por certo, tal fidelidade não deve ser mantida com uma postura estática ou dogmática, que impeça a indispensável evolução e revisão desses conceitos que, sendo contrastados com as chocantes e, às vezes, desconcertantes descobertas da ciência e os formidáveis avanços culturais que ocorreram ao longo de mais de cento e cinquenta anos que nos separam da ascensão do espiritismo, devem ser contextualizados e ressignificados para que seus ensinamentos primordiais possam ser preservados e manter seu extraordinário potencial como fonte confiável de conhecimento sobre o ser espiritual e sua transcendência. Seguimos estas palavras apreendidas de Kardec em que ele apontou o curso a seguir no processo necessário de atualização da doutrina espírita de acordo com seu caráter evolutivo:

> O espiritismo, marchando com progresso, nunca será superado, porque se novas descobertas mostrassem estar errado sobre qualquer ponto, teria que corrigir este ponto. Se alguma nova verdade fosse revelada, ele a aceitaria. (*A Gênese, os Milagres e as Predições segundo o Espiritismo*. Caracteres da revelação espírita. Nº 55.)

Tendo deixado em aberto as possibilidades de o espiritismo estar sempre atualizado, Kardec garantiu sua validade pela conjugação dialética dos princípios da unidade e da progressividade. Unidade centrada em seus postulados essenciais, previamente assinalados. Progressividade aplicada à aceitação e incorporação dos avanços científicos, tecnológicos ou culturais que se estabeleçam de modo incontestável, ou seja, que não admitam dúvida ou disputa. Também pelo reconhecimento das informações oferecidas desde o mundo invisível por espíritos de comprovada sabedoria e moralidade. Da disposição do codificador para o livre exame, sua humildade e serenidade, sensatez e racionalidade, bem como de sua admirável honradez advém a permanente modernidade de seu legado.

Naturalmente – é preciso advertir – uma coisa é a adequação indispensável da doutrina espírita às conquistas das ciências naturais e sociais ou às transformações positivas que derivam delas em favor do progresso moral, social e espiritual da humanidade e outra coisa diferente é a pretensão de incorporar certas novidades em seu acervo ideológico, novidades, suposta ou realmente mediúnicas, que muitas vezes são apresentadas como "revelações superiores" atribuídas a espíritos de elevadíssima categoria e que, muitas vezes, não passam de verdadeiras fraudes destinadas a obter benefícios materiais ou enganar os incautos, ou que também poderiam se tratar de criações anímicas ingênuas, nascidas do repertório inconsciente dos intermediários, quando não mistificações das quais espíritos de tendências retrógradas se vangloriam, inventando as mais bizarras teorias, sem importar a seus autores e a nenhum dos seus divulgadores e crentes o repúdio com que essas fantasias são recebidas pelos espíritas cultos e sensatos.

A respeito dessas mistificações, deve-se registrar, com tristeza indisfarçável, que não há doutrina cuja imagem pública tenha sofrido em grau tão elevado e, não raro, grotescas falsificações de todos os tipos, como a espírita, e que têm servido de base para seus adversários tradicionais, religiosos ou materialistas. Certamente, o espiritismo tem sido seriamente afetado em sua credibilidade pela proliferação de charlatães e especuladores que se exibem como curandeiros, videntes ou ledores da sorte, que usam o nome da doutrina de modo impróprio e abusivo. De semelhante, contribui com o descrédito a publicação de panfletos e livros repletos de mensagens estranhas carregadas de um anacrônico misticismo religioso, temperado com supostas revelações e profecias apocalípticas, anunciadas por entidades de origem ou categoria heterogênea. É necessário acrescentar a este pandemônio a proliferação de obras de tendências espiritualistas ou esotéricas que rondam as áreas limítrofes do pensamento espírita, em cujas páginas desponta de maneira velada ou explícita a afirmação de que superam o espiritismo, por ser supostamente portadoras de conhecimentos mais atuais ou modernos.

Todo esse caos semântico e conceitual, do qual a doutrina fundada e sistematizada por Kardec é absolutamente alheia, afeta em maior ou menor grau a marcha do movimento espírita desde suas origens até os dias atuais, na França e em outros lugares da Europa, assim como no Brasil e em inúmeros países do continente americano. Basta lembrar os esforços insistentes que são feitos nas hostes do kardecismo para demarcar e proteger-se das influências geradas pelo ramatisismo, o monismo ubaldista, o trincadismo, o culto Basilio, o emanuelismo, a umbanda e outros sincretismos, e, claro, o roustainguismo, denominação que recebe o conjunto de teorias e crenças reunidas na obra *Os quatro Evangelhos ou Revelação da Revelação* (1866), psicografada em Bordéus pela Sra. Emilie Collignon, sob a coordenação do advogado bordalês Jean Baptiste Roustaing, e que teria sido ditada pelos espíritos Mateus, Marcos, Lucas e João, ou seja, os mesmos autores dos evangelhos canônicos.

Tudo o que foi dito anteriormente vem a propósito do livro *Ponto final: o reencontro do espiritismo com Allan Kardec,* para o qual tenho a honra de escrever esta breve nota com reivindicações de prólogo, de acordo com o convite cordial de seu autor, meu querido amigo jornalista, Wilson Garcia, que nos dá este bem pensado e redigido ensaio histórico que, pela abundância e rigor dos dados, pela fidelidade honesta aos fatos, se aproxima mais da pesquisa do que da obra puramente literária. Não tenho dúvidas de que ele é um dos estudiosos espíritas do nosso tempo que mais despontam, com melhores credenciais e predisposição sincera para empreender o estudo do movimento espírita brasileiro, e esclarecer diversos assuntos sobre sua origem e trajetória, destacando os danos causados pela infiltração de crenças roustainguistas no corpo do espiritismo kardecista, tanto em termos da doutrina quanto ao edifício institucional que em torno dela foi levantado desde as décadas finais do século XIX.

Garcia é um apaixonado do conhecimento histórico e vários de seus livros o colocam em destaque. Ele analisou cuidadosamente tudo o que se relaciona com o desenvolvimento do espiritismo no Brasil, sem dúvida o país do mundo em que conseguiu sua maior expansão, ao mesmo tempo em que está bem informado do que aconteceu e acontece em outras nações, principalmente na América e na Europa. Apontamos aqui apenas alguns entre os principais títulos devido à sua formação espírita, ao seu gosto pelas letras e o jornalismo, além de seu fervor historiográfico: *Kardec é razão, Uma janela para Kardec, Você e a reforma íntima, Você e os espíritos,* e *O corpo fluídico* que, embora publicado em 1980, mantém sua validade intacta. Nele se reúnem informações e argumentos de grande calibre para conhecer e repelir os conceitos absurdos sustentados pelo roustainguismo, e o próprio autor recomenda expressamente sua leitura e análise porque está intimamente ligado a este livro – *Ponto final: o reencontro do espiritismo com Allan Kardec,* do qual pode ser considerado como sua continuidade e complemento.

Para conseguir o tão esperado reencontro com Kardec, Wilson Garcia sabe que se impõe a recuperação de um conhecimento veraz da história do espiritismo desde sua fundação até os dias atuais. Para isso utiliza uma abordagem historiográfica de metodologia rigorosa, que o leva às fontes documentais originais e o move a rever uma coleção bibliográfica enorme. E nesta empresa nada é mais afortunado do que os esforços feitos por notáveis escritores e pesquisadores espíritas de nosso tempo, como Paulo Henrique de Figueiredo e Simoni Privato Goidanich, para cooperar com a tarefa de classificação e digitalização do imponente repertório de documentos espíritas originais que foram obtidos na França pelo inesquecível intelectual, diplomata e escritor Canuto de Abreu, e que agora conta para essa nobre, laboriosa e importante tarefa com o apoio da entidade paulista Fundação Espírita André Luiz (FEAL). Daí as frequentes referências que Wilson faz aos materiais que estão de posse da FEAL, principalmente cartas, revistas, obras raras e escritos inéditos de Kardec, identificados como "Acervo Canuto de Abreu", bem como os notáveis e ricos achados históricos dados a conhecer por Privato em seu formidável ensaio *O legado de Allan Kardec,* e aos estudos e reflexões densos oferecidos pelas obras *Revolução espírita: a teoria esquecida de Allan Kardec,* e *Autonomia: a história jamais contada do espiritismo,* devido ao inquestionável talento de Figueiredo.

O texto de *Ponto final: o reencontro do espiritismo com Allan Kardec,* consiste em seis partes, devidamente entrelaçadas por uma ordem lógica e cronológica conveniente que facilita o cumprimento de seu objetivo anunciado, que outro não é, como o próprio título indica, que promover o reencontro do espiritismo com suas origens, ou seja, restabelecer a essência do pensamento espírita, seus postulados essenciais, os protocolos científicos de suas bases experimentais, em particular tudo o que se refere ao intercâmbio mediúnico e ao controle universal dos ensinamentos dos espíritos, seus altos padrões e orientações morais, seguindo de perto as linhas mestras elaboradas por seu codificador, insistindo no uso de uma linguagem pura, sensata e prudente como a que caracterizava seus escritos, mantendo o espírito laico, livre-pensador, racionalista e humanista que inspirou o conjunto da obra pedagógica e espiritual.

A **primeira parte** se concentra na análise da relação estabelecida por Kardec com os espíritas de Bordéus, porto do sudoeste da França, localizado a 500 km de Paris. O ilustre pedagogo viajou várias vezes para aquela cidade e fez importantes discursos aos adeptos do espiritismo, destacando-se dentre eles o Sr. Emile

Sabò e os membros da Sociedade Espírita de Bordéus, do que deu ele notícia na *Revue Spirite*. De fato, o mais significativo deste capítulo vem do fato de que nesta cidade residia o advogado Jean Baptiste Roustaing, que pouco depois de conhecer a doutrina espírita montou tenda separada e dedicou-se a reunir e ordenar as mensagens recebidas pela médium Emilie Collignon, subscritas com a assinatura dos evangelistas canônicos do cristianismo, até formar com essas comunicações quatro volumosos exemplares que seriam apresentados em 1866 com o título anteriormente mencionado.

Desde o início, Kardec foi evasivo com Roustaing, embora ele ocupasse uma alta posição social e profissional em Bordéus como presidente da Ordem dos Advogados. E os fatos confirmariam sua desconfiança quando ele percebeu que ignorou seus avisos repetidos sobre a prática mediúnica e o exame severo e escrupuloso a que deveriam se submeter as comunicações obtidas por essa via, até o extremo de que "seria melhor rejeitar dez verdades a admitir uma única mentira, uma única teoria falsa" de acordo com a exemplar instrução do espírito Erasto, incluída em *O Livro dos Médiuns* (item 230), como complemento de outras mensagens que apareceram na *Revue Spirite*. A teoria do corpo fluídico de Jesus, com todas as suas consequências ridículas, é possivelmente a mais grotesca entre as invenções de suposta origem espiritual superior que foram dadas a conhecer, e nem sequer possui o mérito da originalidade posto que nos três primeiros séculos do cristianismo eram acreditadas e divulgadas pelas tendências heterodoxas do apolinarismo e docetismo. Com seu proverbial bom-senso e a assistência benéfica de espíritos de grande sabedoria, o fundador do espiritismo o rejeitou desde o início e desmontou seus conceitos um a um em vários artigos de sua *Revue* e em um de seus livros fundamentais: *A Gênese, os Milagres e as Predições segundo o Espiritismo*. Esta primeira parte do livro de Garcia termina com um apelo muito oportuno e impostergável chamado que faz aos espíritas: *É necessário reconstruir o edifício doutrinário do legado kardeciano*.

O **segundo capítulo** recria o cenário do movimento espírita francês após a desencarnação de Kardec. Talvez esta seja a etapa menos conhecida da história espírita, em parte porque prevaleceu interesses espúrios em escondê-la ou manipulá-la, daí a importância singular deste trabalho de Wilson Garcia e seu incansável compromisso de divulgar os fatos e explicar em sua justa magnitude as suas consequências graves, que ele resume apontando que provocou nada menos do que "a ruptura do edifício doutrinário espírita".

O fato é que após a desaparição física do fundador foi organizada uma autêntica operação de assalto às fortalezas do kardecismo, representadas pela Sociedade Parisiense de Estudos Espíritas, a instituição criada por Kardec, a Sociedade Anônima da Caixa Geral e Central do Espiritismo, fundada em 1869 logo após a morte do Mestre, e a *Revue Spirite,* o veículo eficiente de divulgação de novas ideias. Roustaing e seus seguidores se encarregaram de planejar e executar a operação, na qual empenharam grandes esforços pessoais, recursos financeiros e manobras desonestas. A cooperação de Pierre Gaétan Leymarie mostrou-se decisiva no triunfo obtido pelos roustainguistas e foi assim que as entidades criadas por Kardec trocaram seus nomes, mudaram o rumo de suas atividades e até se envolveram em acusações judiciais perante os tribunais franceses por práticas pseudomediúnicas, claramente fraudulentas, como as fotografias grosseiras de espíritos vendidas aos incautos, causando uma perda de prestígio irreparável ao espiritismo. Os intrusos roustainguistas conseguiram que a Revista abrisse suas páginas à disseminação de suas crenças bizarras, e mais, servisse à disseminação de teorias teosóficas e ocultistas, completamente estranhas aos postulados espíritas.

A este maremoto, cheio de emaranhados e confusão, de perda de identidade e rumos, é adicionada a acusação contra Leymarie de ter contribuído com a adulteração da última das obras escritas por Kardec, *A Gênese,* segundo o revela uma suposta quinta edição deste trabalho, cujo conteúdo teria sido revisado, corrigido e aumentado pelo próprio codificador, o qual era francamente estranho quando levamos em conta que sua partida para o mundo espiritual ocorreu em 31 de março de 1869 e a quarta edição, absolutamente idêntica à primeira de janeiro de 1868 por ser uma reimpressão, apareceu no final do ano sob a supervisão do autor. A investigação impecável e contundente realizada por Simoni Privato Goidanich, destacou o ataque à integridade do pensamento do fundador do espiritismo, demonstrando com documentos irrefutáveis a falsificação que havia ocorrido, ao comparar a quarta e definitiva edição com a que Leymarie revelou três anos depois. À luz dessa revisão, foi possível constatar que havia mais de quatrocentas modificações, incluindo não apenas alterações ortográficas de forma, mas também omissões e deturpações substanciais.

Tínhamos dito anteriormente que houvera um ataque vitorioso do roustainguismo, mas agora vale a pena anotar que tal triunfo não se estenderia muito ao longo do tempo. Na própria França do período pós-Kardec houve fortes reações contra, como as denúncias feitas por Henri Sausse, um dos mais importantes biógrafos de Kardec, e pela Sra. Berthe Froppo, corajosa colaboradora da primeira hora, amiga íntima e confidente de Amélie Boudet, a fiel companheira do Mestre. Em 1884, Madame Froppo publicou um modesto, mas contundente livro relacionado com aqueles eventos, intitulado *Beacoup de lumiére* (Muita Luz),no qual acusa Leymarie de ter ordenado a incineração de numerosos documentos do arquivo deixado por Kardec e de pretender desfigurar a filosofia espírita até convertê-la em uma religião, fazendo com que ela entrasse em uma absurda fase teológica, da qual Roustaing seria o modelo padrão.

A isso juntar o vigoroso movimento de rejeição do roustainguismo liderado pelas prestigiadas figuras de Gabriel Delanne e Léon Denis, legítimos continuadores do pensamento kardecista, que se colocaram à distância da Sociedade presidida por Leymarie e fundaram em 1882 a *Union Spirite Française* e o jornal *Le Spiritisme*. A partir das páginas desta publicação, uma batalha formidável foi travada em defesa dos princípios e valores autênticos que são inerentes à filosofia espírita, e que a colocam a uma distância sideral do misticismo religiosista, fanático e supersticioso consubstancial às crenças expostas nas estranhas teorias roustainguistas.

No final do século XX, o movimento nascido em Bordéus definhou dentro do movimento espírita francês, afundado nos seus absurdos intragáveis, e como uma justa recompensa aos esforços sustentados pelos líderes do kardecismo, que se mantiveram fiéis ao perfil racionalista e sensato impresso pelo fundador. Mas, enquanto isso acontecia no país onde nasceu o espiritismo, e em cuja sociedade predomina uma forte tradição laica e humanista, o obscurantismo roustainguista encontrou uma opção diferente para tentar novamente sua estratégia de penetração e absorção do kardecismo, e mudou-se para o Brasil, a gigantesca nação sul-americana na qual as ideias espíritas se espalhavam rapidamente, beneficiadas pela particular idiossincrasia de seu povo. E a partir do exame desse fenômeno social, cultural e espiritual, Wilson Garcia se ocupa na **terceira** e **quarta parte** de seu livro, as quais intitulou "Grupo Sayão: o roustainguismo brasileiro" e "História falseada e história real". O nome daquele Grupo se deve ao fato de que as reuniões espíritas, quase exclusivamente mediúnicas, eram realizadas no escritório do advogado Antônio Luís Sayão, localizado na cidade do Rio de Janeiro, então capital do país, embora também se chamasse *Grupo dos Humildes*. O contraste entre a história falsificada e a história real se aplica à fundação e atuação da *Federação Espírita Brasileira* (FEB).

O fato, devidamente avaliado com documentos probatórios, é que no final do século XIX a grande maioria dos espíritas cariocas se ocupavam em estudar e disseminar a doutrina de acordo com os princípios estabelecidos por Kardec, mas alguns tinham sido seduzidos pelos conceitos roustainguistas e estavam muito confortáveis com eles, dado que os achavam compatíveis com seu fervoroso catolicismo, ao qual não estavam dispostos a renunciar. Assim, se afastaram da antiga *Sociedade Acadêmica Deus, Cristo e Caridade*, fundada em 1879 por Angeli Torteroli, Antonio Pinheiro Guedes e outros pioneiros, que permaneceram fiéis ao kardecismo, para criar, primeiro, a *Sociedade Espírita Fraternidade* e depois, em 1880, o *Grupo dos Humildes* ou *Grupo Sayão*. Assim como aconteceu na França, o roustainguismo penetrou nas fileiras espíritas com a intenção espúria de dividi-las e afastá-las de suas bases racionalistas, para dar lugar à criação de uma doutrina mística, híbrida, heterônoma, uma espécie de religião espiritólica.

As sessões mediúnicas que se realizavam no escritório de Sayão, presididas

por uma imagem de Jesus crucificado, com um grupo muito pequeno de participantes, todos seguidores de Roustaing, divorciaram-se das instruções e orientações oferecidas por Kardec em *O Livro dos Médiuns*. Os espíritos que se manifestavam exigiam absoluta docilidade e passividade em relação à aceitação acrítica
das mensagens. A exigência imposta a eles era "ter amor e abraçar-se com os
Evangelhos, para depois evocar espíritos". Claro, nessa norma havia a intenção,
além de anular a liberdade intelectual do médium, de condicionar o exercício
de sua faculdade à aceitação dos Evangelhos bíblicos, o que implicava, *mutatis
mutandis,* a adoção do livro *Os Quatro Evangelhos,* uma vez que, lançando mãos
de um recurso de metonímia, os roustainguistas faziam passar habilmente um
termo por outro, no contexto de uma estratégia concebida para gerar adesões, à
qual eles recorrem ainda hoje.

Além dos evangelistas, dos santos e bispos católicos, naquelas reuniões se
comunicavam espíritos que se apresentavam como Jesus Cristo, a Virgem Maria,
o anjo Ismael e, claro, não podia faltar o próprio Allan Kardec. Só que, agora, se
tratava de um Kardec que transmitia opiniões muito diferentes daquelas que
sustentou ao longo de seu trabalho intelectual e literário por doze anos, ocupado com a fundação, sistematização e estruturação do espiritismo. Já não era o
discípulo de Pestalozzi que se expressava, nem o pedagogo racionalista, nem o
pesquisador que fez do processo de intercâmbio com os espíritos um laboratório
experimental e se opunha à introdução de cultos ou cerimônias no espiritismo,
ou o humanista que reiterava seu profundo sentimento de admiração e respeito
por Jesus, o insigne mestre da verdade e do amor, homem e não Deus, possuidor
"como todos de um corpo carnal e um corpo fluídico". (*A Gênese,* cap. XV, Nº
66), "exemplo de perfeição moral a que a humanidade pode aspirar na Terra" (*O
Livro dos Espíritos,* Nº 625). Agora este Kardec não só usava de uma linguagem
mística do ranço católico, senão que declarava seu arrependimento por não haver aceitado as teses de Roustaing e reconhecia seus equívocos. Em suma, como
não puderam dobrar o homem em seu tempo, trataram de acomodar a posteriori
o espírito desencarnado às suas conveniências, enlodando sua memória, sua inteireza e impugnando a solidez de seus ensinamentos.

Não há dúvida de que o Grupo dos Humildes, ou Grupo Sayão, constituiu
o cavalo de Troia pelo qual os roustainguistas penetraram nos grupos kardecia-
nos do Rio de Janeiro e posteriormente em outras cidades e regiões da geografia
brasileira. E para esta empresa contribuiu decisivamente o médico e líder político Adolfo Bezerra de Menezes, que empenhou o seu prestígio para alcançar
tal propósito, revestindo o pensamento espírita de um fortíssimo tom místico e
religioso do qual não seria capaz de se desprender mais, especialmente a partir
do momento em que exerceu, com plenos poderes e autoritarismo marcado, a
presidência da FEB entre 1895 e 1900.

Trabalhando, como um bom pesquisador, sobre os documentos que tem em mãos e que examinou minuciosamente, Garcia nos oferece uma visão geral desse período inicial do movimento espírita brasileiro, em que havia intensas batalhas legais, como as que enfrentou a Sociedade Acadêmica Deus, Cristo e Caridade, criada em 1879, para enfrentar a lei do Império que não reconhecia os centros e dificultava seu funcionamento. Ocorreram, também, dentro dela, fortes contendas doutrinárias, com debates e enfrentamentos para manter a doutrina kardecista em seus moldes filosóficos, científicos e morais originais, e para conter o assédio roustainguista. O leitor desta obra vai descobrir ou pelo menos saber melhor, que a história oficial da FEB sobre suas origens, as razões que levaram à sua criação e sua trajetória nos anos seguintes, não só foi adoçada, mas também deturpada para abordar suas claras intenções de controlar hegemonicamente o movimento espírita nacional e internacional, porquanto ela assim cumpriria seu destino manifesto, uma espécie de missão sagrada encomendada pela "falange de espíritos superiores presidida pelo Anjo Ismael". É curioso e não deve ser negligenciado, o comentário precioso que faz Garcia em relação ao perfil progressista mostrado pela FEB durante os primeiros anos que se seguiram à sua fundação em 1884, suficiente para deixar de lado sua suposta origem divina:

> O que muitos podem não gostar em relação à origem da FEB é seu perfil progressivo, aliado ao completo desinteresse pela gestão baseada em autoridade. O Estatuto inicial valoriza a liberdade e a autonomia, em total conformidade com os princípios básicos do espiritismo, princípios que se tornaram impertinentes aos seus últimos líderes roustainguistas e acabaram levando a FEB a uma postura autoritária que perdura até os dias atuais, em relação ao comando do movimento espírita brasileiro.

Nas disposições do Estatuto original o que se lê sobre suas finalidades é semelhante ao encontrado em outras entidades espíritas da época em várias nações. Recomenda-se o estudo da doutrina espírita e da experimentação mediúnica de acordo com os ensinamentos contidos nas obras de Allan Kardec, indica-se a prática da caridade por todos os meios morais e materiais, estimula-se a edição de livros e a criação de bibliotecas e se convida à promoção das relações fraternas com entidades nacionais e estrangeiras. Não há nada lá sobre Roustaing e suas teorias, nem aparece a orientação espiritual de anjos ou entidades sobre-humanas. Também chama a atenção que a revista Reformador, fundada um ano antes pelo fotógrafo Augusto Elias da Silva, se apresentava como "Órgão evolucionista" e tinha entre seus principais redatores pensadores espíritas que defendiam uma tendência laica e livre-pensadora, como Angeli Torteroli e Antonio Pinheiro Guedes, que, nos anos seguintes enfrentariam com admirável coragem, desde o

Centro da União Espírita de Propaganda, a progressiva desnaturalização da doutrina espírita. Em fevereiro de 1893, o editorial *do Reformador* afirmava: *O espiritismo, cumpre que o digamos, não é uma religião.*

Certamente, o roustainguismo conseguiria incrustar-se na FEB até assumir o seu comando e, fazendo dela seu bastião, infiltrar, com suas absurdas crenças e seu claríssimo projeto hegemônico, o movimento espírita dentro e fora das fronteiras brasileiras, tentando diminuir o ânimo racional de seus participantes e seduzi-los através de uma linguagem melíflua, com a qual reivindicavam a gênese divina de sua missão na Terra, apoiada por supostas mensagens mediúnicas, cujo conteúdo não poderia suportar uma avaliação crítica. Sem dúvida, a reação que progressivamente se foi desencadeando, expressa em livros, artigos de imprensa, conferências e debates, faria retroceder tais pretensões, e a essa nobre e corajosa tarefa se aplicaram os mais lúcidos pensadores espíritas do Brasil, entre os quais devemos destacar Carlos Imbassahy, Deolindo Amorim, Herculano Pires, Canuto de Abreu, Julio Abreu Filho, Jaci Regis, Nazareno Tourinho, Jorge Rizzini, Gélio Lacerda da Silva e muitos outros. Aos nomes dessas personalidades respeitáveis, já desencarnadas, é justo unir os de notáveis estudiosos de nosso tempo que continuam nessas direções, mantendo bem alto os autênticos suportes ideológicos do kardecismo, oferecendo o concurso de seu trabalho intelectual em textos valiosos que vêm de suas reflexões filosóficas e descobertas históricas, entre as quais vale mencionar Paulo Henrique de Figueiredo, Simoni Privato, Milton Medran Moreira, Dora Incontri e, claro, nosso admirável Wilson Garcia.

O título da **quinta parte** deste formidável ensaio, aponta para própria substância do problema colocado, identificando com toda precisão o maior perigo envolvido na infiltração roustainguista no espiritismo, que não é nada menos que a criação e disseminação de uma cultura sincrética, heterônoma, que tem sido forçosamente misturada com o pensamento espírita original, que é, pela antonomásia, expressão de liberdade e autonomia: "Cultura espírita ou hibridismo cultural".

A fim de entender em toda a sua dimensão os verdadeiros alcances do dano causado ao espiritismo, o autor explica e demonstra com argumentos irrefutáveis apoiados por fontes documentais de primeira mão, que a influência das teses sustentadas em *Os Quatro Evangelhos: Revelação da Revelação,* não se resume aos conceitos mais conhecidos, como o corpo fluídico de Jesus e, consequentemente, a condição do Mestre de Nazaré como um agênere de 33 anos de duração e sua vida como uma sucessão de ações simuladas; a virgindade de Maria, a evolução dos espíritos puros em linha reta desde sua criação por Deus, sem passar por processos de encarnação e desencarnação como estabelecido nas leis naturais; reencarnação como um castigo que se aplica a espíritos moralmente inferiores que seriam condenados a habitar organismos biológicos anteriores à escala dos hominídeos, tipo criptogâmicos carnudos, o que se tornaria uma reivindicação da antiga e absurda crença na metempsicose; ou a profecia extravagante sobre o futuro domínio da igreja católica em todo o mundo. Não, muito mais do que isso, trata-se de uma concepção geral, sincrética, heterônoma, que se infiltra na maneira de pensar dos espíritas, mesmo de alguns que chegam a expressar formalmente sua discordância com essas teorias, e isso implica a intenção de alijar o espiritismo de seu caráter natural de filosofia científica e moral, até sua transformação (ou deformação) em uma das muitas variedades em que as crenças cristãs, e particularmente católicas, se expressam. Por isso que ele atinge o alvo quando chama esse processo de "hibridismo cultural". É assim que nosso autor mostra categoricamente:

> A cultura espírita na atualidade brasileira é híbrida e ninguém sabe onde começa Kardec e onde termina Roustaing. Mesmos os mais cultos e experientes no cultivo das bases kardecistas são incapazes de perceber onde o hibridismo os alcançou e até onde estão envolvidos pelos dois respectivos polos: a autonomia moral de Kardec e a moral heterônoma de Roustaing.

Em um bom caminho, Garcia está empregando a palavra "cultura" em um sentido antropológico como sistema integrado de crenças (sobre Deus, a realidade material e espiritual, a finalidade e existência), de valores (do que é verdadeiro, bom e normativo), dos costumes (comportamentos e relações sociais) e das instituições que expressam essas crenças, valores e costumes (governo, família, escolas, igrejas, organizações civis ou militares, empresas, sindicatos etc.) que concretizam a vida das pessoas e entrelaçam uma sociedade, dando-lhe identidade, segurança e continuidade. Essa noção de cultura remete à definição que o antropólogo inglês Edward Tylor fez em sua obra *Primitive Culture* em 1871, considerada clássica, segundo a qual, "é um conjunto complexo que inclui conhecimento, crenças, arte, moralidade, leis, costumes e todas as outras disposições e hábitos adquiridos pelo homem, como membro de uma sociedade".

Sendo, portanto, a cultura uma forma de olhar para o mundo, a "cultura kardecista" implica a assimilação dos fundamentos e objetivos contidos na doutrina espírita, sistematizada por Allan Kardec a partir das informações fornecidas a ele por inúmeros espíritos com o concurso de diferentes médiuns, e que foram submetidos a um procedimento de verificação que ele mesmo chamou de Controle Universal. Desde sua origem, o espiritismo aspira ser conhecido e entendido como uma filosofia racionalista, livre-pensadora e humanista; como disciplina de natureza científica que aplica observação e experimentação em seu campo particular de estudos, e como uma proposta moral que contribui para a transformação moral e social, no âmbito de um complexo processo histórico que tem como protagonista o espírito, em suas fases encarnadas e desencarnadas. Tudo isso é muito diferente da "cultura roustainguista", que surge de uma suposta revelação de um grupo de espíritos que foram identificados como os autores dos evangelhos tidos por canônicos de acordo com as igrejas cristãs e que se manifestaram por uma única médium, Madame Collignon, em sessões conduzidas e supervisionadas por Roustaing. Uma "revelação" autodenominada, que leva os fiéis a desprezar toda atitude crítica para aceitar suas teorias como se fossem dogmas de fé, a substituir o pensamento racional pelo pensamento mágico e cercar-se de uma atmosfera mística, devocional, que lhes garantiria a salvação de suas almas.

Com documentos aos quais teve acesso, inclusive alguns difíceis de encontrar porque parecia que havia intenção de escondê-los, Garcia examina em linhas gerais a trajetória histórica da FEB, detendo-se no exame de alguns acontecimentos relevantes que demonstram como essa entidade, movida pelo seu desejo de poder, gradualmente assumiu o controle do movimento espírita brasileiro, até proclamar-se sua "Casa Máter", enquanto seus líderes recorreram às mais variadas estratégias para infiltrar a obra de Roustaing, repetindo o argumento falacioso de que ela "completa admiravelmente Kardec", e que, ainda mais, em vários pontos a supera.

Como já mencionado, a FEB não nasceu sob o signo ideológico roustainguista, mas foi com Sayão e seu grupo que iniciou uma tarefa tão deplorável no final do século XIX, a qual seria seguida com mão de ferro por Bezerra de Menezes no comando da Federação. Em 1904, por ocasião da comemoração do primeiro centenário de nascimento do codificador, a FEB aproveitou a oportunidade para aprovar um documento denominado "Bases da Organização Federativa" no qual recomendavam que, para o estudo da parte moral do espiritismo, as sociedades afiliadas indicassem a adoção de *O Evangelho segundo o Espiritismo* de Kardec por aqueles que assim desejassem ou os *Quatro Evangelhos* de Roustaing aqueles que o preferissem. O que virá a seguir, ao longo do século XX, será um processo calculado de sucessivas reformas estatutárias até a introdução explícita desse texto e suas teorias extravagantes no seio do movimento federativo, aumentando exponencialmente a circulação das edições, colocando a revista Reformador a serviço desse projeto.

Junto com as modificações estatutárias foi-se produzindo uma reacomodação da linguagem usada na literatura febiana, principalmente para conceder ao espiritismo a categoria de uma religião neo cristã, uma forma particular de espiritualismo em que as crenças católicas poderiam coexistir combinadas com as teses reencarnacionistas e a prática mediúnica. Mostra suficiente da marca da catolicidade que já havia sido imposta, encontramos no Estatuto de 1912 com a exortação para comemorar, como festividade espírita, além do nascimento de Allan Kardec, também o nascimento do "Divino Salvador Jesus" e os dias da semana santa.

Como era de se esperar, as reações contrárias foram ocorrendo de diferentes maneiras e neste capítulo são elas apresentadas de forma resumida, mas suficiente para entender o ritmo dos acontecimentos. A realização de uma Constituinte Espírita no Rio de Janeiro, em 1926, na qual mais de 300 centros de diferentes regiões foram representados, levou à criação da *Liga Espírita do Brasil,* entidade fundada com o objetivo de se tornar um centro aglutinador do movimento sobre bases kardecistas inconfundíveis, com funcionamento democrático e representando uma alternativa ao crescente autoritarismo da FEB e seus desvios doutrinários. Infelizmente, a existência da Liga seria breve e, em 1949, seria absorvida pela FEB sob o chamado Pacto Áureo. Não igual, mas com algumas semelhanças, realizou-se em São Paulo a fundação, em 1947, da *União Social Espírita,* posteriormente transformada na *União das Sociedades Espíritas do Estado de São Paulo,* conhecida pela sigla USE, constituída a partir de três entes federativos paulistas preexistentes.

Vemos como do maior interesse a transcrição feita pelo nosso autor dos objetivos que a nova entidade pretendia alcançar, entre os quais se destacam a preservação da integridade da doutrina kardecista em relação às "interpretações capciosas e individualistas que a desvirtuam", as "práticas exóticas, mistura de magia e superstição" que muitas vezes são referidas como "baixo espiritismo" e que não vão além de "falso espiritismo", as "práticas condenáveis de exploração da credulidade pública" e a "infiltração de estranhas ideologias, ligadas a movimentos político-revolucionários, todas incompatíveis com os princípios sólidos e propósitos essenciais da doutrina". Vemos esses propósitos muito corretos, não apenas por sua relevância, mas porque hoje eles permanecem em vigor em termos da necessidade de alcançá-los plenamente, conscientizando os espíritas sobre seu escopo.

O surgimento do médium Francisco Cândido Xavier no espiritismo brasileiro é uma questão de maior importância em relação ao tema abordado. A publicação em 1932 de seu primeiro trabalho psicográfico, *Parnaso de Além-Túmulo,* chamou a atenção dos espíritas e da opinião pública em geral, e a seguir, toda a sua extensa produção mediúnica passou a permear quase todo o movimento espírita ao longo do século XX e até hoje, com suas inegáveis contribuições para o conhecimento da dimensão espiritual e as enormes possibilidades que surgem da inter-relação entre encarnados e desencarnados, mas também com a reiteração de certas opiniões e fantasias completamente alheias aos critérios kardecistas, além de um inaceitável evangelismo místico, messiânico e salvacionista. Em especial, a obra *Brasil, coração do mundo, pátria do Evangelho,* transmitida pelo espírito Humberto de Campos, publicada em 1938 pela FEB, serviu a essa entidade para tentar legitimar seu projeto, porque em suas páginas se lê que Roustaing teria sido um dos espíritos superiores que ajudaram Kardec no trabalho fundamental do espiritismo, responsável por "organizar o trabalho da fé", assim como Léon Denis teria se ocupado dos aspectos filosóficos, Gabriel Delanne do trânsito pela rota científica e Camille Flammarion teria chamado a atenção para as paisagens celestes. Com a inclusão deste texto na literatura básica do espiritismo, como se fosse uma opinião dos espíritos superiores sobre a alta e sagrada missão do Brasil, com o aval de Xavier, a FEB se adiantava um tanto em seu tenaz esforço para introduzir e dar legitimidade à doutrina roustainguista.

Qual habilidosa carambola em uma mesa de sinuca, a "Casa Máter" conseguiu com um único golpe que a mensagem transmitida por Humberto de Campos, apresentado como um repórter da vida após a morte, conectasse Roustaing com Kardec e com os pensadores da escola clássica francesa e as incluiu no mesmo conjunto, ao tempo em que aproveitava o crescente prestígio do médium venerado, cujas mensagens e até mesmo suas próprias opiniões passavam a ter conotação de infalibilidade. Mas eis que a festa acaba. Wilson Garcia lembra que o grande estudioso e pesquisador Julio Abreu Filho, primeiro tradutor dos 12 volumes da *Revue Spirite,* denunciou que exatamente um ano antes do aparecimento de *Brasil, coração do mundo, pátria do Evangelho* o livro *Crônicas de Além-Túmulo,* também psicografado por Chico Xavier e assinado pelo próprio Humberto de Campos, havia sido lançado, e em cujas páginas se encontra uma mensagem semelhante na qual apenas Kardec, Denis, Delanne e Flammarion são citados, e por lugar nenhum Roustaing é mencionado. Diante da denúncia de uma possível interpolação, que poderia ser resolvida com muita facilidade ao mostrar os originais do livro questionado, a FEB informou que havia ordenado sua incineração. O fato se assemelha à queixa de Berthe Froppo no século XIX, de que Leymarie havia queimado numerosos documentos do arquivo de Kardec.

Não podia faltar nesta revisão panorâmica a entrada em cena da Confederação Espírita Pan-Americana (CEPA), agora chamada de Associação Espírita Internacional CEPA. Esta entidade nasceu em Buenos Aires em 1946 como resultado do 1º Congresso Espírita Pan-Americano, convocado pela Confederación Espiritista Argentina e ao qual acorreram líderes de várias nações do continente. Desde o seu início, esse movimento optou pela indicação recomendada por Kardec de considerar o espiritismo como uma filosofia científica de consequências morais, afastada das pretensões de classificá-lo como uma religião. Tendo adotado um modelo democrático de funcionamento dos sucessivos congressos, acordou-se que se realizariam de três em três anos em um país diferente, seguindo a ordem alfabética, de modo que o segundo evento pan-americano correspondia ao Brasil. De fato, foi realizado no Rio de Janeiro de 3 a 12 de outubro de 1949, organizado pela Liga Espírita do Brasil. De suas sessões participaram eminentes personalidades brasileiras que deliberaram em perfeita harmonia com seus companheiros de ideais de outros países. Mas, obviamente, o autoritarismo febiano não viu com bons olhos aquele encontro, que considerou uma intrusão em seu território, e conseguiu boicotá-lo. No que ali aconteceu está a gênese do chamado Pacto Áureo, que na prática dissolveu a Liga Espírita, interrompendo a tentativa cepeana de incorporar o Brasil em um projeto kardecista continental e consolidou o poder hegemônico da FEB. Várias figuras de reconhecida autoridade moral e intelectual rejeitaram o referido Pacto, entre os quais não se pode deixar de mencionar Deolindo Amorim e Herculano Pires. Este último não poupou o uso de adjetivos de grosso calibre para denunciar o que havia acontecido nos bastidores no Rio e rejeitou as resoluções e decretos que ele chamou de "bulas papalinas" e "decretos cardinalícios". Basta aqui e agora dizer que este avanço informativo, totalmente ajustado à história do que aconteceu, abre possibilidades para outras investigações que podem lançar luz sobre numerosos assuntos pendentes de elucidação, vinculados ao que ali ocorreu e seus efeitos, no transcurso da segunda metade do século vinte, para o movimento espírita brasileiro e pan-americano.

Uma nota que convida ao otimismo é encontrada na parte final deste importante e sóbrio capítulo do livro. Após uma longa e complicada batalha jurídica, em agosto de 2019, a Assembleia Geral da FEB concordou com uma modificação estatutária que suprime a referência a Roustaing um século após sua inclusão. Decisão muito importante que tem sido celebrada pela grande maioria dos espíritas brasileiros, embora expressões de clara tradição católica permaneçam nesse documento e, na realidade, o sustento das crenças roustainguistas permanece. Mas é uma mudança que deve ser apreciada em seu justo significado e uma vitória que reivindica aqueles que dedicaram sua existência, como militantes kardecistas, a repudiar os desvios doutrinários contidos nos *Quatro Evangelhos* e manter no alto a bandeira do espiritismo filosófico, científico e moral.

Em correspondência com seu título, o **sexto e último capítulo** deste trabalho que apresentamos e recomendamos, constitui um apelo vibrante ao reencontro do espiritismo com Allan Kardec, que outro não é que *leitmotiv* que conduz Garcia neste vigoroso ensaio e no conjunto de sua obra, tudo em sintonia com suas firmes convicções. E para alcançar esse objetivo fundamental o caminho é claramente apontado: a doutrina espírita deve assumir plenamente os critérios, métodos e propósitos que lhe são naturais, nitidamente apontados desde o começo de sua obra fundadora por seu ilustre codificador. Agindo dessa forma, sem acomodar distorções híbridas e heterônomas, mantendo-se fiéis a uma concepção livre e autônoma, haverá "para os novos espíritas, todo o tempo do mundo para uma nova cultura, ao som das experiências das reencarnações, sob o influxo superior do hino da liberdade", de acordo com essas belas palavras com as quais o autor fecha sua obra.

Ponto final: o reencontro do espiritismo com Allan Kardec é, além de um trabalho de leitura agradável, um texto de consulta, penetrante e valioso, que convoca a responder ao desafio de constituir a historiografia como disciplina necessária no ensino da doutrina espírita. Com toda segurança merecerá posteriores edições e traduções, visto a importância singular de suas descobertas, aportes e reflexões. Wilson Garcia pode se sentir feliz diante da firmeza do compromisso cumprido, tanto quanto este servidor se sente privilegiado por ter tido a oportunidade de juntar alguns comentários, que devem aparecer como pórtico de um livro formidável.

Jon Aizpúrua[2]
Múrcia, Espanha, abril de 2020

---

2. Professor na Universidade Central da Venezuela desde 1981; economista diplomado em 1984; psicólogo licenciado em 1992, JON AIZPÚRUA faz brilhante carreira como intelectual, conferencista e escritor, membro que é da Associação Venezuelana de Escritores. É ex-presidente da Associação Espírita Internacional, CEPA, bem como do Movimento de Cultura Espírita CIMA, da Venezuela.

Introdução

"Minha correspondência será um dia, após mim, o mais vasto e luminoso repertório da História do Espiritismo moderno; o quadro mais exato do movimento regenerador que se opera; a prova mais palpável de sua marcha irresistível, porque se verá a semente a germinar, desde o palácio do príncipe até a cabana do proletário. (...) Eis o que me será dado ver, não pelos olhos do Iluminismo, mas pelas provas escritas já em meu poder"

N avegar em céu de brigadeiro é o que todo comandante deseja, mas quando se trata de enfrentar a verdade, pugnar pela liberdade ou batalhar pelos direitos humanos o céu de brigadeiro é uma afetiva utopia. Nuvens, tormentas, todo tipo de fenômeno surge a dominar os ares e os mares, exigindo esforço, determinação e coragem para navegar e vencer.

Temos uma história a ser retificada ou recontada, mas, que fique bem claro, não se trata de um novo ponto de vista, uma percepção pessoal nem de defesa de interpretação particular. A questão em pauta é trazer para o terreno do espiritismo os fatos que foram distorcidos, alterados, falseados e omitidos, intencionalmente ou por ignorância, a fim de dar-lhes o verdadeiro sentido e restabelecer a verdade.

Agora, a luz do alqueire não pode mais permanecer sob o móvel. E ela assim está por mais de século, apesar das muitas tentativas de restabelecê-la, de impedir a escuridão, tentativas feitas por espíritos abnegados, reencarnados com o compromisso de lutar pelo bem da humanidade. Tais espíritos fizeram-se gigantes nas lutas que enfrentaram, preparando o terreno para o momento certo em que a verdade encontraria as condições ideais de aparecer. Se tais condições estivessem colocadas no tempo deles, dúvida nenhuma haveria de que a eles estaria dada a tarefa de resgatar a história. Não tendo contado com essas condições, fizeram-se soldados do bem, foram inspirados na defesa da verdade ao enfrentar os corvos da mentira, depois partiram. Hoje lutam do lado invisível para que aqueles que aqui estão façam tremular a bandeira fincada no solo por Allan Kardec, retomando o caminho abandonado pela mesquinhez do homem egoísta.

Estamos falando não de uma simples história, mas de uma grande história. Estamos falando da história do espiritismo e com ela um programa superior preparado para o homem, para seu salto na direção da conquista definitiva da sua autonomia. Os contextos de atuação dos espíritos no planeta, tendo por veículo o corpo físico, são em grande parte das vezes inóspitos e inadequados à disseminação da verdade, uma vez que esta só surge cristalina após embates duros com a mentira e a ignorância, justificando, pois, a necessidade de tempo para que os fatos possam ser devidamente apurados.

A autonomia prevê, protege e compreende a diversidade? Diferentes vieses do olhar espírita? A autonomia é a vigência plena, superior, da liberdade, o mais digno dos promontórios a que aspira o homem e que o espiritismo contempla como jamais se viu na história da Humanidade. Não com igual dimensão! Kardec aponta para esta autonomia ao longo de toda a sua obra, uma vez que o ser humano nela é o elemento fundamental da evolução e na *Revista Espírita* de fevereiro de 1867 faz uma afirmação que remete indiscutivelmente à autonomia essencial:

> O livre pensamento, na sua acepção mais ampla, significa: livre exame, liberdade de consciência, fé raciocinada; ele simboliza a emancipação intelectual, a independência moral, complemento da independência física; ele não quer mais escravos do pensamento do que escravos do corpo, porque o que caracteriza o livre-pensador é que ele pensa por si mesmo e não pelos outros, em outras palavras, que sua opinião lhe pertence particularmente. Pode, pois, haver livres pensadores em todas as opiniões e em todas as crenças. Neste sentido, o livre pensamento eleva a dignidade do homem; dele faz um ser ativo, inteligente, em lugar de uma máquina de crer.

A autonomia pressupõe liberdade que, por sua vez, pressupõe responsabilidade, mas assim como a responsabilidade é consequência do uso da liberdade, não existe liberdade sem autonomia. Todos os grandes pensadores do ser humano, os grandes filósofos compreendem o binômio autonomia-liberdade, bem assim a lógica que determina que o ser humano só conceberá a responsabilidade se contar com a possibilidade de ser livre para autodeterminar os atos e as decisões. Pois aí está a doutrina espírita, patrona moral da autonomia. Todos os sublimes atributos, todas as mais eloquentes virtudes, toda a justiça, todos os direitos, todas as leis naturais, enfim, apontam para a Autonomia. Tudo o que representa ou possa representar o contrário está em oposição ao espiritismo e à Autonomia e se encaixa na moral heterônoma, esta que é a síntese do autoritarismo, da prisão do pensamento, da limitação da liberdade e da responsabilidade como consequência da ação humana.

* * *

Foi em julho de 1858, no 6º número da *Revista Espírita*, cuja publicação havia sido iniciada em janeiro daquele ano, que Kardec começou a publicar algumas das inúmeras cartas que recebia, cartas que se acumulariam em grandes quantidades, ultrapassando alguns milhares quando de sua desencarnação no ano de 1869. Sua declaração considerando essa correspondência "luminoso repertório da história do espiritismo" adquire tons mais fortes na atualidade, tendo em vista aquilo que ele não previu e, por certo, não esperou fosse ocorrer: as alianças espúrias feitas após sua passagem ao mundo dos espíritos, alianças que determinaram fosse a doutrina espírita confundida com ideias e crenças que não lhe são afeitas, mas certamente contrárias, tudo isso tornando por largo tempo turvas as águas antes cristalinas.

Inúmeros são os fatos que as cartas hoje, quando parte delas vem a público[3], se não são todos esclarecidos definitivamente, oferecem suas melhores condições

---

3. À medida em que as cartas de Kardec são traduzidas e arquivadas digitalmente, ficam disponíveis para os pesquisadores e estudiosos. Dessa forma, as que estão neste livro serão seguidas de outras ainda em preparo, que poderão confirmar e ampliar os estudos e análises feitas.

de compreensão para, com isso, poderem ser afastados do conteúdo doutrinário aqueles apêndices que o ensombrecem. Entre tais fatos podem ser relacionados: (1) a pretendida aliança do espiritismo com as ideias de Roustaing no seu livro *Os quatro Evangelhos*; (2) os desvios ocorridos na administração da obra geral deixada por Kardec após sua desencarnação em 1869; (3) a intromissão de outras doutrinas, tais como a Teosofia, por meio da *Revista Espírita*; (4) as seguidas mudanças ocorridas na sociedade fundada com a finalidade de cuidar do legado do codificador, desvirtuando seus objetivos e colocando-a a serviço de interesses materiais particulares; (5) a submissão econômica da sociedade àqueles que se determinaram incluir a obra de Roustaing na de Kardec, sob o equívoco de serem ambos missionários responsáveis pela implantação do espiritismo na Terra.; (6) as alterações realizadas no livro *A Gênese*, o derradeiro de Allan Kardec, após a partida deste, desnaturando a obra; (7) o desenvolvimento do espiritismo no Brasil, em que a história da relação Kardec-Roustaing se repete, prosseguindo até a atualidade e dando causa à cultura híbrida que prepondera no movimento espírita nacional; (8) os equívocos das interpretações do contexto intelectual e científico vivido por Allan Kardec, contexto que permitiu o sucesso da doutrina, ora devidamente esclarecido[4]; (9) finalmente, a transferência do acervo de Canuto de Abreu, em segurança, para o Centro de Documentação e Obras Raras (CDOR-FEAL)[5], onde o que pôde ser recuperado das cartas de Kardec recebe tratamento e prepara o estudo dos novos tempos.

Estamos diante de um momento histórico na trajetória do espiritismo; dispensa-se, porém, todo tipo de ufanismo para com esse momento e sua relação com o Brasil e a obra imorredoura de Kardec. Crê-se que, mais uma vez, os tempos são chegados, sem terem sido planejados à perfeição para acontecerem apenas agora. Os movimentos que ocorreram ao longo deste mais de século e meio após a partida de Kardec, com tentativas de abafar a filosofia espírita para confundir os seres humanos, junto à luta dos que compreenderam a importância dessa obra e deram seus melhores dias para defenderem-na, tudo isso resultou a que se chegasse a este momento histórico de reposição das coisas nos seus devidos lugares.

Muitos, é indiscutível, gostariam de ter vivido para poder participar desses novos tempos. Pensadores, estudiosos, pesquisadores, líderes, dirigentes ou até mesmo frequentadores simples, mas conscientes, de casas espíritas teriam ficado orgulhosos de poderem desfrutar do momento atual no que respeita aos documentos que possibilitam rever a trajetória percorrida pela doutrina, rompendo com os limites impostos de fora para dentro. O que não diriam homens como J. Herculano Pires, Carlos Imbassahy, Deolindo Amorim, Humberto Mariotti,

---

4. FIGUEIREDO, 2019.
5. Mais informações sobre o Projeto Cartas de Kardec podem ser obtidas no portal: https://feal.com.br/artigos-feal-2/esclarecendo-principais-duvidas-sobre-o-projeto-cartas-de-kardec/

Cosme Mariño, Amália Domingo Sóler, José Maria Fernandez Colavida, para não citar muitos mais, diante do manancial de documentos novos e raros? De que maneira teria reagido o pesquisador Eduardo Carvalho Monteiro ao colocar os olhos nesse material extraordinário, ele que quase os teve ao alcance das mãos antes da passagem?

Vivemos um momento propício para tudo isso, mas não apenas em função da abertura dos referidos documentos, o que já seria extraordinário; os tempos são também do despertar de estudos e pesquisas no campo acadêmico e fora dele, umas mais profundas, outras menos, com maior rigor metodológico aqui e menor ali, mas todas em busca da consciência interpretativa sob bases racionais e lógicas, com um agir e olhar para o modelo kardequiano, além de guardarem a autonomia e o livre-pensamento. São peças que se juntam para formar o contexto propício, a fim de que os caminhos do espiritismo, em lugar de separar e seguir direções opostas, convirjam para o mesmo ponto, a mesma filosofia e os mesmos objetivos. São aportes que vêm justificar o justo conceito de doutrina progressista que para o espiritismo Kardec adotou, na busca de impedir a perda da atualidade e a queda na paralisia das crenças irracionais, fanáticas ou dogmáticas.

As cartas de Kardec permitem, de um lado, resolver inúmeros conflitos que permaneceram obscuros durante muito tempo; de outro lado, são uma janela à reafirmação do homem extraordinário que foi, humano, equilibrado, bom, generoso e, por tudo isso, muito firme, seguro e íntegro. Possuía uma clareza extraordinária de suas responsabilidades, bem assim da doutrina que tinha nas mãos, do poder dela, da capacidade que ela possuía, ainda hoje inequívoca, de atrair mentes e corações, capitalizando esperanças e consolos, demandas do seu tempo, dos tempos anteriores e dos tempos futuros. Mas nem por isso deixou de advertir sobre os perigos que rondavam o aprisco, como nessa carta de 1 de janeiro de 1866, endereçada a Madame A. Robert, quando orienta:

> Como você, eu deploro ver que entre os espíritas existem aqueles que compreendam tão pouco o objetivo e a importância da doutrina, e que entre eles há aqueles que são mais espíritas de nome que pelos fatos. Se nós não nos espantamos de ver pessoas que repelem nossas ideias, nós não devemos nos espantar de entre elas encontrar aquelas que o aceitam em aparência do que por convicção, pela esperança de encontrar nele um alicerce. Pois é necessário ter em conta também as surdas manobras de uma classe de nossos adversários que no meio de deserções verdadeiras ou simuladas esperam jogar a confusão entre as fileiras de adeptos. É útil, sem dúvida, demonstrar os verdadeiros princípios da doutrina, mas é isso que eu tenho sempre feito, e é o que faço sem cessar. O que não é menos é de colocar as ovelhas em guarda contra os lobos que se introduzem no aprisco. Se entre eles existe os desvios de boa-fé, um arrebatamento pela fraqueza, um defeito de con-

cepção, há muitos bem o creio, têm os calculistas, os decididos, um plano combinado de longa data e conduzido por mãos ocultas, contra os quais a argumentação é impotente.

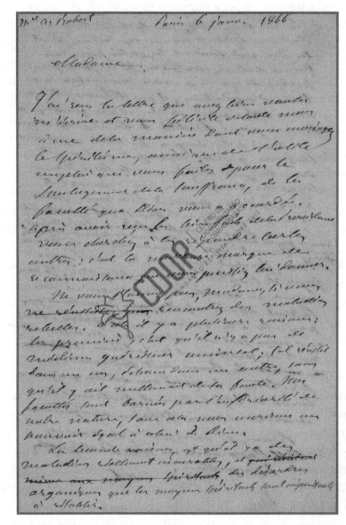

Carta de Kardec a Madame A. Robert

A data dessa carta merece atenção; o ano de 1866 foi fatídico para a filosofia espírita no que respeita à sua inteireza, ao seu conteúdo e especialmente aos seus princípios, pois seria profundamente atacada alguns meses depois, numa façanha ousada e sem precedentes na história do espiritismo – "um plano de longa data e conduzido por mãos ocultas".

Muitas das cartas que já podem ser acessadas, ao lado de estudos pertinentes, são suficientes para que se compreenda de uma vez por todas que a doutrina, sendo progressista, defensora do livre-pensar e promotora da autonomia do ser humano, por isso mesmo não comporta os conteúdos antigos e sua velha ortodoxia, conteúdos que ela mesma supera com sua capacidade de reinterpretação. Assim ocorre com a obra de Roustaing, que não passa de remendo velho em veste nova, cuja tentativa de fusão com Kardec é, de imediato, tentativa de introduzir e manter o que foi definitivamente superado. Como se verá a seguir, as correspondências mantidas por Kardec com Roustaing, Collignon e Sabò, três entre os distintos representantes da progressista região de Bordéus, na França, deixam claro as relações e as ideias por eles trocadas, no que respeita tanto à convergência quanto à divergência de opiniões, mostrando, ainda, quanto eram firmes ou não os laços entre eles. Diante dessa realidade, não há mais como argumentar a favor de Roustaing e a suposta pertinência de sua doutrina para com o espiritismo. Para essa opinião, Kardec e Collignon convergiam, apesar mesmo de Collignon ter sido a intermediária mediúnica de Roustaing, pois que não aceitava a obra *Os quatro Evangelhos* (há uma carta escrita a ela por Kardec que mostra essa afirmação – *Collignon, duas cartas inéditas*, p....). Sabò, que mais tarde seria, por um período breve, secretário de Kardec em Paris, entra neste cenário como personagem importante nas correspondências trocadas por Kardec, tendo fornecido a ele várias mensagens mediúnicas recebidas em seu grupo familiar de Bordéus, publicadas na *Revista Espírita* e presentes em livros do codificador.

Quando em Paris a Sociedade Anônima para a continuidade das obras de Allan Kardec se extinguiu, totalmente envolvida em dívidas e com profundos desvios doutrinários (GOIDANICH, 2018), a obra de Roustaing também desapareceu, obra esta que havia sido revivida depois de um período de 14 anos de ostracismo, sob a complacência de Leymarie e o uso indevido da *Revista Espírita*. Roustaing, entretanto, reapareceu no Brasil, em paralelo ao crescimento dos adeptos do espiritismo pelos anos de 1870. Os poucos crentes roustainguistas reivindicavam um lugar para seu líder ao lado de Kardec, seguindo o exemplo do que ocorreu em França. Seus principais núcleos foram a Sociedade Espírita Fraternidade e o Grupo Sayão, ambos no Rio de Janeiro. Quando alguns de seus adeptos – sempre poucos e não aceitos pelos espíritas – se transferiram para a FEB, sob a liderança de Bezerra de Menezes, as teses roustainguistas e os próprios adeptos foram encampados, encontrando, assim, o campo fértil para a disseminação da ideologia constituída de suas ideias e crenças.

Antes de chegar à FEB, os roustainguistas se reuniam naqueles dois pequenos grupos, ambos desaparecidos por volta de 1880. O Grupo Sayão ficou conhecido por conta de um livro escrito por seu líder, Antônio Luís Sayão, publicado às suas expensas em 1893, cujo título é *Trabalhos espíritas de um pequeno grupo de crentes humildes,* em que o autor narra a gênese e as atividades mediúnicas do grupo, livro do qual se pode extrair a essência das pretensões roustainguistas, além do seu profundo envolvimento com os mesmos espíritos que ditaram a Roustaing *Os quatro Evangelhos*, todos pseudoespíritos superiores. Muitas das mensagens atribuídas ali a Kardec têm origem naqueles dois grupos; o Fraternidade era pequeno e nasceu reunindo todos os crentes de Roustaing, mas logo se dividiu, dando origem ao Grupo Sayão.

A narrativa oficial que busca dar conta da história do espiritismo no Brasil tem como pano de fundo: (1) Roustaing e o Anjo Ismael, cuja ascendência sobre o grupo de roustainguistas sempre foi presente; (2) a ideia de que a FEB e sua revista *Reformador* são consequência de uma ação sublime feita pelos espíritos superiores; (3) e o fato de que está inclusa nessa outorga a responsabilidade da FEB pela condução do movimento espírita no Brasil. Essa narrativa, feita de forma a conquistar o afeto dos espíritas brasileiros ante uma propalada chancela espiritual à maneira da tradição católica, tornou-se o discurso principal do domínio da FEB e consequente implantação de uma cultura híbrida formada pela filosofia espírita e crenças roustainguistas, com predominância na atualidade no movimento espírita brasileiro.

Quebrar esse domínio cultural é um compromisso de honra para o resgate de Allan Kardec, e o caminho para isso é a vivência e a prática da doutrina espírita tendo por sustentação unicamente as bases estabelecidas por ele, na filosofia superior que emana das suas obras. Kardec é o ponto de partida e de chegada. No meio do caminho estão todos aqueles que, com a compreensão profunda das bases filosóficas espíritas, contribuíram e contribuirão para a permanente atualidade doutrinária em sua capacidade intrínseca de seguir o conhecimento científico e adotá-lo quando indiscutível. Retornar ao passado, jamais. Se a secularização afastou o pensamento dogmático paralisante, o espiritismo eliminou de vez a distância milenar entre o espírito e a Razão, apontando para a Unidade presente na extraordinária diversidade com que a vida se manifesta na natureza.

A proposta que se faz é de promover o reencontro do espiritismo com Allan Kardec!

Quando, impulsionado pelo contexto em que Roustaing estava sendo novamente incensado, em mais uma tentativa de elevá-lo artificialmente à altura de Allan Kardec, escrevi o livro *O corpo fluídico* (1980), não fazia ideia de quão profundas, amplas e desastrosas consequências causava a obra do bastonário de Bordéus. Hoje, entendendo melhor através do próprio Kardec tal dimensão, dou-me por feliz em estar presente nesse novo contexto de agora, que, ao contrário do anterior, tem tudo para nos orientar na direção do reencontro do espiritismo com Allan Kardec. Considero, pois, o presente livro a continuidade e, quiçá, o complemento final de *O corpo fluídico*.

1

Kardec em Bordéus

Porto de Bordéus, sec. XIX

A saga dos desvios impetrados no espiritismo, bem assim de muitos bons conteúdos doutrinários passa necessariamente por Bordéus, cidade distante de Paris cerca de 500 quilômetros, cujos habitantes se denominam bordaleses (*bordelais*, em francês). Desde o século XVIII, distingue-se como uma das mais importantes regiões vinícolas da França, tendo sido "classificada em 2007 como Patrimônio Mundial da Humanidade pela UNESCO que reconheceu o excepcional conjunto urbano que representa[6]". A região foi, no passado, habitada pelos Neandertais.

Bordéus era, ao tempo de Kardec, uma região privilegiada por possuir muitos médiuns e o codificador viajou até lá por pelo menos três vezes, com o objetivo de confraternizar com os espíritas e conversar sobre a doutrina. Desde cedo, o espiritismo atraiu a atenção e o interesse de muitos de seus habitantes, fazendo com que surgissem diversos grupos familiares de estudo, bem como de publicações destinadas a promover os seus princípios doutrinários.

Kardec tinha em Bordéus um novo e já dileto amigo, dirigente espírita, com quem trocava correspondências, recebendo dele com frequência mensagens mediúnicas que considerava de excelente teor doutrinário, algumas das quais inseridas na *Revista Espírita* e, depois, em livros. Este amigo era ninguém menos do que o Sr. Émile A. Sabò (leia-se Sabô). Em janeiro de 1861, Sabò conheceu o espiritismo e de imediato estabeleceu correspondência com Kardec, criando um grupo de estudos em sua própria casa, onde foram recebidas mensagens mediúnicas de considerável valor.

Eis que outro interessado no espiritismo, de Bordéus, se apresenta a Kardec e com ele inicia, também, uma troca de correspondências, a primeira das quais notifica-o do interesse comum pelo espiritismo. Era um advogado de reconhecida competência jurídica e seu nome era Jean-Baptiste Roustaing. Entre outras coisas, diz-se interessado na filosofia e nas práticas mediúnicas como forma de ampliar seus conhecimentos da doutrina que tanto o entusiasmam.

Allan Kardec coloca-o em contato com o Sr. Sabò e logo, no mês de abril, os dois dão início a uma promissora parceria nos estudos da doutrina e nas reuniões mediúnicas, disso dando Roustaing ciência a Kardec. As coisas, porém, não seguiram bem como no começo. Surgem entre Sabò e Roustaing conflitos que os levam a se afastarem um do outro e Roustaing sai desta relação bastante magoado com o Sr. Sabò. No mês de agosto do mesmo ano, os dois não mais se reuniam. Sabendo que Kardec estava prestes a visitar Bordéus a convite de Sabò, programando sua primeira viagem para outubro de 1861, Roustaing escreve ao codificador na tentativa de dissuadi-lo de ir a Bordéus, alegando, entre outras coisas, que o ambiente não era bom e que o mestre teria problemas com os espíri-

---

6. Wikipédia: https://pt.wikipedia.org/wiki/Bordéus, em 18/01/2020, 09:46.

tas da cidade. Havia perigos à vista, dizia Roustaing. Além disso, o Sr. Sabò não era mais de confiança.

O codificador havia recebido, com data de 7 de agosto de 1861, carta de Sabò com o convite para visitar Bordéus, cujo teor não cita Roustaing nem a ele faz qualquer referência. Na carta, Sabò diz[7]:

> Meu caro senhor Kardec,
> A vossa Revista anuncia que a Sociedade Espírita de Paris entra em férias de 15 de agosto a 1º de outubro; podemos esperar que, nesse intervalo, honrareis os espíritas bordaleses com a vossa presença; com isso seríamos todos bem felizes. Os adeptos mais fervorosos da doutrina, cujo número aumenta cada dia, desejam organizar uma Sociedade que dependa da de Paris para o controle dos trabalhos. Formulamos um regulamento sobre o modelo da Sociedade parisiense; nós vo-lo submeteremos. À parte da Sociedade principal, haverá, em diferentes pontos da cidade, grupos de dez a doze pessoas, principalmente para os operários, onde os membros da Sociedade irão de tempos em tempos na ordem de inscrição, para ali darem os conselhos necessários. Todos os nossos guias espirituais estão de acordo sobre esse ponto, que Bordéus deve ter uma Sociedade de estudos, porque essa cidade será o centro da propagação do espiritismo em todo o Sul.
> Nós vos aguardamos com confiança e alegria para o dia memorável da inauguração, e esperamos que estareis contente com o nosso zelo e a nossa maneira de trabalhar. Estamos prontos a nos submeter aos sábios conselhos de vossa experiência. Vinde, pois, nos ver no trabalho: pela obra se conhece o obreiro.
> Vosso muito devotado servidor, A. SABÒ.

A insistência de Roustaing para que Kardec adiasse a viagem não o convenceu. Pelo contrário, estava ele decidido a ir a Bordéus e deu conhecimento disso a Roustaing que, vendo-se vencido, buscou encontrar-se com Kardec em particular, convidando-o para estar com ele em sua casa de campo localizada nas proximidades da cidade, recebendo do codificador a afirmativa de que faria de tudo para visitá-lo. Mas Kardec, alegando falta de tempo dado o intenso e muito prazeroso programa de atividades que havia de cumprir, não visita Roustaing.

As cartas de Kardec, nas quais ele depositou sua esperança de construção da luminosa história do espiritismo, posicionam a questão com clareza. Roustaing escreve a Kardec em 8 de outubro de 1861, dois meses após a carta-convite de Sabò, pintando um quadro com cores cinzentas sobre os espíritas de Bordéus e manifestando preocupações extremas a respeito. Kardec avalia a situação, em resposta datada de 12 de outubro de 1861, quatro dias depois da chegada da carta de Roustaing. Eis suas considerações:

---

7. *Revista Espírita*, setembro de 1861.

Quanto ao objetivo especial de sua última carta, dir-lhe-ei, meu caro Senhor, que os motivos que o Senhor tem em grande conta para me dissuadir de ir a Bordéus são precisamente os que me induziriam a ir, se eu não estivesse decidido a isso e se, doutro lado, os espíritos não me houvessem aconselhado e, mesmo, prescrito que fosse.

Note-se a franqueza com que Kardec escreve a Roustaing. Esta franqueza é uma das marcas da personalidade do codificador. Às vezes, dá a impressão de ser rude, mas uma amabilidade e, ainda, uma afetividade costumam ser companheiras dessa forma franca de falar, explicitando muito bem a personalidade do ser humano que era.

Kardec acrescenta:

> Não vou lá nem alhures para ter uma recepção, mas para dar os conselhos que me foram pedidos e que me solicitam com insistência.

A data de 12 de outubro é a mesma em que Kardec inicia a viagem a Bordéus. Portanto, a carta-resposta é enviada em paralelo à partida do codificador e, certamente, Roustaing a recebeu a tempo, como se verá no desdobramento dos fatos. Kardec já estava de posse de uma mensagem aos espíritas bordaleses, ditada e assinada por Erasto, espírito muito caro e respeitado, e, como se sabe, carta de conteúdo forte, antecipando eventos como também se verá mais à frente. Tinha ele, pois, ciência da importância da viagem, o que justifica a sua afirmação de que "os espíritos não me houvessem aconselhado e, mesmo, prescrito que fosse".

Mas quais são os motivos elencados por Roustaing que para ele justificavam o conselho do cancelamento da viagem? São vários, sem dúvida. O primeiro deles é apontado por Kardec na carta-resposta, em tradução de Canuto de Abreu:

> Se a Sociedade Espírita Bordalesa ainda está na infância, é razão a mais para eu visitá-la, pois a infância precisa de mais cuidados do que a idade madura. Se já fosse adulta e já andasse sem amarra, minha presença lá seria inútil, pois, que eu saiba, médicos não são consultados por pessoas que estão passando bem. Se há ferida e eu sou chamado, é preciso que eu a examine e nela ponha o dedo. Querendo dissuadir-me de ir sondá-la, sem dúvida o Senhor pensa que ela pode cicatrizar-se sem mim; eu creria nisso sem hesitação se todos os que se dizem espíritas nela pusessem o dedo, fazendo-o com abnegação de sua personalidade e de seu amor próprio, pois é por esse sacrifício que o verdadeiro espírita é reconhecido; sem isso só o é de nome. Também se pode reconhecê-lo pelo seu zelo efetivo, por sua perseverança em lutar contra os obstáculos e as dificuldades.

50 | Wilson Garcia

Foi este o primeiro conflito que se conhece entre as ideias de Kardec e as de Roustaing e, ao mesmo tempo, é também o primeiro conflito de Roustaing com os seus conterrâneos, especialmente o Sr. Sabò, haja vista que nestas alturas eles não mais se entendiam. Roustaing, também novo no espiritismo, já prenunciava ter ideias e convicções que destoavam dos seus pares. Mais à frente se verá que essas ideias e convicções eram próprias de sua personalidade ansiosa de reconhecimento. O trecho acima da carta de 12 de outubro de 1861 mostra dois pontos distintos: o primeiro, quando aborda a Sociedade Espírita Bordalesa e Kardec coloca as razões que o levam a decidir pela visita a Bordéus, razões essas opostas às de Roustaing; o segundo ponto é aquele em que Kardec chama a atenção para a questão moral que define o "verdadeiro espírita", como quem critica diretamente o comportamento de Roustaing em relação aos problemas dentro da Sociedade Bordalesa. Roustaing não se adaptou à simplicidade de Sabò, menos ainda à sua firmeza no trato com os espíritos. Não se pode deixar de perceber aí o tom incisivo com que Kardec o chama à responsabilidade. Claro está que havia desgastes nas relações de Roustaing e seus contemporâneos espíritas e, mesmo ainda sem a inauguração da Sociedade Espírita Bordalesa, que seria aberta oficialmente por Kardec nesta sua viagem, também com os espíritas que a ela se dedicavam, à frente dos quais estava Sabò. O simples fato de Roustaing não desejar a presença de Kardec e de tornar conhecida deste a possibilidade de não ser ele bem recebido – o que, afinal, não se deu conforme Roustaing imaginava – pareceu a Kardec um comportamento contrário ao que deveria ocorrer, conforme manifesta com força na carta.

Kardec sabia, nestas alturas, que Roustaing já não mais frequentava o grupo de Sabò? É possível que sim, pois, como se verá, Sabò mantinha correspondência à miúde com Kardec e, tendo recebido Roustaing em sua casa por indicação de Kardec, muito certamente deu a este conhecimento do afastamento daquele.

O codificador continua:

> O Senhor diz que me chamará quando tudo aí estiver indo bem. Certamente, não tenho a presunção de crer-me indispensável para fazer a barca andar; outros podem tão bem quanto eu pô-la a flutuar. Mas visto como o Senhor me honrou generosamente com o título de *chefe*, convenha que seria pregar triste peça ao general chamá-lo após a vitória. Diz ainda o Senhor que eu só teria decepções; supõe então que eu só encontro rosas em meu caminho? Se eu tivesse de recuar a cada espinho que se me deparasse, não teria melhor a fazer do que ficar em casa e aí viver tranquilo, deixando os outros se desembaraçarem como pudessem; depois, quando toda a tarefa estivesse feita apresentar-me para receber as honrarias. Francamente, caro Senhor, eu acreditava que o Senhor tivesse de mim melhor opinião. Não, Senhor, eu não vou a Bordéus para me ostentar, e desejo que todos os meus

confrades em espiritismo me estimem suficientemente para me crer acima de tais puerilidades.

A tentativa de Roustaing de demover Kardec da viagem a Bordéus, como se vê, mexeu com os brios do codificador, deixando evidente que ele, Roustaing, não estava à frente do convite e da organização da visita, ou seja, estava fora do comando e insatisfeito com tudo. A carta a Kardec soou como algo despropositado e revelador de um comportamento não condizente com os princípios filosóficos de *O Livro dos Espíritos*. Note-se, desde já, a condição de chefe com que Roustaing brindava Kardec, conforme o grifo que colocamos acima. Tal condição reconhecida não vai durar por todo o tempo, uma vez que virá o momento em que Roustaing cobrará de Kardec o reconhecimento de que ele, Roustaing, era também um dos integrantes da equipe da codificação, condição essa que jamais será reconhecida por Kardec em vista dos fatos contrários gerados por aquele.

Na continuidade, já no antepenúltimo parágrafo da carta-resposta, Kardec faz mais uma revelação sobre os motivos de Roustaing não desejar a presença dele em Bordéus:

> Parto hoje mesmo para Bordéus, aceito o convite do Sr. Sabò para me hospedar em casa dele, na rua Mazarin nº 2. *Se é lá que está o perigo, é preciso que eu verifique com os meus próprios olhos.* Sei que essa família não vive na alta sociedade bordalesa; que sua vida é bastante modesta; mas eu não sou um príncipe e, como espírita, não tenho em vista uma recepção de príncipe que ficaria em contradição com os princípios que professo.

O grifo na frase acima é nosso e o fazemos para destacar que a afirmação feita anteriormente de que Roustaing havia se desentendido com Sabò, entre outras pessoas de Bordéus, não é gratuita. Antes, está registrada por Kardec nesta sua carta-resposta. Roustaing houvera dito ou insinuado algo desabonador sobre Sabò e muito provavelmente sobre a esposa deste, a Sra. Cazemajoux, sendo que os dois eram médiuns com trabalhos apreciados e publicados por Kardec. Fora o próprio codificador que houvera indicado o Sr. Sabò a Roustaing, dando início a um período de convivência entre os dois e de realização de reuniões mediúnicas em casa do casal. Mas pouco tempo depois, aquilo que no início parecia promissor desandou e fez com que Roustaing mudasse de opinião sobre o Sr. Sabò. Então, se Sabò capitaneava a ida de Kardec a Bordéus, não era com o consentimento ou aprovação de Roustaing, retirando-lhe a proeminência e, portanto, não agradava a este, evidenciando sua oposição à viagem de Kardec. Sabò era pessoa simples, a esposa e o filho, também. Roustaing havia sido presidente da Ordem dos Advogados de Bordéus. Tudo isso estava registrado na carta de 8 de outubro de 1861 que Roustaing enviou a Kardec, a qual foi tratada por ambos como confidencial, ou seja, de conteúdo reservado aos dois, apenas. É o que Kardec registra no penúltimo parágrafo desta carta-resposta. Diz ele:

> Fique perfeitamente tranquilo a respeito de sua última carta confidencial; tirarei dela o que me aproveita, mas não falarei dela; aparentarei não ter notícias do Senhor desde muito tempo.

Pode-se estranhar que Kardec assuma esse comportamento aparente de desconhecimento de notícias sobre Roustaing, mas é perfeitamente compreensivo. Não o mencionando, não estimularia curiosidades sobre o paradeiro e as ideias dele e isso não ocorrendo, não tinha por que se preocupar com ele e com sua ausência nas festividades programadas para a Sociedade Espírita Bordalesa. Percebeu Kardec que Roustaing não só não se dera bem com Sabò, mas também com outros espíritas bordaleses, afastando-se da convivência social com eles, além de os criticar.

No último parágrafo, Kardec abre a possibilidade de visitar Roustaing, atendendo a convite deste, mas não tem certeza se o fará. Eis como:

> Creia, meu caro Senhor, que será para mim uma grande satisfação ir à sua casa de campo e dar-lhe um aperto de mão, se me sobrar tempo; mas como ficarei poucos dias não sei se terei ensejo de dar-me essa alegria.

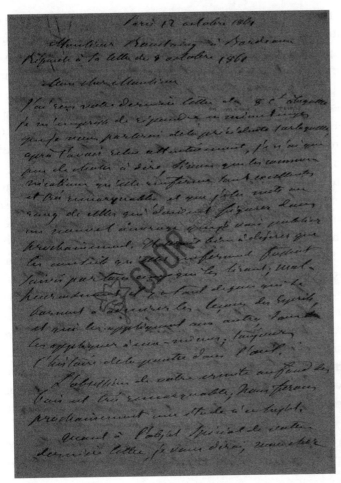

Carta de Kardec a Roustaing

Já por esse encerramento, vê-se que se Kardec desejasse de fato estar pessoalmente com Roustaing daria conta disso em sua agenda, registrando-o na carta-resposta. Também, mencionaria o evento público programado pelos espíritas de Bordéus, como oportunidade de estarem juntos e se abraçarem. Isso, porém, não ocorre. Antes, fica a incerteza ou, como afirma Kardec, "se me sobrar tempo". Como se verá, não sobrou. Considere-se, ainda, que se Kardec de fato fosse visitar Roustaing estaria, de alguma forma, colocando-o em destaque com esta distinção, como se o apoiasse em seus conflitos com a família Sabò. Teria Kardec alguma informação dos espíritos aconselhando cuidados com Roustaing? Registros ainda não existem para o confirmar, pelo menos para essa primeira viagem, o que não se repetirá na segunda viagem a Bordéus no ano seguinte. De qualquer forma, a prudência do codificador em relação ao futuro autor de *Os quatro Evangelhos* é bastante significativa.

O que mais dissera Roustaing a Kardec em sua carta confidencial de 8 de outubro de 1861 não se sabe. O codificador cumpriu à risca sua promessa de manter a confidencialidade daquela, mas não deixou de registrar na carta-resposta o seu profundo descontentamento com quem a princípio parecia um espírita promissor e agora se revelava possuidor de uma personalidade controversa. Há pessoas que toleram muitas coisas, às vezes coisas demais, mas não aceitam a indignidade. Esta os fere de morte e ante ela se levantam. Léon Denis chega a dizer que tudo se pode tolerar, menos a dignidade ferida. A carta-resposta a Roustaing inclui Kardec entre elas.

Conclui-se, pois, que o ambiente para Roustaing nos eventos programados para Bordéus não lhe era favorável, fato por si só capaz de justificar sua ausência. Não, Roustaing não foi, não participou e não se encontrou com Kardec nessa viagem histórica, a primeira que fizera àquela cidade. Havia a possibilidade de um encontro dos dois na casa de campo de Roustaing, para o que este convidou Kardec e o aguardou ali. Tal, porém, também não ocorreu. A prova está na carta que Kardec enviou a Roustaing em 29 de outubro de 1861, dias após o seu retorno a Paris, na qual não só lamenta não ter tido tempo de visitá-lo, mas também afirma sua satisfação pela acolhida que recebeu dos espíritas e da família Sabò, em cuja residência se hospedou. Aliás, sobre os Sabò, Kardec reafirmou sua estima considerando seus membros verdadeiros espíritas e revelou esperar que Roustaing mude de ideia, eliminando as prevenções que alimenta a respeito dela. Enfim, tudo correu bem ao contrário do quadro pintado "em cores sombrias" por Roustaing.

Os autores da biografia de Roustaing, na qual ao lado de informações comprovadas coexistem suposições sem bases sólidas, com apoio no Almanaque local da época, questiona[8]:

> Quem era o Sr. Sabò? O que se conhece sobre sua família patriarcal?
> O *Almanach spirite* de 1865 (pp. 67-8), já citado, informa que o Sr. Émile A. Sabò foi o primeiro espírita de Bordeaux a confessar suas íntimas convicções, em 1860. Ele era chefe da contabilidade da Companhia de Ferro do Sul (RS, FEB, março, 1862, p. 125). Sua residência, nesta época, estava localizada na Rue Barennes, 13 (começa na Rue Mandron e termina na Rue Le-Chapelier e está localizada a duas quadras do belo Jardim Municipal de Bordeaux).

A informação está equivocada, se considerarmos a afirmação do próprio Sabò registrada na *Revista Espírita* de maio de 1862, afirmando que conhecera o espiritismo em janeiro de 1861. O seu endereço residencial também está equivocado.

---

8. P. 236.

Retornemos a Kardec. Eis a carta no seu inteiro teor, em tradução de Canuto de Abreu, na qual Kardec informa a Roustaing sobre a viagem feita a Bordéus, carta que comprova não ter havido nenhum encontro entre os dois:

> Meu caro Senhor:
>
> Assim que tive a honra de informar-lhe a respeito, fui a Bordéus e só tenho que me felicitar pela minha viagem. Encontrei lá excelentes elementos para o espiritismo e espero que produzam frutos.
>
> A acolhida que recebi ultrapassou de muito minha expectativa, e não duvido que o Senhor me julgue bastante satisfeito; porque foi provavelmente para me preparar uma agradável surpresa que o Senhor me apresentou as coisas com uma cor um tanto sombria. Não faltou ao meu contentamento senão o prazer de ver o Senhor; meu tempo foi de tal modo empregado que, malgrado o desejo que tive, me foi impossível ir à sua casa de campo, o que me deixou triste. Espero ser mais feliz no próximo ano.
>
> A família Sabò é bem, como o Senhor disse em uma de suas cartas[9], uma família verdadeiramente patriarcal e bem digna de estima. Sinto-me feliz de ter tido o ensejo de observar isso por mim mesmo e posso certificar-lhe de que ela se compõe de bons e verdadeiros espíritas, tal como Deus e os bons espíritos querem, pois todos tomam a doutrina a sério, no verdadeiro sentido deste termo. Gosto de pensar, meu caro Senhor, que mais tarde o Senhor partilhará minha opinião a este respeito e recuará de suas prevenções.
>
> O próximo número da *Revista Espírita* lhe dará a reportagem de minha estada em Bordéus.
>
> Queira aceitar, meu caro Senhor, a reasseguração de meus sentimentos amistosos.

---

9. Ao colocar no plural "cartas" Kardec abre a possibilidade de ter havido antes ou depois desta carta, outras escritas por Roustaing e endereçadas a ele, Kardec. Importa aguardar o andamento dos estudos para comprovar o que parece evidência.

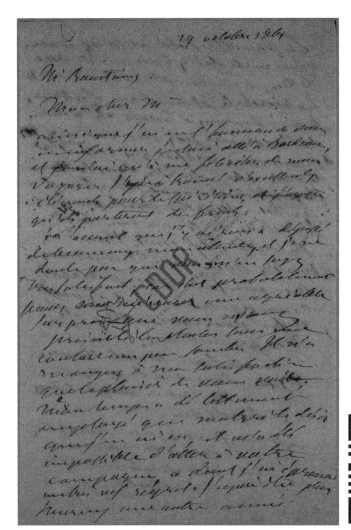 

Carta de Kardec a Roustaing

Registre-se: o fato de Kardec escrever a Roustaing sobre os acontecimentos em Bordéus reforça ainda mais a ausência deste não só no evento público, mas também em outros locais, como por exemplo no banquete que foi oferecido a Kardec, no qual outros discursos mais foram feitos, inclusive por parte deste, como registra a *Revista Espírita* de dezembro de 1861. O codificador não fez menção a Roustaing em nenhum dos seus discursos. Kardec desejava apenas demonstrar a sua contrariedade por aquilo que Roustaing havia dito sobre o Sr. Sabò e demais pessoas? Pelo quadro pintado "com cores sombrias"? Pelo "perigo" que corria de ser mal recebido? Não parece ser apenas isso. Pode-se crer que Kardec tinha por Roustaing boa consideração e esperava, sinceramente, que ele reconsiderasse o seu distancia-

PONTO FINAL – O REENCONTRO DO ESPIRITISMO COM ALLAN KARDEC | 57

mento dos antigos companheiros. Esperava até mais dele, pessoa culta, destacada, que poderia ser muito útil à doutrina e sua propagação. Do contrário, não o procuraria e não lhe escreveria, como fez, expressando "sentimentos amistosos".

A questão é saber de que forma Roustaing recebeu as duas correspondências: a de 12 de outubro e esta última, de 29 do mesmo mês. Ou seja, que efeitos as cartas produziram nele do ponto de vista psicológico e emocional. O fato de haver decidido não comparecer nos eventos preparados para Kardec em Bordéus, decisão esta que parece ter sido tomada já ao escrever a ele, tanto que na carta convidava-o para ir ter consigo em sua casa de campo, mas que também ficou reforçado pelo fato de Kardec não abandonar a ideia de viajar a Bordéus, tudo isso poderia ter ocasionado um grande desgosto a Roustaing. Resta saber quais foram os desdobramentos posteriores.

Na citada biografia de Roustaing, os autores fazem a seguinte anotação à p. 300:

> Ora, lembro ao leitor que um *grupo sério*, visitado, com certeza, por Kardec, foi o *Grupo Sabò*, que J.-B. Roustaing frequentava, por orientação sua, e no qual exercia, entre outras tarefas, a de *evocador*.

Como se viu, Kardec ficou hospedado na residência do Sr. Sabò, onde o grupo se reunia e, por esta ocasião, Roustaing não mais o frequentava, tendo nele permanecido por pouco tempo, deixando-o tão logo se desentendeu com Sabò. Não há nenhum registro ou evidência de que tenha retornado ao grupo, nem que tenha reatado relações com Sabò. Pelo contrário, neste mesmo mês de dezembro de 1861, Roustaing entra em contato com a médium Collignon e inicia com ela uma parceria que subirá a montanha dos absurdos denominada *Os quatro Evangelhos*, livro lançado quase cinco anos depois. O curto período de convivência de Roustaing com o grupo mediúnico de Sabò levanta questionamentos sobre os motivos que determinaram o afastamento entre eles. Não será demais considerar a possibilidade de ter havido intenções de Roustaing de direcionar as evocações para o seu projeto que depois se configurou junto à médium Collignon, o que poderia ter sido repelido. Afinal, estava ele na presença de dois médiuns de considerável qualidade, Sabò e sua esposa Cazemajoux. Lembremos que ainda no mês de dezembro de 1861 foram iniciadas as reuniões entre os dois, que resultaria mais tarde no livro *Os quatro Evangelhos*.

Resumindo, Roustaing teve oportunidade de visitar Kardec na residência do Sr. Sabò, informado que estava da presença dele ali, e na sessão que inaugurou a Sociedade Espírita de Bordéus, bem como no banquete oferecido ao codificador. Está provado que não o fez. Houve essa quebra de confiança nele por parte de Kardec, pelas acusações feitas à família Sabò, acusações que o desagradaram muitíssimo. Ao manter em suas falas públicas em Bordéus total silêncio sobre

Roustaing, Kardec cumpriu a promessa que fez na carta de 12 de outubro de 1861, quando afirmou: "aparentarei não ter notícias do Senhor desde muito tempo". Na carta de 29 de outubro do mesmo ano, Kardec também não faz menção a possível estranhamento de qualquer pessoa sobre a ausência de Roustaing nos eventos públicos. Se tal ocorreu, ficou intramuros. Isso também ficará claro nas correspondências trocadas entre Kardec e Sabò após o retorno do codificador a Paris. Se na residência da família Sabò houve alguma conversa em presença de Kardec sobre Roustaing, também não há registro. É possível que tenha havido, mas não se pode afirmar. Os laços entre Roustaing e Sabò estavam quebrados e nada existe que prove ter havido um reencontro em tempo algum.

KARDEC, INCISIVO COM ROUSTAING, NA ÚLTIMA CARTA

Logo no início de 1862, mais precisamente em 11 de fevereiro, Kardec encontra finalmente tempo para responder a uma carta que lhe fora enviada pelo Sr. Roustaing, de Bordéus, pela qual, depreende-se, insistia nas críticas ao Sr. Sabò. Este fato causa profundo descontentamento no fundador do espiritismo e faz com que ele deixe isso registrado mais uma vez.

Os estudos e as análises do material constante do Acervo Canuto de Abreu ainda não nos permite saber se outras correspondências mais, além da data de fevereiro de 1862, foram trocadas entre os dois. Mais à frente isso ficará esclarecido, de maneira que a presente carta é a última das que apresentamos neste livro.

A contrariedade de Kardec com Roustaing está mais uma vez manifesta na atual correspondência que lhe enviou e, pode-se conjecturar, talvez tenha sido a razão ou uma das razões que levou o codificador a demorar na resposta. Ele assim inicia a carta-resposta:

> Meu caro Senhor:
> Desde algum tempo me esforço para pôr em dia a minha correspondência sem o conseguir, porque, tendo um atrasamento considerável, cada dia traz novas obrigações e isso sem prejuízo dos trabalhos em curso que aumentam em vez de diminuírem e para os quais os dias não são bastante longos. É, asseguro-lhe, rude e pesada a minha tarefa e não há colocação, por mais lucrativa que fosse, que eu quisesse aceitar a esse custo. Só um objetivo tão grande como o que persigo pode dar-me a força de resistir à fadiga que muita vez me acabrunha. Eu me propunha a responder pormenorizadamente à sua última carta, mas devo renunciar a isso, por me faltar materialmente o tempo; limito-me pois a algumas reflexões gerais.

Vê-se, portanto, que Kardec entendia haver na carta de Roustaing material suficiente para reflexões importantes, o que não o impede de abandonar o desejo de enfrentá-lo a bem de outras tarefas. Como demonstrou em correspondências anteriores e viria a confirmar nos livros futuros, Roustaing era dotado de uma prolixidade tal, o que nos leva a entender que também essa carta enviada ao codificador continha a marca da prolixidade. Kardec, contudo, troca o enfrentamento dessas questões pela oportunidade de chamar a atenção do missivista para os fatos objetos de sua contrariedade, julgando ser mais assertivo e com isso obter melhores resultados ao seu objetivo de tentar mudar as ideias e posições assumidas por Roustaing. Vejamos este trecho à continuidade da carta-resposta:

> Vi com extremo pesar, asseguro-lhe, meu caro Senhor, a persistência de seus sentimentos de animosidade contra o Sr. Sabò. Se o Senhor tem motivos pessoais contra ele, permita-me não me envolver neles senão para lhe lembrar a caridade que deve animar todo verdadeiro espírita. Se houve agravos de um ou de outro lado, não me faço juiz deles; só me consinto examinar uma coisa: o lado em que haja maior grandeza, abnegação e generosidade ao exemplo do Cristo, e me digo: deste lado houve ofensas e foram perdoadas caridosamente.

Esta, como se sabe, não é a primeira vez que Kardec centra sua consideração sobre a criticável posição de Roustaing com as mágoas demonstradas em relação ao Sr. Sabò. Nas cartas anteriores esse postura está igualmente colocada pelo codificador, no esforço que fazia para, de um lado, rebater o missivista e, de outro, para firmar a sua crença de que o perdão era o melhor a fazer e, mais, a sua certeza de que Sabò tinha sua consideração em alta. Como o reafirma a seguir:

> O Sr. Sabò é um dos primeiros espíritas com os quais fiz relações em Bordéus e é um dos que mais contribuíram para propagar a doutrina espírita ali. Eu aprecio-lhe a modéstia, o zelo, a dedicação que não recuam diante de nenhum trabalho, nem fadiga, nenhum sacrifício pagando com esforço pessoal o que não pode pagar do próprio bolso. Também os espíritos que se comunicam conosco o colocam no número de seus auxiliares estimados, para a realização das grandes coisas que se preparam.

Tais considerações de Kardec sobre Sabò poderiam ter o efeito de fazer retroagir Roustaing em seus sentimentos com relação ao médium que Sabò era. Mas talvez aí resida o ponto principal da discórdia de Roustaing. Como se viu anteriormente, este ficou pouco tempo no grupo de Sabò e deixou-o contrariado, não sendo demasiado considerar que teria havido entre os dois posicionamento divergente decorrente das comunicações mediúnicas. Cumpre lembrar que pela época dessa carta-resposta de Kardec, Roustaing já se encontrava em contato com a médium Collignon, de cujos acertos resultaria a obra de oposição ao espiritismo, obra heterônoma por excelência. É oportuno, pois, reconhecer que Roustaing tinha noção exata, por essa ocasião, de que Sabò não se prestaria a atender aos objetivos que tinha e propunha. Ademais, manteve em relação a ele, Sabò, a animosidade que os fez divergir e separar.

Na sequência, Kardec toca, mais uma vez, nas referências que Roustaing fazia questão de apresentar com o reconhecimento da autoridade daquele que publicou *O livro dos Espíritos* e reuniu, assim, a maior experiência de quantos possuíam em relação à espiritualidade objetiva e racional. Sigamos, pois:

> Embora o Senhor me honre, meu caro amigo, a exemplo de muitos outros, com o título de chefe, e eu o estime bastante para crer que, na sua boca, isso não passe de uma fórmula banal sem mais valor do que a de seu humilde servo, não tenho a pretensão de prescrever nada, não impondo a ninguém minhas opiniões nem minha vontade; aceito a autoridade que me queiram conceder, porém não solicito nem reivindico nenhuma; só o futuro decidirá o grau da que poderão adquirir meu nome e minhas obras. Permita-me, pois, não me prevalecer desse título de chefe para lhe fazer uma súplica. O Sr. Sabò é um dos meus amigos; ficarei imensamente obrigado ao Senhor se me deixar o cuidado de julgar por mim mesmo se ele é digno de minha amizade.

Kardec não poderia ser mais explícito sobre sua consideração para com o médium Sabò, como também não poderia ser mais incisivo em relação ao propósito indevido de Roustaing de alimentar a discórdia e até separar o codificador do seu dileto amigo. Roustaing continuava disposto a trazer Kardec para si e a distanciar dele o amigo Sabò, enquanto o autor de *O Livro dos Espíritos* lhe exigia respeito sobre a disposição e a autonomia para manter a proximidade entre os dois. No parágrafo seguinte, Kardec eleva o tom de suas reflexões, mencionando coisas mais elevadas e por isso mais importantes, além de taxar de "mesquinhas rivalidades" aquilo que não merecia o emprego total de seu tempo. E depois vai reproduzir para Roustaing, de modo original, uma mensagem recebida dos espíritos, então ainda inédita. Vejamos:

> Existem por outro lado coisas bem graves, diante das quais as mesquinhas rivalidades da Terra se apagam como sombras. Revelações de extrema importância vêm hoje erguer uma ponta do véu e apresentar o porvir sob uma luz de alguma sorte nova. O caminho está desimpedido de certas obscuridades; o horizonte está de tal modo claro que posso agora caminhar com passo firme e seguro sem me deter em acidentes da estrada. Oh! Meu caro amigo, como tudo isso é grandioso! E como o Homem se sente pequeno quando lhe é dado entrever as vias misteriosas pelas quais a Providência deve chegar a seus fins., porque é então que se compreende a inutilidade da resistência. Como posso eu dizer-lhe tudo o que sei atualmente! Mas ainda não chegou o tempo

de revelar esses mistérios. Saiba somente que tudo o que está dito se cumprirá para maior glória de Deus e para a felicidade da Humanidade. Limito-me a lhe transmitir o que me foi dado numa recente comunicação espírita.

Ao referir-se às "mesquinhas rivalidades da Terra", Kardec explicita o que ocorre nas relações de Roustaing e Sabò, numa nova tentativa de contribuir para a extinção da animosidade ali criada. Mas poderia também, de modo intuitivo ou inspirado, referir-se ao que ocorreria anos depois, com a "revelação da revelação" assinada por Roustaing. De qualquer maneira, dizia ele da mediocridade presente nas rivalidades desse tipo frente às coisas de importância nobre e superiores que estavam sendo dispostas com as novas ideias que surgiam e iluminavam dia após dia a estrada do saber humano.

Vejamos, agora, a mensagem mediúnica recente que Kardec recebeu e transcreve na carta-resposta a Roustaing:

"Estais próximo do tempo de cumprimento das coisas anunciadas para a transformação da Humanidade; bem-aventurados serão aqueles que tiverem lavrado no campo do Senhor com desinteresse e sem outro móvel que a Caridade! As diárias de trabalho lhe serão pagas ao cêntuplo do que se esperavam. Bem-aventurados serão aqueles que disserem a seus irmãos: Irmãos! Trabalhemos juntos e unamos nossos esforços a fim de que o Mestre encontre a obra acabada em Seu Advento, porque o Mestre lhes dirá:- 'Vinde a mim, vós que sois bons servos; vós que fizestes calar vossas rivalidades e discórdias para não deixar a obra em mora!' Mas, desventira para aqueles que, por suas discussões, tiverem retardado a hora da colheita, porque o temporal chegará e eles serão arrastados pelo turbilhão! Clamarão: Perdão! Perdão! Mas o Senhor lhes dirá:- 'Por que pedis perdão vós que não tivestes piedade de vosso irmãos e que recusastes estender-lhes a mão, vós que abatestes o fraco em vez de o sustentar? Vós que pedis perdão, vós que procurastes vossa recompensa nas alegrias da Terra e na satisfação do vosso orgulho? Já a recebestes tal como queríeis; não peçais a mais; as recompensas celestes ficarão para aqueles que não tiverem pedido recompensas terrestres. Deus está fazendo neste momento o cadastro de Seus Servos fiéis e marcando a dedo os que não têm senão a aparência da dedicação, a fim de que não usurpem o salário dos Servos corajosos, porque é aos que não recuarem que Ele vai confiar os postos mais difíceis na grande obra da regeneração pelo espiritismo e esta sentença será cumprida: No reino dos céus, os primeiros (da Terra) serão os últimos e os últimos serão os primeiros". (Espírito A VERDADE)

Por quais vias teria refletido Roustaing sobre essa mensagem? Que grau de importância teria dado a ela e a que conclusões chegou? Essas são questões não respondidas, objetivamente, mas o certo é que Roustaing não se mostrou convencido de abandonar seus propósitos, repetimos, então em andamento, ou seja, realizar obra pessoal e contrária ao pensamento central do espiritismo que, desde lá, estava se consolidando sob o guarda-chuva e o nome de Allan Kardec. Se não conseguiria colocar-se no mesmo degrau a que Kardec chegou, nessa longa escada espiritual de renovação humana, quis pelo menos ladear o seu nome, com o apoio de seguidores descuidados e combativos.

O último parágrafo da carta fecha as esperanças de Kardec de frear os ânimos de Roustaing, levando-o a reconsiderar suas disposições. Diz ele:

> Esta comunicação recebe um grau particular de interesse de todas as que lhe servem de desenvolvimento. Mas, tal qual é, não é menos significativa. O Senhor levará a bem, eu penso, de lha haver dado em estreia, pois ela me veio à mão há dois dias.[10]

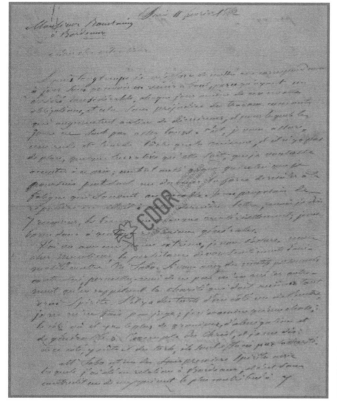

Carta de Kardec a Roustaing

---

10. Canuto de Abreu registra ao final da tradução da carta: "N. do T. A cópia carbônica da carta recebeu do punho de A. K., em tinta, as palavras iniciais "Monsieur Roustaing à Bordeaux" e as finais "Agréez" e "A.K." e, bem assim, recamaduras das letras esmaecidas ou desaparecidas no decalco. Essas coisas, é óbvio, não aparecem em clichê. As duas palavras riscadas e substituídas também o foram a tinta. A autenticidades autográfica é indiscutível".

Mensagem revela a Kardec quem é Roustaing

Pesquisas recentes colocam às claras muitos aspectos pouco compreendidos da trajetória e das lutas de Kardec para fazer com que a doutrina dos espíritos pudesse expandir seus horizontes, ao mesmo tempo em que a desenvolvia. Um desses documentos é o que ficou conhecido por "Voyage em 1862", escrito manualmente por Allan Kardec. Ele está dado ao conhecimento público no recente livro *Nem céu nem inferno – as leis da alma segundo o espiritismo*, de autoria de Paulo Henrique de Figueiredo e Lucas Sampaio, juntamente com os detalhes sobre como foi feito o acesso ao documento em Paris, em setembro de 2019. Eis como ao caderno se refere Sampaio:

> Minha atenção foi atraída por um simples caderno feito de algumas folhas dobradas e costuradas, que somavam vinte páginas. Na capa, Kardec escreveu sobre um traço leve: "Voyage en 1862" (Manuscritos CDOR Lucas 010_01-21). Não se trata do livro com título semelhante que ele escreveu publicado naquele ano, descrevendo discursos proferidos em sua visita às cidades do interior da França. Esse caderno manuscrito, único e especial, foi feito por ele exclusivamente para uma orientação pessoal ao seu trabalho, composto de comunicações e diálogos com os espíritos superiores que organizaram o espiritismo, como conselhos do Espírito da Verdade e de Sócrates, por exemplo. Kardec selecionou as mensagens e as copiou nesse caderno para fácil acesso e consulta.

Pois bem, uma das várias anotações registradas no caderno diz respeito à figura de Roustaing e encontra-se registrada à página 16. Kardec estava em Lyon, preparando-se para prosseguir viagem rumo a Bordéus, quando desenvolve o seguinte diálogo com um espírito (o nome do médium não está anotado):

P: Poderia me dizer algo sobre a continuação da viagem?

R: Sua viagem será para você a fonte de uma grande satisfação que te fará facilmente esquecer as poucas decepções que você poderá encontrar. Bordeaux, sobretudo, te oferecerá certas dificuldades, pois você terá que combater a tenacidade das ideias preconcebidas, e o orgulho das rivalidades ciumentas. Não se incomode, você terá sucesso e depois de sua partida se reconhecerá que você passou por lá, porque você reconciliará os campos divididos. Há também aí o dedo de Deus; é preciso que se possa dizer: o espiritismo operou um novo milagre. Ele reaproximou os homens que acreditávamos ser irreconciliáveis. A fé profunda de Sabò é a alavanca sobre a qual você deve se apoiar.

P: Que influência pode ter o Sr. Roustaing?

R: Se você o vir, um simples golpe de vista o fará julgar o homem, e o que se deve esperar dele. Ele tem tanta confiança nas suas luzes, que pensa que todos devem se curvar a ele. Vá se você estiver disposto a fazê-lo.

P: Sua opinião tem algum crédito?

R: Não, em geral ele passa por um entusiasta, exaltado, querendo se impor.

Na viagem a Bordéus do ano anterior, 1861, a primeira feita àquela cidade, conforme relatamos atrás, Kardec contrariou o conselho de Roustaing para cancelar a visita e, como ficou registrado, não esteve com Roustaing, não o conhecendo pessoalmente. Roustaing desejava que Kardec fosse ter com ele em sua casa de campo, mas este preferiu não o fazer. Fica claro que Kardec só teve com Roustaing contatos por correspondência, como até o presente momento os documentos já conhecidos o afirmam.

Entretanto, Kardec estava próximo de retornar a Bordéus e tinha dúvidas se uma visita a Roustaing seria proveitosa, tendo desistido de tal intento diante das informações agora a ele dadas nesse diálogo com o espírito. Se fosse conhecer Roustaing, com certeza o encontraria em pleno trabalho de elaboração de sua malfadada obra *Os quatro Evangelhos*, uma vez que desde o ano anterior vinha mantendo contatos com a médium Collignon com vistas a alcançar esse objetivo.

A informação, pois, contida no caderno dado agora a conhecer é de um significado grande e serve de acréscimo ao que já é conhecido, colocando por terra as tentativas dos seguidores de Roustaing de afirmarem que os dois, Kardec e Roustaing, se conheceram e se abraçaram fraternalmente quando da primeira visita à cidade de Bordéus.

SOCIEDADE ESPÍRITA BORDALESA

Na reunião que fez com os espíritas de Bordéus, de grande repercussão e posteriormente relatada na *Revista Espírita*, edição de novembro de 1861, emocionante segundo revelou Kardec, Roustaing não compareceu. Assim como a reunião foi marcante, marcante também foi a recepção a Kardec pelos espíritas do Bordéus, à frente o Sr. Sabò e esposa, a senhora Cazemajoux, em cuja residência Kardec se hospedou. Tendo sido a reunião intensa e vibrante, plena de manifestações de fraternidade dos espíritas entre si e para com Kardec, teve um outro fato de destaque, devidamente registrado, qual seja, a apresentação por Kardec de uma comunicação mediúnica subscrita pelo espírito que acompanhava o codificador em suas atividades enquanto responsável pela doutrina espírita. Seu nome: Erasto. Esta mensagem é de uma importância enorme, como se verá mais à frente, por seu conteúdo e pelo que ela possui de profética para a história do espiritismo especialmente em Bordéus. O sentido profético deve ser entendido em relação aos acontecimentos que ocorreriam algum tempo depois e se estenderiam por mais de século e meio. Para o espírito comunicante, Erasto, era simplesmente o cumprimento de um dever alertar os espíritas para os perigos que os rondavam, perigos estes decorrentes de uma arquitetura elaborada por espíritos desejosos de barrar o crescimento do espiritismo e desviá-lo quanto possível de sua rota. E, diga-se com muita tristeza, fato que acabou por acontecer.

A VIAGEM NA *REVISTA ESPÍRITA*

Foi em outubro de 1861 que Kardec passou os melhores momentos do ano na cidade de Bordéus, visitando-a pela primeira vez. Seus contatos, a recepção, a hospedagem na casa da família Sabò, os banquetes, a inauguração da Sociedade Espírita Bordalesa e os discursos. Ao regressar à sua residência em Paris, Kardec não perde tempo e prepara cartas-respostas, agradecimentos, além de todo o material para publicar sobre a extraordinária visão que teve do espiritismo naquelas terras. A edição seguinte da *Revista Espírita*, de novembro de 1861, estampa a reportagem, acompanhada dos discursos proferidos na ocasião. Assim, à página 287, informa o codificador:

> Encontramos em Bordéus muito numerosos e muito bons médiuns de todas as classes, de todos os sexos e de todas as idades. Muitos escrevem com uma grande facilidade, e obtêm comunicações de uma alta importância, do que os espíritos, de resto nos preveniram antes de nossa partida. Não se pode senão louvá-los, além disso, pelo zelo com o qual prestam seu concurso nas reuniões; mas o que vale mais ainda, é a abnegação de todo amor-próprio, com relação às comunicações; ninguém se crê privilegiado e intérprete exclusivo da verdade; ninguém procura se impor, nem impor aos espíritos que os assistem; todos submetem com simplicidade o que obtêm ao julgamento da assembleia, e ninguém se ofende, nem se fere pelas críticas; aquele que obtém falsas comunicações consola-se com elas aproveitando as boas que outros obtêm, e das quais não têm a inveja. Ocorre o mesmo por toda parte? Nós o ignoramos; constatamos o que vimos; constatamos também que se está penetrado desse princípio, que todo médium orgulhoso, ciumento e suscetível não pode ser assistido por bons espíritos, e que essa má direção nele, é um motivo de suspeição. Longe, pois, de procurar esses médiuns, sendo encontrados, malgrado a eminência de sua faculdade, seriam repelidos por todos os grupos sérios, que querem, antes de tudo, ter comunicações sérias, e não visar aos efeitos.

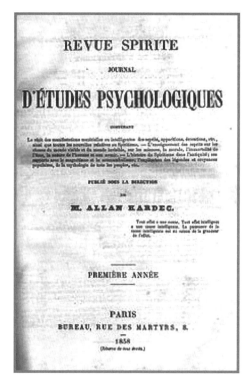

A Revista Espírita registra a 1ª viagem de Kardec a Bordéus.

O assunto médiuns e produtos mediúnicos marca o registro de Kardec, por tê-lo impressionado muito bem. Mas não perde ele a oportunidade de realçar as faculdades mediúnicas e os portadores delas, diante do comportamento elogiável e seguro de submeter as mensagens recebidas ao crivo da razão, sem constrangimento ou suscetibilidades quando tais mensagens não encontram aprovação e são repelidas. Médiuns humildes e conscientes não temem esse procedimento nem os espíritos que por eles falam e escrevem desejam impor-se ao meio ambiente com suas ideias. Médiuns orgulhosos e desejosos de incensamento de suas faculdades estão no caminho da queda.

À página 288 da revista de novembro de 1861, Kardec narra um fato curioso ocorrido na residência dos Sabò tão logo ali chegou para hospedar-se. O personagem principal é uma criança de cinco anos e meio, filho do casal. Eis como o apresenta:

> Uma vez que informamos sobre esses diversos discursos, evitamos com todo o cuidado omitir, como traço característico, a pequena alocução que nos foi recitada com uma graça encantadora e uma ingênua solicitude por uma criança de cinco anos e meio, o filho do Sr. Sabò, à nossa chegada nessa

família verdadeiramente patriarcal, e sobre a qual o espiritismo derramou a mãos cheias suas benfazejas consolações. Se toda a geração que se ergue estivesse imbuída de tais sentimentos, seria permitido entrever, como muito próxima, a mudança que deve se operar nos costumes sociais, mudança que é anunciada, por todos os lados, pelos espíritos. Não creiais que essa criança recitou seu pequeno discurso como um papagaio; não, ela apreendeu-lhe muito bem o sentido; o espiritismo, no qual por assim dizer nasceu, é já, para sua jovem inteligência, um freio que compreende perfeitamente, e que a sua razão, desenvolvendo-se, não repelirá.

Eis o pequeno discurso do nosso jovenzinho Joseph Sabò, que ficaria muito desgostoso se não o publicássemos:

Senhor Allan Kardec, permiti a mais jovem de vossas crianças espíritas vir, neste dia, para sempre gravado nos nossos corações, vos exprimir a alegria que causa a vossa chegada entre nós. Estou ainda na idade da infância; mas meu pai já me ensinou o que são os espíritos que se nos manifestam, a docilidade com a qual devemos seguir seus conselhos, as penas e as recompensas que lhes são concedidas; e, em alguns anos, se Deus julgá-lo oportuno, quero também, sob vossos auspícios, tornar-me um digno e fervoroso apóstolo do espiritismo, sempre submetido ao vosso saber e à vossa experiência. Conceder-me-eis, em recompensa destas poucas palavras ditadas pelo meu pequeno coração, um beijo que não ouso vos pedir?

Na sessão de inauguração da Sociedade Espírita Bordalesa, Kardec fez um longo discurso e traçou uma série de considerações sobre aspectos importantes da doutrina que vinha de estabelecer. Falou perante uma plateia em expectativa e em festa, ansiosa por ouvir pela primeira vez a figura central de uma doutrina nova que estava levando muitas pessoas a refletir sobre suas ideias, sobre crenças, sobre religião e espiritualidade, com enfoques de impacto. Na *Revista Espírita* de novembro de 1861, página 300, colhe-se um trecho assaz interessante do referido discurso, em que Kardec põe em relevo as ideias contrárias que nasciam dentro do próprio meio espírita, ideias que causavam certos dissabores. A análise sustenta a desnecessidade de grandes inquietações frente a elas e o seu aspecto mais relevante, ou seja, quando as ideias não guardam relação com a verdade, não se sustentam e não atraem adeptos, caindo por si mesmas.

Vejamos esse trecho:

Mas direis, se as opiniões estão divididas sobre alguns pontos da doutrina, como reconhecer de que lado está a verdade? É a coisa mais fácil. Primeiro, tendes por peso o vosso julgamento, por medida a sã e inflexível lógica. Tereis em seguida o assentimento da maioria; porque, crede bem que o número crescente ou decrescente de partidários de uma ideia vos dá a medida do seu valor; se ela é falsa, não saberá conquistar mais voz do que a verdade: Deus não o permitiria; pode deixar o erro se mostrar por aqui e por ali, para nos fazer ver suas maneiras e nos ensinar a reconhecê-lo; sem isso, onde estaria o nosso mérito se não tivéssemos escolhas a fazer? Quereis um outro critério da verdade? Eis um que é infalível. Uma vez que a divisa do espiritismo é Amor e Caridade, reconheceis a verdade pela prática desta máxima, e tende por certo que aquele que lança a pedra em outro não pode estar na verdade absoluta. Quanto a mim, senhores, ouvistes minha profissão de fé. Se, o que não apraz a Deus, se levantarem dissidências entre vós, digo-o com pesar, eu me separaria abertamente daqueles que desertassem a bandeira da fraternidade, porque, aos meus olhos não poderiam ser olhados como verdadeiros espíritas. Em todos os casos, não vos inquieteis, de nenhum modo, com quaisquer dissidências passageiras; logo tereis a prova de que elas são sem consequências graves; são provas para a vossa fé e o vosso julgamento; frequentemente, são também meios permitidos por Deus e os bons espíritos para darem a medida da sinceridade, e dar a conhecer aqueles com os quais se podem contar realmente em caso de necessidade, e que são evitados assim de se colocarem à frente; são pequenas pedras semeadas sobre o vosso caminho, a fim de vos habituar a ver sobre o que vos apoiais.

O trecho seguinte desse discurso de Kardec guarda grande semelhança com as preocupações que ele manifestou na carta a Roustaing do dia 12 de outubro de 1861, data em que também viajou para Bordéus:

> Se, o que não apraz a Deus, se levantarem dissidências entre vós, digo-o com pesar, eu me separaria abertamente daqueles que desertassem a bandeira da fraternidade, porque, aos meus olhos não poderiam ser olhados como verdadeiros espíritas.

Na prática, essa foi uma das razões apontadas por Kardec a Roustaing pelas quais ele manteve sua viagem a Bordéus, desconsiderando as alegações deste referentes ao ambiente e ao clima quanto a ida dele àquela cidade, o que de fato deu razão ao codificador, como se viu no desdobramento dos fatos.

Em outro trecho igualmente importante do seu discurso, Kardec fala da direção da Sociedade Espírita Bordalesa, suas dificuldades e precauções, como se vê à página da referida edição da *Revista Espírita*:

> É uma coisa grave conferir a qualquer um a direção suprema da doutrina; antes de fazê-lo, precisaria estar bem seguro dele sob todos os aspectos, porque, com ideias errôneas, poderia arrastar a Sociedade para um triste abismo e talvez, a sua ruína. Nos grupos particulares, cada um pode fazer

suas provas de habilidade e se designar, para mais tarde, ao sufrágio de seus colegas, se isso ocorrer; mas ninguém pode pretender ser general antes de ter sido soldado. Do mesmo modo que o bom general se reconhece pela sua coragem e pelos seus talentos, o verdadeiro espírita se reconhece pelas suas qualidades; ora, a primeira da qual deve dar a prova é a abnegação da personalidade, pois, por seus atos é que se o reconhece, mais do que pelas suas palavras. O que é preciso para uma tal direção, é um verdadeiro espírita, e o verdadeiro espírita não é movido nem pela ambição, nem pelo amor-próprio. Chamo a esse respeito, senhores, a vossa atenção sobre as diversas categorias de espíritas, cujos caracteres distintivos estão claramente definidos em *O Livro dos Médiuns* (nº 28).

De resto, qualquer que seja a natureza da reunião, quer numerosa ou não, as condições que deve preencher para atingir o objetivo são as mesmas; é nisso que é necessário levar todos os seus cuidados, e aqueles que o preencherem serão fortes, porque, necessariamente, terão o apoio dos bons espíritos. Essas condições estão mencionadas em *O Livro dos Médiuns* (nº 341).

Outro discurso, o de Sabò, também pronunciado na inauguração da Sociedade Bordalesa, contém trechos importantes, como o que esclarece que ele, Sabò, estudava e praticava o espiritismo havia apenas nove meses, ou seja, seu interesse pela doutrina datava de janeiro de 1861. Com tão pouco tempo, já havia ele conquistado a simpatia de Kardec e o seu apoio irrestrito, a ponto de aceitar participar da inauguração da Sociedade cuja criação tinha Sabò à frente. Eis o que disse em seu discurso:

> Com efeito, desde o mês de janeiro que nos ocupamos com a ciência prática; vimos se reunir a nós um certo número de irmãos que dela se ocupavam isoladamente; outros que ouviram dele falar pela voz da imprensa, ou pela voz do povo, essa trombeta ressonante está encarregada de fazer saber, sobre todos os pontos da nossa cidade, da aparição desta fé consoladora, testemunha irrecusável da bondade de Deus por Seus filhos.
>
> Apesar das dificuldades que encontramos em nosso caminho, fortalecidos pela pureza e equidade de nossas convicções, sustentados pelos conselhos de nosso amado e venerado chefe Sr. Allan Kardec, tivemos a doce satisfação, após nove meses de apostolado, com a ajuda de alguns de nossos irmãos, de poder nos reunir hoje sob seus olhos para a Reunião Geral dos Espíritas Bordaleses e inauguração desta Sociedade que, espero-o, continuará a trazer frutos em abundância, e se derramará como orvalho benfazejo sobre os corações dessecados pelo materialismo, endurecidos pelo egoísmo, inchados pelo orgulho, e levará o bálsamo da resignação aos aflitos e aos sofredores, aos pobres e aos deserdados dos bens terrestres, dizendo-lhes:
>
> Confiança e coragem; as provas terrestres são curtas comparativamente

70 | WILSON GARCIA

à eternidade da felicidade que Deus vos reserva em recompensa de vossos sofrimentos e de vossas lutas neste mundo.

KARDEC E O CORPO FLUÍDICO

Em meu livro *O corpo fluídico*, cuja primeira edição foi publicada em 1981 pela Editora Correio Fraterno do ABC, relato esses acontecimentos e reproduzo a mensagem de Erasto, repetindo-o aqui mais adiante. Agora com os novos documentos constantes do Acervo Canuto de Abreu, o episódio adquire outro tom, ganha mais clareza e encontra sua comprovação.

Allan Kardec não tergiversou sobre o espiritismo. Jamais. Aqueles que o insinuam cometem o crime de lesa-pátria nas palavras de J. Herculano Pires. Preciso é que se diga que em matéria doutrinária foi ele firme, inarredável e inamovível. A questão roustainguista está na frente de todas as demais que sofreram repúdio do bom-senso encarnado, como Camille Flammarion adjetivou o estruturador do espiritismo. O desgaste histórico que a obra indefensável do advogado de Bordéus causou à doutrina espírita é tão intenso quanto profundo, precisando que os espíritas corajosos dos tempos atuais façam um esforço hercúleo para reconduzi-la aos seus verdadeiros trilhos.

Quando se afirma que "maiores teriam sido as dificuldades à sequência do desenvolvimento doutrinário e evangélico, se Kardec houvera aquiescido em dar cobertura aos ensinos contidos em *Os quatro Evangelhos*[11], como o fizeram os autores da obra *Allan Kardec* patrocinada pela Federação Espírita Brasileira, se está utilizando de um sofisma para dar a Roustaing um argumento que o justifique como integrante de destaque da equipe de Allan Kardec. A questão é de tal magnitude que é preciso retornar ao passado a fim de clareá-la e, mais que tudo, extinguir o tumor definitivamente. Permito-me retomar partes do meu livro *O corpo fluídico*, acima citado, para encaminhar o raciocínio nesta direção explicitada, ampliando-a e complementando-a com os novos documentos disponíveis nos arquivos do CDOR-FEAL. Vejamos.

O pensamento de Allan Kardec sobre o corpo fluídico pretendido para Jesus foi por ele manifesto, de modo muito claro, principalmente nas seguintes obras: *Revista Espírita*, que ele fundou e dirigiu até 1869; *A Gênese, os Milagres e as Predições*, livro publicado em 1868 e em *Obras Póstumas*. Nos documentos existentes nos arquivos do CDOR-FEAL temos agora fontes complementares, especialmente as Cartas de Kardec. Sobre esse pensamento não pode haver nenhum tipo de sombra, pois não comporta mais tergiversações, não dá margem a interpretações dúbias. Assim, repetimos, quando os autores do livro *Allan Kardec* disseram que "maiores teriam sido as dificuldades à sequência do de-

---

11. *Allan Kardec, uma meticulosa pesquisa biobibliográfica*. Ed. FEB, vol. III, p. 292.

senvolvimento doutrinário e evangélico, se Kardec houvera aquiescido em dar cobertura aos ensinos contidos em *Os quatro Evangelhos"*, não estavam apenas enganados sobre o pensamento do codificador, mas forçando uma visão que os fatos desautorizam.

AS RELAÇÕES DE KARDEC E ROUSTAING

Antes de passar em revista o estudo de Kardec sobre o assunto, façamos um retrospecto acerca do relacionamento que ele manteve, ou melhor, que com ele manteve Roustaing. De início, diga-se que esse relacionamento não foi estreito nem constante. A *Revista Espírita* informa – e o pesquisador Canuto de Abreu confirma – que a primeira correspondência trocada entre ambos ocorreu em março de 1861, quando Roustaing endereçou uma carta a Kardec informando-o de sua adesão ao espiritismo. Em junho do mesmo ano o codificador publicou na *Revista Espírita* a segunda carta recebida de Roustaing, bastante longa, seguida de comentários sobre a maneira judiciosa que este expunha sobre a doutrina, mormente em se tratando de uma pessoa iniciante.

Na apresentação, Kardec informa:

> A carta seguinte nos foi enviada pelo Sr. Roustaing, advogado no Tribunal Imperial de Bordéus e antigo presidente da Ordem dos Advogados. Os princípios que aí são claramente expressos por um homem de sua posição, posto entre os mais esclarecidos, talvez levem a refletir aqueles que, julgando-se com o privilégio exclusivo da razão, colocam sem cerimônia todos os adeptos do espiritismo entre os imbecis.

O teor da carta permite auferir um pouco da personalidade do missivista. Começa ele de modo protocolar com o reconhecimento de Kardec como chefe, tratamento que será repetido em outras correspondências: "Meu caro senhor e muito honrado chefe espírita". E em seguida afirma: "Recebi a suave influência e colhi o benefício destas palavras do Cristo a Tomé: *Felizes os que não viram e creram"*, profundas, verdadeiras e divinas palavras que mostram o mais seguro caminho, o mais racional, que conduz à fé, segundo a máxima de São Paulo, que o espiritismo cumpriu e realiza: *Rationabile sit obsequium vestrum"*. Vê-se destacar desde já uma linguagem na linha evangélica.

A seguir, Roustaing confirma haver escrito pela primeira vez a Kardec em março de 1861 e apresenta diversas considerações, como se pode observar:

> Quando vos escrevi em março último, pela primeira vez, dizia: *"Nada vi, mas li e compreendi, e creio"*. Deus me recompensou bem por ter crido sem ter visto; depois vi e vi bem; vi em condições proveitosas, e a parte experimen-

tal veio animar, se assim me posso exprimir, a fé que a parte doutrinária me havia dado e, fortalecendo-a, imprimir-lhe a vida.

Depois de ter estudado e compreendido, eu conhecia o mundo invisível como conhece Paris quem a estudou sobre o mapa. Pela experiência, trabalho e observação continuada, conheci o mundo invisível e seus habitantes como conhece Paris quem a percorreu, mas sem ter ainda penetrado em todos os recantos dessa vasta capital. Não obstante, desde o começo do mês de abril, graças ao conhecimento que me proporcionastes, do excelente Sr. Sabò e sua família patriarcal, todos bons e verdadeiros espíritas, pude trabalhar e trabalhei constantemente todos os dias com eles ou em minha casa, em presença e com o concurso dos adeptos de nossa cidade, que estão convictos da verdade do espiritismo, embora nem todos sejam ainda, de fato e praticamente, espíritas.

Como se observa, Roustaing se refere ao Sr. Sabò e sua família, com quem estava trabalhando, sabe-se, nos estudos e atividades mediúnicas. O Sr. Sabò mantinha correspondência regular com Alla Kardec. Essa correspondência teve início antes de Roustaing escrever a Kardec. Foi, pois, Kardec quem apresentou a Roustaing o Sr. Sabò e família, ele que estava entusiasmado com o espiritismo e aproveitava todo o tempo disponível para os estudos e as atividades mediúnicas. Sente-se que desejava apressar o passo no caminho pelo qual decidiu seguir, com um misto de deslumbramento e satisfação.

Na sequência, fala a Kardec das mensagens surgidas por meio do Sr. Sabò, assinadas por espíritos superiores a partir de evocações por eles, Sabò e Roustaing, feitas, destacando-se as impressões relevantes que o conhecimento da reencarnação deixou nele. Acompanhemos:

> O Sr. Sabò remeteu exatamente o resultado de nossos trabalhos, obtidos a título de ensinamento por evocações ou por manifestações espontâneas dos espíritos superiores. Experimentamos tanta alegria e surpresa quanta confusão e humildade, quando recebemos esses ensinamentos tão preciosos e verdadeiramente sublimes de tantos espíritos elevados que vieram visitar-nos ou nos enviaram mensageiros para falar em seu nome.
>
> Oh! caro senhor, como sou feliz por não mais pertencer, pelo culto material, à Terra que agora sei não ser para os nossos espíritos senão um lugar de exílio, a título de provas ou de expiação! Como sou feliz por conhecer e ter compreendido a *reencarnação*, com todo o seu alcance e todas as suas consequências, como realidade e não como alegoria. A reencarnação, essa sublime e equitativa justiça de Deus, como ainda ontem dizia o meu guia protetor, tão bela, tão consoladora, desde que deixa a possibilidade de fazer no dia seguinte o que não pudemos fazer na véspera; que faz a criatura progredir para o Criador; "esta justa e equitativa lei", segundo a expressão

de Joseph de Maistre, na evocação de seu espírito, que fizemos e que recebestes; a reencarnação que é, segundo a divina palavra do Cristo, "o longo e difícil caminho a percorrer para chegar à morada de Deus."

Agora compreendo o sentido destas palavras do Cristo a Nicodemos: *Sois doutor da lei e ignorais isto*? Hoje, que Deus me permitiu compreender de maneira completa toda a verdade da lei evangélica, eu me pergunto como a ignorância dos homens, *doutores da lei*, pôde resistir a este ponto à interpretação dos textos; produzir assim o erro e a mentira que engendraram e alimentaram o materialismo, a incredulidade, o fanatismo ou a poltronaria? Eu me pergunto como esta ignorância, este erro puderam produzir-se quando o Cristo tivera o cuidado de proclamar a necessidade de reviver, dizendo: "É PRECISO NASCER DE NOVO", e por aí a reencarnação como único meio de ver o reino de Deus, o que já era conhecido e ensinado na Terra e que Nicodemos devia saber: "Sois doutor da lei e ignorais isto!" É verdade que o Cristo acrescenta a cada passo: "Que os que têm ouvidos, ouçam"; e também: "Têm olhos e não veem; têm ouvidos e não ouvem e não compreendem", o que pode aplicar-se aos que vieram depois dele, bem como aos de seu tempo.

Eu disse que Deus, na Sua bondade, me recompensou por nossos trabalhos até este dia e os ensinos que permitiu nos fossem dados por Seus divinos mensageiros, "missionários devotados e inteligentes junto aos seus irmãos, — segundo a expressão do espírito de Fénelon — para lhes inspirar o amor e a caridade para com o próximo, o esquecimento das injúrias e o culto da adoração devido a Deus." Compreendo agora o alcance admirável destas palavras do espírito de Fénelon, quando fala desses divinos mensageiros: "Viveram tantas vezes que se tornaram nossos mestres."

Agradeço com alegria e humildade a esses divinos mensageiros por terem vindo nos ensinar que o Cristo está em missão na Terra, para a propagação e o sucesso do espiritismo, essa terceira explosão da bondade divina, para cumprir aquela palavra final do Evangelho: *"Unum ovile et unus pastor"*; por nos ter vindo dizer: "Não temais nada! O Cristo (por eles chamado Espírito de Verdade), a Verdade é o primeiro e o mais santo missionário das ideias espíritas." Estas palavras me tinham tocado vivamente e eu me perguntava: "Mas onde então está o Cristo em missão na Terra?" A Verdade comanda, conforme a expressão do espírito de Marius, bispo dos primeiros tempos da Igreja, essa falange de espíritos enviados por Deus em missão na Terra, para a propagação e o sucesso do espiritismo.

Que suaves e puras satisfações dão esses trabalhos espíritas pela caridade feita, com o auxílio da evocação, aos espíritos sofredores! Que consolação se acha em uma comunicação com os que, na Terra, foram nossos parentes ou nossos amigos; em saber que são felizes ou aliviar-lhes o sofrimento! Que viva e brilhante luz lançam em nossas almas esses ensinos espíritas que, ensinando-nos a verdade completa da lei do Cristo, dão-nos a fé por intermédio de nossa própria razão e nos fazem compreender a onipotência do Criador, Sua grandeza, Sua justiça, Sua bondade e Sua misericórdia infinita, colocando-nos assim na deliciosa necessidade de praticar esta lei divina do amor e da caridade! Que sublime revelação nos dão, ensinando que esses divinos mensageiros, fazendo-nos progredir, progridem eles também, a fim de irem engrossar a falange sagrada dos espíritos perfeitos! Admirável e divina harmonia que nos mostra, ao mesmo tempo, a unidade em Deus e a solidariedade entre todas as criaturas; que nos mostra estas sob a influência e o impulso dessa solidariedade, dessa simpatia, dessa reciprocidade, chamadas a subir e subindo, mas não sem passos falsos e sem quedas, nos seus primeiros ensaios, essa longa e alta escada espírita para, após haver percorrido todos os degraus, chegar ao estado de simplicidade e de ignorância originais, à perfeição intelectual e moral e, por essa perfeição, a Deus. Admirável e divina harmonia que nos mostra esta grande divisão da inferioridade e da superioridade, pela distinção dos mundos que são lugares de exílio, onde tudo são provas ou expiações, e dos mundos superiores, morada dos bons espíritos, onde estes não têm mais senão que progredir para o bem.

Bem compreendida, a reencarnação ensina aos homens que aqui se acham num lugar de passagem, onde são livres de não mais voltar, se para tanto fizerem o que é necessário; que o poder, as riquezas, as dignidades, a ciência não lhes são dados senão a título de provas e como meio de progredir para o bem; que eles não estão em suas mãos senão como um depósito e um instrumento para a prática da lei do amor e da caridade; que o mendigo que passa ao lado de um grão-senhor é seu irmão perante Deus, e talvez o tenha sido perante os homens; que talvez ele tenha sido rico e poderoso. Se agora ele se acha numa condição obscura e miserável, é por ter falido às suas terríveis provas, lembrando assim aquela palavra célebre, do ponto de vista das condições sociais: "Há apenas um passo, do Capitólio à rocha Tarpeia", mas com a diferença de que, pela reencarnação, o espírito se ergue de sua queda e pode, depois de haver remontado ao Capitólio, lançar-se de seu pico às regiões celestes, morada esplêndida dos bons espíritos.

A reencarnação, ao ensinar aos homens, segundo a admirável expressão de Platão, que não há rei que não descenda de um pastor nem pastor que não descenda de um rei, apaga todas as vaidades terrenas; liberta do culto material e nivela *moralmente* todas as condições sociais. Ela constitui a igualdade, a fraternidade entre os homens, como para os espíritos, em Deus e diante de Deus, e a liberdade que sem a lei do amor e da caridade não passa de mentira e de utopia, como no-lo dizia ultimamente o espírito Washington. Em seu conjunto, o espiritismo vem dar aos homens a unidade e a verdade em todo progresso intelectual e moral, grande e sublime empreendimento do qual não passamos de apóstolos muito humildes.

Adeus, meu caro senhor. Após três meses de silêncio, eu vos fatigo com uma carta muito longa. Respondei quando puderdes e quiserdes. Eu me

PONTO FINAL – O REENCONTRO DO ESPIRITISMO COM ALLAN KARDEC | 75

proporia a fazer uma viagem a Paris para ter o prazer de vos conhecer pessoalmente, de fraternalmente vos apertar a mão. Minha saúde a isto se opõe no momento.

Podeis fazer desta carta o uso que achardes conveniente. Eu me honro de ser declaradamente e publicamente espírita.

Roustaing era, então, destacado advogado em Bordéus, onde também presidira a Ordem dos Advogados, fato que contribuiu para que Kardec publicasse a carta (já que não houvera publicado a primeira), pois tratava-se de mais uma pessoa de destaque na sociedade a se interessar pelo espiritismo. Depois dessa, mais quatro vezes, apenas, Roustaing aparece na *Revista Espírita*: a primeira, quando Kardec noticia o recebimento de *Os quatro Evangelhos*, em junho de 1866, e tece seus primeiros comentários a respeito dessa que era (e ainda é) a principal obra de defesa da doutrina do corpo fluídico de Jesus; a segunda vez já no ano seguinte, 1867, quando uma ligeira correspondência sua é publicada, a seu pedido, para retificar um erro de revisão cometido em sua obra *Os quatro Evangelhos*. Além desses aparecimentos Roustaing é citado num discurso do Dr. Bouché de Vitray, realizado quando Kardec visitou, em 1861, a cidade de Bordéus, no qual destaca a participação do advogado na conversão dele, Bouché, ao espiritismo, e num artigo extraído de "Soleil", publicação não espírita, em que o autor tece críticas ao espiritismo e cita um tanto irônico a obra *Os quatro Evangelhos*. Esse artigo está inserido na edição de setembro de 1866 da Revista. Há, portanto, um hiato entre a publicação da segunda carta e a notícia do aparecimento do livro apresentado por Roustaing, hiato de cerca de cinco anos, durante o qual o nome de Roustaing desaparece do principal órgão espírita, criado e publicado por Kardec. Isso não significa, contudo, que Kardec deixara e ficara à distância do que pensava e realizava o advogado de Bordéus, uma vez que suas correspondências com Sabò, Collignon e outros espíritas do seu círculo de relacionamento permanecia e que, agora, começam a surgir nas cartas de Kardec recuperadas.

COLLIGNON NA *REVISTA ESPÍRITA*

Assim como Roustaing, as aparições da médium Emilie Collignon na *Revista Espírita* são poucas. Em 1862, escrevem de Bordéus ao codificador (não há menção do missivista) narrando a tentativa realizada por um padre para impedir que certa senhora, católica, viesse a acreditar no espiritismo. Essa senhora era exatamente a genitora da médium, Emilie Collignon, que por sua vez escreve ao padre rebatendo-o de forma bastante segura. A carta da médium foi publicada na *Revista Espírita*, na sua edição de maio de 1862. A partir daí, Emilie Collignon aparece algumas outras vezes na Revista, com a publicação de mensagens mediúnicas por ela recebidas. Em 1864, mês de junho, Kardec fala do aparecimento do opúsculo intitulado *Conselhos às mães de família*, por ela psicografado, e diz que "tem a satisfação de aprovar esse trabalho sem reservas", pelo "estilo simples, claro, conciso, sem ênfase nem palavras para encher vazios de sentido". No ano seguinte, Kardec informa com satisfação o aparecimento de um novo opúsculo – *Palestras familiares sobre o espiritismo* – também da médium. Posteriormente, em 1866, ela retorna, agora como responsável mediúnica por *Os quatro Evangelhos*, para depois não mais aparecer enquanto sob a direção do codificador esteve a *Revista Espírita*.

É certo, porém, que a Sra. Collignon manteve algumas correspondências com Kardec antes mesmo de completar sua atividade na recepção de *Os quatro Evangelhos*, especialmente para tomar conselhos com o codificador sobre dúvidas diversas, inclusive na atividade mediúnica, conforme documentos hoje disponíveis no CDOR-FEAL, integrando o acervo Canuto de Abreu.

Collignon – duas cartas inéditas

Cabe, agora, trazer ao conhecimento público dois importantes documentos dos inúmeros que estão em poder do CDOR-FEAL. Trata-se, o primeiro, de uma correspondência datada de 21 de junho de 1864, na qual Kardec responde a uma consulta da Sra. Collignon do dia 1º daquele mesmo mês. Repare-se que Collignon recorria a Kardec para tirar dúvidas doutrinárias, e não a Roustaing. *Os quatro Evangelhos* seriam lançados cerca de dois anos após. Repare-se, ainda, que embora ela estivesse a serviço de Roustaing por essa ocasião, não há nenhuma menção a ele ou ao trabalho que ele realizava. Se a recepção mediúnica de Collignon então já houvesse cessado e todo o texto correspondente estivesse nas mãos de Roustaing, ainda assim poderia a médium mencionar o assunto. Se Roustaing estava relacionando-se com ela, também. Mas neste aspecto o silêncio é total. Por não tocar no assunto, o que faria se houvesse alguma menção na carta da Sra. Collignon, fica patente que Kardec nada sabe a respeito do que se passa com ela e Roustaing. Correto? Não. Kardec e Collignon eram dotados de uma educação tal que muito dificilmente tomariam a iniciativa de entrar em detalhes constrangedores. Ocorre que, apesar disso, os dois estavam em permanente troca de correspondências e não seria de estranhar que Collignon desse informações sobre a sua relação com Roustaing.

O tema da carta de Collignon é a proximidade da desencarnação de sua mãe, que estava bastante doente. Tinha a médium dúvidas sobre como conduzir as cerimônias de sepultamento do corpo e pensava em reduzir tudo ao estritamente necessário, sem pompa nenhuma, tudo em nome da sua condição de espírita. Vejamos este primeiro trecho, em tradução de Canuto de Abreu:

> Uma vez que a Senhora pede meu conselho na grave circunstância de que me fala, direi de modo *bem positivo* que ainda não chegou o tempo de

se fazer uma demonstração ostensiva dessa natureza em nome do espiritismo; isso teria graves inconvenientes e poderia produzir cenas desagradáveis que, em lugar de adiantar retardaria as coisas. Poderia também lançar divisão em sua família, o que é preciso evitar. O verdadeiro espiritismo, a Senhora sabe, está no coração e não nas demonstrações exteriores. Não se deve, até nova ordem, romper cara a cara com os usos adotados, sobretudo em casos como esse. Não creia que isso reuniria os indiferentes; não, isso os afastaria, dando ao espiritismo um caráter de seita. Estamos no tempo em que é preciso ainda transigir com certos preconceitos sociais.

A postura de Kardec em relação à cerimônia de sepultamento é a da prudência e da tolerância, tendo em vista evitar consequências negativas à percepção da doutrina espírita, então com apenas sete anos de vida. Vê-se que Collignon desejava ser leal aos novos conhecimentos trazidos pelo espiritismo, que ela adotou, mas tinha dúvidas sobre como proceder, daí recorrer a Kardec. O primeiro impulso é no sentido de agir contra as formalidades exteriores, próprias do dogmatismo. Kardec, com os olhos além do momento presente, mira as repercussões que possam advir de uma percepção equivocada do agir espírita. Sua posição é: o espírita deve ter tolerância para com os preconceitos, demonstrando respeito às formalidades decorrentes da tradição e do dogmatismo religioso, sem que isso represente fraqueza ou falta de convicção. Era nesse sentido que aconselhava.

O codificador prossegue:

> Creio, pois, dar-lhe parecer prudente, aconselhando-a a fazer as coisas de modo conveniente, embora *sem fausto nem vã ostentação*. Seus sentimentos são bastante louváveis, mas seriam mal interpretados. Seria bem diferente se a Senhora sua Mãe manifestasse (enquanto viva) vontade formal de que a cerimônia fosse reduzida à mais simples expressão, caso em que seria preciso obedecer; ninguém teria nada que dizer, porque a iniciativa não seria sua. Então, seria bom exemplo reservar para obras de caridade a soma que seria empregada em representação.
>
> O que a Senhora pode fazer, e que eu veria com prazer, é, na participação fúnebre, dizer algumas palavras características sob o ponto de vista espírita, no gênero da do Havre que relatei na *Revista Espírita* de março último, página 88. Poder-se-ia formular assim ao término: ROGAMOS a Deus Todo-Poderoso e Misericordioso, e aos bons espíritos, queiram acolhê-la favoravelmente e auxiliá-la no rápido desprendimento de sua alma.
>
> Não duvido que, face a esse convite, todos os bons espíritas se unissem em intenção, sem necessidade de se reunirem em número, e estou persuadido de que todos os de Bordéus se julgarão no dever de a acompanhar até a última morada.

Kardec tem extremo cuidado de não ferir suscetibilidades, de não dar motivos à sociedade de pôr-se em oposição à doutrina que, se propunha uma renovação em seus conceitos de espiritualidade, não desejava alinhar-se com nenhum culto ou tipo de religião. Seus conselhos servem, sem dúvida, para os dias atuais, em que novos e velhos adeptos vivem aqui e ali situações semelhantes a enfrentar, seja diretamente, seja por conta de amigos e familiares. Compreendendo que o espiritismo não é religião, não tem por que seus adeptos se importarem em demonstrar de modo ostensivo seus preceitos nestas ocasiões, quando a sociedade ainda impõe a outrem comportamentos e conceitos, usos e costumes.

Kardec finaliza sua resposta à Sra. Collignon:

> Se ela pressentir o próximo fim, seria útil que ela soubesse, ou que a Senhora lhe lesse a prece que se encontra na "Imitação do Evangelho", página 362.
>
> Como é provável que, após o acontecimento, ela se comunique com a Senhora, ficar-lhe-ia muito grato se me enviasse o resultado.
>
> Seu todo atento, A.K.
>
> P.S. Ou então: OREMOS pelo pronto restabelecimento de sua alma e para que Deus e os bons espíritos se dignem de acolhê-la favoravelmente.

Em nota ao pé da tradução, Canuto de Abreu observa:

> A mãe da Senhora Collignon faleceu em [17 de julho de 1864]. Com o título de "Suplemento ao Capítulo de Preces da IMITAÇÃO DO EVANGELHO", A.K. disse, na *Revista Espírita* 1864, página 235: O espiritismo é uma fé íntima; está no coração e não nos atos exteriores. Ele não prescreve nenhum que seja de natureza a escandalizar os que não compartilham a nossa crença; recomenda, ao contrário, abstermo-nos deles por espírito de caridade e de tolerância.

Carta de Kardec a Sra. Collignon

O segundo documento é também uma carta na qual Kardec responde à médium sobre suas preocupações e dúvidas e – destaque-se – o tema central é o **corpo de Jesus**. A carta está datada de 31 de outubro de 1863. Vamos analisá-la em suas partes, contando com a tradução de Canuto de Abreu assim apresentada:

> Senhora de Collignon
> Cara Senhora:
> Apresso-me a responder-lhe à amável carta para agradecer-lhe os bons pensamentos e votos que teve a bondade de enviar-me no interesse da doutrina espírita. Verá pelo próximo número da *Revista Espírita* que eles foram atendidos e que os bons espíritos me vêm auxiliar da maneira mais eviden-

te; peço-lhe, pois, agradecer a eles e pedir-lhes que continuem a assistência como têm feito até hoje.

Quanto à *Morte de Jesus* a senhora teve perfeitamente razão de não crer autêntica essa história. Há, entretanto, mais verdade nessa maneira de encarar a questão do que na teoria de Aegidius Hunnius[12], que é evidentemente falsa. Não me seria possível entrar, neste momento e por meio de correspondência, na explicação completa dessa questão, que será ulteriormente tratada quando vier o seu tempo, com todos os desenvolvimentos que ela comporta. Eu a induzo a ter paciência, virtude que lhe deve ser fácil. Para este momento há coisas mais essenciais que devem preocupar os verdadeiros espíritas, é fazer compreender a parte moral do espiritismo, pois não é a revelação de tal ou qual fato que tornará melhores os homens. Certas revelações prematuras teriam mesmo inconvenientes; é por isso que os espíritos aguardam o momento oportuno antes de fazê-las. Fique segura duma coisa: quando eles não estão de acordo sobre certos pontos é que o momento de esclarecê-los ainda não veio; veja, ao contrário, que há concordância para todas as verdades fundamentais cujo conhecimento é essencial. A questão que a preocupa não é desse número; como outras, ela virá ao seu tempo.

Terei prazer em aceder ao desejo da Senhora sua filha para aumentar-lhe a coleção de selos postais. Confesso-lhe que desde a visita do Sr. Méric, perdemos isso um pouco de vista; neste momento de passagem de um ano para outro, estamos tão ocupados, minha mulher e eu, que não poderemos fazer a triagem necessária; deixo pois a remessa para a primeira quinzena de janeiro, se a Senhora quiser ter a gentileza de permitir-me, encantado de poder fazer algo que lhe seja agradável e à sua filha, a quem peço, também à Senhora e ao Sr. Collignon, que aceitem a expressão de minha sincera dedicação.

P.S. Minha mulher, sensibilizada pela sua lembrança, comigo desejamos para a Senhora tudo quanto a possa fazer feliz neste e noutro Mundo.

---

12. **Aegidius Hunnius,** o Velho (21 de dezembro de 1550 em Winnenden – 4 de abril de 1603 em Wittenberg) era um teólogo luterano da tradição escolástica luterana e pai de Nicolaus Hunnius.

Carta de Kardec à Sra. Collignon

Como se nota, a carta de Kardec à médium Collignon – de importância histórica – apresenta-se dividida em três partes: a primeira, em que o codificador agradece pelos "bons pensamentos e os votos no interesse da doutrina espírita", bem como pelo agradecimento aos espíritos pelo apoio que tem recebido, sugerindo que a missiva de Collignon objeto dessa resposta trouxe-lhe de parte dos espíritos que ela intermedia palavras otimistas.

A segunda parte diz respeito a questões que preocupavam a médium, diretamente ligadas ao corpo de Jesus. Refere-se, portanto, à tese do corpo fluídico que, nessas alturas, já estava sendo desenvolvida por Roustaing, depois de ser pela médium recebida. As palavras de Kardec são diretas: "a Senhora teve perfeitamente razão de não crer autêntica essa história". Isto evidencia que Kardec já estava diante do fato cerca de três anos antes da obra de Roustaing vir a público, portanto, quando ela é publicada em 1866 não lhe pega de surpresa. Se Collignon vai manter-se convicta contrariamente à tese, isso se deve em boa medida a essas conversas e orientações de Kardec, que lhe disse mais: "Há, entretanto, mais verdade nessa maneira de encarar a questão do que na teoria de Aegidius Hunnius, que é evidentemente falsa". Ou seja, Kardec está estimulando Collignon a manter-se à parte da crença.

O momento de tratar do assunto não é oportuno, segundo Kardec, e uma análise profunda nem mesmo cabe no espaço de uma correspondência. Mas não é só: "Para este momento há coisas mais essenciais que devem preocupar os verdadeiros espíritas, é fazer compreender a parte moral do espiritismo, pois não é a revelação de tal ou qual fato que tornará melhores os homens", afirma de forma peremptória Kardec.

Outra afirmação dele não deve passar despercebida. É a que diz respeito a revelações e concordâncias. Diz ele: "Certas revelações prematuras teriam mesmo inconvenientes; é por isso que os espíritos aguardam o momento oportuno antes de fazê-las". Veja-se que o desejo de receber revelações dos espíritos permeia de forma intensa as ações e também os desejos dos adeptos de Roustaing ao longo do tempo, em França e no Brasil, como está presente ostensivamente na obra *Os quatro Evangelhos* e surgirá de maneira destacada entre membros dos grupos de estudo das ideias roustainguistas, entre os quais está o Grupo Sayão no Brasil, objeto de estudo do próximo capítulo. Estes desejavam ardentemente produzir obras mediúnicas contendo "revelações", na linha das fracassadas teses de *Os quatro Evangelhos*. É que Roustaing havia previsto que *Os quatro Evangelhos* eram apenas o início de uma obra que se desdobraria no futuro, com outras revelações da revelação. Sobre isso, o entendimento entre os adeptos de Roustaing é diverso e conflitante. Há quem diga que tais complementos já se realizaram, enquanto outros ainda esperam que ocorram. O Grupo do Sayão, no Rio de Janeiro, tinha esperança de participar com novas revelações, havendo, inclusive, um projeto para isso. Alguns chegam a dizer que o livro *Elucidações evangélicas*, de Sayão, é um desses livros complementares (ver capítulo 3: *Grupo Sayão: o roustainguismo brasileiro*).

Por fim, Kardec tranquiliza a médium, dizendo: "A questão que a preocupa não é desse número; como outras, ela virá ao seu tempo". Relembre-se de que Kardec, ao fazer a resenha sobre o lançamento de *Os quatro Evangelhos* na *Revista Espírita*, de novembro de 1866, vai usar deste mesmo argumento, repetindo o que disse a Collignon nessa carta, ou seja, abordaria com mais precisão a questão central do corpo fluídico e o fez, de fato, em *A Gênese*, lançada em 1868.

A terceira parte da carta mostra um Kardec sensível a pequenas gentilezas, sem demonstrar qualquer tipo de descontentamento por usar de seu tempo para coisas singelas do dia a dia dos seres humanos. Embora cheio de compromissos no interesse da doutrina, ele ainda se coloca à disposição para ajudar a filha de Collignon em sua coleção de selos. Este Kardec humano e sensível é aquele que um dia aparecerá em biografias a serem obrigatoriamente feitas, de modo a mostrar o homem por inteiro em sua condição humana.

MAIS SOBRE SABÒ

Anteriores ao primeiro contato com Roustaing, pois tiveram início alguns meses atrás, as relações de Kardec com Sabò mantiveram sempre um tom de confiança e cordialidade. A seguir, reunimos algumas correspondências de Kardec que se relacionam diretamente ou indiretamente ao seu amigo Sabò, as quais têm grande importância para a história do espiritismo.

EM 2 DE ABRIL DE 1862, cerca de 5 meses após a visita a Bordéus, Kardec demonstra a Sabò sua satisfação pelo interesse dos espíritas de contarem com o seu retorno àquela cidade. Mas pondera que, quando isto ocorrer, deseja que sua recepção seja o mais simples possível, sem nenhuma pompa nem banquetes, reafirmando que sua maior satisfação se dará na forma da constatação de que impera entre todos uma verdadeira união fraternal.

A esta altura, o distanciamento entre Roustaing e Sabò havia aumentado e Kardec ainda guardava a insatisfação de saber que o rompimento entre os dois era uma marca do orgulho que dividia, em lugar da concórdia que deveria unir. Eis a carta:

> Meu caro senhor Sabò.
>
> Eu estou muito sensibilizado ante o desejo que veio até mim de um grande número de espíritas de Bordéus, de me ver este ano entre eles. Se nenhum obstáculo imprevisto se opor, eu estou sempre na intenção de lhes fazer uma pequena visita, que seria apenas para lhe agradecer sua boa acolhida do ano anterior; mas eu vos serei muito reconhecido se lhes fizer ver que eu desejo que não haja banquete. Eu não irei estar entre eles para me exibir, o que não convém ao meu caráter, nem a meus princípios, nem a minhas atitudes, mas para dar instruções àqueles que creem haver necessidade, e com os que serei honrado em me ocupar.
>
> Alguns gentilmente deram a minha visita o nome de visita pastoral; eu não desejo que ela tenha outro caráter.
>
> Acredite que eu fico por demais honrado com uma franca e cordial acolhida, na forma mais simples, que com uma recepção cerimoniosa. O que fica de um banquete? Uma satisfação do amor-próprio que não pode tocar um verdadeiro espírita; fora disso, nada além de uma despesa que seria melhor empregada em aliviar infortúnios. Contribuí com a minha intenção,

se vós desejais, e vós me permitis juntar o meu óbolo; mas em lugar de comer dinheiro, ele serve para dar de comer aos a quem falta o necessário. Em seguida, será uma verdadeira festa, porque será uma festa do coração e não do estômago.

O maior prazer que os espíritas podem me proporcionar, é de me dar o espetáculo de uma sincera união fraternal; que eu veja em todos os lugares a paz e a concórdia reinando na grande família; que cada um deixe de lado as vãs susceptibilidades, as rivalidades pueris, filhas do orgulho; que todos tenham um único objetivo: o triunfo e a propagação da doutrina, e que todos concorram com zelo, perseverança e abnegação de todo interesse e de todo vão personalismo; eis aí o que me encherá de alegria, e me fará sair da minha estadia em Bordéus com a mais doce e a mais agradável lembrança[13].

Há que se notar o seguinte: caso não houvesse nenhuma ocorrência ou constatação de conflitos entre os bordaleses, certamente Kardec não se utilizaria de um tom tão severo para se referir ao seu retorno e às condições que considera ideais para lá estar[14]. Na primeira vez, foi-lhe oferecido um grande banquete, do qual participou e apresentou seu discurso. Mas também viveu momentos de insatisfação por conta do conhecimento que tinha do afastamento de Roustaing do grupo de Sabò, afinal fora ele, Kardec, que apresentou um ao outro. Na carta em que Roustaing em vão tentou demover Kardec daquela primeira viagem, ficou clara a posição conflituosa, que deixou Kardec insatisfeito. Restou-lhe tocar no assunto de modo educado, mas incisivo, traçando as condições que lhe pareceram as mais dignas para um retorno. Sabia ele, certamente, que Roustaing continuava afastado.

Uma quase ruptura

No começo do ano de 1862, mais exatamente no dia 8 de fevereiro, Allan Kardec viu-se obrigado a escrever para o Sr. Sabò a respeito de uma publicação que houvera feito na *Revista Espírita*, na qual defendeu a maior difusão possível da filosofia espírita, o que implica compreender que, em lugar de publicações localizadas, quanto possível as boas obras deveriam ganhar o espaço dos veículos de maior penetração na sociedade.

O fato é que Sabò recebeu essa publicação como se fosse uma crítica à sua ideia de publicar em Bordéus algumas das mensagens mediúnicas de que era portador e em função disso havia escrito a Kardec. Esta a razão pela qual Kardec enviou-lhe a seguinte correspondência:

---

13. Carta publicada na edição do mês de setembro de 1862 da *Revista Espírita*.
14. Esta segunda viagem a Bordéus está noticiada na *Revista Espírita* de novembro de 1862 e está registrada no livro *Viagem espírita em 1862*, de Allan Kardec.

Apresso-me a responder-lhe a carta sobre a publicação de suas comunicações espíritas.

No artigo que inseri na *Revista Espírita* a respeito do modo de publicidade, fiz ressaltar os inconvenientes das publicações isoladas, no próprio interesse da propaganda, pois a mim parece preferível que as boas coisas sejam difundidas por toda parte a ficarem limitadas a uma só localidade. Visto como o Senhor não é do mesmo parecer, nada mais tenho a dizer senão que deve ficar bem entendido que não tenho a pretensão de impor a minha opinião nem mesmo àqueles que me querem gentilmente considerar como o chefe da doutrina espírita. Assim sendo, faça como o Senhor acha que deve. Queremos fundar uma publicação em grande escala, que, por sua natureza, pelos cuidados de um editor conhecido e inteligente, e pelos meios especiais de propaganda, suprisse a penúria dos recursos pessoais e contribuísse para difundir por todos os países o ensinamento dos espíritos, pois esse ensinamento não é dado para um indivíduo, para uma cidade, para uma província ou para um país, mas para o mundo inteiro. Seremos gratos aos médiuns que queiram trazer sua pedra ao edifício, mas ninguém é forçado a isso, e os que quiserem isolar-se e agir só de seu lado são perfeitamente livres para fazê-lo. Lastimamos não ver na referida publicação a cidade de Bordéus.

De conformidade com a decisão que o Senhor acaba de tomar, não me sinto mais com o direito de publicar na *Revista Espírita* as comunicações que o Senhor costuma enviar. Doravante, pois, não mais figurarão nela. Todavia, a publicidade que tenho dado até hoje a essas comunicações não é, penso eu, estranha ao desenvolvimento do espiritismo em Bordéus; contribuiu para colocar, na opinião, essa cidade no rol das primeiras cidades espíritas. Isto é sempre para mim uma grande satisfação.

Eu havia reservado certo número dessas comunicações para os meus meios de execução. Mas digo que Deus leva em conta o que cada um faz dentro do limite de suas faculdades, e não pede mais do que isso. Os Apóstolos tinham ainda menos do que nós em meios materiais; e nem por isso deixaram de revolucionar o mundo e só tiveram mais mérito por essa escassez. Aqueles que Deus não vê com agrado são os que têm os meios de fazer e não fazem. É preciso lastimá-los e não os invejar, tendo em vista que aquilo que Deus quer que seja, será sempre.

Adeus, meu caro Senhor, creia-me sempre seu sincero amigo e atento Allan Kardec.

Queira apresentar meus afetuosos cumprimentos à Senhora Cazemajoux.

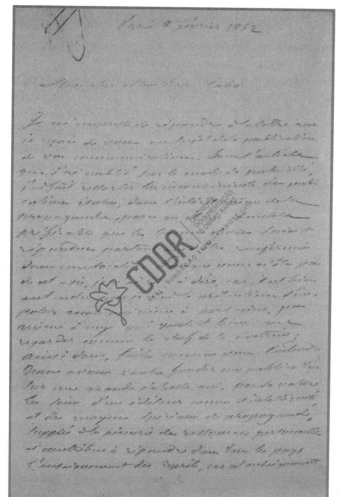

Carta de Kardec a Sabò

Nota de Canuto de Abreu: "Cópia carbônica com assinatura. O plano de uma publicação especial das comunicações espíritas foi apresentado na *Revista Espírita*, 1862, p. 12. Depois de examinar os três sistemas que poderiam ser usados (1. Publicações periódicas locais; 2. Publicações locais não periódicas; 3. Publicações individuais dos médiuns) A.K. julgou os três inconvenientes e mostrou a vantagem de adotar o projeto de Didier que era criar um periódico intitulado "Biblioteca do Mundo Invisível" dividido em partes com títulos especiais. "É uma publicação coletiva, mas sem solidariedade entre os produtores, cada um escrevendo por sua própria responsabilidade, apenas aproveitando a publicidade comum".

A carta de Kardec a Sabò teve resultado positivo. Apenas dois dias depois, ou seja, a 10 de fevereiro de 1862 Kardec volta a escrever para Sabò em resposta a nova carta recebida. Seus termos mostram que o assunto em pauta era o mesmo e Kardec busca tranquilizar o seu amigo quanto à estima que nutria por ele e oferece-lhe maiores explicações sobre a questão do plano especial de comunicações espíritas. Vejamos:

> Meu caro Senhor Sabò.
>
> Apresso-me em responder-lhe para assegurar-lhe que jamais a minha boa vontade e afeição se esfriaria a seu respeito um só instante. Aprendi bastante a estimá-lo e aprecio muito bem seu zelo e sua dedicação à causa do espiritismo para duvidar um só momento disso. Fique bem certo de que, mesmo quando houvesse persistido em seu projeto de agir separadamente, eu não deixaria de ter pelo Senhor a mais sincera amizade. Tenho por princípio não impor minhas opiniões a ninguém; contento-me de emitir e desenvolver minhas ideias, deixando a cada um aceitá-las ou rejeitá-las segundo as ache boas ou más. Minha carta foi uma consequência desse princípio e estou consternado pelo aborrecimento que ela lhe causou. Meu fito era unicamente deixar-lhe inteira liberdade de ação, e desejo que, renunciando aos seus projetos, o Senhor não o faça por pessoal condescendência, mas pela convicção que pode haver mais utilidade em agir de outro modo.
>
> Ignoro, como o Senhor, o número de comunicações que será preciso para formar o volume, mas creio que já o temos suficientemente. Envie sempre o que quiser; se houver muitas, não nos atrapalharão, pois certamente se suprimirão algumas por ser preciso fazer uma escolha. Quanto aos retoques, sou eu que me encarrego disso. O que importa, segundo eu, é que o nome de Bordéus figure na constelação. Nada se oporá a que o Senhor faça com elas depois que forem publicadas, e com outras novas, um pequeno repositório particular conforme o seu projeto. É útil copiar as que forem publicadas na *Revista Espírita*, pois que as temos e basta recortá-las. Não deve se inquietar com aquelas que conto pôr em minha obra particular; é uma escolha que somente eu posso fazer, para ver as que podem ser apropriadas ao assunto.
>
> Desta forma, como o caro amigo vê, tudo se pode arranjar pelo melhor modo.

Carta de Kardec a Sabò

EM JUNHO DE 1863, Sabò aparece na *Revista Espírita* (p. 11) como missivista, comunicando interessante fato a Kardec: a Academia dos Jogos Florais de Toulouse vinha de premiar em primeiro lugar uma fábula mediúnica e, em segundo lugar, na condição de destaque por menção honrosa, também uma outra fábula mediúnica. As peças disputaram a premiação com nada menos do que 68 concorrentes e foram inscritas no conhecido certame pelo presidente honorário da Sociedade Espírita de Bordéus, Sr. Jaubert, o qual havia recebido tais fábulas do seu espírito familiar. Sabò foi a Toulouse com uma comitiva da Sociedade, a fim de testemunhar de perto e prestigiar o Sr. Jaubert no recebimento do prêmio. As fábulas, tendo por título "O leão e o corvo" e "O osso para roer", estão reproduzidas naquele número da *Revista Espírita*.

Embora não tenha sido declinado na notícia os nomes dos participantes da comitiva que acompanhou Sabò a Toulouse, Roustaing não foi um deles, pois, afastado do antigo amigo, estava na ocasião em processo de preparação da obra que daria a público cerca de três anos depois – *Os quatro Evangelhos*.

IMITAÇÃO DO EVANGELHO. Em prosseguimento aos contatos com Sabò, Kardec escreve-lhe nova carta datada de 31 de dezembro de 1863, na qual reafirma seus afetos por ele e informa sobre o próximo lançamento do livro *Imitação do Evangelho segundo o Espiritismo*, título que, posteriormente, como se sabe, será alterado para *O Evangelho segundo o Espiritismo*. Eis a correspondência, na tradução de Canuto de Abreu:

> Meu caro Sr. Sabò:
> Suas bondosas palavras são tanto mais preciosas quanto conheço a sinceridade delas. Fique certo de que, de minha parte, o abranjo em meus votos mais ardentes, bem como todos os que lhe são caros, grandes e pequenos, vale dizer, o meu bom amigo Joseph e o meu caro afilhado Hypolite(*), do qual, se não sou padrinho de fato, sou de coração, como eu lhe disse. Evoco sobre ele a proteção dos bons espíritos e as bênçãos do Céu. Por que não me fala dele em suas cartas? Duvidaria da afeição que nutro por ele? Seria injusto. Queira, pois, abraçá-lo por mim e por minha mulher.
> Quanto ao Senhor, caro Amigo, fique também certo de que lhe aprecio o zelo e a dedicação pela razão mesma das dificuldades que se apresentam em seu caminho. Portanto, não se desencoraje, porque o dia da Justiça virá, e tenho motivo para crer que não está distante, se o julgo por certos indícios que se percebem melhor de longe que de perto. Não lhe posso dizer mais a respeito, porém peço aos bons espíritos para lhe inspirar o que for melhor segundo as circunstâncias.
> Recebi vai para alguns dias amabilíssima carta do Senhor Jaubert, na qual encontro a confirmação de tudo quanto o Senhor me diz dele e das excelentes disposições que ele tem. Vejo com prazer que a influência dele principia a produzir seus frutos na região em que ele vive.
> Minha nova obra está no prelo; aparecerá em fevereiro e isso não aumenta pouco o meu trabalho, como o Senhor bem pensará; os espíritos dizem que ela está chamada a produzir certa sensação, e me falam a respeito dela em vários grupos. Será um passo a mais para a frente, o qual será brevemente seguido de outro passo, porque entramos numa nova fase do espiritismo[15].
> Dei seu endereço a uma dama polonesa, Sra. De Fleury, née Potocka, que segue para Tarbes. É uma excelente espírita, que recomendo à Senhora de

---

15. N. do T. O nome Hipolite, em vez de Hyppolite, encontra-se em vários documentos de A.K., até mesmo em seu testamento holográfico. A nova fase do espiritismo foi inaugurada com a obra aí anunciada, *A Imitação do Evangelho segundo o Espiritismo*, que apareceu em fevereiro de 1864.

Cazemajoux para uma comunicação que ela deseja e que o pouco tempo em que ela esteve em Paris não lhe permitiu obter.

Minha mulher me incumbe de transmitir seus afetuosos cumprimentos ao Senhor e a toda a sua famílias.

Seu muito dedicado, A.K.

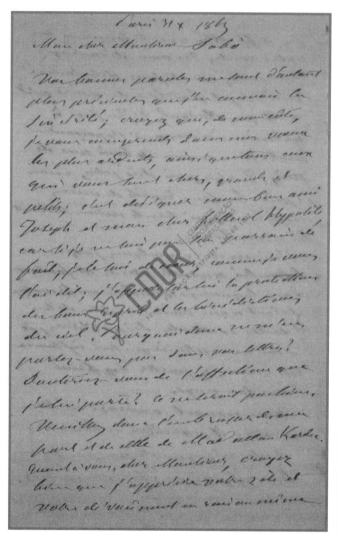

Carta de Kardec a Sabò

Verifica-se não só o apreço grande de Kardec para com Sabò, mas também sua preocupação de reafirmar tal apreço, a fim de que o amigo não tivesse qualquer dúvida a respeito, evitando, assim, agasalhar pensamentos depreciativos.

Em nova correspondência a Sabò, datada de 19 de abril de 1864, Kardec confirma haver remetido a ele um exemplar de seu novo livro *A Imitação do Evangelho segundo o Espiritismo*, ao mesmo tempo em que, atendendo a pedido de Sabò, enviará exemplares para o Sr. Gauttard e para o jornal Le Rouche, da Sociedade Espírita Bordelaise.

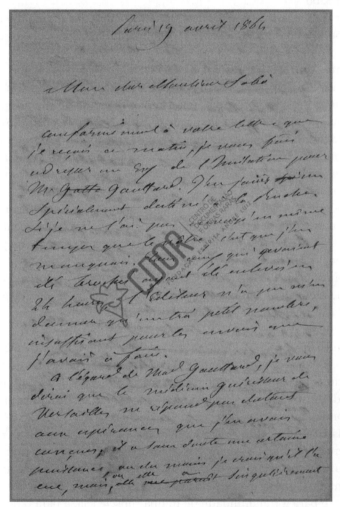

Carta de Kardec a Sabò

Secretário de Kardec

Por uma carta de Kardec a Sabò, datada de 25 de setembro de 1864, fica-se sabendo duas coisas: (1) o fato de Kardec finalmente poder dispor de um secretário para o auxiliar nas suas tarefas para com a doutrina espírita; (2) o interesse de Sabò em candidatar-se ao cargo. Mais tarde, o fato foi consumado e Sabò veio a se tornar secretário do codificador, tendo, para isso, se transferido para Paris. Porém, até que Kardec e Sabò acertassem o compromisso, foi preciso resolver alguns senões, como se pode observar na carta:

Meu caro Sabò.

Ao voltar da viagem, um dos meus primeiros cuidados é o de lhe dar as explicações que lhe prometi sobre o caso em questão. Eis pois do que se trata.

É-me materialmente impossível bastar sozinho à multiplicidade dos meus afazeres. É-me absolutamente necessário alguém para me secundar; mas não é um simples empregado, uma simples máquina de copiar o que preciso, e sim um outro eu, ativo, dedicado à Causa, bem compenetrado dos princípios da doutrina espírita, em quem eu possa ter confiança absoluta. A parte fundamental das ocupações dele será a correspondência, às quais se juntariam diversos outros trabalhos ocorrentes e o encargo de me substituir em caso de ausência.

Para ter alguém estável, seria preciso poder dar a ele a posição conveniente; ora, a dificuldade estaria aí, pois a exiguidade dos meus recursos pessoais e os encargos forçados que a minha posição acarreta não me permitiriam fazer os necessários sacrifícios.

Uma circunstância, devida incontestavelmente à influência dos bons espíritos, e que me haviam anunciado para essa época, acaba de tornar para mim mais fácil a coisa, e me permitirá dispender 2.400 francos por ano, como eu lhe disse.

Conhecendo-lhe o zelo e a dedicação, pensei no Senhor, como o perfeitamente capaz de me secundar. Se o Senhor não estivesse colocado, eu não teria hesitado em propor-lhe o que posso oferecer-lhe, mas tendo um emprego em administração sólida, não o posso aconselhar a deixá-lo para vir trabalhar comigo que não tenho os recursos de uma Estrada de Ferro. Não quero, por isso, influenciá-lo em nada, nem que deixe o emprego que tem por consideração a mim. Faça como se eu lhe dissesse: tenho um emprego disponível, conhece alguém ao qual ele possa convir? Decida em seguida de livre vontade e após haver calculado os prós e contras. Isto, o Senhor compreende, é para a tranquilidade de minha consciência, e para o deixar inteiramente à vontade.

Seu devotado amigo, A.K

PONTO FINAL – O REENCONTRO DO ESPIRITISMO COM ALLAN KARDEC | 93

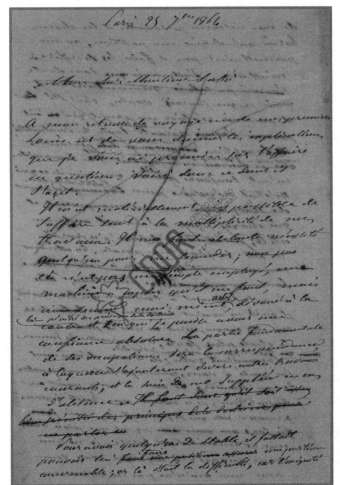

Carta de Kardec a Sabò

Por tudo o que se sabe, Sabò aceitou se tornar secretário de Kardec, deixando Bordéus e indo morar em Paris, porém, durou menos de um ano essa sua atividade junto ao codificador. Em junho de 1865, Sabò abandonou o emprego, sem que se saiba, até o presente instante, quais as reais razões para isso. Entretanto, em duas ocasiões, Kardec fornece detalhes sobre a saída de Sabò. Uma delas aparece em correspondência por ele enviada ao Senhor Dombre, com data de 24 de outubro de 1865, em resposta à que este lhe enviara, encaminhando uma fábula para publicação na *Revista Espírita* e colocando algumas preocupações com adversidades pelas quais passava, além de manifestar interesse pelo paradeiro do Senhor Sabò. Sobre isso, diz Kardec:

Eu não vi mais o senhor Sabò desde que ele saiu da minha casa e se ele não vos escreveu, é sem dúvida porque ele está muito encalistrado (envergonhado) de explicar algo que não é vantajoso para ele. O que quer que ele diga, não há ninguém que não pense que eu devo ter motivos sérios para não mantê-lo.

Tais motivos Kardec guardou para si, sem deles dar conhecimento público, mas em outra carta-resposta, agora dirigida ao Senhor Pemjeam, com data de 25 de dezembro de 1865, o assunto é novamente abordado, como se pode ler:

Meu caro Senhor.

Eu recebi a vossa carta de 23 do corrente e aquela que você endereçou ao Senhor Sabò; eu agradeço vossas saudações e as boas coisas que quis me dizer; eu sei que é a expressão dos sentimentos do coração, e isso tem ainda mais valor aos meus olhos.

É com pesar que eu tive que me separar do Senhor Sabò, mas sob nenhuma circunstância ele conseguia compreender meus pontos de vista. Ele deixou minha casa no mês de junho último, e eu não o vi desde então. Eu tenho, pelo menos, a satisfação de não tê-lo contratado para deixar o cargo que ocupava em Bordéus; ele estava procurando outra coisa e veio a Paris com esse objetivo; eu tenho as suas cartas provando que foi ele que pediu para vir à minha casa. De resto, ele entendeu que aquilo não duraria e ofereceu se retirar, o que eu rapidamente aceitei.

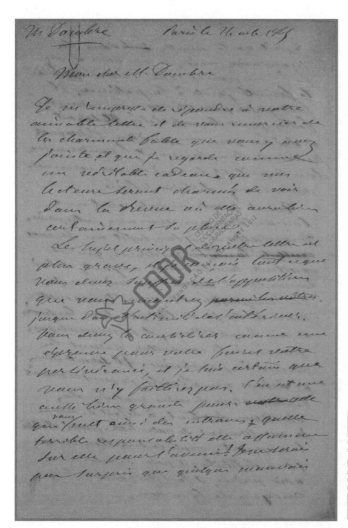

Carta de Kardec ao Sr. Dombre

Carta de Kardec ao Sr. Pemjeam

Fica-se, pois, sabendo que foi por decisão de Sabò que ele deixou seu emprego em Bordéus para ir ter com Kardec, onde assumiu o cargo de secretário e que, também, foi por decisão própria que se demitiu do cargo, indo-se em definitivo. Quanto ao seu destino depois desse evento nada se soube, ainda. Assim, de junho de 1865 em diante, não se publica nada mais de Sabò na *Revista Espírita*.

SABÒ E AUGUSTE BEZ. Em 1865, uma das figuras em franco destaque do espiritismo em Bordéus era Auguste Bez, cofundador e responsável pelo jornal *L'Union Spirite Bordelaise*, membro da Sociedade Espírita, com atuação como médium e figura muito ligada a Roustaing.

Uma carta-resposta de Kardec a Bez, datada de 1 de janeiro de 1865 está diretamente relacionada com as atividades então desempenhadas por Sabò como secretário de Allan Kardec. Vejamos seu teor:

> Meu caro Senhor Bez:
>
> Mando-lhe junto uma carta em resposta à que o Senhor teve a bondade de escrever-me em nome da Sociedade Espírita; peço-lhe a bondade de transmiti-la a ela.
>
> Recebi o exemplar do *Almanaque Espírita* que o Senhor me enviou e agradeço-lhe a notícia a mim referente; constitui para mim um dever esforçar-me por merecer as palavras generosas que ela contém.
>
> Sobre o conjunto da obra, eu teria talvez algumas observações a fazer se não fora muito demorado expressá-las por escrito, pois seria preciso apoiá-las em desenvolvimento demasiado extensos. Lastimei notadamente achar nele vários erros de fatos e de apreciações que se prendem à ignorância das circunstâncias que ocasionam certas coisas. Não as realçarei porque existem questões sobre as quais devo calar-me até nova disposição.
>
> A respeito do Senhor Sabò, há certas particularidades sobre as quais creio ser conveniente não se falar. No tocante à posição que ele ocupa ao meu lado, é assunto privado; seria supérfluo dá-lo à publicidade. Se eu julgasse útil informar oficialmente o público, tê-lo-ia feito em aviso inserto na *Revista Espírita*; o caso, porém, só a mim concerne, particularmente, não interessa de modo algum, nem à doutrina espírita nem ao público inerente. Não fiquei grato ao Sr. d'Ambel por haver falado do caso no jornal dele sem meu assentimento. Eu havia de fato informado a respeito à Sociedade Espírita de Paris, mas as sessões não sendo públicas, o que nela ocorre ou se diz não pertence à publicidade, sobretudo quando se trata de coisas privadas, estranhas à doutrina espírita.

Carta de Kardec ao Sr. Bez

    É preciso ter registrado que pela época em que Kardec escreve a Bez, Sabò estava em plena atividade como seu secretário, havendo começado em agosto de 1864. Depreende-se que Bez tomara a iniciativa de falar disso a Kardec pela publicação dada pelo Sr. d'Ambel no jornal referido na carta, após saber do assunto na reunião de que participara na Sociedade Parisiense de Estudos Espíritas, como convidado. Kardec, como registrou na carta, ficou desapontado pelo fato de d'Ambel haver publicado a notícia, que considerava assunto privado.

    Kardec é bastante firme ao tocar no assunto. Bez desejava saber mais sobre Sabò na função de secretário, mas Kardec deixou bem claro que era assunto privado, do interesse só dele, Kardec, ou seja, não era coisa do interesse público.

PONTO FINAL – O REENCONTRO DO ESPIRITISMO COM ALLAN KARDEC | 99

Compreender isso implica em retornar tempos atrás, quando do conflito e da separação de Roustaing e Sabò, que a Kardec muito desagradou, bem como lembrar de que foi por iniciativa de Sabò que a Sociedade Espírita de Bordéus foi criada, de cuja inauguração Kardec participou. Naquela ocasião, Bez ainda não fazia parte do cenário espírita de Bordéus. Portanto, o interesse de Bez no assunto, seja qual seja a forma pela qual o manifestou a Kardec, era, ademais, um tema delicado. Possivelmente seja isso que Kardec tenha desejado dizer quando afirmou: "A respeito do Senhor Sabò, há certas particularidades sobre as quais creio ser conveniente não se falar". Ressalte-se, ainda, que por essa ocasião (janeiro de 1865), Roustaing estava em plena atividade na produção de sua doutrina, de cujo assunto Kardec tinha informações, especialmente por seus contatos com a médium Collignon.

É interessante, também, destacar que Bez havia tido relações bastante próximas com Sabò nas atividades da Sociedade Espírita de Bordéus, bem como no jornal *La Ruche Spirite Bordelaise*, pois fizera parte de seu corpo diretivo por indicação de Sabò, sendo que esse jornal pertencia à Sociedade e era redigido por Sabò[16]. Bez deixou o *La Ruche* alguns meses após ali chegar para se dedicar ao seu próprio jornal, o *La Voix d'Outro-Tombe*, que acabara de criar. Poucos meses à frente e Bez juntará o seu *La Voix*, o *Sauveur des Peuples* e o *La Ruche*, fundindo-os em uma única publicação semanal com o nome de L'Union Spirite Bordelaise[17]. Por essa ocasião, Sabò já estava atuando como secretário de Kardec. O próprio La Ruche deu conhecimento público das novas atividades de Sabò.

O registro de Kardec sobre o seu descontentamento para com a atitude de d'Ambel não ficou apenas nessa correspondência a Bez. Kardec havia tomado a iniciativa de escrever a d'Ambel em 3 de novembro de 1864, comunicando-o da sua insatisfação, conforme pode ser comprovado na carta a seguir reproduzida.

---

16. Conforme registrado no referido jornal: "Nossos assinantes estão prevenidos de que, a partir de agora, os Senhores Chapelot e Bez tomarão conosco a direção de La Ruche", apud *Jean Baptiste Roustaing, o apóstolo do espiritismo*, p. 48.
17. Idem.

Carta de Kardec ao Sr. d'Ambel

KARDEC E *OS QUATRO EVANGELHOS*

Em 1866, Kardec falou de forma direta sobre o corpo fluídico de Jesus. O motivo foi o lançamento da obra intitulada *Os quatro Evangelhos* ou *Revelação da Revelação*, psicografada por Emilie Collignon sob a supervisão do advogado J.-B. Roustaing. Nessa ocasião, não foi ele objetivamente contra a teoria do corpo fluídico, que considerou como base da obra em destaque e sem a qual "todo o edifício desabaria", mas disse que os prodígios relativos ao Cristo poderiam ser "perfeitamente explicados sem sair das condições da humanidade corporal". Asseverou, por outro lado, que "quando tratasse da questão, fá-lo-ia decididamente.

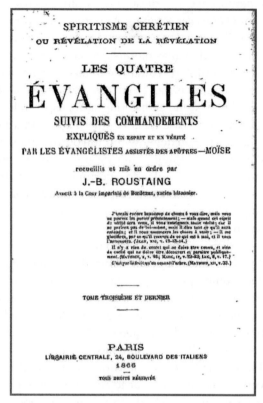

Página de rosto de Os quatro Evangelhos, ed. 1866

Destaque-se que o assunto do livro *Os quatro Evangelhos* não era estranho a Kardec nem o havia pegado de surpresa, pois tinha dele ciência por conta das correspondências mantidas com a médium Collignon. Assim, considere-se que a sua abordagem sobre o lançamento da obra toca no tema central do corpo fluídico atribuído a Jesus, mas o faz na mesma linha da carta-resposta a Collignon, ou seja, reflete ligeiramente sobre o assunto, deixando para outra oportunidade o aprofundamento necessário. Esse aspecto se mostra importante, pois esclarece porque Kardec deixa em segundo plano o estudo do tema do corpo fluídico atribuído a Jesus, compreendendo ser necessário para esclarecê-lo fazer uma abordagem mais ampla, já que se trata de questão que atinge aspectos doutrinários fundamentais, que estavam sendo contrariados pelo autor de *Os quatro Evangelhos*.

O comentário, na íntegra, é o seguinte:

> Esta obra compreende a explicação e a interpretação dos Evangelhos, artigo por artigo, com a ajuda de comunicações ditadas pelos espíritos. É um trabalho considerável e que tem, para os espíritas, o mérito de não estar, em

nenhum ponto, em contradição com a doutrina ensinada por *O Livro dos Espíritos* e por *O Livro dos Médiuns*. As partes correspondentes às que tratamos em *O Evangelho segundo o Espiritismo* o são em sentido análogo. Aliás, como nos limitamos às máximas morais que, com raras exceções, são claras, estas não poderiam ser interpretadas de diversas maneiras; assim, jamais foram assunto para controvérsias religiosas. Por esta razão é que por aí começamos, a fim de ser aceito sem contestação, esperando, quanto ao resto, que a opinião geral estivesse mais familiarizada com a ideia espírita. O autor desta nova obra julgou dever seguir um outro caminho. Em vez de proceder por gradação, quis atingir o fim de um salto. Assim, tratou certas questões que não tínhamos julgado oportuno abordar ainda, e das quais, por consequência, lhe deixamos a responsabilidade, como aos espíritos que as comentaram. Consequente com o nosso princípio, que consiste em regular a nossa marcha pelo desenvolvimento da opinião, até nova ordem não daremos às suas teorias nem aprovação nem desaprovação, deixando ao tempo o trabalho de as sancionar ou as contraditar. Convém, pois, considerar essas explicações como opiniões pessoais dos espíritos que as formularam, opiniões que podem ser justas ou falsas e que, até mais ampla confirmação, não poderiam ser consideradas como partes integrantes da doutrina espírita.

Quando tratarmos destas questões fá-lo-emos decididamente. Mas é que então teremos recolhido documentos bastante numerosos nos ensinos dados de todos os lados pelos espíritos, a fim de poder falar afirmativamente e ter a certeza de estar de acordo com a maioria. É assim que temos feito, todas as vezes que se trata de formular um princípio capital. Dissemo-lo cem vezes, para nós a opinião de um espírito, seja qual for o nome que traga, tem apenas o valor de uma opinião individual. Nosso critério está na concordância universal, corroborada por uma rigorosa lógica, para as coisas que não podemos controlar com os próprios olhos. De que nos serviria dar prematuramente uma doutrina como uma verdade absoluta se, mais tarde, devesse ser combatida pela generalidade dos espíritos?

Dissemos que o livro do Sr. Roustaing não se afasta dos princípios de *O Livro dos Espíritos* e de [*O Livro*] *dos Médiuns*. Nossas observações são feitas sobre a aplicação desses mesmos princípios à interpretação de certos fatos. É assim, por exemplo, que dá ao Cristo, em vez de um corpo carnal, um corpo fluídico concretizado, com todas as aparências da materialidade e de fato um agênere. Aos olhos dos homens que não tivessem então podido compreender sua natureza espiritual, deve ter passado em aparência, expressão incessantemente repetida no curso de toda a obra, para todas as adversidades da humanidade. Assim, seria explicado o mistério de seu nascimento: Maria teria tido apenas as aparências da gravidez. Posto como premissa e pedra angular, este ponto é a base em que se apoia para a explicação de todos os fatos extraordinários ou miraculosos da vida de Jesus.

Nisso nada há de materialmente impossível para quem quer que conheça as propriedades do envoltório perispiritual. Sem nos pronunciarmos pró ou contra essa teoria, diremos que ela é, pelo menos, hipotética, e que se um dia fosse reconhecida errada, em falta de base todo o edifício desabaria. Esperemos, pois, os numerosos comentários que ela não deixará de provocar da parte dos espíritos, e que contribuirão para elucidar a questão. Sem a prejulgar, diremos que já foram feitas objeções sérias a essa teoria e que, em nossa opinião, os fatos podem perfeitamente ser explicados sem sair das condições da humanidade corporal.

Estas observações, subordinadas à sanção do futuro, em nada diminuem a importância da obra que, ao lado de coisas duvidosas, em nosso ponto de vista, encerra outras incontestavelmente boas e verdadeiras, e será consultada com frutos pelos espíritas sérios.

Se o fundo de um livro é o principal, a forma não é para desdenhar e contribui com algo para o sucesso. Achamos que certas partes são desenvolvidas muito extensamente, sem proveito para a clareza. A nosso ver, limitando-se ao estritamente necessário, a obra poderia ter sido reduzida a dois, ou mesmo a um só volume e teria ganho em popularidade.

Essa a análise de *Os quatro Evangelhos* feita por Allan Kardec. Equilibrada e lógica, afirma que a obra tem "o mérito de não estar, em nenhum ponto, em contradição com a doutrina ensinada pelo *O Livro dos Espíritos* e *O Livro dos Médiuns*. Essa afirmativa, para ser compreendida, precisa da complementação que ele mesmo fornece no quarto parágrafo: "Nossas observações são feitas sobre a aplicação desses mesmos princípios à interpretação de certos fatos" e mais a primeira frase do quinto parágrafo, que diz: "Nisso nada há de materialmente impossível para quem quer que conheça as propriedades do envoltório perispiritual", referindo-se diretamente ao corpo fluídico. Assim, ao atribuir a Jesus um corpo agênere, *Os quatro Evangelhos* não ferem os princípios estabelecidos na codificação, porque a existência do agênere é um fato situado dentro das leis naturais. Isso, no entanto, não significa que Kardec concorde com o Cristo agênere. Mostra, apenas, a imparcialidade com que trata a questão. Prova disso está no fato de afirmar que a obra não contradiz a doutrina espírita e, mais à frente, esclarecer a razão da inexistência da contradição. A sua tendência inicial, porém, é não aceitar o corpo fluídico: "os fatos podem perfeitamente ser explicados sem sair das condições da humanidade corporal". Ele já havia dito isso quando respondeu carta de Collignon em que essa médium colocava em dúvida a questão, ao tempo em que servia de intermediária aos espíritos (ver *Collignon – duas cartas inéditas*, acima). Entretanto, deixa ao futuro a responsabilidade de aprovar ou desaprovar: "quando tratarmos destas questões fá-lo-emos decididamente".

O codificador mostra as diferenças entre o seu *O Evangelho segundo o Espiritismo* e *Os quatro Evangelhos,* de Roustaing, ao dizer que preferiu a parte moral dos ensinos do Cristo, porque contém lições que "jamais foram assunto para controvérsias religiosas", o que não aconteceu com Roustaing, que "julgou dever seguir um outro caminho". E o critica: "Em vez de proceder por gradação, quis atingir o fim de um salto". Para ele, Roustaing e os espíritos que ditaram a obra poderiam estar enganados com relação ao corpo de Jesus, pois agiam de forma precipitada ao defini-lo como um agênere perfeito e – excepcionalmente – de longa duração, sem atentar para o fato da comprovação pela universalidade dos ensinos. Kardec preferia se manter "consequente com o nosso princípio, que consiste em regular nossa marcha pelo desenvolvimento da opinião" e deixar "ao tempo o trabalho de as sancionar ou as contraditar", ou seja, contraditar as teorias roustainguistas do corpo fluídico de Jesus, da falsa concepção de Maria etc. Essas teorias na obra roustainguista formam "a base em que se apoia para a explicação de todos os fatos extraordinários ou miraculosos da vida de Jesus" e se fossem consideradas erradas, "em falta de base todo o edifício desabaria". Kardec não se importa, em absoluto, com o nome deste ou daquele espírito que assina *Os quatro Evangelhos*, como de resto em qualquer mensagem mediúnica, porque "a opinião de um espírito, seja qual for o nome que traga, tem apenas o valor de uma opinião individual", uma vez que o critério que sempre foi de Kardec "está na concordância universal, corroborada por uma rigorosa lógica". Vai além, dizendo que já haviam sido feitas "objeções sérias a essa teoria" do corpo de Jesus.

Por fim, Kardec condena a estrutura do livro, afirmando que "certas partes são desenvolvidas muito extensamente, sem proveito para a clareza". Roustaing deveria ter-se preocupado com este aspecto, "que não é para desdenhar e contribui com algo para o sucesso", porque "limitando-se ao estritamente necessário a obra poderia ter sido reduzida a dois ou mesmo a um só volume e teria ganho em popularidade". Mesmo entre os crentes de Roustaing muitos há que concordam com a prolixidade da obra e sua falta de clareza. J. Herculano Pires afirma que o texto de *Os quatro Evangelhos* funciona como um método hipnótico, à semelhança, também, de um redemoinho, sempre girando em torno do mesmo eixo.[18]

A *GÊNESE* É O FUTURO

Ao dizer que quando tratasse da questão do corpo fluídico atribuído a Jesus fá-lo-ia de modo decidido, Kardec assumiu um compromisso baseado, principalmente, em duas coisas: nos ensinos a serem colhidos dos espíritos e na possível sanção do controle universal que esses mesmos documentos poderiam fornecer. Esse o compromisso que vamos cobrar do codificador, já que resolveu deixar ao futuro uma decisão, futuro do qual ele mesmo poderia ser personagem importante.

---

18. Conf. *O verbo e a carne.*

Pode-se reafirmar com bastante segurança que Kardec, inicialmente, era refratário à ideia do corpo fluídico de Jesus, preferindo acreditar que esse corpo teria sido de carne. Era essa sua opinião, antes mesmo que Roustaing surgisse no cenário. No entanto, ele mudaria de opinião se os fatos, dos quais era humilde escravo, mostrassem que estava errado. O fato, porém, de não haver apoiado peremptoriamente a obra desagradou imensamente a Roustaing e aos seus adeptos, que passaram a criticar abertamente o codificador, o que se mantém até os dias atuais.

Logo no ano seguinte à análise que fizera da obra roustainguista, 1867, mês de janeiro, Kardec publica na *Revista Espírita* uma carta de Roustaing, na qual, com breves palavras, informa sobre um erro de revisão havido em *Os quatro Evangelhos* e faz as devidas correções. Atente-se para o seguinte detalhe: Kardec apresenta a carta lacônico, dizendo: "O Sr. Roustaing, de Bordéus, dirigiu-nos a carta seguinte, pedindo a sua publicação". Cumpre, assim, seu dever moral enquanto responsável pela publicação de um veículo de imprensa. Não faz nenhuma referência à obra, não diz que ela, passados seis meses do seu comentário, merecia melhores atenções ou outra coisa qualquer. Há um silêncio do codificador sobre a obra e sobre o assunto. Esta poderia ser uma ocasião propícia para dar força ao trabalho do Sr. Roustaing. Kardec, talvez, não tivesse chegado a conclusão alguma, ou quem sabe estava preparando estudos mais detalhados a respeito. Esse silêncio, de qualquer forma, é sintomático.

Daí para a frente, o silêncio cairia de forma definitiva sobre a figura de Roustaing, que não mais retornaria à *Revista Espírita* enquanto Kardec fosse vivo. O mesmo acontece com a médium Emilie Collignon, que não vê mais nenhuma mensagem de sua autoria mediúnica publicada na Revista. Ambos deixam de figurar no principal órgão da imprensa espírita mundial e nem mesmo quando Kardec faz referências a qualquer fato ocorrido em Bordéus menciona alguma coisa sobre o primeiro ou a segunda. As mensagens mediúnicas, no entanto, continuam tendo lugar de destaque na Revista, mas nenhuma delas vem com o selo da médium Collignon. Em cartas particulares, no entanto, Kardec e Collignon continuaram mantendo relacionamento cordial e de certa forma com demonstração de afetividade e consideração por parte dos dois. É certo dizer que Collignon confiava em Kardec e por ele tinha grande respeito. Publicamente, ela nada escreveu sobre a apreciação crítica que Kardec fez do livro *Os quatro Evangelhos*.

Sobre a teoria do corpo fluídico de Jesus, entretanto, o silêncio de Kardec foi quebrado pela publicação do livro *A Gênese*, em 1868. Ali, ele define sua posição sobre o assunto e esclarece as razões que o levaram a isso. É contra o corpo fluídico, responde "decididamente", reafirmando que "os fatos podem ser explicados sem sair das condições da humanidade corporal". Não aceita o Cristo com um corpo diferente das criaturas encarnadas porque não vê nenhuma vantagem nisso e porque o agênere, como ele entende e explica, não poderia resistir por uma vida inteira às adversidades da vida em um mundo como a Terra, cheio de surpresas, agressões e dificuldades. Há, ainda, o detalhe moral, que para Kardec assume posição de destaque: o corpo fluídico forçaria o Cristo a uma vida de saltimbanco e prestidigitador, de artista preocupado em não ser visto atrás do cenário, sob pena de perder o respeito e a admiração. Kardec vê, pois, pelo aspecto científico e pelo moral e em ambos decide por um Cristo vivenciando a realidade do exemplo em corpo de carne.

De 1866, quando realizou a análise referida da obra *Os quatro Evangelhos*, até 1868, quando lançou a primeira edição de *A Gênese*, Kardec estudou o assunto com algum interesse. Teria tido tempo de analisá-lo em seus diversos ângulos? A posição firme e decidida como o tratou demonstra que sim, caso contrário deixaria de se manifestar criticamente e manteria a opinião de quase neutralidade exposta na *Revista Espírita*. E mais ainda, não seria agora que iria contradizer a posição assumida e demonstrada em todos os seus estudos, a de ouvir o parecer de diversos espíritos. Depois, ao lançar a segunda edição de *A Gênese*, fez questão de afirmar que nada havia sido alterado com relação à primeira. Em assunto de muito maior importância, como o da reencarnação, Kardec manteve-se silencioso até perfeita concordância, inclusive contrariando aquilo que ele mesmo pensava sobre esta tese. Era de seu caráter não avançar qualquer conclusão. Por isso, seu parecer sobre o corpo fluídico de Jesus tem o mesmo peso que sobre outros assuntos. Os discípulos de Roustaing, com este à frente, acusam Kardec de enganar em relação à universalidade dos ensinos dos espíritos, pois não teria cumprido esse critério em todas as situações. Desdenham, até mesmo, da validade da universalidade dos ensinos, mas essa posição só foi tornada pública após a desencarnação do codificador, razão pela qual ele não pôde responder. Erram, duplamente: por não ter oferecido a oportunidade de Kardec responder em vida e por tratar de um aspecto fundamental da ciência de observação utilizada pelo codificador. O espiritismo superou a casa dos 150 anos de existência e venceu um período secular de profundas descobertas científicas e tecnológicas; no entanto, seus princípios básicos continuam inamovíveis. Roustaing permanece no campo da opinião.

O raciocínio de Kardec está assim desenvolvido: Jesus é um homem e, "como homem, tinha a organização dos seres carnais; mas como espírito puro, destacado da matéria, devia viver na vida espiritual mais que na vida corporal, da qual não tinha as fraquezas. A superioridade de Jesus sobre os homens não era relativa às qualidades particulares de seu corpo, mas às de seu espírito, que dominava a matéria de maneira absoluta, e ao seu perispírito alimentado pela parte a mais pura dos fluidos terrestres.

Kardec vê na capacidade do espírito o fator mais importante de uma encarnação. Com esse raciocínio, Jesus, por ser um espírito superior, o mais experimentado e puro de quantos já teriam encarnado na Terra, teria tido condições de viver uma vida muito mais espiritual do que material, dominando o corpo físico e submetendo-o às suas vontades. Entra aí, também, a natureza do seu perispírito, formado de acordo com sua superioridade.

Um ligeiro retrospecto sobre esse corpo sutil, ainda segundo Kardec[19], vai mostrar que:

> [O perispírito] está sempre em relação com o grau de adiantamento moral do espírito. Os espíritos inferiores não podem mudá-lo à sua vontade e por conseguinte não podem se transportar à vontade de um mundo para outro. É o caso em que o envoltório fluídico, se bem que etéreo e imponderável comparativamente à matéria tangível, ainda é muito pesado, se assim se pode exprimir, em relação ao mundo espiritual, para lhes permitir saírem de seu ambiente. Será preciso classificar nesta categoria aqueles cujo perispírito é bastante grosseiro para que eles o confundam com o corpo carnal, e que, por esta razão, acreditam estar sempre vivos. Estes espíritos, cujo número é grande, permanecem na superfície da Terra, tal como os encarnados, acreditando sempre ocupar-se com o que estão habituados; outros, um pouco mais desmaterializados, entretanto não o são o suficiente para se elevar acima das regiões terrestres.
>
> Os espíritos superiores, ao contrário, podem vir aos mundos inferiores e mesmo aí se encarnar. Dos elementos constitutivos do mundo em que entram, eles extraem os materiais do envoltório fluídico ou carnal apropriado ao ambiente onde se encontram. Fazem como o grande senhor que deixa suas belas roupas para vestir-se momentaneamente com trajes plebeus, sem que por isso deixe de ser o grande senhor.
>
> É assim que os espíritos das ordens mais elevadas podem se manifestar aos habitantes da Terra, ou encarnar-se entre eles, em missão. Tais espíritos trazem consigo, não o envoltório, mas a lembrança por intuição das regiões de onde provêm, e que veem no pensamento. São como videntes no meio de cegos.

Jesus se enquadra, perfeitamente, entre os espíritos superiores citados! Kardec o vê nesta condição com toda tranquilidade. Uma contradição de certas obras que defendem a tese do corpo fluídico de Jesus aparece exatamente aqui, neste ponto. Opinam que os espíritos da condição de Jesus jamais encarnam. Uma dessas opiniões diz assim, conforme registrado no livro mediúnico *Universo e vida*, do médium Hernani T. Santana, sob a assinatura do espírito Áureo (p. 110):

---

19. *A Gênese*, Allan Kardec, cap. XIV, item 9.

> Os Cristos, espíritos puríssimos, não encarnam. Não têm mais nenhuma afinidade essencial com qualquer tipo de matéria, que é o mais baixo estágio da energia universal. Para eles, matéria é lama fecunda, que não desprezam, sobre a qual indiretamente trabalham através dos seus prepostos, na sublime mordomia da Vida, mas coisa com que não podem associar-se contextualmente, muito menos em íntimas ligações genéticas. Eles podem ir a qualquer parte dos Universos e atuar onde lhes ordene a Vontade Todo-Poderosa de Deus Pai; podem mesmo mostrar-se visualmente, por imenso sacrifício de amor, a seres inferiores e materializados, indo até ao extremo de submeter-se ao quase-aniquilamento de tangibilizar-se à vista e ao tato de habitantes de mundos inferiores, como a Terra; mas não podem encarnar-se, ligar-se biologicamente a um ovo de organismo animal, em processo absolutamente incompatível com a sua natureza e tecnicamente irrealizável.

Onde foram buscar essa tese de que os espíritos puríssimos não encarnam, além da obra de Roustaing, não é dito e nem há qualquer sinal de seu enquadramento na sansão universal das opiniões dos espíritos. Portanto, é preciso dizer que Kardec não concorda, absolutamente, com esta opinião. Com simplicidade ele atinge profundezas, é mais feliz até nas imagens que usa para fazer-se entender, tal a do grande senhor que deixa suas vestes ricas pelas pobres, mas continua sendo o grande senhor. Sem dúvida, essa "sujeira", essa lama, em lugar de degradar, enriquece a experiência dos espíritos que reencarnam, sejam superiores ou não, no dizer de Kardec. Já não é o caso dos que creem de acordo com a opinião transcrita acima. Questão de humildade, questão de orgulho! ...

Retornando a Jesus, afirma o codificador[20]:

> Sua alma não devia estar ligada ao corpo senão por laços estritamente indispensáveis; constantemente separada, ela devia lhe dar uma vista dupla não só permanente, como também de uma penetração excepcional e por outro modo muito superior àquela que se encontra nos homens comuns. O mesmo devia acontecer com todos os fenômenos que dependem dos fluidos perispirituais ou psíquicos. A qualidade de tais fluidos lhe dava um imenso poder magnético, secundado pelo desejo incessante de fazer o bem.

As coisas de Jesus se passam, assim, de modo muito simples. Sua capacidade de espírito superior, as propriedades de seu perispírito e o imenso desejo de auxiliar faziam com que sua vida transcorresse de modo vitorioso como a de nenhum outro encarnado. É interessante verificar que desse raciocínio se conclui, também, que qualquer outra criatura poderia viver a mesma vida desprendida, bastando que tivesse alcançado a evolução do Cristo. Assim, pois, esse Jesus da

---

20. Idem, cap. XV, item 2.

visão kardequiana está próximo da criatura encarnada até fisicamente, sem qualquer perigo de diluir-se no ar repentinamente...

O Cristo com corpo fluídico, segundo Kardec, explicaria certas situações, mas não chega a convencer[21]:

> Seu nascimento, sua morte e todos os atos materiais de sua vida não teriam sido mais que uma aparição. E dizem que assim se explica que seu corpo, retornado ao estado fluídico, pôde desaparecer do sepulcro, e foi com este mesmo corpo que ele se teria mostrado depois de sua morte.

A partir daqui, Kardec entra no mérito da questão. Observemos como ele assesta seus instrumentos de maneira a discutir sobre os próprios argumentos utilizados pelos adeptos de Roustaing[22].

> Sem dúvida, um fato destes não é radicalmente impossível, segundo o que hoje se sabe sobre as propriedades dos fluidos; porém seria pelo menos inteiramente excepcional e em oposição formal com o caráter dos agêneres. A questão é, pois, de se saber se tal hipótese é admissível, se ela é confirmada ou contraditada pelos fatos.

Note-se que Kardec afirma que este caso seria "excepcional e em oposição formal com o caráter dos agêneres", porque o agênere não é somente o ser incriado, mas uma aparição tangível de curta duração. Jesus, se tivesse tido um corpo fluídico, seria a exceção da regra, o agênere perfeito de longa duração, no dizer de um certo autor[23], um caso de "seres que se mostram materializados aos olhos humanos, às vezes por longos períodos". Não é essa a conclusão a que chegou Kardec sobre os agêneres.

Mas, como ele mesmo disse, é preciso verificar se tal hipótese "é confirmada ou contraditada pelos fatos". Ele, pois, prossegue nas suas considerações[24]:

> A permanência de Jesus sobre a Terra apresenta dois períodos: aquele que precede e aquele que segue sua morte. No primeiro, desde o momento da concepção até o nascimento, tudo se passa com sua mãe como nas condições comuns da vida. A partir do nascimento e até sua morte, tudo, em seus atos, sua linguagem e nas diversas circunstâncias da vida, apresenta os caracteres inequívocos da sua corporeidade. Os fenômenos de ordem psíquica que se produzem nele são acidentais, e nada têm de anormal, pois

---

21. Idem, cap. XV, item 64.
22. Idem, ibidem.
23. *Universo e vida*, cap. VII.
24. *A Gênese*, Allan Kardec, cap. XV, item 65.

explicam-se pelas propriedades do perispírito, e são encontrados em diferentes graus em outros indivíduos. Depois de sua morte, ao contrário, tudo revela nele o ser fluídico. A diferença entre esses dois estados é tão fundamentalmente traçada que não é possível assemelhá-los.

Nessa linha de raciocínio, o Cristo depois da morte é um agênere perfeito, pois aparece e desaparece a curtos espaços de tempo e pode ser reconhecido. Na estrada de Emaús aparece a dois discípulos, caminha com eles, demora, mas é reconhecido, depois se esvai; aos olhos de Tomé, materializa-se a ponto de produzir impressões fortes e o convencer. Enfim, este é o ser fluídico, tangível, numa palavra: o agênere! O outro, de antes da morte, é o Cristo de carne, o homem com todas as necessidades do homem. Ninguém o confunde nem duvida de sua realidade palpável, permanente[25].

> O corpo carnal tem as propriedades inerentes à matéria propriamente dita, as quais diferem essencialmente dos fluidos etéreos; a desorganização ali se opera pela ruptura da coesão molecular. Um instrumento cortante, penetrando no corpo material, divide seus tecidos; se os órgãos essenciais à vida são atacados, seu funcionamento se detém, e a morte será a consequência, isto é, a morte do corpo. Essa coesão não existe nos corpos fluídicos; a vida, neles, não repousa no funcionamento dos órgãos especiais, e neles não se podem produzir desordens análogas; um instrumento cortante ou qualquer outro ali penetra como num vapor, sem lhe ocasionar lesão alguma. Eis por que os seres fluídicos designados sob o nome de agêneres não podem ser mortos.

Os cravos penetrando nas mãos, faziam sangrar; o sistema nervoso captava a dor e a transmitia ao espírito. Jesus, o homem, sofria. Depois do suplício, seu corpo lá ficou, inerte e sem vida; foi sepultado como os corpos comuns, e todos puderam vê-lo e tocá-lo. Após a ressurreição, quando ele deixa a Terra, não morre; seu corpo se eleva e desaparece, sem deixar nenhum sinal, prova evidente de que esse corpo era de outra natureza que não aquele que pereceu na cruz; de onde será forçoso concluir que se Jesus pôde morrer é que tinha corpo carnal[26].

> Em consequência de suas propriedades materiais o corpo carnal é a sede das sensações e das dores físicas que repercutem no centro sensitivo ou espírito; não é o corpo que sofre, é o espírito que recebe o contragolpe das lesões ou alterações dos tecidos orgânicos. Num corpo privado de espírito, a sensação é absolutamente nula; pela mesma razão, o espírito que não tem

---

25. Idem, ibidem.
26. Idem, ibidem.

corpo material não pode experimentar os sofrimentos que são o resultado da alteração da matéria; daí será preciso igualmente concluir que se Jesus sofreu materialmente, como não será possível duvidar, é que tinha um corpo material, de natureza idêntica à de todos.

A razão e a lógica estão em acordo com Kardec; elas se assentam nas leis da natureza, a que tudo obedece e nada, nenhuma ação humana, modifica. Até aqui, Kardec se atém no aspecto físico e suas consequências. Tira, porém, conclusões que para si são as únicas possíveis. Ora, o agênere não pode morrer, não pode ser ferido. Jesus, no entanto, morreu, seu corpo foi sepultado, todos viram, tocaram. Só quem tem um corpo material – é Kardec quem o diz – pode passar por esses lances! Mas o Cristo era assistido por uma equipe de espíritos que poderiam muito bem simular todo o drama, inclusive o sangue a jorrar dos ferimentos causados pela coroa de espinhos, pelos cravos e pelas lanças dos soldados, afirmam alguns. Sim, repetindo Kardec, nisso nada há de materialmente impossível, porém é preciso convir que isso seria antinatural, ao contrário do que ocorre com o espírito em corpo material. Por mais que os espíritos possam, o bom-senso leva a ver que esta teoria é controversa demais para ser mantida.

Em reforço do corpo carnal do Cristo, vem o codificador com os aspectos morais "do mais alto poder". Vejamos[27]:

> Se durante sua vida Jesus tivesse estado nas condições dos seres fluídicos, não teria experimentado nem a dor nem nenhuma das necessidades do corpo; supor que ele assim era, será retirar-lhe todo o mérito da vida de provações e de sofrimentos que havia escolhido como exemplo de resignação. Se tudo nele era só aparências, todos os atos de sua vida, o anúncio reiterado de sua morte, a cena dolorosa do Jardim das Oliveiras, sua oração a Deus para que afastasse o cálice dos seus lábios, sua paixão, sua agonia, tudo, até seu último grito no momento de entregar o espírito, não teria sido senão um vão simulacro, para enganar com relação à sua natureza e fazer crer no sacrifício ilusório de sua vida, uma comédia indigna de um homem honesto e simples, quanto mais e por mais forte razão, de um ser também superior; numa palavra, teria abusado da boa-fé dos seus contemporâneos e da posteridade. Tais são as consequências lógicas desse sistema, consequências que não são admissíveis, pois resultaria em diminui-lo moralmente, em lugar de o elevar.
>
> Jesus teve, pois, como todos, um corpo carnal e um corpo fluídico, o que é confirmado pelos fenômenos materiais e pelos fenômenos psíquicos que assinalaram a sua vida.

---

27. Idem, ibidem.

Ao passar da análise puramente material, física, para a das consequências morais que resultaria do corpo fluídico de Jesus, Kardec também muda de tom. Até então contido, ele é aí veemente. Nasce-lhe da pena um como que brado de alerta: a vida de Jesus teria sido apenas "um vão simulacro", se tivesse tido um corpo fluídico! Não se pode admitir isso, sob pena de "diminui-lo moralmente". A grande força de Jesus, crê Kardec, está na fusão da sabedoria e da prática, do conhecimento e do exemplo, do crer e fazer. Assim, acreditar no seu corpo fluídico "será retirar-lhe todo o mérito da vida de privações e de sofrimentos que havia escolhido como exemplo de resignação". "Meu Pai, disse Jesus, se possível, passe de mim este cálice". Ora, essa frase não teria sentido para o codificador caso fosse o Cristo um agênere, assim como essa outra: "Deus meu, Deus meu, por que me desamparaste", dita no momento de sua morte; e como inúmeras mais. A possibilidade de que Jesus seja diminuído moralmente assusta a Kardec a ponto de fazê-lo escrever com veemência: "uma comédia indigna de um homem honesto e simples!" (...) "Tais são as consequências lógicas desse ensino", fala, com energia, compreendendo que o Jesus agênere "teria abusado da boa-fé dos seus contemporâneos e da posteridade", fingindo situações e sofrimentos, pois "não teria experimentado nem a dor nem nenhuma das necessidades do corpo".

No pensamento de Kardec, as coisas se passam de maneira simples: houve o Cristo agênere, aquele que "ressuscitou" depois da morte e apareceu a Maria Madalena no sepulcro e a dois discípulos na estrada de Emaús e não foi de pronto reconhecido por eles, precisando recorrer a detalhes para ser descoberto. Esse o agênere perfeito, de curta duração, que não podia ser morto, apresentando-se na sua realidade pós-morte. Kardec, porém, não para aí. Ei-lo seguro na sua posição contrária ao corpo fluídico[28]:

> As aparições de Jesus depois de sua morte são narradas por todos os evangelistas com detalhes circunstanciados que não permitem duvidar da realidade do fato. Aliás, elas se explicam perfeitamente pelas leis fluídicas e pelas propriedades do perispírito, e nada apresentam de anômalo com os fenômenos do mesmo gênero, dos quais a História antiga e contemporânea oferece numerosos exemplos, sem excetuar a tangibilidade. Se se observam as circunstâncias que acompanharam suas diversas aparições, reconhecem-se nelas todos os caracteres de um ser fluídico. Aparece inopinadamente e desaparece da mesma forma; é visto por uns e por outros sob a aparência que não o fazem reconhecido, nem mesmo por seus discípulos; mostra-se em lugares fechados, onde um corpo carnal não penetraria; sua linguagem não tem a vivacidade de um ser corporal; tem o tom breve e sentencioso, particular aos espíritos que se manifestam dessa maneira; todas as suas ati-

---

28. Idem, cap. XV, item 61.

tudes, numa palavra, têm qualquer coisa que não é do mundo terrestre. Sua apresentação causa ao mesmo tempo surpresa e pavor; seus discípulos, ao vê-lo, não lhe falam com a mesma liberdade; sentem que não é mais o homem. Jesus mostrou-se, pois, com seu corpo perispiritual, o que explica não ter sido visto por aqueles a quem não desejava mostrar-se; se estivesse em seu corpo carnal, teria sido visto por todos, como quando era vivo. Desde que seus discípulos ignoravam a causa primária do fenômeno das aparições, não se apercebiam dessas particularidades, as quais provavelmente não notavam; viam a Jesus e o tocavam, o que para eles deveria ser seu corpo ressuscitado.

Os detalhes nesse particular do Cristo desencarnado apresentando-se aos discípulos na condição de agênere são relacionados por Kardec com muita clareza. É a voz que soa diferente, é a linguagem que não tem vivacidade, é o tom breve e sentencioso, é a surpresa e o pavor de sua aparição, até em lugares fechados. Tudo, enfim, que um agênere mostra em suas manifestações. O outro Cristo, aquele que viveu durante trinta e três anos até desencarnar na cruz, era de carne, esteve convicto disso o codificador. Compreendem-se, assim, os motivos que levaram Kardec a não avalizar a obra *Os quatro Evangelhos* nem permitir o comparecimento de Roustaing e da médium Emilie Collignon na *Revista Espírita* depois de 1866. Os motivos são exatamente estes: a base de *Os quatro evangelhos* é o corpo fluídico de Jesus, no dizer do próprio codificador; ora, Kardec concluiu que o corpo fluídico era falso, logo *Os quatro Evangelhos* ficaram sem razão de ser ou, como ele diria, o edifício ruiu. Junte-se a isso o fator moral consequente do corpo fluídico, talvez o ponto que mais chamou a atenção de Kardec. É, pois, certo que Kardec não aceitou a obra roustainguista e não viu em Roustaing, como também na médium Collignon, pelo que fizeram em *Os quatro Evangelhos*, seus muito importantes colaboradores como o querem os adeptos do bastonário de Bordéus, ficando reduzida a mera opinião individual dos espíritos que a assinaram, a Revelação da Revelação.

Muitos estranham não ter Kardec descido à análise de *Os quatro Evangelhos* nos pontos que ferem os postulados espíritas, tais como a lei da reencarnação, que Roustaing aplica apenas aos espíritos decaídos, servindo para estes como estrada da evolução; os espíritos puros não precisam encarnar, pois realizam sua evolução em linha reta; por consequência, a escala espírita não se aplica, para Roustaing, senão aos espíritos decaídos, reencarnantes, pois os espíritos puros estão desde a sua criação no topo da escala; a reencarnação em corpos tipo criptógamos carnudos, semelhantes a lesmas, como punição aos espíritos recalcitrantes (conhecido, também, como metempsicose, que é combatida pelo espiritismo); a profecia de que o catolicismo retomará o seu poder e sua condução do mundo.

114 | WILSON GARCIA

Enfim, todas essas e outras teses defendidas por Roustaing em sua obra não foram combatidas pelo codificador, é certo. Não seria preciso, como também não havia tempo para que Kardec o fizesse. As contradições de Roustaing são a própria causa da perdição de sua obra.

A MENSAGEM DE ERASTO

Às vésperas da primeira viagem a Bordéus, para a qual seguiu a contragosto de Roustaing, recebeu Kardec pelas mãos do médium Sr. D'Ambel uma mensagem mediúnica assinada pelo espírito Erasto, muito próximo do codificador. Essa mensagem, como já assinalado, tem um tom profético e outro de advertência. Alguns adeptos de Roustaing tomam-na como positiva e indicativa da missão dele, uma vez referir-se ela à profusão de médiuns existentes naquela região francesa. Era a primeira viagem de Kardec a Bordéus para fins de divulgação da nova doutrina e para fins de confraternização; a mensagem significava a consideração dos espíritos para com os espíritas bordelenses. Mas seu conteúdo foi muito além disso ao apontar para os perigos que rondavam o trabalho de Kardec, perigos que não se encontravam apenas do lado terreno, mas – destaque-se – estavam nos conluios promovidos nas sombras pelos espíritos adversários da verdade, que se materializavam pelas portas das influências desses espíritos sinistros sobre os médiuns desprevenidos e orgulhosos.

Bordéus era região pródiga em médiuns. O Sr. Sabò, que residia em Bordéus, era daqueles indivíduos confiáveis, responsável por considerável produção mediúnica publicada na *Revista Espírita*. Mas Bordéus tinha, também, a figura de Roustaing, que de amigo do Sr. Sabò passou a seu adversário. Roustaing, como se viu, não compareceu à reunião em casa do Sr. Sabò, portanto não soube da mensagem de Erasto senão posteriormente. Kardec desviou-se de um encontro pessoal com Roustaing por tudo que este fizera desrespeitosamente em relação ao Sr. Sabò. Ou seja, Kardec não quis ver seu nome ligado naquele momento ao de Roustaing. Estava em Bordéus, ficou por lá bons tempos e podia, se o quisesse e se Roustaing lhe fosse de fato próximo em termos afetivos, ter com este um ou mais encontros para conversa importante sobre a doutrina. Mas esquivou-se disso diplomaticamente.

Estava Kardec de posse da mensagem de Erasto, leu-a, meditou sobre seus termos e tudo isso depois de haver decidido pela viagem, pois a decisão foi tomada antes mesmo da carta de Erasto. Com a carta se convenceu do acerto da decisão. Em Bordéus, hospedou-se na casa do Sr. Sabò, onde não mais frequentava Roustaing. Todas as acusações feitas por Roustaing sobre Sabò se desfizeram no ar como bolhas de sabão, pela forma como foi recebido no seio daquela família e pela constatação de que eram pessoas simples, de bem, dedicadas ao espiritismo, aplicadas nas atividades, sem grandes posses, mas suprindo o que lhes faltava em dinheiro com o suor de seu corpo.

No livro *Jean Baptiste Roustaing, o apóstolo do espiritismo*[29], os autores – Jorge Damas Martins e Stenio Monteiro de Barros – defendem que Roustaing esteve presente na magnífica sessão de inauguração da Sociedade Espírita Bordalesa e, para eles, não paira dúvida de que se encontrou com Kardec e eles "se estenderam as mãos, em sinal de comunhão" (p. 267). Partem esses autores da premissa de que o discurso feito por uma das personalidades presentes – Dr. de Vitray – é uma prova da presença de Roustaing na sessão. Eis como relatam o acontecimento (p. 270):

> A forma como o Dr. de Vitray se expressa, sem citar, inclusive, o prenome de Roustaing, demonstra que ele era bem conhecido de todos os presentes, dada a sua atuação no movimento nascente. Mas, e de Allan Kardec, que fazia sua primeira viagem a Bordeaux? Eles só se conheciam por carta. A partir de agora, não. O discurso do Dr. Bouché de Vitray tira qualquer dúvida que possa ser levantada. Isto é lógico, é mais do que certo. Ele, Roustaing, um ativo participante do Grupo Sabò, um dos seus evocadores, um agradecido pela orientação providencial de Kardec, nunca perderia esta oportunidade. Com os documentos, cartas e artigos que se tem, isto se torna um fato histórico. Quem quiser que prove o contrário, e não esqueça de citar e estampar uma fonte inquestionável.

Os autores chegam a imaginar a cena do aperto de mão e a emoção do encontro entre os dois (p. 270):

> Os dois estavam ali, juntos, a coluna do espiritismo, Kardec, e o discípulo, Roustaing, destinado, pelas revelações recebidas, a tornar-se o apóstolo de Bordeaux; eles estenderam as mãos, em sinal de comunhão. O prazer tão ardentemente desejado por Roustaing estava materializado.

Vimos na carta-resposta de Kardec a Roustaing, em 12 de outubro de 1861, que o codificador contrariou o pedido e os argumentos deste para que não fosse a Bordéus, assinalando a existência de "perigos" e decepções que lhe aguardavam. Kardec viu com clareza que se tratava de interesses pessoais de Roustaing por conta de desavenças com o Sr. Sabò e outros, do que propriamente

---

29. É estranha a designação dada a Roustaing de "apóstolo do espiritismo", senão pela maneira como Kardec o desconsiderou, mas também pelo fato de o próprio Roustaing ter investido contra Kardec após sua desencarnação, acusando-o de autoritário, entre outros deslustres, além de contrariar diversos pontos fundamentais da doutrina espírita que Kardec apresentou ao mundo. É de se questionar como alguém pode ser considerado apóstolo de uma doutrina se contra ela e o seu responsável se investe, atingindo-a em seus mais elementares princípios, ainda mais se entendermos que a doutrina espírita e Allan Kardec estão ligados por laços indissolúveis. No começo de suas relações, Roustaing escrevia que Kardec era o chefe do espiritismo, contudo, não observou isso na prática. Afinal, "quem não é por mim é contra mim".

de fatos que devessem preocupar. A resposta dada por Kardec foi firme e viril. Foi incisiva.

Os dois não se encontraram em Bordéus e não poderiam mesmo tê-lo feito. O desconhecimento dos fatos ora revelados pelas cartas de Kardec foi o que levou o imaginário a criar uma cena afetiva, revelando um desejo oculto deveras acalentado. Mas deixa entrever outras situações desconfortantes, também. Por exemplo, o autor do texto da biografia de Roustaing não compreende a reação de Kardec a uma frase contida numa mensagem recebida por Collignon no começo de 1862, na Sociedade Espírita de Bordéus, assim formulada (p. 316):

> Não vos inquieteis com os irmãos que se afastam de vossas crenças. Ao contrário, agi de maneira que não mais se misturem ao rebanho dos verdadeiros crentes, pois são ovelhas sarnentas e deveis evitar o contágio.

Submetida a mensagem a Kardec pela médium Collignon, fez ele apreciações e, entre outras coisas, disse que o espírito não se referia às pessoas que:

> (...) de boa-fé, procuram esclarecer-se quanto às dificuldades da ciência ou sobre aquilo que não podem compreender, por uma discussão pacífica, moderada e conveniente.

No dizer de Kardec, a referência do espírito era para:

> As [pessoas] que vêm com ideia preconcebida de oposição sistemática, que levantam oposições inoportunas a torto e a direito, capazes de perturbarem o trabalho.

À compreensão da lógica de Kardec bastaria percebê-la aí presente, porém, junte-se, agora, o fato de que o exemplo negativo dado por Roustaing ao deixar o grupo Sabò e contra este se colocar se apresenta como elemento chave. Roustaing havia deixado o grupo Sabò e saiu contrariado, não escondendo de Kardec os seus sentimentos; antes, o pressionou para não visitar Bordéus naquela ocasião com palavras desabonadoras sobre Sabò. Roustaing se foi e não mais retornou, como também não mais manteve contatos com o antigo grupo e com a Sociedade Espírita de Bordéus, sucessora daquele.

Agora, a mensagem de Erasto (RE, novembro de 1861). Verifique-se desde já uma particularidade: em certo momento, Erasto registra o valor de simples e humildes espíritas de Bordéus, mas o nome de Roustaing não aparece entre eles. Nem Roustaing nem Collignon. Fala da nova Revelação, o espiritismo, sem indicar qualquer outro trabalho em andamento de igual valor. Entretanto, a denominada *Revelação da Revelação* já estava em gestação naquelas alturas. Se não materialmente, porém nos planos do terrível conluio entre os espíritos malfeitores e os encarnados desejosos dos louros terrenos.

Que a paz do Senhor esteja convosco, meus bons amigos, a fim de que nada venha jamais perturbar a boa harmonia que deve reinar num centro de espíritas sinceros! Sei quão profunda é vossa fé em Deus e quanto sois fervorosos adeptos da nova revelação. Eis por que vos digo, com toda a efusão de minha ternura, que ficaria desolado, ficaríamos desolados todos nós que, sob a direção do *Espírito de Verdade*, somos os iniciadores do espiritismo na França, se viesse a desaparecer do vosso meio a concórdia de que, até hoje, destes provas brilhantes. Se não tivésseis dado o exemplo de uma sólida fraternidade; se, enfim, não fôsseis um centro sério e importante da grande comunhão espírita francesa, eu teria deixado esta questão na sombra. Mas se a levantei é que tenho razões plausíveis para vos convidar à manutenção da união, da paz e da unidade da doutrina entre os vossos diversos grupos. Sim, meus caros discípulos, aproveito com entusiasmo esta ocasião, que nós mesmos preparamos, para vos mostrar quanto seria funesta ao desenvolvimento do espiritismo e que escândalo causaria entre os vossos irmãos de outras regiões, a notícia de uma cisão no centro que até agora nos encantou citá-lo, por seu espírito de fraternidade, a todos os outros grupos formados ou em vias de formação. Não ignoro, como não o deveis ignorar, que tudo farão para semear a divisão entre vós; que vos armarão ciladas; que em vosso caminho semearão emboscadas de toda sorte; que vos oporão uns aos outros, a fim de fomentar a divisão e levar a uma ruptura, por todos os títulos lamentável. Mas podereis evitar tudo isto praticando os sublimes preceitos da lei do amor e da caridade, inicialmente perante vós próprios e, a seguir, perante todos. Estou convicto de que não dareis aos inimigos de nossa santa causa a satisfação de dizer: "Vede esses espíritas de Bordéus, que nos mostravam como marcham na vanguarda dos novos crentes! Não sabem nem ao menos estar de acordo entre si". Eis, meus amigos, onde vos esperam e onde nos esperam a todos. Vossos excelentes guias já vos disseram: "Tereis que lutar não só contra os orgulhosos, os egoístas, os materialistas, e todos esses infelizes que estão imbuídos do espírito do século; *mais ainda, e sobretudo, contra a turba de Espíritos enganadores que, encontrando em vosso meio uma rara reunião de médiuns, pois a tal respeito sois os mais aquinhoados, em breve virão assaltar-vos: uns, com dissertações sabiamente combinadas, nas quais, graças a tiradas piedosas, insinuarão a heresia ou algum princípio dissolvente; outros, com comunicações abertamente hostis aos ensinos dados pelos verdadeiros missionários do Espírito de Verdade*[30]. Ah! crede-me, não temais desmascarar os embustei-

---

30. Grifo nosso. Observe-se como Erasto chama a atenção para a presença de espíritos enganadores. Essa mensagem é uma verdadeira profecia.

ros que, novos Tartufos, se introduziriam entre vós sob a máscara da religião; sede igualmente impiedosos para com os lobos devoradores, que se ocultariam sob peles de cordeiro. Com a ajuda de Deus, que jamais invocais em vão, e com a assistência dos bons espíritos que vos protegem, ficareis inquebrantáveis em vossa fé; os maus espíritos vos acharão invulneráveis e, quando virem seus dardos se quebrarem contra o amor e a caridade que vos animam o coração, retirar-se-ão confusos de uma campanha onde só terão colhido impotência e vergonha. *Encarando como subversiva toda doutrina contrária à moral do Evangelho e aos princípios gerais do Decálogo*[31], que se resume nesta lei concisa: *Amai a Deus sobre todas as coisas e ao próximo como a vós mesmos*, ficareis invariavelmente unidos. Aliás, em tudo é preciso saber submeter-se à lei comum: a ninguém cabe subtrair-se ou querer impor sua opinião e seu sentimento, quando estes não forem aceitos pelos outros membros de uma mesma família espírita. E nisto eu vos convido insistentemente a vos modelardes pelos usos e regulamentos da Sociedade de Estudos Espíritas de Paris, onde ninguém, seja qual for sua posição, idade, serviços prestados ou autoridade adquirida, pode substituir por sua iniciativa pessoal a da Sociedade de que faz parte e, *a fortiori*, engajá-la em coisa alguma por meio de manobras que ela não aprovou. Dito isto, é incontestável que os adeptos do mesmo grupo devem ter uma justa deferência para com a sabedoria e a experiência adquiridas. A experiência nem é divisa do mais velho nem do mais sábio, mas do que se ocupou por mais tempo e com mais frutos para todos, de nossa consoladora filosofia. Quanto à sabedoria, cabe-vos examinar aqueles que entre vós a seguem e a praticam melhor de acordo com os preceitos e as leis. Contudo, meus amigos, antes de seguir vossas próprias inspirações, não o esqueçais, tendes os vossos conselheiros e vossos protetores etéreos a consultar, e estes jamais vos faltarão quando o solicitardes com fervor e com um objetivo de interesse geral. Por isso necessitais de bons médiuns e aqui os vejo excelentes, em cujo meio só tendes que escolher. Certo, – e bem o sei – a Sra. e a Srta. Cazemajoux e alguns outros possuem qualidades mediúnicas no mais alto grau e *nenhuma região, eu vo-lo repito, a esse respeito é mais bem-dotada do que Bordéus*[32].

Eu tive que vos fazer ouvir uma voz tanto mais severa, meus amigos, quanto o Espírito de Verdade, mestre de todos nós, mais espera de vós. Lembrai-vos de que fazeis parte da vanguarda espírita e que a vanguarda, como o estado-maior, deve a todos o exemplo de uma submissão absoluta à disciplina estabelecida. Ah! vossa obra não é fácil, desde que vos cabe a tarefa de levar com mão vigorosa o machado às sombrias florestas do materialismo e perseguir até às suas últimas trincheiras os interesses materiais coligados. Novos Jason, marchai à conquista do verdadeiro tosão de ouro,

---

31. Idem.
32. Idem, ibidem.

PONTO FINAL – O REENCONTRO DO ESPIRITISMO COM ALLAN KARDEC | 119

isto é, dessas ideias novas e fecundas, que devem regenerar o mundo; mas nesse caso já não marchais no interesse privado, nem mesmo no da geração atual, mas, sobretudo no das gerações futuras, para as quais preparais os caminhos. Há nesta obra um cunho de abnegação e de grandeza que ferirá de admiração e de reconhecimento os séculos futuros e, crede-me, Deus saberá vos levar isto em conta. Tive que vos falar como falei, porque me dirijo a criaturas que escutam a razão, a homens que perseguem seriamente um objetivo eminentemente útil: a melhora e a emancipação da raça humana; a espíritas, enfim, que ensinam e pregam o exemplo, que o melhor meio para lá chegar está na prática das verdadeiras virtudes cristãs. Tive que vos falar assim porque era necessário vos premunir *contra um perigo*[33], que era meu dever assinalar; venho cumpri-lo. Assim, agora posso encarar o futuro sem inquietude, porque estou convencido de que minhas palavras serão proveitosas a todos e a cada um; e que o egoísmo, o amor-próprio e a vaidade, de agora em diante, não terão poder sobre os corações em que reine completamente a verdadeira fraternidade.

Vós vos lembrareis, espíritas de Bordéus, que a vossa união é o verdadeiro encaminhamento para a união e a fraternidade universal; e, a esse respeito, sinto-me feliz, muito feliz, por poder constatar claramente que o espiritismo, por si, vos impulsionou a dar um passo à frente. Recebei, pois, nossas felicitações, pois aqui falo em nome de todos os espíritos que presidem à grande obra de regeneração humana, já que, por vossa iniciativa, abriu-se um novo campo de exploração e uma nova causa de certeza aos estudos dos fenômenos de além-túmulo, por vosso pedido de filiação, não como indivíduos isolados, mas como grupo compacto, à Sociedade iniciadora de Paris. Pela importância desse passo, reconheço a alta sabedoria dos vossos guias principais e agradeço ao terno Fénelon e seus fiéis coadjutores Georges e Marius, que com ele presidem às vossas piedosas reuniões de estudo. Aproveito esta circunstância para, igualmente, dar um testemunho brilhante aos espíritos Ferdinand e Felícia, que todos conheceis. Embora estes dignos colaboradores tenham apenas feito o bem pelo bem, é bom saberdes que é a esses modestos pioneiros, secundados pelo humilde Marcelino, que nossa santa doutrina deve ter prosperado tão rapidamente em Bordéus e no sudoeste da França.

Sim, meus fiéis crentes, vossa admirável iniciativa será seguida, bem o sei, por todos os grupos espíritas formados seriamente. É, pois, imenso passo adiante. Compreendeis, e todos compreenderão como vós, que vantagens, que progressos, que propaganda resultarão da adoção de um programa uniforme para os trabalhos e estudos da doutrina que vos revelamos. Não obstante, fique bem entendido que cada grupo conservará sua originalidade e sua iniciativa particular; mas, fora de seus trabalhos particulares,

---

33. Idem, ibidem.

terá que ocupar-se de diversas questões de interesse geral, submetidas ao seu exame pela Sociedade central[34], e resolver várias dificuldades, cuja solução até agora não foi obtida dos espíritos, por motivos que seria inútil aqui desenvolver. Eu acreditaria vos fazer uma ofensa se aos vossos olhos ressaltasse as consequências resultantes de trabalhos simultâneos. Então, quem ousará contestar uma verdade, quando esta for confirmada pela unanimidade ou pela maioria das respostas mediúnicas, obtidas simultaneamente em Lião, Bordéus, Constantinopla, Metz, Bruxelas, Sens, México, Carlsruhe, Marselha, Toulouse, Mâcon, Sétif, Argélia, Oran, Cracóvia, Moscou, São Petersburgo, como em Paris?[35]

Eu vos distraí com a rude franqueza com que falo aos vossos irmãos de Paris. Não obstante, não vos deixarei de testemunhar minhas simpatias, justamente conquistadas, a esta família patriarcal, onde excelentes espíritos, encarregados de vossa direção espiritual, começaram a fazer compreender suas eloquentes palavras. Citei a família Sabò, que soube atravessar com uma constância e uma piedade inalterável as dolorosas provas com que Deus a afligiu, a fim de a elevar e a tornar apta para a sua missão atual. Também não devo esquecer o concurso dedicado de todos quantos, em suas respectivas esferas, contribuíram para a propagação de nossa consoladora doutrina. Continuai todos, meus amigos, a marchar resolutamente no caminho aberto: ele vos conduzirá seguramente para as esferas etéreas da perfeita felicidade, onde vos marcarei encontro. Em nome do *Espírito de Verdade*, que vos ama, eu vos abençoo, espíritas de Bordéus.

Longa, detalhada e importante a mensagem enviada pelo espírito. *Coincidentemente*, seu destino fora Bordéus, cidade de Roustaing e da médium Collignon. Seu tom sério, quase viril, reconhecido pelo próprio Erasto, faz perceber que alguma razão muito forte, para além da viagem de Kardec, motivou a remessa da carta. Aliás, neste teor muito raramente os espíritos se manifestam. Só o fazem quando há razões justificáveis. E a razão bem poderia ser a "rara reunião de médiuns" da região de Bordéus. Por que não? O espírito ressalta este fato com bastante ênfase, chama a atenção para os perigos da invigilância, preocupado com a "turba de espíritos enganadores que em breve virão assaltar-vos", mostrando os ardis de que se serviriam eles, "uns com dissertações sabiamente combinadas, nas quais, graças a tiradas piedosas, insinuarão a heresia ou algum princípio dissolvente". Alguns dirão que tal ocorrência pode se dar em qualquer lugar e não deixarão de ter razão, mas seria coincidência demais, inexplicável, vir logo a seguir e de Bordéus a obra que impregna o espiritismo de profundas contradições e

---

34. Roustaing jamais deu ouvidos a essa observação de Erasto.
35. Observe-se o princípio da universalidade dos ensinos dos espíritos, que os roustainguistas desprezam e comumente quando a eles se referem o ironizam, afirmando que Kardec não o obedeceu sempre.

o coloca ao rés do chão, determinando a perda do melhor e mais bem distribuído bom-senso, plagiando Descartes.

Erasto é neste ponto tão incisivo que chega a dizer para que não temessem "desmascarar os embusteiros que, novos Tartufos, se introduziriam... sob a máscara da religião". Só falta citar *Os quatro Evangelhos*... E com severidade clama: "sede igualmente impiedosos para com os lobos devoradores, que se ocultariam sob pele de cordeiro".

Bordéus se oferecia aos espíritos enganadores como nenhum outro lugar, dado que ali se encontravam muitos médiuns. E Erasto compreende, tal qual Kardec, que somente a "união, a paz e a unidade da doutrina" seriam capazes de evitar que houvesse a intromissão daqueles espíritos. Fala com severidade: "Tive que vos falar assim porque era necessário vos premunir contra um perigo, que era meu dever assinalar". Espera que, daquele momento em diante, o "egoísmo, o amor-próprio ou a vaidade" não se aposse dos "corações em que reine a verdadeira fraternidade". Destaca como portadoras de "qualidades mediúnicas no mais alto grau" a Sra. e Srta. Cazemajoux (nada diz e não inclui aí o nome de Collignon!), entre outros. Ressalta o valor da família Sabò e não se refere a Roustaing, que havia traçado para Kardec o pior quadro sobre o Sr. Sabò. Agradece a espíritos como Fénelon, Ferdinand e outros, sempre presentes com mensagens recebidas em Bordéus. Tudo isso "em nome do Espírito de Verdade".

Não é fora de propósito relembrar que Kardec tinha em grande consideração o movimento espírita de Bordéus. Ao longo dos anos em que dirigiu a *Revista Espírita* publicou inúmeras mensagens de médiuns daquela cidade, além de notícias e comentários sobre o espiritismo lá praticado. A própria médium Collignon viu, até 1866, trabalhos de sua lavra mediúnica publicados por Kardec. Depois dessa época, quando a obra *Os quatro Evangelhos* foi publicada, Collignon não mais apareceu na Revista, pelo menos enquanto a Revista esteve sob a direção do codificador. Tal não se deu, porém, com outros médiuns de Bordéus, que continuaram tendo o apoio de Kardec. Entre estes, as Cazemajoux, mãe e filha.

Repetindo, a mensagem de Erasto chegou a Bordéus numa época em que se esboçavam já os planos para *Os quatro Evangelhos*. As advertências que fez teriam sido motivadas por estes planos? Certamente. Veja-se afirmativa a respeito dos espíritos enganadores e seus ardis, ao dizer que se apresentariam com "dissertações sabiamente combinadas, nas quais, graças a tiradas piedosas, insinuariam a heresia ou algum princípio dissolvente". É, pois, lógico concluir que Erasto procurava evitar a concretização de um plano que se constituiria em divisor do movimento espírita, como o é o corpo fluídico de Jesus pregado por Roustaing.

Roustaing não esteve presente, como se viu, na sessão de Kardec com os espíritas de Bordéus. Qual seria a sua reação diante do conteúdo da mensagem de Erasto se tivesse ali comparecido? Teria sido providencial a sua ausência? Quem, dentre os espíritas presentes, poderia responder a tais perguntas? Kardec, portador da mensagem? As Cazemajoux, médiuns? O Sr. De Vitray, que citou o nome de Roustaing em seu discurso de boas-vindas a Kardec?

Neste presente momento em que documentos da mais alta importância são colocados à disposição dos espíritas e historiadores, dos pesquisadores e curiosos, para cumprir seu destino antevisto por Allan Kardec, quando este registrou que esses documentos guardados numa pasta de couro destinavam-se a dissolver dúvidas e eliminar mitos e circunstâncias mal resolvidas, repito, neste momento se pode afirmar com segurança e serena convicção que aquelas perguntas não tinham então sua resposta. Assim como tudo o que ocorreu com as obras da codificação, especialmente os livros *A Gênese* e *O Céu e o Inferno*, que foram corrompidos, que tiveram seu texto adulterado, adulterando com isso a própria destinação do espiritismo, também a obra de Roustaing e o destino deste estavam, todos, preconizados para serem modificados apenas em nosso tempo.

A questão que, mais uma vez, se mostra determinante para isso está significada em dois termos: autonomia e heteronomia. Roustaing foi o marco inglório do desvio dos fundamentos e dos significados profundos que o termo autonomia contém; mais do que isso, foi o que deu margem para que a doutrina, destinada a revolucionar a cultura e a moral, caminhasse na direção contrária da autonomia. A persistência e tenacidade de uns poucos brasileiros de levar adiante, sob o manto ignóbil da ignorância doutrinária, fez com que a FEB se tornasse o abrigo irradiador desse desvio no Brasil, iludindo e influenciando as gerações futuras, mesmo muitos daqueles que declaradamente se colocam contrários aos preceitos contidos na obra roustainguista.

A religião constituída é o polo movediço que sustenta a heteronomia e todos os significados que o termo contém. O polo do espiritismo é outro e se assenta sobre o pilar da autonomia do ser em relação à construção do seu destino e do futuro da humanidade. Enquanto a religião prende o ser e a sociedade, o espiritismo libera, oferecendo as asas do conhecimento para o voo às alturas jamais vistas desde o ponto mais ínfimo da Terra, no qual o ser humano está instalado.

Kardec anteviu o estrago que a heteronomia defendida por Roustaing e sua doutrina causaria ao espiritismo, fazendo-o retroceder em lugar de avançar. Muitos espíritas da primeira hora no Brasil quiseram sustentar Roustaing acreditando na mentira da "obra da fé", criada para dar argumento ao discurso de que Kardec parou na moral do Cristo, enquanto Roustaing avançou na parte histórica e na compreensão dos fatos. Colocado assim, tudo pareceu esclarecido, mas a mentira não pode ser, como de fato não é, o caminho para chegar à verdade.

Roustaing é a distorção para a dominação e a destruição da autonomia; Kardec é a construção da liberdade que vige em todos os recantos do Cosmo. O ser submetido, estaciona, o ser livre, avança. Kardec desconstruiu o medo do futuro e tirou de sobre o ser a figura humana representativa de Deus com o dedo acusatório apontando para as criaturas indefesas. Roustaing correu para o repor com suas ideias de evolução em linha reta e reencarnação como penalidade aos espíritos decaídos. Por isso mesmo quis prever, desastradamente, a volta ao domínio da humanidade da figura representada pela Igreja Católica e sua fórmula de espiritualidade superada.

A questão, agora, não é mais discutir, apenas, o corpo fluídico e todas as distorções doutrinárias da obra roustainguista, mas saber como reconstruir o edifício doutrinário do legado kardequiano.

2

Roustaing no terreno espírita

Allan Kardec, o grande artífice do espiritismo, fez obra alinhada com a autonomia moral.

A compreensão de um fato reside, fundamentalmente, no domínio deste fato. Da mesma forma, qualquer esforço para conceituar a consciência há de esbarrar, de alguma maneira, na compreensão, podendo-se dizer que há consciência de alguma coisa quando esta compreende e domina o fato. Nesta linha de raciocínio, a consciência sobre como e de que maneira ocorreu a ruptura no edifício doutrinário espírita, monolítico em termos racionais, mas não imune aos assaltos dos adversários do conhecimento libertador, tal consciência depende do domínio dos fatos, ou seja, de sua compreensão plena. Este domínio dos fatos passa, necessariamente, pela história do espiritismo no pós-Kardec, quando, então, sobressaíram interesses e personagens diversos.

Embora tenha sido colocada de lado a pretensão de Roustaing de obter o apoio de Kardec à sua obra *Os quatro Evangelhos*, o retorno do codificador à condição de espírito foi a porta de entrada do terreno espírita para o advogado de Bordéus. Depois de refutar a obra *Os quatro Evangelhos* e sua tese central do corpo fluídico, com as análises feitas pela *Revista Espírita* e no livro *A Gênese*, respectivamente, Kardec manteve uma distância considerável daquela obra, legando aos pósteros a doutrina espírita livre do assédio que Roustaing e seus adeptos promoveram insistentemente.

A sucessão de Kardec, contudo, acabará por abrir as portas da *Revista Espírita* às ideias roustainguistas, tendo como personagem principal dessa história a figura de Pierre Gaétan Leymarie, que ao tempo de Kardec pertencera à Sociedade Parisiense de Estudos Espíritas, na qual exercia as funções de médium. Leymarie substituiu Desliens, que renunciou, na presidência da Sociedade Anônima[36] em 1871, conforme registra Simoni Privato Goidanich em seu minucioso livro histórico *O legado de Allan Kardec*, (p. 149):

> Amélie Boudet, juntamente com os demais membros da Sociedade Anônima, aceitou Leymarie como substituto de Desliens. Assim, Leymarie, então com 44 anos, converteu-se em acionista, secretário-gerente da *Revista Espírita* e membro administrador da Sociedade Anônima.

---

36. Instituição criada para gerir o patrimônio doutrinário e material de Allan Kardec (GOIDANICH, 2018, p. 132): "Em 3 de julho de 1869, no domicílio de Amélie Boudet, na avenida de Ségur, nº 39, foi assinada a ata de fundação da Sociedade Anônima da Caixa Geral e Central do Espiritismo, que funcionaria paralelamente à Sociedade Parisiense de Estudos Espíritas."

Pierre Gaétan Leymarie foi, também, médium na SPEE

Amelie Boudet, esposa de Allan Kardec

Amigo de Desliens, Leymarie assumiu uma Sociedade que vinha sendo criticada por diversos espíritas proeminentes, por estar fugindo do programa traçado por Allan Kardec e, entre outras ações, estar vendendo a preços elevados as obras espíritas, bem como por publicar matérias contrárias ao interesse doutrinário na *Revista Espírita*. Leymarie, que era remunerado para prestar o seu trabalho, em seu primeiro ato defende a forma como a Sociedade Anônima é administrada e faz promessas de modernização da *Revista Espírita* (GOIDANICH, 2018, p. 151):

> A Revista também deve modificar-se progressivamente; inicialmente, teve que ser puramente filosófica e relatar os fatos psicológicos com luminosos comentários do mestre; atualmente, enquanto permanece impregnada dessa grande característica, deve abrir mais amplamente suas páginas às investigações científicas; muitas brochuras concebidas de maneira judiciosa tem-nos sido remetidas; elas atacam os preconceitos acadêmicos ao estabelecerem sábias relações entre todos os elementos fisiológicos que constituem o ser, esse composto de todos os seres. São novos elementos que constituem uma nova fase do espiritismo, e aos quais, de nossa parte, daremos uma fraterna e amável acolhida.

Goidanich registra que o lançamento da quinta edição do livro *A Gênese*, de Kardec, deu-se em fins de 1872, fato ocorrido em conjunto com dois outros livros: *O segredo de Hermes*, de Louis F., e *A mediunidade no copo d´água*, de Antoinette Bourdin, já sob a presidência na Sociedade Anônima de Leymarie. Estranha ela, porém, que os dois livros, de menor expressão doutrinária, tenham recebido mais destaque na *Revista Espírita* do que a obra de Kardec, que agora surgia com diversas mudanças textuais (GOIDANICH, 2018, p. 151):

> Há um absoluto silêncio, nos conteúdos da *Revista Espírita* de 1872 e de 1873, sobre o lançamento da quinta edição, "revista, corrigida e aumentada", de *La genèse, les miracles et les prédictions selon le spiritisme*. Portanto, ao publicar a quinta edição, a Sociedade Anônima não deu qualquer explicação sobre as modificações introduzidas no texto que Allan Kardec depositou legalmente e publicou em quatro edições, antes de falecer (...).

Registre-se, sobre a quinta edição de *A Gênese*, que se tornará a edição a servir de base para as traduções e publicações nas diversas línguas mundiais, a portuguesa, inclusive, sendo, assim, considerada a edição definitiva da obra e as alterações promovidas em seu texto, a princípio, não levantaram qualquer suspeita sobre sua autoria. À autora de *O legado de Allan Kardec* outro detalhe sobre a quinta edição surge também como estranho (p. 162): a ausência de registro na página de rosto do livro do ano da publicação, o que "contraria o costume da época".

O fato de não ser dada nenhuma explicação sobre as modificações introduzidas na quinta edição de *A Gênese*, seja na *Revista Espírita* onde o livro foi incluído apenas na relação de obras de Allan Kardec, seja no próprio livro, aparece como algo suspeito, afinal as mudanças superam quatro centenas e "além das modificações de forma – entre elas, na pontuação, na ortografia, na numeração dos itens e nos títulos – há muitas alterações de fundo". São, em grande número, as mudanças de conteúdo, mas, observe-se, conteúdos que já haviam sido confirmados nas publicações realizadas na *Revista Espírita*, um verdadeiro laboratório utilizado por Allan Kardec. (GOIDANICH, 2018, p. 167 e 168):

> Entre esses conteúdos, encontram-se os que tratam da revelação espírita (Capítulo I); da Providência (Capítulo II); da visão de Deus (Capítulo II); da destruição dos seres vivos uns pelos outros (Capítulo III); da doutrina dos anjos caídos e da origem da raça adâmica (Capítulo XI); da teoria da presciência (Capítulo XVI); dos sinais dos tempos (Capítulo XVIII) e da nova geração (Capítulo XVIII).

A preocupação da autora de *O legado de Allan Kardec* se dá em função de supressões de textos cujos critérios de concordância universal foram observados por Allan Kardec, bem como da adição de textos supersticiosos, em contraposição à severidade do codificador, como observa (GOIDANICH, 2018, p. 172):

> Na quinta edição, não apenas foram eliminados do capítulo XVIII textos da mais alta importância, mas também foram incluídas passagens de caráter supersticioso, como a que sugere fortemente uma coincidência dos períodos de renovações morais da humanidade com as "revoluções físicas do globo", com "fenômenos naturais insólitos", com "meteoros que parecem estranhos", com recrudescimento e intensidade "inabitual" dos flagelos destruidores.

Todos esses fatos, amplamente narrados no livro *O legado de Allan Kardec*, são uma mostra inicial do futuro que aguardava a obra espírita, no que tange à manutenção da sua integralidade textual e de conteúdo. *A Gênese* se tornaria o estopim de um rastro de profundas modificações nos caminhos traçados e percorridos por Allan Kardec, levando-os a atalhos aqui, extensões indevidas ali, de maneira a gerar grandes dissabores.

O episódio relacionado às alterações em *A Gênese* explodiu apenas em 1884, cerca de quinze anos após a partida de Allan Kardec e doze anos depois de lançada a fatídica 5ª edição. Contudo, ele se soma às inúmeras outras mudanças que, sob a direção de Leymarie, foram feitas na condução da Sociedade Anônima, da *Revista Espírita*, enfim, na administração de todo o legado de Allan Kardec. Por tudo isso, esse episódio assume importância capital.

Eis como as coisas aconteceram (GOIDANICH, p. 317):

> No inverno [europeu] de 1883-1884, um lionês que se dizia amigo pessoal de Leymarie e que era fervoroso adepto da teoria exposta na obra de

Roustaing criticou, perante Henri Sausse e outras pessoas, as obras de Allan Kardec e comentou que Leymarie havia feito modificações em *La genèse, les miracles et les prédictions selon le spiritisme.*

A partir desse comentário, Henri Sausse foi levado a analisar o caso e por seus estudos comparativos constatou que de fato mudanças haviam sido feitas e não eram pequenas. A denúncia foi por ele publicada no jornal *O Espiritismo*, da União Espírita Francesa, edição de dezembro de 1884, em artigo que teve por título "Uma infâmia". Assim como o título, o conteúdo era explosivo (GOIDANICH, p. 319):

> Todos nós sabíamos que existia uma sociedade espírita, fundada para a continuação das obras de Allan Kardec, e confiávamos a ela a responsabilidade de velar pela integridade da herança moral que nos havia deixado o mestre. O que ignorávamos é que, ao lado dela, talvez inclusive em sua sombra, se tenha organizado outra para a corrupção das obras fundamentais de nossa doutrina, e esta última não somente existe, mas prossegue, talvez ainda, em seu triste trabalho.

O biógrafo de Allan Kardec então acusa:

> Todas as partes desse livro sofreram mutilações graves, em maior ou menor grau, mas o capítulo XVIII: 'São chegados os tempos', é o que foi mais maltratado; as modificações que se produziram nele tornam-no quase irreconhecível.

Henri Sausse aponta nada menos do que 126 modificações por ele constatadas na quinta edição de 1872 de *A Gênese*. Hoje, por conta de um estudo anda mais acurado, tais modificações ultrapassam quatro centenas. Mas Henri Sausse, para não alongar esse primeiro artigo acusatório das fraudes feitas no livro, destaca um trecho do capítulo XV, Os Milagres do Evangelho, como uma das amostras das mudanças indevidas feitas. Kardec abordava a controvertida questão do desaparecimento do corpo de Jesus e a certa altura diz (GOIDANICH, p. 321):

> Portanto, sobre a maneira pela qual se deu esse desaparecimento, apenas pode haver opiniões pessoais, que somente teriam valor caso fossem sancionadas por uma lógica rigorosa e pelo ensinamento geral dos espíritos; *ora, até o presente, nenhuma das que foram formuladas recebeu a sanção desse duplo controle.*

O trecho grifado acima corresponde ao que foi eliminado do parágrafo da edição de 1868 de *A Gênese*. Em vista desse fato, Sausse conclui:

> A supressão dessa passagem deixa ver, de maneira muito clara, para quem Allan Kardec tem sido vendido, de modo que não é necessário insistir nesse ponto. Todos os espíritas sabem a quem se aplicava o segundo parágrafo que eu mesmo grifei.

Sem escrever o nome de quem Sausse apontava como o "comprador" de Allan Kardec (ou seja, comprador da doutrina espírita) não há dúvida de que este era ninguém menos do que o Sr. Roustaing, por meio de seus abastados continuadores, à frente Jean Guérin apoiado por Leymarie. Recorde-se que então as páginas da *Revista Espírita* já haviam se transformado em lugar privilegiado do roustainguismo. Kardec se foi e em lugar de manterem as portas fechadas para o que não convém à doutrina, deixaram entrar a turba destruidora. O aprisco foi invadido pelos lobos.

Em reação à denúncia de Sausse, a Sociedade Anônima não só apresentou uma série de explicações confusas, mas, também fez ameaças a Gabriel Delanne, responsável pelo jornal *O Espiritismo*, bem como diretor da União Espírita Francesa, no sentido de processá-lo judicialmente. As explicações não esclareciam a questão e quanto mais se multiplicavam, mais aumentavam a confusão. Bastaria, se de fato interessasse à Sociedade Anônima, mostrar os documentos originais de Kardec em que este promovia as mudanças, para encerrar a questão, mas tal jamais ocorreu. Observe-se a dupla semelhança do que viria a ocorrer com o livro *Brasil, coração do mundo, pátria do Evangelho*, de Chico Xavier-Humberto de Campos, edição FEB, cujos originais desapareceram, devorados pelo fogo intencionalmente colocado. A controvérsia presente nos dois livros envolve os mesmos personagens: Roustaing e seus adeptos e tem por base denúncias de adulteração da obra original.

Uma edição (5ª) estranha

Pesquisadores anunciaram recentemente a descoberta de um exemplar de *A Gênese* com data de publicação de 1869, o mesmo ano de partida de Allan Kardec. O exemplar indicaria que havia sido lançado meses depois da morte de Kardec. Este fato serviu para que alguns, de modo precipitado, admitissem ser esta descoberta suficiente para evidenciar que só o próprio responsável pela doutrina espírita poderia ser, também, responsável direto pela nova edição e, portanto, pelas alterações que ali haviam sido introduzidas. Entretanto, não há provas concretas que validem essa conclusão. Para que tal ocorresse, haveria de aparecer os próprios manuscritos de Kardec contendo tais alterações, juntamente com outros documentos como, por exemplo, as anotações dele nas provas do livro em revisão etc. Não as há. O argumento de que, em razão do pouco tempo entre a morte de Kardec e o aparecimento da edição sugere que nesse período tão curto ninguém, senão Kardec, poderia introduzir tais modificações, argumento que não é suficiente para qualquer conclusão, como a indicada, inclusive um simples raciocínio na linha do bom-senso.

Há que se observar o seguinte: (1) esse exemplar encontrado é único; não se tem conhecimento, até o presente instante, da existência de outros exemplares de mesma edição; (2) não há registro histórico algum de publicação dessa edição, seja na *Revista Espírita* da época, seja em outros periódicos; (3) as lideranças espíritas mais destacadas da época, entre as quais Léon Denis, Gabriel Delanne, Henri Sausse e outras, que se manifestarão em 1884 contra a 5ª edição (que hoje se sabe foi publicada e ficou conhecida como a definitiva, sendo a base para as traduções em todo o mundo), nenhum deles fala ou se refere à 5ª edição de 1869, por desconheceram-na por completo. Portanto, esse exemplar aparece de modo estranho. O fato de seu conteúdo ser idêntico ao daquela edição posterior, condenada, não é suficiente para validar nenhuma das duas.

Sobre o assunto, Paulo Henrique Figueiredo e Lucas Sampaio constatam:

> Já o livro *A Gênese* tem como único conteúdo válido o da primeira edição, reimpresso três vezes. Há um exemplar avulso e único encontrado numa biblioteca universitária da Suíça, constando na capa o ano de 1869, a indicação de quinta edição, da editora como sendo a Livraria Espírita da rua de Lille (elevada à condição de editora somente três meses após a morte de Rivail). Para que ele pudesse ser considerado como integrante de uma edição legítima, em razão de seu conteúdo alterado, deveria forçosamente possuir um depósito legal com o autor em vida. Como não houve esse depósito nem ao menos uma autorização expressa para depositar, esse exemplar é considerado inválido, e, se houve sua distribuição, pode-se dizer, sem medo de errar, que se tratava de uma edição clandestina.[37]

O CÉU E O INFERNO, OUTRA VÍTIMA

Quando já no prelo os originais do presente livro, recebemos a confirmação de que a obra *O Céu e o Inferno*, o quarto livro de Allan Kardec, publicado anteriormente à *A Gênese*, foi também objeto de grandes modificações feitas por mãos estranhas ao autor, após a sua desencarnação. A constatação foi feita por Paulo Henrique de Figueiredo e Lucas Sampaio e está registrada no livro lançado a público em fins de outubro de 2020, de título *Nem céu nem inferno – as leis da alma segundo o espiritismo*. Eis o que apontam logo à página 19:

---

37. *Nem céu nem inferno – as leis da alma segundo o espiritismo*, FEAL, São Paulo, 2020.

Como vamos demonstrar nesta obra, e convidamos o leitor para essa viagem, uma pesquisa realizada em Paris revelou novos documentos, basilares para demonstrar, sem qualquer sombra de dúvida, que também a obra *O Céu e o Inferno* fora adulterada, com ainda mais graves consequências, pois estão no texto original da obra, escrito e publicado por Kardec, suas mais profundas palavras sobre a autonomia da alma, suas responsabilidades, e os meios de superar suas imperfeições, trilhando o caminho do bem, por sua iniciativa, escolhas e empenho. Assim, suas virtudes e habilidades adquiridas têm como consequência natural a felicidade progressiva e definitiva.

LEYMARIE E ÉDOUARD BUGUET

Enquanto ampliava o seu domínio e comando na Sociedade Anônima, que em 1873 foi transformada em Sociedade para a Continuação das Obras Espíritas de Allan Kardec, Anônima e de Capital Privado, Leymarie assumia outros compromissos imprudentemente. Um deles foi sua aliança com o fotógrafo Édouard Buguet que, à semelhança do que ocorria nos Estados Unidos e mesmo na Europa, com as fotografias em que, depois de reveladas, se percebia espíritos presentes, Buguet se dizia médium e, portanto, intermediário desse tipo de fotografia. Obteve, com isso, o apoio de Leymarie, conforme se vê a seguir e ficou amplamente documentado posteriormente, no denominado Processo dos Espíritas (GOIDANICH, 2018, p. 189):

> Leymarie começou a anunciar, na *Revista Espírita*, o trabalho fotográfico de Buguet. Apresentou o fotógrafo como "um artista sem pretensões, pleno de amabilidade, que aprecia muito sua faculdade pelo que esta é, ou seja, um ato puro e simples de mediunidade". Informou também as condições que os interessados deveriam cumprir para realizar as experiências com Buguet e o preço do serviço. Em suma, Leymarie apoiava e incentivava publicamente, na *Revista Espírita*, a prática mediúnica remunerada.

Leymarie não só apoiava Buguet como o defendia de críticas e desconfianças, atribuindo-lhe plena credibilidade e incentivando a que espíritas utilizassem dos seus serviços e intermediação junto aos espíritos. Da Espanha, alguns adeptos levantaram dúvidas, que Leymarie tratou de não dar a devida atenção, chegando a classificar os espíritas espanhóis de briguentos. Um deles, porém, José Maria Fernandez Colavida, que se tornaria uma das grandes autoridades em matéria de espiritismo naquele país, assim reconhecido até os dias atuais, rechaçou, embora a contragosto, uma aleivosia publicada por Leymarie na *Revista Espírita*, em que comparava os espíritas espanhóis a Dom Quixote e sua luta inglória. Diz Colavida (GOIDANICH, 2018, p. 191):

[...] A *Revista Espírita* deste mês, por ocasião desses debates, solta as seguintes frases: *"Nossos amigos da Espanha, como Dom Quixote, lutam contra os moinhos de vento"*. Isso é um erro ou falta de apreciação de nosso querido colega de Paris; porque não se compreende que aquele que luta com tenaz empenho para inquirir a verdade que deseja encontrar, fazendo oposição a tudo aquilo que não se apresenta bastante claro e comprovado, não luta como Quixote; dá a voz de alerta [...].

O prosseguimento do apoio de Leymarie ao fotógrafo e suas atividades, envolvendo, inclusive, a viúva de Allan Kardec, Amélie Boudet, depois de levantar suspeitas das autoridades francesas, deflagrou uma ação judicial que ficou amplamente conhecida como o "Processo dos Espíritas", levando aos tribunais inúmeras pessoas, entre elas Boudet, Leymarie, Firman e Amélie, esta como testemunha. O fotógrafo confessou as fraudes, que executava por interesse financeiro, Leymarie declarou desconhecer qualquer fraude. Boudet negou perante o tribunal ser médium, declaração que desmentiria mais tarde em documento, reconhecendo que cometera fraudes em situações pontuais, como em fotografias de Amélie Boudet em que Kardec surgira e nas quais apareceram, impressas, frases ou dizeres atribuídos a Kardec. De um processo judicial em que o espiritismo saiu manchado, tivemos que (GOIDANICH, 2018, p. 195):

[...] a sentença condenou Leymarie e Buguet à mesma pena: um ano de prisão e a elevada multa de quinhentos francos para cada um. Firman foi condenado a seis meses de prisão e a uma multa de trezentos francos. Buguet fugiu para a Bélgica e Firman foi colocado em liberdade graças a influências políticas e sociais.

Leymarie apresentou um recurso perante as instâncias judiciais superiores [que] sentenciaram sua condenação, que ele cumpriu até 22 de janeiro de 1877.

O rumoroso caso causou grande desgaste ao espiritismo junto à opinião pública francesa, mas não impediu que Leymarie prosseguisse à frente da Sociedade Anônima, pois, tão logo deixou a prisão reassumiu o cargo.

ENRIQUECIMENTO, DESVIOS E BLAVATSKY

Havia, um ano antes da sentença que determinou o cumprimento da pena por parte de Leymarie, a Sociedade Anônima publicado na *Revista Espírita* uma nota de reconhecimento do erro em dar apoio e publicidade às atividades mediúnicas remuneradas, do que ficara um aprendizado. Mas quando Leymarie reassumiu aquela Sociedade após o cumprimento da pena, os rumos se tornaram ainda mais distantes de Kardec: a sede, a livraria e o escritório foram levados para um endereço nobre em Paris, próximo do Palais Royal, informa Goidanich, ou seja, foram ocupar uma ampla e rica sede, onde o espiritismo, ao invés de se expandir, ver-se-ia reduzido em sua difusão.

A Livraria Espírita perdeu seu qualificativo e passou a se chamar Livraria de Ciências Psicológicas, sob o argumento de que possuía, também, obras de outros ramos do conhecimento. Na mesma ocasião foi criada a Sociedade Científica de Estudos Psicológicos, que passou a ter mais atenção que a Sociedade Parisiense de Estudos Espíritas, fundada por Allan Kardec, contrariando a viúva deste. Sua inauguração foi pomposa, registra Goidanich à página 205 do seu *O legado de Allan Kardec,* com destaque para o fato de, nos discursos proferidos na ocasião, não mencionar o espiritismo, Allan Kardec ou suas obras. A nova Sociedade passou a abrigar uma série de eventos, nenhum deles com ligação estreita com o espiritismo.

Na *Revista Espírita*, a nova Sociedade ganhava espaço e pedidos de apoio financeiro, sob o argumento de que o dinheiro é "o nervo que faz mover todas as engrenagens da vida humana", reproduz Goidanich (p. 206), com a afirmação de que tudo isso contrariava Amélie Boudet, pois se distanciava, segundo ela, da simplicidade de Kardec.

Resolveu, também, a direção de Leymarie na Sociedade Anônima, tomar uma decisão que se incluiria entre as mais contestadas: abrir subscrição para que os espíritas ajudassem a custear as despesas de viagens de conferencistas, dando, assim, uma guinada em direção à profissionalização das atividades espíritas, o que é considerado um verdadeiro absurdo, tanto se for tomado em consideração o que Kardec dizia sobre o assunto e questões correlatas, quanto o que depois prescreveram, confirmando, os espíritos por diversos médiuns ao longo da história.

Goidanich cita o exemplo de Léon Denis (p. 214) que, apesar de levar uma vida de dificuldades, entre outras coisas, por sustentar os pais velhos e doentes, quando convidado por Leymarie a proferir conferências, aceitava fazê-las apenas com a condição de não receber nenhuma ajuda material, ou seja, desejava custeá-las por sua própria conta.

Na continuidade de uma direção controversa na Sociedade Anônima, Leymarie se aproximou da Sociedade Teosófica (GOIDANICH, 2018, p. 221) e de sua fundadora, Helena Petrovna Blavatsky, passando a atuar "publicamente em nome dessa instituição", levando suas teses doutrinárias, inclusive, para as páginas da *Revista Espírita*, num evidente desapreço para com as ideias dos espíritos, anteriores às da teosofia e contrárias a ela. Leymarie chegou mesmo a nomear Blavatsky como membro honorário da Sociedade Científica de Estudos Psicológicos, fundada de modo vinculado à Sociedade Anônima e, por extensão, à Sociedade Parisiense de Estudos Espíritas, não se furtando, até, de anunciar a disposição de financiar (p. 223) a tradução para o francês do livro *Ísis sem véu*, de autoria de Blavatsky, às expensas, sem dúvida, dos cofres da Sociedade Anônima. Além disso, Leymarie se tornou um dos diretores da Pneumatologia Universal, instituição espiritualista não alinhada ao espiritismo, e esta também passou a ocupar, com destaque, as páginas da *Revista Espírita*, a despeito de suas ideias contrastantes com as de Kardec.

O ápice do descalabro da direção de Leymarie na Sociedade Anônima foi a sua união com as ideias e a obra de Roustaing, espantosamente, após havê-las publicamente condenado (p. 237). As razões dessa mudança de rumos estão relacionadas, também, ao dinheiro, esse "nervo que faz mover todas as engrenagens da vida humana", como havia escrito ele próprio, Leymarie. Goidanich relembra que, com a morte de Roustaing em 1879, Jean Guérin, seu amigo e discípulo, além de homem de posses recebeu uma grande herança deixada por Roustaing destinada à promoção da obra *Os quatro Evangelhos*. Guérin se aproximou da Sociedade Anônima (GOIDANICH, 2018, p. 239):

> (...) da qual se tornou um dos acionistas, bem como da Sociedade Científica de Estudos Psicológicos. Sua influência, em ambas as sociedades, foi cada vez mais determinante. Doou 3.000 francos (...) para que (...) criasse, em abril de 1879, o Prêmio Guérin: um concurso literário espiritualista. Posteriormente, doou mais 3.000 francos para um prêmio semelhante.

Guérin conseguiu aquilo que Roustaing jamais alcançou: o apoio da *Revista Espírita*. As doações de Guérin prosseguiram em ordem crescente, como mostra Goidanich, bem assim a sua presença nas decisões da Sociedade Anônima. Suas 21 ações passaram a 237 (de um total de 300 ações da Sociedade Anônima), com o aporte por ele feito, depois de aprovado em assembleia da Sociedade Anônima, com a passagem para esta de um imóvel em Bordéus avaliado em 108 mil francos. Posteriormente, Guérin transferiu as 21 ações anteriores para os cinco únicos acionistas que participaram da assembleia citada: Vautier, Joly, Vincent, Leymarie e sua esposa, Marina Duclos, que recebeu 6 ações, enquanto os demais receberam cinco ações cada. E mais (GOIDANICH, 2018, p. 239):

> Em 14 de setembro de 1883, Guérin emprestou 30 mil francos para a Sociedade Anônima. Como garantia do empréstimo, foram hipotecados os imóveis da avenida Ségur, que tinham sido propriedade de Allan Kardec e que deveriam ser destinados ao abrigo de idosos espíritas necessitados, conforme os planos deixados por ele.

Guérin e Roustaing, com apoio de Leymarie, tornaram-se, assim, o centro do comando e das ideias presentes na Sociedade Anônima e na *Revista Espírita*. Os adeptos e líderes vinculados a Kardec mostraram-se indignados, mas sem obter êxito nem contrariar o poder passado às novas mãos. Berthe Fropo, amiga íntima de Amélie Boudet, lançou um manifesto pedindo providências contra Leymarie (GOIDANICH, 2018, p. 245):

> Apelo a todos os espíritas, meus irmãos. Esse homem [Leymarie] pode permanecer na direção do espiritismo? Já que ele não é mais espírita? Ele, que não tem nenhuma crença, que tem somente interesses, que renegou a doutrina que devia proteger e defender, envileceu-a em si mesmo ao preferir outra. Agora, quer fazer que a doutrina entre na fase teológica, para estabelecê-la como religião e fazer que nossa bela filosofia seja rebaixada mediante congressos, cerimônias e, mais tarde, por dogmas, e tudo isso por amor ao dinheiro, para comprazer as ideias do Sr. Guérin, o milionário.

Amélie, arquivos queimados e Roustaing

No dia 21 de janeiro de 1883, faleceu Amélie Boudet, viúva de Allan Kardec. Dois dias antes havia desmaiado ao levantar-se da cama e, na queda, bateu com a cabeça em uma cômoda, perdendo a consciência. Com sua partida, tudo o que restava da herança do patrimônio de Allan Kardec passou diretamente ao domínio de Leymarie, ficando este com o poder de determinar seu emprego e destino, uma vez que era quem comandava a Sociedade Anônima. Segundo Goidanich (p. 252) tudo o que pôde foi transformado em dinheiro, como alguns objetos herdados, que poderiam e deveriam ser preservados. Berthe Fropo denunciou o fogo queimando inúmeros documentos, por ordem de Leymarie (GOIDANICH, 2018, p. 253):

> O Sr. Vautier queimava, no jardim, pilhas de papéis e de cartas. Quantas comunicações interessantes, quantas notas deixadas pelo mestre foram destruídas.

Leymarie, em nome da Sociedade Anônima, responde não haver queimado senão papéis sem importância, da fase anterior ao espiritismo, relacionada às escolas de Rivail. No entanto, somente os próceres da Sociedade Anônima tiveram acesso ao material incinerado, com poder de decisão sobre ele. Nada foi relacionado e decidido em comum acordo, sem precipitação. Daí a razão de Berthe Fropo em sua denúncia.

O patrimônio material, moral e espiritual do casal Kardec-Amélie, passado totalmente às mãos da Sociedade Anônima, aumentou ainda mais o seu poder de decidir sobre os rumos a dar ao espiritismo, e estes rumos não indicavam a direção do fiel compromisso doutrinário. Cada vez mais, a Sociedade Anônima, por seus principais diretores, indicava preferir um caminho oposto.

Com base em informações de Berthe Fropo, Goidanich fala de um movimento espiritual que aumentava, a estimular ações no sentido da criação de uma nova Sociedade calcada firmemente sobre os alicerces doutrinários, para cuidar da difusão do espiritismo e da união dos espíritas, movimento esse que incluía, entre outros, a família Delanne (p. 261):

> Em fevereiro de 1881, começaram a ser recebidas, por diferentes médiuns, na residência de Amélie Boudet, comunicações assinadas por Allan Kardec nas quais era anunciado que se formaria uma sociedade para dar vitalidade ao movimento espírita e que os membros dessa sociedade já haviam sido escolhidos por espíritos superiores.

Os Delanne se reuniram com Amélie, já com a consciência de que a nova Sociedade era inevitável, em face da situação reinante na Sociedade Anônima. O que não se sabia, até aquele instante, era que tudo iria piorar ainda mais. Pretendiam, os Delanne, que Amélie capitaneasse a Sociedade a ser criada, mas sua idade e saúde já não mais permitiam tal condição. Amélie, contudo, apoiava a iniciativa, dando-lhe o aval.

A princípio, decidiu-se envolver a Sociedade Anônima, para, juntos, avançarem na proposta da criação da União Espírita Francesa, mas Leymarie e seu amigo Vautier não tardaram a se convencer de que a nova Sociedade colocaria em risco os rumos que eles imprimiam à Sociedade Anônima, riscos, também, ao poder que possuíam de decidir sem prestar nenhuma informação a ninguém. Proibiram, então, que as reuniões fossem realizadas na sede da Sociedade Anônima e declararam os interessados na criação da União Espírita Francesa como seus adversários. A oposição de Leymarie e Vautier, contudo, não impediu que a nova sociedade surgisse (GOIDANICH, 2018, p. 265):

> Apesar da oposição da Sociedade Anônima, a comissão continuou com seus trabalhos. Em 24 de dezembro de 1882, em uma assembleia formada por mais de quatrocentas pessoas, que ocorreu na grande sala da *Redoute*, na rua Jean-Jacques Rousseau, foram fundados a União Espírita Francesa e o periódico *Le Spiritisme*.

A criação da União contou com o apoio de inúmeros líderes espíritas da época, entre eles Léon Denis, que esteve presente e atuante na assembleia de fundação e tornou-se um dos mais ativos colaboradores de ambos, jornal e Sociedade (GOIDANICH, 2018, p. 265):

> Em seu discurso, que emocionou o público da assembleia de 24 de dezembro, Léon Denis apresentou as bases sobre as quais fica estabelecida a União Espírita Francesa:

(...)
Todos os problemas materiais [diz Denis] devem desaparecer diante da grandiosidade dos interesses que defendemos. Aproximemo-nos, apoiemo-nos uns aos outros, fundemos uma obra de fraternidade, uma obra que agrupe em um feixe nossas forças, nossos meios de ação, que os faça convergir para esse objetivo elevado, para esse objeto constante de nossa atenção, de nossas meditações: o progresso moral, a regeneração da humanidade.

A União Espírita Francesa passou a desenvolver suas atividades e a publicar o jornal O Espiritismo bimestralmente, sob a condução de um representativo colegiado com cerca de 30 membros. Um fato curioso, merecedor de realce, foi o aparecimento de uma senhora que passou a fazer doações à União e ao jornal O Espiritismo de modo espontâneo, doações que fizeram enorme bem aos destinos de ambos. Tratava-se de ninguém menos que Madame d'Esperance[38], que mais tarde ficaria muito conhecida por suas qualidades mediúnicas.

Atuava a União de forma oposta à Sociedade Anônima, ou seja, preservava as propostas de Allan Kardec em todos os seus detalhes e evitava pesar nos bolsos dos espíritas. Ao contrário, sempre que possível, ajudava-os, seja fornecendo livros para suas bibliotecas, seja enviando conferencistas, que viajavam pagando com recursos próprios suas despesas, seja distribuindo o jornal O Espiritismo por quantias irrisórias a título de assinatura. Mas a hora do combate havia chegado, manifestando-se na forma de uma agressão a Kardec e ao espiritismo feita num panfleto intitulado *Os quatro Evangelhos de J.-B. Roustaing – resposta a seus críticos e a seus adversários, editado pelos discípulos de J.-B. Roustaing*, publicado em 1882 (GOIDANICH, 2018, p. 280):

> Escrito dezesseis anos antes por Roustaing, esse panfleto era uma resposta à análise que Allan Kardec havia publicado na *Revista Espírita* de junho de 1866, sobre a obra espiritismo cristão ou revelação da revelação: *Os quatro Evangelhos seguidos dos mandamentos explicados em espírito e em verdade pelos evangelistas assistidos pelos apóstolos e Moisés.*

A União Espírita Francesa viu-se desafiada a enfrentar o seu primeiro grande teste: defender Kardec das agressões terríveis que Roustaing e seus discípulos fizeram no panfleto distribuído a todos os espíritas franceses e do exterior, com evidências que apontam a participação da Sociedade Anônima, especialmente Leymarie (GOIDANICH, 2018, p. 280):

---

38. Elisabeth d'Espérance, nascida Elizabeth Hope, conhecida como Mme. d'Espérance (Inglaterra, 1855 – Alemanha, 20 de julho de 1918), foi uma médium de efeitos físicos e inteligentes, bem como escritora inglesa.

Vários eram os motivos que alimentavam a suspeita de que a Sociedade Anônima estava envolvida nessa iniciativa, entre eles: o domínio de Jean Guérin sobre a Sociedade Anônima; a defesa que a *Revista Espírita* fazia da teoria exposta na obra de Roustaing; a posição adotada pela Sociedade Anônima nesse episódio; e o fato de que, no verso da anteportada (página de rosto) do panfleto aparece uma lista de obras à venda na Livraria de Ciências Psicológicas, propriedade da Sociedade Anônima.

O panfleto de Roustaing e seus discípulos apresenta uma crítica ao artigo de Kardec, publicado na *Revista Espírita* de junho de 1867, pelo qual o codificador não deu total acolhida à obra *Os quatro Evangelhos*, lançada no ano anterior, como desejava o autor. A sua contrariedade para com Kardec ficou explícita quando o panfleto veio a público; até então, nada se sabia dela. E veio na forma de discordâncias quanto ao mérito, ao método e aos princípios adotados por Kardec, entre estes, a concordância universal dos espíritos, ponto primordial utilizado para sancionar qualquer princípio ou ideia nova.

Dissera Kardec na apreciação feita na *Revista Espírita* de junho de 1867:

> O autor dessa nova obra julgou dever seguir outro caminho; em lugar de proceder gradativamente, quis alcançar todo o objetivo de um só golpe. Assim é que tratou de certas questões que julgáramos ainda não oportuno abordar e, portanto, por consequência, lhe deixamos a responsabilidade, bem como aos espíritos que as comentaram. Consequente com o nosso princípio, que consiste em regular a nossa marcha pelo desenvolvimento da opinião, não daremos, até nova ordem, a essas teorias, nem aprovação, nem desaprovação, confiando ao tempo o encargo de sancioná-las ou contradizê-las. Convém, desta forma, considerar tais explicações como opiniões pessoais dos espíritos que as formularam, opiniões que podem ser justas ou falsas, que, em todo caso, precisam da sanção do controle universal e, até uma confirmação mais ampla, não devem ser tidas como parte integrante da doutrina espírita.

Hoje, em razão dos documentos novos obtidos pelo CDOR-FEAL, sabe-se que Kardec não foi totalmente pego de surpresa com o lançamento da obra *Os quatro Evangelhos*, especialmente da tese do corpo fluídico de Jesus. Conforme demonstramos atrás, Kardec conversou sobre o assunto com a médium Collignon a este respeito, ela que tinha resistências enormes à tese.

Roustaing, segundo o panfleto, chegou com armas na mão para rebater Kardec e mostrar, com isso, que o codificador estava errado e ele, Roustaing, certo por defender as teses de sua obra na condição presumida de ser o portador da revelação da fase teológica do espiritismo. Eis, pois, algumas de suas afirmações:

142 | WILSON GARCIA

> Malgrado ao prudente e judicioso emprego que Allan Kardec fazia do seu critério infalível [o controle universal dos espíritos], nosso caso prova isso, estamos certos de que esse critério não existia.
>
> ......
>
> Na França, geralmente, pouco se lê; os espíritas, na sua maioria habituados a aceitar tudo, disseram: o *chefe,* o *mestre*, certamente *aplicou* o seu controle universal aos três volumes de J.-B. Roustaing: não devemos nem comprar e nem ler uma *obra inútil.*
>
> ......
>
> Allan Kardec não gostava de manifestações físicas; seus adeptos aprenderam a ter um santo horror delas. Pretendia que o corpo de um espírito não podia ser senão uma aparência fluídica e que a nossa mão não poderia sentir a menor resistência ao tocar essa aparição O que fosse dito alhures sobre esse assunto interessante seria remetido à categoria de patos ianques.
>
> ......
>
> O que ele considerava *seu controle universal, corroborada por uma rigorosa lógica*, lhe pregava peças; não somente estava em *desacordo* com a ciência moderna em muitos pontos, como ainda teria sido *cruelmente desapontado* se tivesse vivido o bastante para ver provado por R. Wallace, Hare, Crookes, Webert, Zollner etc., que um *espírito*, sem ser um *agênere*, pode tomar *um corpo fluídico materializado*, tangível, no qual se observam a *circulação do sangue* e todas as *aparências da vida*; que esse corpo fluídico se *desagrega* tão depressa quanto se *materializa*, exatamente como o fez durante três anos o espírito de Katie King, enviado primário que desempenhava, dizia ele, *"a dolorosa missão necessária ao seu adiantamento espiritual.*
>
> ......
>
> A revelação feita pelos espíritos superiores, tendo em vista a obra dos quatro Evangelhos explicados em espírito e verdade, está em conformidade com as modernas descobertas da ciência, com todas as asserções dos investigadores que citamos. Allan Kardec ignorava esse fato, ou o conhecia superficialmente; ele provavelmente não sabia também o que era o Docetismo.

A resposta da União Espírita Francesa ao panfleto de Roustaing e adeptos foi transformada em uma brochura sob o título *J.-B. Roustaing diante do espiritismo – Resposta a seus alunos*. Reúne artigos publicados no jornal *O Espiritismo*, órgão da União, a partir do aparecimento do panfleto de Roustaing atacando Kardec. Berthe Fropo nesta brochura (p. 15) entende também que Roustaing ficou muito ofendido pelo fato de Kardec não haver aprovado *Os quatro Evangelhos*:

> As reflexões e observações póstumas do Senhor Roustaing provam que ele foi ofendido pelo artigo da *Revista Espírita* de junho de 1866, o que denota muito orgulho; entretanto, esse artigo é pleno de mansuetude por uma

obra que não dava nenhuma prova do que ele adiantava, no tocante à encarnação do Cristo, senão as comunicações do espírito, seu guia. O autor tinha a intuição, pois não fez aparecer suas recriminações; não foi senão após sua morte que se apoderou para semear a desunião entre nós, esperando que se estabelecesse uma polêmica.

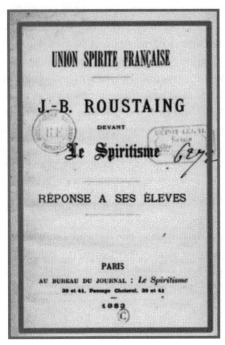

Capa da brochura publicada em resposta a Roustaing

Gabriel Delanne na mesma brochura (p. 18) sustenta uma opinião então já bastante conhecida da ausência de provas, sejam as que decorrem de documentos, sejam as que emanam do controle universal do espíritos sobre as teorias de Roustaing:

> Sem negar todas as qualidades de um homem [Roustaing] que, por suas próprias capacidades, chegou a criar para si uma posição honorável no mundo, devemos reconhecer que sua obra *A Revelação da Revelação* está longe de oferecer aos pesquisadores as provas das teorias que sustenta. O estilo pesado e difuso do escrito contribui sem dúvida para a má impressão que se tem da leitura assídua dessa obra. Que diferença dos escritos de nosso Mestre Allan Kardec, em que tudo é lógica, claridade e concisão!

Delanne, espírito afeito à ciência, no mesmo texto combate as afirmações do panfleto de Roustaing (afirmações que, a despeito da falácia que defende, são utilizadas ainda nos dias atuais pelos crentes roustainguistas) de que as experiências científicas do pós-Kardec provavam a possibilidade da existência de um agênere de longa duração, dando, com isso, aval ao corpo fluídico de Jesus. Diz Delanne à página 20:

> É assim inútil, com efeito, falar de experiências de William Crookes, de Frederico Zollner, de Alfred Wallace etc., pois elas não têm nenhuma relação com o assunto do qual nos ocupamos. Crookes, por intermédio de um médium apropriado a esse gênero de manifestação, constatou que o espírito podia momentaneamente revestir um envelope carnal; mas isso somente de uma duração muito curta (duas ou três horas no máximo), e tomar emprestado do fluido vital do médium que se acha, por esse fato, em catalepsia. Isso não tem, pois, nada em comum com uma encarnação do Cristo; porque aí ainda, o espírito de Katie não tem uma aparência humana, mas um corpo como o nosso, que de fato tem de realidade e de tangibilidade quanto todos os organismos terrestres. Ela deixou mesmo pedaços materiais de sua vestimenta.

Roustaing foi levado às páginas da *Revista Espírita* e ao poder na Sociedade Anônima, penetrando, assim, no terreno espírita pouco tempo depois da partida de Allan Kardec. O aprisco fora invadido e as ovelhas ficaram desorientadas.

3

Grupo Sayão:
O Roustainguismo brasileiro

Rio de Janeiro no século XIX. Tela de Debret

E necessário reafirmar que os estudos atuais sobre o roustainguismo e o espiritismo se ancoram:

1) Na valorização do termo AUTONOMIA e todo o sentido que este proporciona à compreensão da doutrina, bem como dos desvios doutrinários ocorridos desde a partida de Kardec.

2) Na certeza de que o roustainguismo se constitui no promotor fundamental do desvio doutrinário histórico, como paradigma de inserção do pensamento heterônomo, que anula a proposta original de autonomia de Allan Kardec.

3) Na participação e condução da Federação Espírita Brasileira (FEB) em todo o processo de desvio, postuladora que se tornou no Brasil de uma – impossível – identidade entre espiritismo e roustainguismo, perpetuando o desvio, a constatação da contradição fundamental entre as duas doutrinas e promovendo a mentira em relação à religião espírita como tal instituída.

Todo e qualquer estudo que pretenda compreender o processo histórico do pensamento espírita fundamentado em Allan Kardec necessita revisitar o caminho do desenvolvimento doutrinário, considerando os aspectos direta ou indiretamente relacionados aos três pontos acima elencados. Por mais que os defensores da correlação entre Roustaing e Kardec a promovam, utilizando para isso um discurso uníssono, nenhum documento, nenhuma evidência, nenhuma prova por mínima que seja, a favor de Roustaing será possível encontrar. O contrário, porém, é verdadeiro.

Quando a história é documentada torna-se implacável: enfrentá-la, seja porque ela fere crenças ou destrói mitos construídos para dar suporte à ilusão e não para ser um dos laços que sustentam a sociedade e mesmo as comunidades, como temor de destruição da própria sociedade, tudo não passa de uma luta entre o exército de Branca Leone e os moinhos de vento.

A doutrina espírita não corre nenhum perigo com a revelação dos novos documentos que autorizam a reescrever os caminhos. Pelo contrário, seus pilares sobrepostos e decorrentes das leis naturais retornam à sua posição original. O bom-senso reencontra a sua irmã mais querida, a lógica; as leis naturais retomam as suas cores originais e o espiritismo, enfim, pode-se colocar, como fora desejo de Allan Kardec, ombro a ombro com o progresso, sem nenhum temor de ser por este ultrapassado ou desacreditado. O livre-pensamento ressuscita com todo o seu esplendor, fortalecendo o ser humano em sua luta para desfazer os laços criados pelas religiões dominantes ao dotá-lo do medo e da crença no pecado. Pode, enfim, erguer-se, como um dia o fez ao tornar-se ereto, mas agora de modo definitivo do ponto de vista moral, para assumir o seu destino,

148 | WILSON GARCIA

construindo-o sem dependência. Assim, pode-se dizer com altivez: a AUTONOMIA retornou.

Ela, a autonomia, sempre esteve presente nos princípios espíritas, mas foi sordidamente sombreada por homens e espíritos adversários da verdade, constituindo-se uma espécie de luta em que os interesses da justiça e do bem se viram duramente atingidos. Na França, com Kardec ainda vivo, os adversários mostraram sua face e estabeleceram as alianças espúrias. O apóstolo do bem manteve-se firme e os combateu, até não contar mais com o viço de suas energias. Sucumbido pela cessação de suas energias vitais, deixou o campo de batalha terreno para continuar trabalhando do lado invisível. Os adversários aproveitaram para, pelo dinheiro e pela ilusão do fascínio, conquistar alguns adeptos e proceder a expansão. Contudo, no país da secularização, foram perdendo aos poucos a proeminência, especialmente porque sua doutrina não possui o laço do bom-senso e da lógica, até desaparecerem. Mas contaram com o fator do traslado da doutrina anã para um país do futuro, em que encontraram mentes culturalmente aptas a assumirem-na como se grandiosa fosse e aliada também. Submetidos às crenças religiosas tradicionais e ainda conluiadas com o Estado, trataram de dar cores e viço ao roustainguismo, assumindo o compromisso de ladearem-no ao espiritismo e conduzir os dois ao futuro. Se na França a secularização aplacara os sonhos da religião dominante, no Brasil a secularização tardou e, por isso, propiciou a que o roustainguismo florescesse, mesmo à custa dos prejuízos incalculáveis aos propósitos originais do espiritismo.

Vamos, pois, aos pontos importantes do começo disso tudo no Brasil. Antes, esclareçamos um erro que vem se perpetuando: nada da obra atribuída a Roustaing resultou de seu esforço de pesquisa ou de análise depurada dos documentos e dos textos por ele recebidos diretamente da médium Collignon. Roustaing não foi pesquisador e nem de perto sua atuação pode ser comparada com a de Allan Kardec. *Os quadro Evangelhos* lhe foram postos à mão, vindos de fonte mediúnica, por uma única médium. Ele, Roustaing, se tornou o organizador e fiador da obra, depois o financiador até alcançar o título de autor, senão abertamente, pelo menos do ponto de vista daquele que a garante e a tutela. O nome da médium acabou por ficar em segundo plano, pois que não aceitava as mensagens que recebia nas reuniões com Roustaing, sob a severa pressão que ele exercia, bem como não encampou a obra após sua conclusão e publicação. Jamais se viu, se leu ou se ouviu a médium Collignon abonar qualquer coisa em relação à obra que Roustaing publicou, ela, a única fonte de que se valeu o advogado de Bordéus.

O fato é atestado pelos próprios adeptos, como o fazem os autores da citada biografia de Roustaing, à p. 523:

Agora podemos analisar o que o Sr. J. Malgras quis dizer sobre a aceitação de Émilie Collignon frente a algumas partes de *Le quatre évangiles*: "Ela era claramente oposta a certas revelações das quais não foi senão a intérprete meramente mecânica."

Vale a observação: dizer "intérprete meramente mecânica" é contrariar o que ensina Kardec, com base nos espíritos, sobre a impossibilidade de passividade total do médium, como se aprende em *O Livro dos Médiuns*. O simples fato de a médium se manifestar em desacordo com o pensamento do espírito comunicante comprova sua participação no processo, além de mostrar sua presença ativa. O que de fato o Sr. Malgras quer afirmar é que a médium sendo "meramente mecânica" não interfere na mensagem e, com isso, dá-lhe um caráter de autenticidade, o que também não corresponde à verdade.

Ainda na mesma obra biográfica, p. 523, encontramos o relato do Sr. René Caillé, dito "um dos adeptos mais esclarecidos de Roustaing"[39]:

> Esta senhora foi, desde então, o único médium que serviu à grande Revelação. Ela não emitiu nenhuma opinião que lhe fosse pessoal, muito ao contrário, porque a ideia do Cristo agênere, encarnado somente como espírito e por via exclusiva de tangibilidade, lhe repugnava à razão. Entretanto, a Sra. Collignon resistia, recusava-se, por assim dizer, em servir de instrumento aos espíritos que começava a ver como impostores (...). Relata-nos o Sr. Guérin (...) que "acontecia muitas vezes, durante os ditados medianímicos, que o pensamento dos inspiradores desse trabalho (...) ficava como que paralisado em sua livre manifestação, por causa dessa hostilidade pessoal da médium em aceitar essa nova teoria, contraditória com aquela que era objeto de suas preferências.

Aquilo que se sabia apenas por falas esparsas fica confirmado pelos principais adeptos de Roustaing, ou seja, a reprovação da médium aos ditados mediúnicos que recebia, pressionada por este, os quais levou, apesar de tudo, adiante. Mas Collignon jamais, em vida, deu apoio à obra ou fez referências públicas a ela. É o que se sabe até aqui. Aliás, registre-se que o nome da médium sequer aparece na página de rosto da edição francesa de 1866, pois fora, reconhecidamente, "a única médium" do livro.

Ora, se a médium Collignon assumiu uma posição contrária à tese do corpo fluídico de Jesus e não trabalhou pela obra *Os quatro Evangelhos*, não a divulgou, não a defendeu, não deu seu testemunho em nenhum dos eventos em que a obra foi comunicada ao público, isso significa que, mesmo tendo sido

---

39. Apud *Jean Baptiste Roustaing, o apóstolo do espiritismo*, p. 523.

autora mediúnica das mensagens da obra, como se afirma, deixou ela à inteira responsabilidade do advogado *bordailese* sua publicação e as consequências do fato.

Em tempo: não se tem sequer condições de avaliar o trabalho do Sr. Roustaing em relação à fidedignidade dos textos ditos recebidos por Collignon, pois todo o texto final do livro foi escrito por ele, na solidão do seu escritório, vindo a médium e todos tomarem conhecimento do conteúdo apenas após a publicação. Ninguém conhece os originais manuscritos da médium e do autor Roustaing. Sabe-se apenas que ele selecionou e organizou, deu a ordenação final do livro, nada mais.

Também não se conhece o que se passou entre Roustaing e Collignon após a finalização da participação da médium na recepção das mensagens. Deduz-se – que isso fique claro – pela reação contrária da médium aos ditados dos espíritos e pela forma como Roustaing conduziu a preparação do livro, que os contatos entre os dois cessaram por completo. No entanto, temos agora outros documentos que esclareçam e reforcem os fatos.

A fonte ideológica da FEB

Em seu *Escorço histórico da Federação Espírita Brasileira*, o autor e ex-presidente, Juvanir Borges de Souza, relaciona diversas personalidades de expressão ligadas à história da instituição desde os seus primórdios. Diz ele:

> Ainda no século passado [século XIX], são nomes indelevelmente ligados à Federação, seja como administradores ou como obreiros nas múltiplas tarefas em que se desdobra o trabalho da seara: Francisco Leite de Bittencourt Sampaio, Adolfo Bezerra de Menezes e Antônio Luís Sayão; Frederico Pereira da Silva Júnior e João Gonçalves do Nascimento; Francisco de Menezes Dias da Cruz, Júlio César Leal e João Batista Maia de Lacerda; Geminiano Brazil de Oliveira Góis, Antonio Pinheiro Guedes, Carlos Joaquim de Lima e Cirne, Pedro Richard e muitos outros cujos nomes não são declinados aqui, mas que fizeram jus ao salário de fiéis servidores.

Dentre os nomes relacionados, cinco deles estão diretamente ligados ao objeto de nosso estudo aqui, ou seja, o Grupo Sayão. São eles: Antônio Luís Sayão, Francisco Leite de Bittencourt Sampaio, Frederico Pereira da Silva Júnior, João Gonçalves do Nascimento e Adolfo Bezerra de Menezes. Os quatro primeiros foram os fundadores do grupo, enquanto Bezerra de Menezes se tornou membro tempos após a fundação. Sayão e Bittencourt têm uma importância histórica de maior destaque, uma vez que eram as lideranças do grupo, porém Frederico Jr. possuía destaque também no que concerne à sua participação como médium e se constituiu naquele que mais constantemente recebia os espíritos "Ismael" e

"Kardec". O Grupo Sayão adquiriu esse nome pelo fato de realizar suas reuniões no escritório de Sayão, advogado que era.

Capa do opúsculo Escorço histórico, *publicado pela FEB*

O reconhecimento da participação destacada deles na FEB implica em dizer que, ao ingressarem nessa instituição após o encerramento das atividades do Grupo Sayão, eles levaram consigo as experiências do grupo, as ideias que os alimentavam e a doutrina de Roustaing, introduzindo e sedimentando tudo isso ali, pois a FEB, como se sabe, não defendia a ideologia roustainguista quando de sua fundação, sequer tinha adeptos de Roustaing entre seus fundadores. Uma vez que os membros do Grupo Sayão se introduzem na FEB, é óbvio concluir que vão instalar ali também o projeto de difundir o roustainguismo para o Brasil e o mundo, uma vez que este era um propósito alimentado no grupo pelos espíritos que o orientaram, sob a crença de que eram verdadeiros missionários dos Evangelhos. Com isso, pode-se perceber que a chegada deles na FEB dá início à sedimentação de uma cultura híbrida, com preponderância da moral heterônoma de Roustaing, vinculada fundamentalmente à religião católica e às suas tradições e, num esforço retórico discursivo, buscava-se vincular essa moral heterônoma ao espiritismo autônomo de Allan Kardec. Foi dessa região habitada pelas sombras entremeadas de raios de luz que surgiu uma cultura que, de muitas maneiras e modos, exerceria influência sobre espíritas e instituições doutrinárias país afora. Mesmo considerando que a maioria dos espíritas e das instituições doutrinárias não viesse a adotar a ideologia de Roustaing, tornou-se quase impossível não sucumbir à força de sua cultura e às influências das relações culturais. Diversos fenômenos de cunho nacional, como o congresso de 1904 no Rio de Janeiro, a fundação de federativas estaduais no modelo estrutural e doutrinário da FEB, o conhecido Pacto Áureo, de 1949, a forma autoritária como se estrutura e funciona o Conselho Federativo Nacional, tudo isso contribuiu decisivamente para que crenças, valores e hábitos resultantes das práticas roustainguistas se espalhassem pelo país, levando-o à adoção prática da religião constituída, aquela muito bem descrita no livro *O centro espírita*, de Herculano Pires. A ideologia roustainguista, portanto, reina subjacente à desejada cultura decorrente dos princípios e das práticas do espiritismo autônomo de Kardec. À maioria dos adeptos e até de parte dos dirigentes espíritas passa despercebida a impossibilidade e a incoerência da união das duas doutrinas, mas passa ainda mais despercebida a maneira como as duas coisas foram acomodadas de modo a atender a Deus e a Mamon.

O depoimento de Canuto de Abreu no seu documento-denúncia publicado no livro *Autonomia,* de Figueiredo, reforça o raciocínio acerca da cultura híbrida decorrente do que ele chama de "erro inicial" dos adeptos de Roustaing por meio da FEB (p. 75):

> Do erro inicial surgem às vezes graves consequências. O espiritismo entrou no Brasil por adesão de algumas inteligências corajosas, de entre as quais se destacavam pelo ardor combativo os doutores Bezerra de Menezes, Dias da Cruz e Bittencourt Sampaio. Infelizmente os hábitos devocionais, trazidos da Igreja por aqueles lidadores, preponderaram na sua nova orientação, imprimindo-lhe uma feição cultural em desacordo com a doutrina. Ao parecer deles (e tal foi o erro inicial), não se podia ser espírita sem ser forçosamente devoto do Cristo.
>
> (...)
>
> Retomando a herança daqueles campeões, a Federação Espírita concebeu o plano de nacionalizar a nova filosofia, dando-lhe uma interpretação brasileira e esperando impingi-la ao resto do mundo como sendo a verdadeira doutrina.

(...)
Que fizeram os inovadores? Com o fundamento de aperfeiçoarem a doutrina de Kardec, adotaram a extravagância religiosa de Roustaing, já fulminada pelo mestre com argumentos irrefutáveis, ao vir à luz.

Canuto de Abreu, ao lado de J. Herculano Pires, na comemoração do 1º centenário de lançamento de O Livro dos Espíritos, *em evento realizado no Ginásio do Pacaembu, em São Paulo.*

O livro escondido

Não fosse por outras razões – por exemplo, as profundas marcas do embuste e da impostura – o fato de o Grupo Sayão, também conhecido como Grupo dos Humildes, esse selo que de imediato se apresenta pretensioso, o grupo e suas atividades se constituírem na fonte que abasteceu a FEB com pessoas e ideologia de origem contestada é por si mesmo um motivo indiscutível para sua análise. O livro de que se trata tem por título *Trabalhos espíritas de um pequeno grupo de crentes humildes*, publicado em 1893. O seu autor, Antônio Luís Sayão, é dado como o compilador da obra, ou seja, alguém que selecionou e organizou mensagens de origem mediúnica e as entregou ordenadas ao público. Mas não é bem assim. Sayão, que dividia com Bittencour Sampaio o comando do grupo, não pode ser visto apenas como um organizador do livro e a razão disso é que ele exerce um papel muito mais amplo, aquele de um analista, comentarista, ideólogo do grupo e de suas pretensas conquistas. As narrativas dos trabalhos mediúnicos e as mensagens reunidas vêm com o selo e o viés ideológico de Sayão, além dos acréscimos de Bittencourt. E mais, era Sayão quem fazia as anotações das sessões do seu grupo, durante as atividades práticas. Todas as crenças decorrentes das atividades e de indicações dos que assinam as mensagens são acatadas e referendadas por Sayão e Bittencourt. Este, inclusive, aporta material colhido por ele mesmo, de fundo mediúnico, para corroborar informações e mensagens. Daí porque ambos se tornam o foco dos seus companheiros e dos espíritos que, em última análise, comandavam sagazmente o grupo. Tudo passa por eles e nada é aprovado ou recusado sem o aval de ambos, Sayão e Bittencourt.

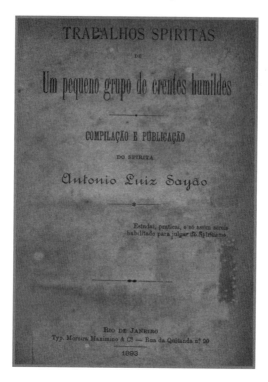

Página de rosto do livro do Grupo Sayão.

Um segundo livro, na forma de desdobramento dos trabalhos do grupo, foi publicado em 1896, sob o título de *Trabalhos espíritas de um pequeno grupo de crentes humildes – Estudo dos Evangelhos de S. Mateus, S. Lucas e S. Marcos em Espírito e Verdade*, com a assinatura autoral também de Antônio Luís Sayão. Este segundo livro será reeditado, com alterações, inclusive de estilo, pela FEB em 1933, sob o título de *Elucidações Evangélicas* e a coordenação de Guillon Ribeiro

Interessa-nos, em especial, o primeiro livro, *Trabalhos espíritas de um pequeno grupo de crentes humildes*, que teve sua edição publicada no ano de 1893. Nele vamos encontrar a narrativa dos fatos, a gênese do grupo, os conflitos, a sua preferência por Roustaing e outros detalhes mais. Não houve edições posteriores, daí a raridade do livro que tanto importa aos estudiosos e pesquisadores da história do espiritismo no Brasil.

Em primeiro lugar, esclareça-se: trata-se de um livro com trajetória estranha.

É um desafio conseguir um exemplar dele, pois há muito tempo ele foi colocado numa espécie de lista de alto interesse e os pesquisadores se viram logrados, mais de uma vez, ao deparar-se com um exemplar em sebo e imediatamente vê-lo desaparecer, sob o argumento de ter sido reservado por cifra relativamente astronômica.

Há que se questionar das razões dessa ocorrência. Por que o livro, sem grandes interesses literários e cuja valor comercial não passaria da primeira dezena de reais, é tão obstinadamente procurado, a fim de sair de circulação ou não ser alcançado por mãos outras? O que ele contém para justificar a alta soma que anônimos estão dispostos a pagar por ele? Ao ler e estudar o seu conteúdo a resposta não tarda. O livro em si nada possui que justifique o alto preço, seja em termos de conhecimento geral, seja em termos de originalidade de abordagem, mas os fatos que ali foram registrados importam muitíssimo aos estudiosos do espiritismo para uma compreensão da verdade sobre as sessões mediúnicas do Grupo Sayão. Se as querem esconder é por causa do quanto elas revelam em termos de farsa e suspeição mediúnica.

No período do segundo mandato de Bezerra na FEB, o *Reformador*, por ele dirigido, publicou em diversos dos seus números, anúncio do livro do Sayão, pois o tinha entre os que oferecia à venda em sua livraria, como se vê na imagem a seguir:

Anúncio no Reformador oferecia o livro do Grupo Sayão

Em 1880, quando iniciou suas atividades, o Grupo Sayão era constituído por dissidentes da Sociedade Acadêmica Deus, Cristo e Caridade, assim como aqueles que integravam a Fraternidade, já esta com existência formalizada alguns meses antes. Ambos tinham por objetivo o estudo exclusivo da obra de Roustaing. Houve, por parte do Grupo Sayão, uma tentativa de reunir as duas agremiações, a fim de minimizar as divisões e juntar forças, mas os esforços nesse sentido não foram felizes. Os dois grupos seguiram caminhos paralelos, mas o Grupo Sayão fez publicar em 1893 as sessões realizadas no período de 15 de julho de 1880 a 15 de abril de 1881 no livro *Trabalhos espíritas de um pequeno grupo de crentes humildes*. Um total de 59 sessões semanais. O objetivo era propagar a missão do grupo revelada e reforçada pelas mensagens dadas supostamente por grandes nomes, entre eles Allan Kardec, Anjo Ismael e os Evangelistas. Eram esses espíritos, segundo Sayão, que garantiam a missão especial que o grupo possuía, isto é, levar avante a disseminação do roustainguismo em sua aliança com o espiritismo. A análise dessas mensagens e de como as sessões se desenvolviam – sob o domínio de um misticismo exacerbado e de crença absoluta nas personalidades invisíveis – conduz exatamente no sentido contrário. E mais, reforça a tese das bases culturais sobre as quais ergueu-se e se constituiu o espiritismo brasileiro capitaneado pela FEB.

A FEB foi o centro irradiador dessa cultura heterônoma representada por Roustaing, que surgiu com o objetivo escuso de desfigurar o espiritismo. A partir dos primeiros roustainguistas chegados à FEB e, em especial, depois que Bezerra de Menezes, em seu último mandato – 1895 a 1900 – dispondo de poderes ditos absolutos e já envolvido pela crença roustainguista fortalecida em sua participação nas reuniões do Grupo Sayão, empunhou essa bandeira, acreditando com sinceridade estar fazendo o melhor para o espiritismo; enfim, a cultura se definiu pela linha do pensamento heterônomo. Seus elogios e sua defesa das revelações advindas das sessões do Grupo Sayão se tornaram constantes nas páginas do *Reformador* e sua desencarnação naquele último ano, se deixou órfãos e viúvas, em nada reduziu a presença forte desta heteronomia roustainguista na instituição. A consolidação do ideal sayonista vai ocorrer ao longo dos próximos anos na FEB, como se verá.

Bittencourt Sampaio e Antônio Luís Sayão comandavam o Grupo Sayão.

As contestações

O livro em referência é um documento primário em relação a fatos pouco ou quase nada conhecidos em sua gênese. É no relato de seu autor que constatamos o início do grupo, as divergências provocadas entre os espíritas, a forma de trabalho, os argumentos de justificação e tudo o mais que se subtrai da história contada pelos adeptos de Roustaing. Ademais, a narrativa é construída por quem fundou o grupo e, portanto, domina os fatos sobre os quais tem interesse e deseja testemunhar.

No prefácio do livro, logo em seu segundo parágrafo, Sayão destaca as críticas que os membros do seu grupo recebiam, afirmando:

> Não possuímos títulos, é verdade, senão para impormos, nem ao menos para tornarmos toleráveis as nossas convicções aos endurecidos e convencidos de antemão, de quem vamos provocar os epítetos de fanáticos, visionários, idiotas e do que mais de ridículo tiverem para nos cobrirem.

A saída desse grupo de adeptos de Roustaing da Sociedade Acadêmica Deus, Cristo e Caridade se deu em função das discordâncias quanto ao modo de funcionamento de suas sessões e apego à crença roustainguista, contrária aos fundamentos do espiritismo. É a isso que Sayão se refere no parágrafo acima e no seguinte:

> Receberemos, pois, esse *veredictum* dos que se supõem dominadores e monopolizadores da inteligência, da razão e do bom-senso sem outro recurso senão o que tem aquele que, crendo firmemente em Deus, e convicto das verdades das Sagradas Letras, escritas pelos Discípulos de Jesus Cristo Senhor Nosso, espera que as verdades que lhe são reveladas serão confirmadas com o andar dos tempos.

O parágrafo é revelador. Os membros do grupo acreditam firmemente no aspecto sagrado dos relatos evangélicos, tal como os vê a tradição católica, mas acreditam também na virgindade de Maria, no corpo fluídico de Jesus, no castigo da reencarnação aos espíritos decaídos, na evolução em linha reta, enfim, numa série de teorias contrárias aos fundamentos espíritas. A linguagem mística ressalta do texto e é utilizada comumente entre eles, deixando explícito o temor de Deus.

À página VIII do prefácio, Sayão aponta:

> Cumpre confessar, porém, que o sistema de trabalhos que adotamos sofreu e ainda sofre a censura de alguns irmãos, que o rejeitam; mas as razões

de sua dissidência não nos parecem procedentes e como uma consideração que lhes devemos, passamos a expô-las e contestá-las.

Na sequência, Sayão alinhava:

> Alega-se: Que o nosso trabalho, que deve ser feito como num templo de caridade, não deve se realizar a portas fechadas, com um número limitado e escolhido de irmãos;
> Que supomo-nos privilegiados com pretensões de receber revelações;
> Que damos as nossas reuniões como assistidas por espíritos elevadíssimos, o que não passa de *mistificação*, visto o nosso atraso;
> Que nada havemos adiantado ou produzido com isso e já em luta temos interrompido o nosso trabalho.

O autor vai contestar as alegações e para isso serve-se de duas mensagens atribuídas a Kardec, recebidas mediunicamente no grupo. Embora não haja como provar que tais mensagens tenham sido ditas de fato por Kardec, sequer pela análise da linguagem, pois esta, ao contrário, não é adequada nem pertinente a Kardec, vamos destacar dois trechos, ambos grafados na página X do prefácio:

> Foi para a formação de um centro diretor de todos os grupos dispersos, que ainda há pouco eu pedi o concurso de vossa boa vontade, os esforços de vossa fé e do vosso amor pela causa.
> Ninguém tem direito de deserção, o nosso *aparelhar* é único. Aquele que nos guia é o mesmo.

O espírito que assume o nome de Kardec se utiliza de um método que estará sempre presente em suas falas, ou seja, apresentar ao grupo uma missão importante a ser realizada – "foi para a formação de um centro diretor" – como forma de manter a atenção dos membros e ativar a vaidade, bem como submetê-los ao seu comando – "ninguém tem direito de deserção" – sem que isso desperte neles qualquer desconfiança.

Esses detalhes poderão ser observados não apenas nas inúmeras mensagens atribuídas a Kardec, mas, também, nas de outras personalidades. Com o destaque: quando o grupo é acusado de receber só "espíritos elevadíssimos", como assinalado acima pelo autor e por ele rebatido, tal condição será plenamente confirmada pela análise dos fatos relatados no livro. Boa parte desses supostos autores espirituais é constituída de espíritos puros, acima dos quais aparece Jesus, na posição de espírito puríssimo. No entanto, a linguagem e as ideias contidas nas mensagens serão a própria constatação da farsa.

Composição e operacionalização das sessões

A primeira das 59 sessões mediúnicas relatadas no livro do Sayão – *Trabalhos espíritas de um pequeno grupo de crentes humildes* – teve a presença dos seguintes espíritas: Izabel Maria de Oliveira Sampaio, médium vidente com presença fundamental no grupo, cujo guia era S. João Evangelista; Frederico Pereira da Silva Júnior, médium pelo qual se manifestavam, preferencialmente, Ismael e Allan Kardec, cujo guia era S. Marcos; João Gonçalves do Nascimento, médium que tinha como guia S. Lucas; Manoel Antonio dos Santos Silva, médium, guia Felipe Néri; Francisco Leite Bittencourt Sampaio, médium receitista, político e poeta, cujo guia era S. Elias; e Antônio Luís Sayão, advogado, guia Frei José dos Mártires. Todos eram egressos da Sociedade Acadêmica Deus, Cristo e Caridade, da qual se separaram por divergências doutrinárias[40]. Alguns deles, após deixarem a Sociedade Acadêmica, participaram da fundação da Sociedade Espírita Fraternidade, mas se transferiram ao Grupo Sayão por divergências internas. Antes de deixarem a Sociedade Acadêmica Deus, Cristo e Caridade, os defensores da obra atribuída a Roustaing eram alvos de intensas críticas e Sayão, ao mesmo tempo que as rebate, as revela no livro *Trabalhos espíritas de um pequeno grupo de crentes humildes,* precisamente no Prefácio.

Interessa ao propósito do presente estudo conhecer com os maiores detalhes possíveis a forma e o conteúdo das sessões do Grupo Sayão, para daí auferir da qualidade e sua influência futura nas crenças, valores e hábitos espíritas, já que um excelente resumo se encontra relatado com propriedade no livro *Autonomia*[41], de Paulo Henrique de Figueiredo, onde o autor também relaciona os nomes de destaque que predominavam na assinatura autoral das mensagens. É a partir disso que trabalhamos.

De início, no texto que Sayão denomina Reuniões Preparatórias, um espírito de nome Urias, que retornará inúmeras, novas e oportunas vezes, sendo pelos integrantes do grupo considerado um espírito puro, assina a mensagem recebida por médium do grupo (não se revela quem), na qual, entre outras coisas, afirma: "O espírita deve ser prudente e evitar os motivos de ser ridicularizado; *deve ter amor e abraçar-se com os Evangelhos, para depois evocar espíritos*"[42]. Este pequeno trecho proporciona larga análise se considerarmos não apenas o que está dito, mas a intenção subsumida. Assim, "os Evangelhos" têm duplo sentido: referem-se aos Evangelhos canônicos, por extensão, e principalmente a *Os quatro Evangelhos,*

---

40. Aqueles que desejavam alterar a obra de Kardec (referência à 1ª edição da obra *A Gênese*), partidários de Roustaing, formavam um pequeno número de sócios da Sociedade Acadêmica Deus, Cristo e Caridade, que iriam se tornar dissidentes por discordarem da visão da maioria, por acreditarem nos propósitos esboçados em *Os quatro Evangelhos* de tornar o espiritismo uma religião. (FIGUEIREDO, 2019, 2ª ed., p. 593.)
41. FIGUEIREDO, 2019, P. 603.
42. Grifo nosso.

livro patrocinado por Roustaing. Especialmente a este, pois que constitui a obra objeto de estudo do grupo e fator de reunião dos seus membros. O fato de o autor espiritual dizer "para depois evocar espíritos" implica em marcar posição perante o grupo, ou seja, restará como advertência contundente que os médiuns só poderão receber espíritos puros se derem provas permanentes de estarem abraçados com os Evangelhos e se espíritos puros não se manifestarem por eles, a culpa será – sempre! – dos médiuns. Esta afirmação será comprovada mais de uma vez, como se verá. Na verdade, o grupo tinha total crença em suas condições para receber espíritos puros, desejava receber e quando eles surgiam com suas mensagens reafirmando a própria condição de espíritos puros o grupo lhes dava imediato e irrevogável crédito.

A interpretação de que a expressão "os Evangelhos" remete aos Evangelhos canônicos estriba-se, também, em comprovações textuais. O princípio de atuação dos espíritos manifestantes é consolar a crença vigente entre os membros do grupo, todos de origem e atuação na Igreja, de que Jesus é a expressão máxima enquanto espírito puríssimo, ao qual os demais, que são espíritos puros e ainda não alcançaram o grau evolutivo do Cristo, se submetem. Espíritos puros e espíritos puríssimos são espíritos que desde a sua criação por Deus progrediram em linha reta e jamais decaíram, por isso jamais reencarnaram, segundo a crença roustainguista. Devido a essa condição, tais espíritos não podem reencarnar em mundos atrasados, como a Terra, e o Cristo só pôde vir ao planeta em um corpo especial, fluídico, incorruptível, não submetido às leis naturais que presidem a vida no planeta. E mais: a escala espírita, elaborada por Kardec, só diz respeito aos espíritos decaídos, reencarnados, pois não abrange os espíritos puros e os puríssimos. Esta é a crença roustainguista, rejeitada pelo espiritismo.

A Jesus é atribuída a condição não aceita por Kardec e os espíritas de bom-senso, de único capaz de falar com Deus, sendo deste o representante direto. Ele é o *Nosso Senhor Jesus Cristo*, expressão constantemente utilizada para o indicar, junto a outros atributos constantes do léxico católico. Dada a essa condição, não é aceitável entender que ele é nosso irmão nem que a ele não se reservem todas as glórias e toda obediência. Se Kardec o vê como espírito mais velho, mas igual a todos os demais em termos de origem e destino é que o codificador não alcançou a estágio superior de compreendê-lo e interpretar. Falhou nesse aspecto importante, daí razões maiores assistiam a Roustaing para o complementar e avançar na interpretação dos Evangelhos. Seria, assim, Roustaing aquele que completou a doutrina construída por Kardec, atingindo um grau que o Mestre não conseguiu. Kardec tornou-se menor que Roustaing no pensar dos roustainguistas, embora não o digam abertamente. Por isso, a estes Roustaing basta, uma vez que nele estão não apenas a melhor e mais ampla interpretação dos Evangelhos de Jesus, como também o pensamento mais completo da interpretação dos princípios básicos do espiritismo, tais como Deus, a reencarnação e a mediunidade, para citar apenas estes três.

Feita a colocação, ela se explica por si mesma: a evocação dos espíritos não se restringe às condições colocadas em *O Livro dos Médiuns*, como orienta com propriedade Allan Kardec, mas aos fatores morais de Roustaing, ou seja, "ter amor e abraçar-se com os Evangelhos". Não há explicação sobre como ter amor, nem o que significa abraçar-se com os Evangelhos, mas basta que o grupo esteja, por si mesmo, crente de que ama e está com os ensinamentos dos Evangelhos orientando as práticas do cotidiano, para em consequência evocar os espíritos e estar certos de que os espíritos puros os atendem de forma especial e privilegiada. Em consequência, a análise das mensagens não se apresenta como condição necessária, uma vez que o grupo preenche os requisitos para não ser enganado e se, porventura, algo semelhante a engano acontecer com algum médium do grupo será porque faltou apertar o abraço dos Evangelhos, ou seja, aquele que não o fez, não se cuidou, será culpado e merecerá castigos do tipo ser enganado por espíritos inferiores e até mesmo ser excluído do grupo.

A partir desse começo ou da primeira sessão oficial do Grupo Sayão as questões controversas se multiplicam de forma incontável, colocando em segundo plano o bom-senso kardequiano e os ensinos dos espíritos compilados e interpretados por Allan Kardec. Ainda na página 4 do livro em análise – *Trabalhos espíritas de um pequeno grupo de crentes humildes* – encontramos esta prescrição:

> É preciso ter o perispírito puro e limpo para depois evocar os espíritos puros, porque assim esses espíritos desencarnados encontrarão uma atmosfera capaz de recebê-los.

Afirmação por demais estranha esta: "ter o perispírito puro e limpo". Como se faz? Se uma prescrição dessa ordem for possível e for observada à risca, compreender-se-á que não haverá na Terra encarnado algum em condições de receber tais espíritos, mas se o grupo se torna capaz de eventualmente tê-los em seu seio é porque está conseguindo purificar o perispírito e ser objeto de um privilégio como nenhum outro, e por isso acredita possuir uma missão especial. Ver-se-á, em breve, que o Grupo Sayão chegou a receber mensagens assinadas pelo próprio Cristo e se, eventualmente, questionou a possibilidade de que tenha sido mesmo Jesus em pessoa a trazer tais mensagens, acabou por se convencer de que ele de fato esteve presente, dadas as condições fluídicas coletivas alcançadas pela comunhão dos pensamentos e dos perispíritos dos seus membros.

A questão da "atmosfera capaz" de receber espíritos puros deve ser considerada de modo especial, porque há por parte do grupo a crença de que a atmosfera do planeta é inapropriada para receber tais espíritos e o próprio Cristo, daí a crença geral de que ele veio em corpo fluídico, do contrário não haveria condições para sua vinda. Do ponto de vista da doutrina espírita, a prescrição de Urias não resiste à mínima análise nem ao melhor bom-senso.

Percebe-se, desde logo, que os espíritos comunicantes se utilizam da técnica hipnótica para dominar os membros do grupo e conduzi-los a seu bel-prazer, sem se preocupar com a possibilidade de que venham a perceber o engodo a que estão enredados. Com isso, os espíritos comunicantes dão ordens como esta, descrita na página 5:

> Tratais de fazer dos médiuns bons instrumentos. Não consintais que eles deem opinião sobre o que recebem.

As advertências de Allan Kardec apontam para o sentido contrário, naquele mesmo sentido firmado por Erasto, bastante disseminado nos meios espíritas: "É preferível rejeitar nove verdades a aceitar uma única e só mentira"[43]. Kardec vai além ao esclarecer que os bons espíritos não se contrariam ante as contestações feitas a suas mensagens; apenas os espíritos inferiores o fazem.

Os espíritos do Grupo Sayão sabiam do perigo que isso representava ao domínio e à autoridade deles. Observe que não se trata apenas de tornar os médiuns passivos, mas apassivados, dóceis, confiantes na qualidade das mensagens que recebiam e na superioridade dos espíritos que ali se manifestavam. Se Kardec deixa claro que não existe médium totalmente passivo, aqueles espíritos do grupo tratam de colocá-los em condições ainda mais degradantes moralmente, ou seja, de completa incapacidade de analisar o produto mediúnico que no grupo se produzia. O caminho para a fascinação fica, assim, totalmente escancarado. É o imobilismo moral e intelectual das doutrinas heterônomas.

É momento de fazer um breve retorno para explicar o *modus operandi* das reuniões do Grupo Sayão, dada à sua importância para a compreensão dos fatos posteriores. Como se viu anteriormente, um dos membros do grupo era a médium vidente Izabel Maria de Oliveira Sampaio. Ressalte-se que ela exercia papel importante nas sessões e que estas tinham por método ouvi-la logo no início dos trabalhos práticos. Pedia-se que relatasse "o que lhe era permitido ver" e suas descrições do ambiente, da presença de tais e tais espíritos, dos guias dos médiuns constituíam uma espécie da roteiro a ser seguido. Sessão após sessão, cabia à médium revelar a presença dos espíritos e quais eram. Quando, eventualmente não comparecia à reunião, era substituída pelo médium Frederico Jr. E a disciplina organizacional se mantinha. Era comum a médium dizer: "O Anjo Ismael está no comando". Quando não era Ismael, era um outro espírito de igual

---

43. Esta advertência de Erasto, muito conhecida, tem sido divulgada à miúde erroneamente como se o espírito tivesse dito 99 verdades.

envergadura, inclusive Allan Kardec. Suas revelações jamais eram colocadas em dúvida, quando se sabe que, em *O Livro dos Médiuns*, item 171, a mediunidade de vidência é aquela que apresenta mais dificuldade para discernir entre a realidade e a imaginação, mas é também a que exige permanente comprovação:

> Quanto aos médiuns videntes, propriamente ditos, ainda são mais raros e há muito que desconfiar dos que se inculcam possuidores dessa faculdade. É prudente não se lhes dar crédito, senão diante de provas positivas. Não aludimos sequer aos que se dão à ilusão ridícula de ver os espíritos glóbulos, que descrevemos no n. 108; falamos apenas dos que dizem ver os espíritos de modo racional. É fora de dúvida que algumas pessoas podem enganar-se de boa-fé, porém, outras podem também simular esta faculdade por amor-próprio, ou por interesse.

A questão não está em desconfiar da boa-fé e da sinceridade da médium em foco, mas seria de bom alvitre colocar um ponto de interrogação em dois aspectos pelo menos: no fato de a médium apenas descrever a presença de espíritos altamente evoluídos de forma uniforme e constante (jamais a presença de um espírito de mediana condição era notada no começo das sessões), identificando aquele que estaria no comando dos trabalhos (Kardec, Ismael etc.) e o fato de o processo mediúnico dar-se, sempre, na mesma ordem da citação, com os médiuns se manifestando por mensagens de seus guias. Ou seja, os médiuns eram orientados a transmitir, cada um deles, o pensamento e a opinião dos seus guias e a sequência dessas manifestações se dava exatamente de acordo com a descrição da médium vidente.

A questão dos guias dos médiuns demandou no Grupo Sayão uma preocupação que chegou a dominar inúmeras sessões. Uma regra interna estabelecia que cada médium deveria saber o nome de seu guia e Bittencourt Sampaio demonstrou, mais de uma vez, de forma direta essa preocupação, como se vê nas palavras de Sayão à página 27, no começo da sessão do dia 22 de julho de 1880, a segunda oficial:

> Feita a prece, lidas as comunicações recebidas na sessão anterior e postas em discussão para serem estudadas e bem compreendidas, Bittencourt sustentou a necessidade de cada médium saber quem era seu guia e pôr-se em constante comunicação com ele, para ser dirigido em seus atos e principalmente em tudo que fosse atinente aos trabalhos espíritas....

Imediatamente após, a médium Izabel, "em estado sonambúlico", segundo Sayão, dá início a uma mensagem mediúnica cuja autora se diz Justina e afirma estar ali em nome de Ismael, dizendo:

Compreendestes perfeitamente; é assim que deveis praticar, porque só animados pela presença do vosso guia poderei frustrar o espírito perturbador ou zombeteiro que venha perturbar o vosso trabalho.

Trata-se de uma aberração doutrinária atribuir à competência do guia do médium e à sua simples presença junto a este a condição para "frustrar o espírito perturbador ou zombeteiro", uma vez que a responsabilidade pelo que recebe mediunicamente é fundamentalmente do próprio médium. E uma das ações que frustram os maus espíritos é a análise da forma e do conteúdo de suas mensagens, que também envolve o médium e o obriga a isso. O guia pouco ou nada pode fazer quando médiuns e espíritos mal-intencionados se harmonizam com o objetivo de fraudar. A orientação acima só pode ser compreendida como forma de impor uma crença irracional e fazer dos médiuns instrumentos dóceis aos espíritos, forma também essa de dominação desses espíritos sobre os médiuns (ver item 266 e seguintes de *O Livro dos Médiuns*). Sayão prossegue:

> Se quiserdes andar com a verdade buscai em primeiro lugar a verdade, e *só podereis obtê-la chamando aquele que está encarregado de vos guiar*. Convosco mesmo, pedireis ao Bom Pai que vos declare o nome daquele que está incumbido de vos guiar e imediatamente podereis vos pôr em comunicação com ele e não só achareis quem vos traga o ensino, como estareis abrigado, com sua presença, de franquear em qualquer dos pontos em que a matéria costuma falir. Se sempre for o vosso primeiro pensamento, ao encetardes qualquer trabalho, ou dardes qualquer passo, chamai o vosso guia, *ficai certo que em muito pouco tereis adquirido o grau de pureza necessário para preencherdes a missão que Deus vos concedeu*[44].

Tudo parece conduzir a uma tentativa de supervalorização da figura do guia e o enfraquecimento da razão do médium, sob um plano de dominação que se vai introduzindo subjetivamente no grupo. É a inversão total da razão espírita, uma vez que para Kardec é dever do médium estar em vigilância permanente em relação a três fatores: o conteúdo das mensagens mediúnicas, que implica a sua análise para aceitação ou rejeição independente de quem assume sua autoria; o nome do autor mediúnico, seja qual seja, por não ser suficiente para validação da mensagem; finalmente, a vigilância do próprio médium em relação a si e ao processo comunicativo no qual está inserido, para que não seja vítima de espíritos enganadores. Dessa forma, o guia tem papel menor na segurança da mensagem ou do processo e não pode ser visto como a garantia da lisura do processo.

Mas o grupo parece estar satisfeito com o que lhe é ensinado pelos espíri-

---

44. Grifo nosso.

tos que ali se apresentam, especialmente porque não se trata apenas da suposta importância do guia, mas também de algumas outras revelações que chegam embutidas no pacote, como a que afirma: "ficai certo que em muito pouco tereis adquirido o grau de pureza necessário para preencherdes a missão que Deus vos concedeu". Pode parecer excesso de zelo de nossa parte destacar essa preocupação com a missão e o grau de pureza, vendo neles aspectos dos quais se deve desconfiar. O desdobramento deste estudo, porém, demonstrará que o Grupo Sayão acreditava cumprir uma missão especial e, mais do que isso, se mostrava crente de que essa missão incluiria, também, completar a obra de Roustaing. Isso mesmo, não estamos exagerando. Coincidentemente, se Roustaing trabalhou com a médium Collignon praticamente em situação de isolamento na organização de *Os quatro Evangelhos*, completamente convencido de sua própria missão, o Grupo Sayão o copiava, mantendo-se um grupo fechado, de poucos membros, todos médiuns e selecionadamente reunidos, que mantinham entre si um ponto em comum: a crença total em Roustaing e sua missão de completar o trabalho de Allan Kardec. Este e outros detalhes eram criticados pelos espíritas da época, muitos deles integrantes da Sociedade Acadêmica Deus, Cristo e Caridade, como o revela e combate o próprio Sayão na obra em análise.

Quando a mensagem de Justina pela médium Izabel foi concluída, o ambiente estava envolvido numa atmosfera de total emoção – ou comoção – e "o médium Nascimento chora, soluça e diz: É o médium que tem medo de não cumprir aquilo que deseja". A sessão prossegue e Izabel, a médium vidente, consola Nascimento dizendo que seu guia promete-lhe "assistência e auxílio" e a seguir anuncia que o guia do médium Frederico já está junto dele (sem dizer quem é) e "Frei José dos Mártires acha-se junto do médium Silva", aparentemente indicando que Frei é o guia do médium Silva. Diz mais a médium vidente Izabel, "que o mestre aproxima-se trazendo pela mão uma formosa virgem, toda de branco, trazendo uma rosa branca na mão". Sempre que alguém do grupo diz *mestre* se refere a Allan Kardec, portanto, era ele que trazia pelas mãos "uma formosa virgem". Na sequência, o médium Silva afirma:

> A virgem é o símbolo da paz que reina entre vós; ela traz a flor que ficará plantada em vossos corações. Ouvi o mestre, os espíritos seus intermediários estão presentes, atraídos aqui para receberem o precioso – *sim* – que ele viu brilhar em vossos corações.

Se Frei José dos Mártires é o guia do médium Silva e Silva passa a mensagem, depreende-se que tenha sido o guia quem falou pela boca de Silva, mas a médium Izabel sem nenhuma espera dá início à transmissão de uma longa mensagem assumida por Frei José dos Mártires, o que coloca em confusão toda a questão de quem é guia de quem, confusão esta não percebida pelos membros da sessão. Aquela que estaria sendo trazida pelas mãos de Kardec seria ninguém mais, ninguém menos do que Maria, a mãe de Jesus. É o que revela Frei José dos Mártires na mensagem dada por Izabel: "Buscai preservar em vossas almas, sempre vicejante, essa flor mimosa que Maria vos oferece, outorgada pelo vosso Mestre". Essa mesma mensagem também revela a ligação entre Frei José dos Mártires e Sayão, como está dito (p. 29):

> Frei José dos Mártires declara que é encarregado de auxiliar o irmão Sayão em seus trabalhos. Que há muito procurava os laços íntimos que a ele o ligavam em outras existências. Que plantara em sua alma essa crença bendita, que cheio de coragem e boa vontade, como se sente, deu impulso necessário à sua propaganda. Será o braço que deve bater a bigorna da descrença. Que ele como os demais companheiros, que se acham sob as ordens de Ismael, o Guia, esperam a nossa decisão e, embora já o tenham lido em nossos corações, contudo querem ouvir dos nossos lábios o precioso – *sim* – porém, livre, espontâneo e completamente voluntário.

Pela segunda vez naquela noite da 2ª sessão oficial do Grupo Sayão, os espíritos cobram dos presentes a aprovação, o *sim*, embora "já o tenham lido em vossos corações". Mas o que seria esse *sim*? Prossigamos antes de revelá-lo e constatemos que a insistência a esse respeito é grande, ou seja, há uma pressão sobre todos. Os espíritos querem que o *sim* seja dado "livre, espontâneo e completamente voluntário", mas, se quisermos ser francos, desde já sabemos que os três requisitos já não podem mais vir em vista da própria pressão exercida pelos espíritos sobre os membros-médiuns do grupo. Para evitar que percebam a situação com clareza, o espírito comunicante, Frei José dos Mártires, tenta amenizar a pressão:

> Que não nos ensoberbeçamos e que tenhamos em nossos corações alegria e júbilo, *porque aqui se acham espíritos de alta esfera*[45]: tal é o desejo que têm de animar a nossa boa vontade, digo bem nossa porque é vossa e nossa igualmente.

Urias, já referido anteriormente, reaparece pelo médium Nascimento, para reforçar a necessidade do *sim* (p.30):

> Uni-vos, amigos, que o coração de um seja o coração de todos, e *só assim podereis executar* as ordens que muitas vezes vos são dadas, não por manifestações dos espíritos, mas por inspirações da consciência. Amigos, o vosso Guia presente quer ouvir-vos a todos, com o coração aberto, pronunciar

---

45. Grifo nosso.

com os lábios se aceitais o que Romualdo em seu nome vos pediu. É preciso que vos lembreis que os *espíritos superiores nunca impõem. O seu amor não lhes permite e Deus não o aprovaria.* Eles vos pedem como amigos e vós respondereis com vossas consciências. Refleti e respondei.

Agora é a vez de Romualdo, ex-bispo católico que combateu fervorosamente o espiritismo[46] e após a sua desencarnação surpreendentemente tornou-se espírito elevado nas sessões espíritas do Grupo Sayão, fazer a sua pressão (p. 31), pelo médium Silva:

> Irmãos, o *Sim* está dado, ainda que os lábios não tenham se movido para o proferir. Profiram-no os vossos corações; portanto, continuaremos nas instruções prometidas.

E, ato seguinte, faz uma advertência de que os membros tinham o compromisso de guardar segredo de tudo o que lhes era dito, com as seguintes palavras: "Já sabeis a reserva que tendes de guardar".

O *SIM*, FINALMENTE, É DADO

Objeto de pressões, por parte dos espíritos que se manifestavam no grupo Sayão, e de preocupação por seus membros, a 4ª sessão, realizada em 5 de agosto de 1880 foi marcada pela decisão de aprovar o pedido feito para que todos aceitassem os compromissos colocados e o expressassem formalmente, como assinalamos anteriormente, de modo "livre, espontâneo e completamente voluntário". Não sem uma surpresa. Vejamos o relato feito pelo autor do livro, Sayão (p. 53):

> Passando-se a cumprir a primeira parte do programa, Sayão principiou declarando que dava o – sim – comprometendo-se solenemente a envidar todos os seus esforços para o cumprimento dos seus deveres.
>
> Seguiram-se as declarações de Frederico, Izabel, Silva e Campos, que aceitaram o compromisso dando o – *sim*.
>
> Consultado Bittencourt, disse: "tenho dedicação, tenho boa vontade, mas não posso tomar uma responsabilidade que julgo superior às minhas forças e porque tenho outros compromissos. Quando muito, poderei ajudar, um pouco. Não carregarei o pesado madeiro que nos foi oferecido, serei, contudo, o Cirineu dessa romagem.

---

46. Foi representante no Brasil do ultramontanismo, "do latim *ultramontanus*, que significa "*além das montanhas*", especificamente, para além dos Alpes de quem está em França ou na Alemanha, refere-se à doutrina política católica que busca em Roma a sua principal referência. Este movimento surgiu precisamente do lado francês na primeira metade do século XIX. Reforça e defende o poder e as prerrogativas do papa em matéria de disciplina e fé" (Wikipédia)

Então, o *sim*, insistentemente solicitado pelos espíritos até com ameaças veladas, o que significava? Vê-se, pelas palavras do próprio Bittencourt Sampaio, que seria a aceitação plena, total, exclusiva de trabalhar com empenho pelo projeto apresentado pelos espíritos que dirigiam o grupo, sem nenhuma contestação, de maneira totalmente passiva por parte dos médiuns, não exercendo críticas às mensagens e as ideias nelas expressadas, evitando discussões internas, "abraçar-se com o Evangelho", enfim, deixar-se conduzir docilmente por seus guias. Estes, por sua condição espiritual e por representarem Kardec, Ismael e Jesus, nessa ordem crescente, eram suficientemente cônscios de sua missão e de sua capacidade para conduzirem os médiuns com sabedoria.

Mas não foi isso, exatamente, o que motivou Bittencourt Sampaio a recusar a aceitação expressa do compromisso. É possível que um sentimento dessa ordem estivesse preocupando-o, mas ele não o expressou no momento da recusa. Segundo as palavras anotadas por Sayão, uma vez que o relato é deste, Bittencourt se negou a dar dedicação exclusiva ao trabalho do grupo ou às ideias dos espíritos, o que dá no mesmo, porém, comprometeu-se a seguir com o grupo com o mesmo interesse de sempre. Entendeu ele que os demais compromissos que como ser humano e espírita havia assumido eram tão importantes quanto. E sossegou os demais companheiros ao dizer que seria o "Cirineu dessa romagem", o que, convenhamos, não é pouca coisa. Não se pode esquecer que Bittencourt, na prática, dividia com Sayão a direção do grupo e tinha por este grande admiração e respeito.

DE VOLTA AOS GUIAS DOS MÉDIUNS

Na primeira sessão oficial do Grupo Sayão, em 15 de julho de 1880, em mensagem dada logo no início pelo médium Frederico Jr., Ismael foi taxativo: "O médium só deve trabalhar quando tiver o seu Guia ao lado" (p. 18). Por mais estranho que seja, a afirmação parece ter causado os efeitos desejados e o grupo iniciante tomou para si a tarefa de conscientizar os seus integrantes, todos médiuns, de buscarem uma luz esclarecedora sobre o nome e a figura do seu guia espiritual. Tornou-se uma verdadeira busca ao tesouro e um médium houve que, já bastante adiantado o grupo em suas atividades, não lograva saber quem era o seu guia, sentindo-se, por isso, fraco e diminuído perante os demais. Sentiu a pressão.

A mensagem de Ismael em que faz a afirmação acima é um texto que vem a calhar para os objetivos desta nossa análise, revelador das razões pelas quais o grupo definiu o seu destino. Destaque-se, desde já, o esforço do médium e do espírito comunicante para transformarem o texto em uma peça literária, sem, no entanto, o conseguir. Pelo contrário, há frases e construções verbais de uma pobreza de estilo e uma má qualidade nas ideias. Começa ela como se tivesse partido de um pensamento anterior:

Assim é, meus amigos e companheiros de trabalho: eu folgo, eu rio-me de contentamento quando vos vejo reunidos, empregando todos os esforços, na altura de vossas forças, para reabilitar o espiritismo ainda em começo no Brasil, e no entanto já desnaturado pelos homens que não sabem se governar pela razão e bom-senso: pelas leis traçadas pelo Divino Mestre.

Convenhamos, não é de bom gosto frases do tipo "eu rio-me de contentamento" ditas por espírito teoricamente de elevada condição, enquanto não passa despercebido o elogio contido em "quando vos vejo reunidos, empregando todos os esforços, na altura de vossas forças, para reabilitar o espiritismo". Tal expediente será repetido à exaustão ao longo das 59 reuniões do grupo, de modo a estimular os membros à crença de sua escolha para uma luta "na altura das vossas forças, para reabilitar o espiritismo" que é iniciante no Brasil "e no entanto desnaturado". Ou seja: o que desnatura o espiritismo não é, para os espíritos do Grupo Sayão o heterônomo Roustaing. Ao contrário, unidos à doutrina autoritária do advogado de Bordéus, o grupo terá a missão de resgate do espiritismo "desnaturado pelos homens que não sabem se governar pela razão e bom-senso". É a análise da linguagem das mensagens mediúnicas uma das maneiras de identificar a qualidade moral do espírito, segundo Kardec em *O Livro dos Médiuns* (item 263):

> Julgamos os espíritos, já o dissemos, pela linguagem, como julgamos os homens. Suponhamos que um homem receba vinte cartas de pessoas que não conhece. Pelo estilo, pelas ideias, por numerosos indícios julgará quais são as instruídas e quais as ignorantes, educadas ou sem educação, profundas, frívolas, orgulhosas, sérias, levianas, sentimentais etc. Acontece o mesmo com os espíritos. Devem considerá-los como correspondentes que nunca vimos e perguntar o que pensaríamos da cultura e do caráter de um homem que dissesse ou escrevesse aquelas coisas. *Podemos tomar como regra invariável e sem exceção que a linguagem dos espíritos corresponde sempre ao seu grau de elevação*[47].

A mensagem de Ismael prossegue:

> Eu folgo e me junto convosco para ver se podemos realçar os brilhos dessa doutrina, por sobre a humanidade inteira, até hoje esquecida das lições do Divino Mestre.
> Irmãos, o espiritismo é belo, o espiritismo é a doutrina mais pura e mais confidente que pôde vir à Terra; porém, a par da sublimidade também tem ele muitas dificuldades que só o bom-senso, só a criatura dotada de pura vontade pode se ver livre delas e progredir a passos largos na existência

---

47. Grifo nosso.

terrestre; e é por essas dificuldades e por essa falta de senso e boa vontade que muitos espíritas desesperam-se, enfraquecem-se na luta maldizendo a hora em que viram a luz.

É porque os homens ingratos não sabem aproveitar a bondade do Todo-Poderoso, nem impedir no âmago de suas almas a grandeza de sua misericórdia.

E sabeis como? Eu vos direi. Logo assim que conhecem o espiritismo, a sede de maravilhas lhes transborda o cérebro e sem a luz da inteligência, sem o conhecimento das leis que regem os fenômenos da nova doutrina, sem se identificarem com a natureza das preocupações indispensáveis, julgam habilitados a se apresentarem ao público buscando por esse mundo dar testemunho de suas crenças, sem meditarem na falta dos elementos precisos para darem o mesmo testemunho.

Se são médiuns, entendem que a todo instante devem estar em telegrafia constante com o mundo dos espíritos e, querendo dar uma aparência de caridade, principiam a oferecerem-se em comunicações de parentes e amigos e de outros que já partiram da Terra; e é nessa confusão de coisas que está a dificuldade do espiritismo.

Não é que a doutrina por si só não seja pura nas suas leis terminantes, mas são os seus adeptos que, como vos disse, levantam grandes abrolhos na estrada por que ela deve passar radiante. E, irmãos, não estou fazendo um estudo profundo e minucioso do que se passa entre os espíritas: o muito que deixo de dizer, vós o sabeis. Mas se estais perfeitamente compenetrados das inspirações dadas pelo Guia; se tendes a coragem de conduzir sobre os vossos ombros essa cruz feita de cardos, de urzes e de espinhos, trabalhai, trabalhai, e Ismael estará convosco, sempre vos aconselhando e vos ajudando a suportar o peso da cruz, e falai, chamai os vossos amigos, os vossos irmãos, nos quais virdes mais dedicação e menos preconceitos. Chamai-os para o vosso lado e continuai a regar essa planta mimosa que nasce entre a humanidade, para que ela muito breve dê os frutos dignos do Senhor que a plantou.

Não há outro caminho a seguir: tudo está nos médiuns, eles que deem a verdadeira representação do seu papel nas sessões espíritas e tudo se conseguirá.

Não se ofereçam para evocações. *Quando um centro não lhes parecer homogêneo neguem-se ao trabalho*, porque assim, pouparão elementos do seu cérebro e não darão ocasião a divertimentos, a que muitos estão acostumados.

A sua linguagem deve ser esta:

Eu só trabalho quando o meu guia esteja a meu lado, e desde que os meus companheiros não me proporcionem a satisfação desta vontade, eu não trabalho; porque serei uma *máquina sem maquinista*; serei uma *bússola sem agulha*; serei um *navio sem leme*, e o meu estado é perigoso.

Procedam todos assim e o espiritismo aparecerá entre os homens, com a grandeza de seus brilhos. Meditai, trabalhai. *Ismael*

A par de expressões sem sentido ("a doutrina é confidente"), do emprego de palavras de significado duvidoso ("o muito que deixo de dizer, vós o sabeis") e de ideias expostas com duplo sentido ("não há outro caminho a seguir, tudo está nos médiuns"), a mensagem contém objetivos intencionais que podem muito bem ser percebidos. Há um jogo de interesses explícito quando o autor espiritual acusa os "adeptos que levantam grandes abrolhos na estrada" de responsáveis pelos desvios doutrinários, sabendo-se que os membros do Grupo Sayão e os da Sociedade Acadêmica Deus, Cristo e Caridade estão em decisivo conflito por conta da doutrina de Roustaing. O espírito está falando a adeptos do Grupo Sayão e os convencendo de que "tendes a coragem de conduzir sobre os ombros essa cruz feita de cardos[48], de urzes[49] e de espinhos". Está, portanto, expresso o apoio ao ideal deles, quando, então, afirma: "trabalhai, trabalhai e Ismael estará convosco, sempre vos aconselhando e vos ajudando a suportar o peso da cruz". A intenção é valorizá-los, com o que os traz para o seu lado, e de desvalorizar os demais (da Sociedade Acadêmica Deus, Cristo e Caridade). Com isso, concretiza o plano de exercer sua dominação sobre eles.

Apesar do estilo sofrido imposto ao discurso, há nele uma lógica que aos poucos aflora: "não há outro caminho a seguir; tudo está nos médiuns, eles que deem a verdadeira representação do seu papel nas sessões espíritas e tudo se conseguirá". Não se estranhe a afirmação de que "tudo está nos médiuns", uma vez que o Grupo Sayão é constituído de poucos membros, mas todos são médiuns e estão comprometidos "em seus corações" e de modo formal com a missão reveladora que lhes foi atribuída. São eles também fiéis observadores dos conselhos e das ideias de seus guias, sem os quais não operam, mediunicamente. Tudo isso junto tem o significado de estarem protegidos contra as mistificações. Enfim, compõem um grupo altamente homogêneo, singular e protegido.

Assim, nada há a estranhar quando o espírito lhes diz: "Quando um centro não lhes parecer homogêneo neguem-se ao trabalho". Com isso economizarão "elementos do seu cérebro". Em seguida vem a cartada final: "a linguagem deve ser esta: *eu só trabalho quando o meu guia está a meu lado*", porque não quero ser uma "máquina sem maquinista", uma "bússola sem agulha" ou um "navio sem leme". Como quem diz: eu como médium não sou nada; o meu guia é tudo! A submissão ao guia está, assim, consolidada. Dentro desse modelo de homogeneidade, acreditem, "o espiritismo aparecerá entre os homens com a grandeza de seus brilhos".

---

48. Cardo: planta cujas folhas possuem espinhos.
49. Urze: "Planta de flores violeta ou rosa, que prefere os solos silicosos, onde forma maciços de aspecto característico". *In* https://www.dicio.com.br/urze/ (21/09/2019)

Santos, finalmente, encontra seu guia

A busca pela revelação da identidade dos guias dos médiuns do Grupo Sayão continuava e na sessão do dia 26 de agosto de 1880, a sétima do seu período regular, Santos ainda não tinha conhecimento explícito de quem era o seu guia, fato que o preocupava como também a todos, mas em especial a um dentre eles: Bittencourt Sampaio. Naquela noite, o plano da sessão estava assentado sobre três pontos: "Estudo das comunicações – Exercício do médium Santos – Estudo dos Evangelhos". Sabe-se que quando se referia ao estudo dos Evangelhos, Sayão estava implicitamente dizendo estudo da obra *Os quatro Evangelhos*. O primeiro item, "Estudo das comunicações", referia-se às mensagens mediúnicas recebidas na sessão anterior. Assim, a preocupação com o fato de o médium Santos não ter ainda resolvido a identidade do seu guia levou à decisão de abordá-lo como um item da pauta de assuntos da noite. O caso era considerado sério, não era algo simples para deixar se estender *ad infinitum*. Todos queriam solucioná-lo, inclusive os ditos espíritos superiores que presidiam o grupo. Afinal, como estava esclarecido, o guia é tudo e o médium sem o guia não é nada. Eis, pois, que a solução se aproxima, para alívio de todos.

Sayão apresenta o seguinte relato (p. 83):

> Bittencourt tratando da primeira parte declara achar-se convencido ser o guia do médium Santos o discípulo de Nosso Senhor Jesus Cristo, que na última encarnação tomara o nome de Felipe Néri[50].
>
> Que Mundlem fora o nome que tomara o espírito superior do qual emanaram fluidos que atuaram no médium e lhe inspiraram esse nome.

Felipe Néri, discípulo de Jesus, Mundlem, espírito superior! Este teria derramado sobre o médium Santos fluidos que lhe inspiraram o nome de Felipe Néri como guia, mas o próprio Felipe Néri não se havia declarado explicitamente a Santos. Por quê? Bittencourt Sampaio opina:

> Quanto ao guia, se não descobriu o seu nome ao seu guiado foi por falta de confiança deste, como se nota na comunicação que recebeu o médium, *ibi*: o *que receias* etc., e disse que as incertezas, vacilações e dúvidas são sempre perniciosas, porque demonstram falta de confiança firme que deve haver, e daí as consequências inevitáveis e já apresentadas pelo bom Vicente de Paula nas instruções que deu na 5ª sessão.

Está claro: o médium Santos tinha grande parte da culpa de não assumir a

---

50. Felipe Néri, cognominado *O Apóstolo de Roma* e *O Santo da Alegria* (Florença, 21 de julho de 1515 — 26 de maio de 1595), foi um padre e santo católico. https://pt.wikipedia.org/wiki/Filipe_Néri, 19/01/2020, 07:31

identidade do seu guia por conta de suas "incertezas, vacilações e dúvidas". O que teria dito Vicente de Paula na 5ª sessão que não fora levado na devida consideração pelo médium Santos? Vejamos: naquela noite de 12 de agosto de 1880, portanto 14 dias atrás, Santos tomara parte pela primeira vez de uma sessão do grupo. Era, pois, seu novo integrante, como o relata Sayão:

> Aberta a sessão depois das preces foi combinada a hora, apresentado o programa, sendo neste incluído ouvir do novo irmão o seu compromisso expresso e pô-lo em relação direta com o seu guia, observando-se as instruções recebidas.

O novo integrante, Luiz Antonio dos Santos, tinha diante de si duas tarefas iniciais: conhecer o seu guia e expressar formalmente o compromisso de trabalhar sem esmorecimento pelos ideais do grupo. Ou seja, devia dar o *sim* em alto e bom tom. O compromisso foi por ele assumido diante de todos, restou conhecer seu guia. Mas houve um fato inesperado: o médium Frederico Jr., "sonambulizado" diz uma mensagem do espírito que se apresenta por Maria, que era ninguém menos do que a esposa falecida de Luiz Antonio dos Santos. Na mensagem – registre-se – nada há que possa identificá-la de fato, mas convém conhecer o seu teor, pelas contradições e convicções que expõe.

> Para nada sirvo, sou muito frágil e ainda me [re]sinto das minhas culpas, não estou ainda puro, mas se necessitardes dos meus conselhos, isto é, dos conselhos que os Bons se dignarem dar-me para transmitir-vos chamai por Maria e ela estará convosco.
> Quanto a ti, Luiz, direi: bem-vindo sede à casa do Senhor. É aqui, entre esses irmãos, em quem tens confiança; é nesta homogeneidade de pensamentos que *aquela que na Terra foi tua esposa* tem a dita de dizer-te: eu sempre estou contigo para ajudar-te no peso da cruz; além de mim tens outros espíritos que me ajudam a fortalecer-te.
> Filho, *são os Evangelhos que te darão a luz*. Estuda-os com bastante calma e a luz divina cairá sobre o seu seio. Estuda e reparte essas divinas palavras com aqueles de quem és o amparo da terra; ensina-lhes os deveres de mãe da família.
> Eu já não sofro tanto. Estou aqui ao lado do teu guia Ismael; oh! Como sois felizes! – Maria.

Embora promovendo um pequeno desvio do nosso escopo, é inevitável esclarecer alguns pontos. O novo integrante e médium é recebido no grupo com uma mensagem supostamente de sua falecida esposa, na qual, sem nenhuma preocupação quanto a mostrar-se mais íntima do marido, esforça-se por elogiar o lugar do grupo e garantir que o ajudará no peso da cruz que ele carrega e para que ele não tenha dúvidas quanto à importância de estar integrado na missão do grupo, afirma: "são os Evangelhos que te darão a luz". Entenda-se aí *Os quatro Evangelhos*. E finaliza com uma afirmação que é, de fato, mais dúvida que revelação: "estou aqui ao lado do teu guia Ismael". Dever-se-ia entender que o guia de Santos é Ismael? Por mais óbvio que isso seja, tal não se concretizará.

O médium Frederico Jr., que deu a mensagem, e o viúvo, ambos, choram como o relata Sayão. Imediatamente, a médium vidente, Izabel, "sonambulizada", questiona:

> Por que choram? Oh! Não chores, não. Ei-la de joelhos, aos pés de Ismael que lhe diz: "Filha muito tens sofrido, mas tens te purificado".
>
> Continua o médium vidente a referir-se ao que vê: "O seu rosto está coberto de lágrimas, mas são lágrimas de ventura. Ismael olha para ela cheio de alegria. Desce uma luz fulgurante que se derrama sobre ela. Vejo-a envolvida nessa luz. Maria, espírito bom e arrependido! Desapareceu a visão, fica Ismael, que eleva os olhos para o Céu!

Como se vê, está aí perfeitamente erguido um cenário de folhetim destinado a causar emoções e com isso desviar a atenção do principal. O ato seguinte vem com o médium Nascimento, que, "sonambulizado", transmite mensagem de Ismael. E o que diz de importante ou útil, Ismael? Nada, absolutamente nada, senão exclamações e frases soltas como "Ismael alcançará de Deus estar sempre entre vós". Para maior estranhamento, segue-se um diálogo surdo entre os médiuns Izabel e Nascimento, devidamente "sonambulizados", que repetem exortações aparentemente ditas por espíritos, até que a médium Izabel anuncia: "O irmão Santos que tome do lápis a fim de conhecer agora o seu verdadeiro guia". O médium Silva intervém: "Ainda não". E passa a transmitir uma longa mensagem que depois se concluirá ter sido de S. Vicente de Paula, na qual o espírito afirma estar "encarregado de dar-vos instruções a respeito do vosso método de trabalho". Na verdade são instruções confusas sobre o modo de analisar mensagens mediúnicas, até que ele atinge o seu objetivo de exaltar a figura do guia, como se vê neste trecho:

> Quando tratar-se de interpretação das comunicações, para a sua adoção ou rejeição, é necessário com calma meditar e aprofundar, a fim de que se possa distinguir o joio do trigo.
>
> Tendes o vosso livre-arbítrio que Deus manda respeitar, mas não desconheçais a luz, porque não possais assinalar-lhe a origem, a natureza ou os meios.
>
> Não duvidais que tenhais um guia, encarregado de vos dirigir ao amor de Deus, ao amor do próximo, ao progresso e aperfeiçoamento do vosso espírito

Materializa-se de novo a importância e o poder do guia. É o martelo batendo no mesmo cravo, afinal, uma advertência repetida várias vezes acaba por virar uma sentença definitiva. Mas não acabou, ainda. O médium Campos passa a escrever uma mensagem e basta-nos conhecer dos seus dois primeiros parágrafos para compreender a encenação:

> Glória, paz e amor. Oh! Bom Deus derramai sobre esses irmãos a vossa divina misericórdia; pois, Bom Pai, agora vejo que já principiam a merecer. Oh! Quanto sois felizes! Não imaginais quem está aqui agora entre vós!

Curiosidade despertada, logo vem o esclarecimento: quem estava ali era S. Mateus, ele mesmo, o evangelista que, ao final, assinará o texto. Era como se estivesse dizendo: vocês têm a honra de estar comigo – e para maior honra o espírito faz uma revelação:

> Meus irmãos eu estou encarregado de vos dar o programa para o começo do vosso trabalho; por mim recebereis o prefácio: aprontai-vos, aprontai--vos que, muito em breve vosso Pai vos concederá essa misericórdia.
>
> (...)
>
> Lembrai-vos que ides começar; disponde-vos para não interromper o santo compromisso que tomastes, o qual se acha aos pés do Pai Celestial, fechado no cofre de Celina.
>
> Meus bons amigos, não vos perturbeis com o que tendes de fazer. Confiai em nós e vossas inteligências que se tornem passivas, que nós tudo faremos; coragem, pois, e eu e os mais evangelistas estaremos prontos, para vos esclarecer em vossos trabalhos.

S. Mateus, enfim, tocou num ponto sensível: a missão do grupo de ampliar a revelação de Roustaing. E estava dada a ele, S. Mateus, a responsabilidade de fazer o prefácio do texto que seria produzido sob a ação dos espíritos evangelistas, cujo tema estava guardado no cofre de Celina. Ou seja, seria informado no momento oportuno. Mas o grupo poderia, desde então, se vangloriar, se perceber importante perante o mundo todo. Se tudo isso não estivesse grafado em papel resistente sob a assinatura do advogado Sayão, seria quase impossível acreditar nessa pantomima.

Contudo, a questão do guia do médium Santos ainda pairava no ar. Eis que ele se concentra, escreve e, estimulado pela médium vidente Izabel, passa a ler a mensagem assinada por Mundlem, que Bittencourt Sampaio explica tratar-se de Felipe Néri. Este, após chamar a atenção do médium sobre seus receios e vacilos em crer naquele que é de fato seu guia, afirma: "Eu, filho, sempre que me chamardes com verdadeira fé e recolhimento, estarei convosco". Problema resolvido? Ainda não, porque o médium, como se vê na 8ª sessão 14 dias depois, ainda tem suas dúvidas.

Para chegar ao desfecho dessa 5ª sessão do dia 12 de agosto é preciso esclarecer que depois de Mundlem (Felipe Néri) concluir sua mensagem, a reunião seguiu seu curso de manifestações de espíritos da "alta cúpula" do grupo Sayão. Quem veio a seguir, com uma longa mensagem cujo conteúdo pode ser classificado como repetitivo e redundante, como sói ser a técnica dominante nos textos roustainguistas, foi João Evangelista. Um pequeno parágrafo quase ao final do seu texto, escrito na linha do "Deus é fiel" é suficiente para se aquilatar do seu desvalor. Sayão, ao transcrevê-lo, grifou-o:

> Meus irmãos, amai-vos uns aos outros e vivei, não para vós, mas para o vosso próximo, porque vivendo para ele vivereis para o Bom Deus que recompensará os vossos esforços.

A insistência de Bittencourt Sampaio em relação à solução do médium Santos sobre seu guia, como se viu, foi declarada na 7ª reunião, p. 83. Todos os membros concordaram que o médium, então, se concentrasse para receber o seu guia e sob esta pressão ele passa a receber uma mensagem psicográfica que será assinada, ao final, por Mundlem, que outro não era senão Felipe Néri. A mensagem é curta e o espírito se mostra chateado com o médium, ameaçando buscar outro instrumento e dizendo em tom admoestador:

> *É necessário que o médium quando sinta os fluidos do seu guia trabalhe desassombradamente.* (O grifo é do próprio Sayão.)

Instala-se uma discussão sobre se de fato Mundlem é Felipe Néri. Os membros do grupo ora dizem falar por intuição, ora expressam opinião pessoal. Nascimento pensa que Mundlem quer dizer guia e que Felipe Néri é um dos apóstolos. Campos entende que Mundlem é um símbolo. A médium vidente, Izabel, diz que vê presentes "todos os nossos guias" e Felipe é um dos apóstolos que tomou o nome de Mundlem. O médium Silva "sonambulizado" fala: "Irmãos, o guia do médium é um puro espírito".

Jesus, espírito puríssimo, visita o Grupo Sayão

Naquelas alturas, a sessão fervilhava e o protagonismo da médium vidente Izabel, dava o tom. Eis que ela "anuncia ver Nosso Senhor Jesus Cristo com uma luz imensa", relata Sayão, que assim prossegue:

> O médium Nascimento viu-o também. O médium Campos, no momento escreveu: Levanta-te, ele lá vem. O médium Frederico festeja com entusiasmo (em estado sonambúlico) recitando uma poesia, chorando de alegria. O

médium Nascimento deslumbrado pela irradiação de tamanha luz, parece por muito tempo desprendido! Izabel (...) falava como se estivesse na presença do Cristo.

O mesmo se deu com o médium Frederico. Depois o vidente declarou ver Celina que apresentou-se com um livro de ouro, onde se achavam escritos os nossos nomes. O fato da aparição de Nosso Senhor Jesus Cristo é tão extraordinário que deve ser objeto de meditado e profundo estudo.

Descrever as emoções que passamos naquele momento em que todos se mostravam arrebatados, com a alma cheia de alegrias e de emoções vivas nunca sentidas é dar um testemunho real e fiel do que se passou nessa sessão – conclui Sayão.

Tal era o clima místico ainda reinante dias depois, que a sessão seguinte foi iniciada após Sayão colocar sobre a mesa a imagem de Jesus crucificado. Sim, Jesus pregado na cruz! A "aparição" de Jesus descrita pela médium seria discutida nessa reunião, a 6ª, de 19 de agosto de 1880, mas não em termos de cotejamento da própria visão, senão quanto à veracidade, ou seja, se Jesus estivera ou não presente, no que se concluiu, com as explicações dos guias e espíritos superiores, que sim, Jesus estivera presente. Sayão assim se pronuncia (p, 75):

> Depois de diversas opiniões dos irmãos, assentou-se como certo que Nosso Senhor Jesus Cristo se manifestara, achando-se ao princípio encoberto pela cortina a que S. João Evangelista se referira por estas palavras – *rasgai, rasgai a cortina que vos encobre*; comunicação essa que, segundo Bittencourt, fora dada pelo Anjo Ismael.

Bittencourt Sampaio, a palavra mais forte do grupo, respeitada por todos, inclusive por Sayão, conduziu a discussão para outro campo: queria saber se Jesus estivera presente em espírito. Não duvidava, pois, de que ele se manifestara, mas tinha dúvidas sobre se o fizera presencialmente. Optava por acreditar que Jesus não precisava "descer" até o local do grupo, mas o fazer dos planos altíssimos em que se encontrava.

Eis que Bittencourt, médium que também era, entra em transe e recebe uma mensagem de ninguém menos que Elias, com o fito de resolver a questão. O espírito, começando seu texto pela pergunta, assim se manifesta:

> A presença de Jesus Cristo foi real em espírito àqueles que estiveram mediunizados pelos seus guias? Sim, eles viram pelo espírito de seus guias o nosso Divino Mestre, mas tanto quanto podiam ver essa luz coada pela pureza do perispírito de seus protetores, refletir-se em seus espíritos. Sim, Jesus Cristo não precisava descer até vós para manifestar-se.

O velho e bom Elias bíblico de tantos milênios resolve, assim, de uma só vez, duas questões que tanto preocupavam: a da presença de Jesus diante dos membros do Grupo Sayão, confirmando-a, e a da alta valia dos guias, tendo eles participação importante e direta na visão do Cristo, assim como tem, segundo os pareceres dos espíritos que ali se manifestam, no desempenho dos médiuns nas suas atividades mediúnicas. No caso em questão, os guias, por seus perispíritos, coaram a luz do perispírito do Cristo, luz que de tão intensa, sem a participação dos guias cegaria os médiuns. Eis aí a estrada de Damasco roustainguista e uma função a mais do perispírito: coar a luz fortíssima (e perigosa) do Cristo a fim de que ele pudesse falar a todos os presentes sem lhes causar prejuízos físicos.

O ambiente é de tal modo propício que Lucas, o evangelista, pelo médium Nascimento, aproveita a ocasião para reforçar a tese do corpo fluídico de Jesus, reinante de maneira indiscutível naquele reduto de crentes sinceros, com a seguinte explicação:

> Filho, sempre Cristo em pensamento esteja convosco e ele por seu amor e dedicação poderá ainda uma e muitas vezes modificar o seu perispírito para vos animar e incitar.
>
> O atraso do povo da Judeia na era 1ª do Cristianismo era grande; e ele modificou o seu perispírito para em contato com o vosso apresentar uma tangibilidade que durou 33 anos.
>
> Crede sempre, filho, com toda a humildade; cercai-vos do bem, e o bem penetrará sempre em vossas reuniões. Fé e crença.

Assim, pois, em lugar do lema consagrado por Kardec – fé e razão – os espíritos do Grupo Sayão proclamam "fé e crença", uma redundância que esconde o pilar racional da fé. E se essa revelação do corpo fluídico não é apresentada em primeira mão, vale como reforço à que defende desde 1866 Roustaing. O grupo Sayão se dá por satisfeito com a colocação e, também, por se constituir num meio adequado de novas revelações.

O Juízo Final, a obra, pelos evangelistas

Percebe-se que os evangelistas estavam sempre de plantão no Grupo Sayão, tanto é que S. Mateus de imediato assume o médium Campos e, sob o clima intenso de emoções provocadas pelas revelações, anuncia uma nova, de algum tempo aguardada. Enfim, a complementação da obra de Roustaing prometida lá atrás, que o grupo estava encarregado de fazer, mas ainda não sabia qual era, é desvelada pelo evangelista:

A obra que tendes de começar é obra de Deus, nosso Pai de misericórdia; procurai bem cumprir aquilo a que vos comprometestes, pois é preciso que comeceis e acabeis.

Hoje, apenas vou dar-vos o nome que deve ter o vosso livro: – *O juízo final pelos evangelistas*.

Agora, meus irmãos, o que vos peço é que, em todas as vossas sessões estudeis os Evangelhos (entenda-se: *Os quatro Evangelhos*) a fim de *preparar--vos* e aos *vossos médiuns* para os nossos estudos e depois como já vos disse vos darei o prefácio.

O espírito não se esqueceu de que havia prometido escrever o prefácio da obra sem, contudo, haver dito na ocasião qual seria, mas agora o mistério se desfez e o grupo poderia ver-se valorizado pela oportunidade de ampliar em breve tempo a missão roustainguista, de cuja bandeira se apropriou. O assunto será discutido no grupo nas sessões futuras, mas a promessa não prosperará. Na 23ª sessão, o prefácio voltaria à baila (p. 185) em outra mensagem de S. Mateus:

> Meus irmãos, dentro em pouco cumprirei o que vos prometi, dando-vos o prefácio da obra, mas para isso é preciso que ainda trabalheis muito, e é provando a vossa constância, boa vontade e fé que obtereis do Bom Pai essa grande graça de doardes à humanidade o conforto que lhe trará a paz, o amor, a humildade, a caridade, e por fim a perfeição.

Pela terceira vez o espírito apenas faz a menção do prefácio; o seu "dentro em pouco" não é hoje, nem agora, mas depois de os membros do grupo darem provas de "constância, boa vontade e fé" em suas atividades em prol das ideias dominadoras por eles disseminadas, na linha do pensamento católico-cristão ou heterônomo.

Intrigado com a recomendação dada pelo espírito para que estudassem os Evangelhos como forma de prepararem os seus membros e médiuns para a missão do novo livro, Bittencourt Sampaio imediatamente questiona:

> se o estudo dos Evangelhos era um meio ou um fim; e se um meio para recebermos nova revelação, preparando assim os médiuns na santa doutrina, não podíamos seguir o método de Roustaing; mas se o estudo dos Evangelhos era um fim, qual o método a seguir?

S. João Evangelista acorre, pela médium Izabel, para esclarecer Bittencourt:

> Não é fim, apenas meio, portanto, convém que continueis os vossos trabalhos, sempre investigando, sempre recebendo e sempre estudando como até aqui o fizestes.

E explica:

> Mais tarde, formareis um livro, é exato, em que se recolherão os resultados dos vossos esforços e lucubrações profícuas e valiosas, para que os vindouros, aqueles que depois de vós tenham de prosseguir na estrada santa do espiritismo, nele colham as luzes necessárias para seu estudo, como vós o tendes feito no livro de Roustaing e tereis então o prefácio prometido, mas depois que houverdes acumulado páginas e páginas com o vosso brilhante trabalho.

O espírito comunicante não se refere explicitamente ao projeto de livro anunciado por S. Mateus, cujo título seria *O juízo final pelos evangelistas*, como se vê. Fala agora de outro livro, que seria resultado dos estudos e "elucubrações" de *Os Quatro Evangelhos*, para cujo livro receberiam o "prefácio prometido". Ora, esse prefácio fora prometido por S. Mateus para o livro *Juízo final*, o que significa que as coisas estão confusas. Ninguém, porém, repercute entre os membros do grupo esse aspecto.

A questão, pois, do livro *O juízo final* continuou pendente e ver-se-á que na 39ª sessão, de 27 de janeiro de 1881 será novamente mencionada de modo a deixar claro que o grupo esperava, sim, ser o portador da obra mediúnica, com o prefácio de S. Mateus, mas este livro e diversas mensagens a ele relacionadas – mensagens essas que não foram transcritas – ocasionaram conflitos entre seus membros e um considerável desequilíbrio nas reuniões, inclusive com o afastamento de um dos membros com apoio dos espíritos. A referência está assim escrita:

> Bittencourt notou também o que foi dito ao irmão Borges, isto é: o Bom Pai de Misericórdia retirou esse infeliz irmão que vos perturbava nas sessões em que estudáveis os Evangelhos [*Os quatro Evangelhos*] e nada mais nesses dias deveis temer.

Na 41ª sessão, de 3 de fevereiro de 1881, Kardec é também implicado na questão do livro, atribuindo-se a ele uma mensagem que diz (p. 300):

> Podeis por um momento duvidar das revelações que tendes dos vossos guias? Não. Eu vos assevero, eles vos têm anunciado a verdade. Segui sempre os seus conselhos e preparai-vos como eles vos tem pedido, que tudo se realizará. Eu não deixo de rogar a Deus que vos ampare na fé, e todas as graças que vos são dispensadas vos demonstram que a revelação se dará, desde que seguirdes em tudo os conselhos benéficos dos verdadeiros Enviados do Senhor.

Ora, se Kardec – que em vida repudiou com veemência Roustaing, repelindo sua obra e suas teses claramente opostas aos princípios espíritas e, inclusive por carta, negou-lhe guarida – estava "frequentando" as reuniões do Grupo Sayão, com absoluta certeza havia mudado seu parecer, talvez, se arrependido, quiçá tenha sofrido horrores e daí por diante. Pelo menos para os membros do grupo era isso que vigorava. Naquele ambiente, o homem vigoroso, adepto do espiritualismo racional que então lhe dera o ambiente necessário para que o espiritismo se instalasse – esse Kardec que se conhece ali no grupo jamais esteve presente. Sequer teria guarida e se porventura ousasse entrar teria sido considerado um impostor.

O juízo final, portanto, prosseguia na pauta e o prefácio de S. Mateus estava prometido, como já se viu anteriormente. Alguns membros do grupo interpretaram certas mensagens desse espírito como sendo já o próprio prefácio, enquanto outras mensagens seriam parte do seu conteúdo, mas quanto a isso o grupo estava dividido. Eis que na mesma sessão 39ª, após haver feito menção do afastamento do companheiro que perturbava as sessões de estudo, encontramos a seguinte anotação:

> Seguiu-se o estudo das comunicações atrasadas, isto é, de todas as que recebemos e sobre as quais havia dúvidas sobre sua autenticidade, e foram rejeitadas todas as que nos aconselharam a principiar a publicação da obra do Juízo Final.

Estaria o grupo renunciando ao projeto da obra? Não, apenas constatando que ela não continha material ainda para seu conteúdo. Continuariam esperando-a e o trecho de Sayão a seguir o confirma:

> Em referência às comunicações de S. Mateus, dadas como formando o prefácio da obra, foram aceitas como verdadeiras em seus princípios e conselhos de harmonia com a doutrina, mas que não podiam ser consideradas como prefácio da obra, porquanto ainda tratava-se de preparar-nos para tal cometimento, que se há de realizar logo que existam os elementos essenciais.

O grupo encerrará suas atividades sem, contudo, ver o livro *O juízo final* sequer esboçado. Em compensação, anos mais tarde, Antônio Luís Sayão vai escrever um segundo livro – *Trabalhos espíritas de um pequeno grupo de crentes humildes – Estudo dos Evangelhos de S. Mateus, S. Lucas e S. Marcos em Espírito e Verdade*, utilizando-se do material psicografado pelos médiuns do grupo, no qual ele, Sayão, realiza um estudo comparativo dos Evangelhos canônicos dos três evangelistas citados e aponta mensagens do período de atuação do grupo, livro esse totalmente calcado em Roustaing.

Controvérsias, preocupações e outras inutilidades

Longo – e desnecessário – seria abordar com mais detalhes ainda todas as 59 sessões oficiais dessa primeira etapa do Grupo Sayão, mesmo porque o estudioso e o pesquisador interessado têm à sua disposição a obra por completo para este fim. Entretanto, uma série de situações mostra-se importante para a compreensão do que de fato constituía o fim maior ou objetivo do trabalho enfrentado e de como essas preocupações levaram a ocupar o tempo, as práticas e os estudos do Grupo Sayão.

Quando Allan Kardec, na sequência do sucesso do lançamento de *O Livro dos Espíritos* planejou a criação da Sociedade Parisiense de Estudos Espíritas – SPEE, o que de fato ocorreu no mês de abril de 1858, ofereceu ao futuro um modelo de reuniões em que as relações com o mundo dos espíritos se assentou em assuntos de relevância para a doutrina nascente e onde certos detalhes e interesses superficiais dificilmente tinham florescimento. Eram tentados, mas não caminhavam. Alguns alcunham a SPEE de primeiro centro espírita do mundo, mas a SPEE não possui nenhuma característica daquilo que viria a ser um centro espírita, pois voltava-se unicamente para os estudos e pesquisas com vistas ao desenvolvimento do conhecimento já sintetizado na primeira obra assinada por Allan Kardec. Nenhum centro espírita, como tal, teve ou levou avante os mesmos propósitos de Kardec na SPEE. Vale a pena conferir como ela nasceu e se estruturou, até mesmo para fins de comparação com o Grupo Sayão, que de certo modo tentava copiar-lhe a estrutura e os propósitos, sem desistir de aparelhar o grupo com a ideologia roustainguista. O Regulamento da sociedade, inserto em *O Livro dos Médiuns*, diz:

> Sociedade tem por objeto o estudo de todos os fenômenos relativos às manifestações espíritas e suas aplicações às ciências morais, físicas, históricas e psicológicas.

Na *Revista Espírita* de maio de 1858, anota Kardec:

> A extensão por assim dizer universal que a cada dia tomam as crenças espíritas fazia vivamente desejar-se a criação de um centro regular de observações; essa lacuna acaba de ser preenchida. A Sociedade, cuja formação temos o prazer de anunciar, composta exclusivamente de pessoas sérias, isentas de prevenções e animadas do sincero desejo de serem esclarecidas, contou, desde o início, entre seus associados, com homens eminentes por seu saber e posição social. Ela é chamada — disso estamos convencidos — a prestar incontestáveis serviços à comprovação da verdade. Seu regulamento orgânico lhe assegura uma homogeneidade sem a qual não há vitalidade

possível; autorizada por portaria do Sr. Prefeito de Polícia, conforme o aviso de S. Exa. Sr. Ministro do Interior e da Segurança Geral, em data de 13 de abril de 1858.

Baseia-se na experiência dos homens e das coisas e no conhecimento das condições necessárias às observações que são o objeto de suas pesquisas. Vindo a Paris, os estrangeiros que se interessarem pela doutrina espírita encontrarão, assim, um centro ao qual poderão dirigir-se para obter informações, e onde poderão também comunicar suas próprias observações.

As extraordinárias experiências colecionadas pela SPEE, ao longo da existência em que contou com a direção firme e equilibrada de Allan Kardec, formam um conjunto de conhecimentos da mais alta envergadura, motivo pelo qual, acertadamente, a SPEE foi tida como um Laboratório do espiritismo, participando objetivamente na construção dos demais livros escritos por Allan Kardec depois de *O Livro dos Espíritos*. Reporte-se que a SPEE não era e nunca foi reduto exclusivo de espíritos puros ou superiores. Por ali passaram personalidades desencarnadas de todos os níveis sociais, éticos, morais, profissionais, intelectuais etc., ao contrário do que se vê no Grupo Sayão, onde se relata terem percorrido seu espaço material os espíritos das mais altas esferas espirituais, espíritos puros, como se dizia, eventualmente coadjuvados por alguns espíritos de escala mais baixa do espectro, sem nenhuma importância para os objetivos do grupo.

O entendimento calcado no bom-senso de Allan Kardec é o de que assim como os espíritos superiores são fonte de informações preciosas, também o são os espíritos de outras escalas, uma vez que permitem, com suas participações, formar um tecido geral da vida espiritual em sua relação com a vida material, oferecendo uma visão diversificada e muito mais coerente com a vida no Planeta. Os médiuns na SPEE, sob o critério fundamental da autonomia, jamais foram colocados sob a condução da vontade de seus guias e sequer havia qualquer tipo de preocupação incisiva sobre quais seriam seus guias, cujos nomes apareciam, quando surgiam, de modo espontâneo. O que se tinha como seguro era a possibilidade de confrontar a produção de que eram intermediários esses indivíduos com a de outros, para no final se poder chegar a um ponto em que o conhecimento se torna possuidor de alguma solidez.

O Grupo Sayão, que depois, por alguns de seus membros, foi ocupar o espaço da Federação Espírita Brasileira, FEB, tem sua presença histórica especialmente como o embrião de uma cultura submetida à heteronomia, ou seja, ao sistema autoritário dominante, expresso pelas religiões dogmáticas instituídas, em que na base da pirâmide encontra-se a massa de indivíduos que deve obedecer, por um sistema de crença ou fé, àqueles que estão no topo, os quais são justificados em seu poder por estarem capacitados a representar a verdadeira vontade de Deus, sendo este mesmo Deus heterônomo em sua representação.

Cumpre, portanto, daqui até o fim da apreciação do livro *Trabalhos espíritas de um pequeno grupo de crentes humildes* observar a variada gama de detalhes que ele, como instrumento de relato de sessões mediúnicas, oferece à análise e, com isso, observar suas relações contraditórias com a doutrina espírita, tendo em vista que a contradição maior já está nele instalada pela presença orientadora da doutrina defendida por J. B. Roustaing, heterônoma por natureza e estribada na convicção do espiritismo como religião instituída. Não fosse pela determinação de fazer dessa base cultural o princípio das crenças, valores e hábitos do espiritismo no Brasil, assumida pelos membros do Grupo Sayão e levadas à prática através da FEB e não se teria motivo algum para se preocupar com ela. Os dias atuais, no entanto, em que o espiritismo ganhou destaque e se popularizou, especialmente por seus princípios básicos, entre os quais a mediunidade e a reencarnação, a imortalidade e a vida espiritual, Deus e as leis naturais, esses dias estão repletos da heteronomia de infiltração roustainguista, merecendo o ingente esforço de redirecionamento do espiritismo, dilapidado em seu bom-senso. Não se pode ficar submetido ao estado de passividade de muitos e à complacência moral de outros tantos, que a tudo observam sem energia ou desejo – no fundo, sem a verdadeira noção do assalto à verdade operado pelos adversários da moral espírita – na indesculpável crença de que Deus sabe o que faz. O problema não é Deus; o problema são os homens.

UM REINO DE CRENÇAS E RAZÕES CONTROVERSAS

Um dos equívocos inaceitáveis é reputar-se a Allan Kardec haver sido, em um só momento que seja de sua vida espírita, condescendente com a doutrina de Roustaing. Portanto, se em algum espaço Kardec aparecer com essa postura ou à semelhança de, será sem dúvida grosseiro embuste a ser contestado. Documentos incisivos, em poder do CDOR-FEAL são a prova incontestes de que o instituidor do espiritismo jamais aceitou nem poderia uma obra repleta de ideias contraditórias com os princípios fundamentais que norteiam o espiritismo e o tornam base de uma revolução no campo da cultura humana.

O Grupo Sayão enredou-se numa trama de espíritos que, por certo, tiveram participação direta na construção da obra roustainguista e se deixou levar por seus cantos de hosanas a Deus nas alturas. Acreditou piamente num propalado dever de missão divina que lhes foi entregue e levou isso adiante com todas as forças. Já o dissemos, o grupo dividia suas sessões em estudar *Os quatro Evangelhos* e estabelecer relações mediúnicas com os espíritos que se diziam, todos eles, espíritos puros, quando não de grande elevação. No espaço das sessões, dominavam espíritos de renome, a maioria de base católico-cristã. Ismael, Urias,

S. João Evangelista, Romualdo, S. Mateus, S. Lucas, Maria Santíssima, Celina, Justina, Frei José dos Mártires, S. Francisco de Paula, S. Vicente de Paula, Elias, S. Marcos, Felipe Néri etc. Colocaram ali, também, Allan Kardec e o tornaram roustainguista, defensor do bastonário de Bordéus, além de fazer dele uma presença constante como autor de mensagens que estão em oposição flagrante a tudo o que fez e acreditou enquanto encarnado. Kardec aparecia não poucas vezes como incentivador do estudo de *Os quatro Evangelhos*, com elogios e com aprovação à obra que Roustaing propagou. Tal era aceito e continua sendo aceito como comprovação da suposta missão de Roustaing na complementação da doutrina espírita. Mas esse Kardec que no grupo se manifestava nem de perto se assemelha, seja nas ideias, seja na postura ou até mesmo nos traços da personalidade ao robusto e vigoroso homem que colocou de pé o edifício espírita. É o que veremos.

A primeira mensagem mediúnica atribuída a Allan Kardec antecede às reuniões do grupo na residência de Sayão, tendo sido recebida por Frederico Jr. quando os membros frequentavam a Sociedade Acadêmica Deus, Cristo e Caridade e já ali receberam críticas. Tal mensagem é utilizada no livro, por Sayão, como prova de que o mestre lhes dava apoio. Encontra-se registrada integralmente à p. IX do prefácio e pode ser acessada por quem desejar fazer sua própria análise. Vejamos, porém, dela um pequeno trecho bastante sugestivo:

> ...convencido o espírita do seu nenhum merecimento; estudando os Evangelhos à luz do espiritismo, isto é, fortalecendo a sua razão, a sua fé e a sua crença; varrendo e ornando a casa da morada do seu espírito; pondo em prática todos os ensinamentos colhidos pela revelação ele está apto para receber novas luzes, novos ensinamentos, novas revelações mesmo para o preparo do caminho por onde tem de passar o *Espírito da Verdade*.

Estava o grupo então sendo objeto de críticas variadas, inclusive, como registra Sayão, "por sua pretensão a revelações" e respondia com mensagens como essa, que acreditavam ser de fato de Allan Kardec, na qual não só se viam como mandatários de uma missão, mas também apoiados pela espiritualidade superior. O espiritismo que defendiam partia das revelações, ou da obra tida como a Revelação da Revelação, *Os quatro Evangelhos*. Essa era a obra "de cabeceira" do grupo, a obra fundamental. Ora, quando entre eles se referia ao estudo dos Evangelhos, era a essa obra que aludiam, pois era a obra orientadora do grupo. Se, portanto, a ela Kardec se referia é porque a aprovava, contrariamente ao que fizera quando em vida. Este era um Kardec "arrependido" e agora disposto a reconhecer o "erro". Para demonstrar essa outra realidade, Sayão lança mão de mensagens "assinadas" por Kardec, como esta que fora recebida na sequência, onde o autor espiritual rebate os críticos do grupo:

Disse eu: pela inveja, pelo ciúme, pelo despeito haviam procurar, novos iconoclastas, destruir o vosso templo de trabalho, lançando mão de todos esses sentimentos perniciosos que ainda afligem a humanidade.

A maior acusação que vos fazem, meus amigos, é de que constituis um *grupo de Santos*. Como é infantil tal acusação, que tem por fim denunciar-vos no conceito de humildes!

Logo a seguir, o espírito conclui com a segurança de quem possui o grupo nas mãos:

Como sabeis, vamos recomeçar o estudo dos Evangelhos, este estudo Santo que trouxe em resultado a vossa *Divina Epopeia* [referência ao livro de Bittencourt Sampaio]; mas outros trabalhos ainda temos de fazer para pôr em prática os mesmos estudos, os mesmos ensinamentos que ides receber, *Caridade metodizada*.

Está aí a missão do grupo: expandir Roustaing com novos livros e, ao mesmo tempo, tornar-se receptáculo de novas revelações, sob o comando de Ismael, Kardec e de todos os Evangelistas. O Grupo dos Humildes se tornaria, assim, a casa dos espíritos puros e poderia, inclusive, aspirar a uma obra complementar a *Os quatro Evangelhos – O juízo final segundo os evangelistas*.

As mensagens atribuídas a Allan Kardec no Grupo Sayão somam 20 ao todo. Ou seja, a cada três sessões, em média, ele se manifestava. Neste aspecto, Kardec fica abaixo de Ismael, que teria se manifestado no grupo nada menos do que 37 vezes dentre as 59 sessões registradas no livro referido. Mas ambos, de fato, pelas evidências, estavam presentes em quase todas as sessões e, desta maneira, podiam socorrer os médiuns em qualquer necessidade emergencial.

Vejamos mais alguns excertos de Kardec em mensagens diversas para reforço de avaliação do seu pensamento em confronto com o que deixou registrado na doutrina e constatemos o quão diferente em significado esses excertos se mostram (p. 34).

Ainda vejo que existem homens que, desprezando as maravilhas que deslumbram as vistas, buscam se unir a seus guias, aos seus amigos, aos seus protetores, para ouvirem os conselhos salutares de que tanto carecem, para atingirem ao fim que o Bom Pai tem em vista. Não era mister a minha presença naquele dia, desde que tínheis o vosso Bom Ismael entre vós e, com ele, os seus companheiros de trabalho, que humildes e obedientes executam a sua vontade.

A leitura desatenta impede de perceber o jogo de interesses nesse curto período, mas a menção da união dos membros do grupo com os "guias, amigos e protetores para ouvirem conselhos salutares" remete, de novo, a outras tantas vezes em que esse expediente foi utilizado para exaltar os membros em sua submissão. "Bom Pai, Bom Ismael" são também expressões repetitivas, comumente utilizadas nas diversas mensagens ao grupo, não apenas por Kardec, mas pelos demais espíritos ditos puros, junto ao destaque às qualidades de humildade e obediência. O que vem, no entanto, a seguir, é de causar espanto. O espírito, referindo-se a uma sessão anterior, diz, como resposta que lustra corações apreensivos:

> Se me tivésseis chamado, não seria custoso comunicar-me em três lugares de uma só vez, mas desde que não fostes levados à evocação, era bastante a presença daqueles que estiveram, para saberdes que o vosso Mestre compartilhava dos mesmos sentimentos.

E acrescenta, então:

> Vós, reunindo-vos em nome de Ismael, não tendes outros deveres senão estudar os Evangelhos à luz da doutrina e aperfeiçoar os médiuns que fizerem parte das vossas reuniões.

Como se pode observar, o espírito que se apresenta como Allan Kardec não só confirma que anda pelo ambiente e está sempre disponível para falar aos membros em suas expectativas, mas também afirma que poderia "comunicar-me em três lugares ao mesmo tempo", sem explicar como e com que utilidade. Não satisfeito, declara-se a si mesmo mestre – "o vosso Mestre compartilhava dos mesmos sentimentos" e finaliza exaltando os membros do grupo que não possuem "outros deveres senão estudar os Evangelhos à luz da doutrina", ou seja, aprova mais uma vez *Os quatro Evangelhos*, que é a verdadeira doutrina a que alude.

A mensagem prossegue com uma alusão indireta à Sociedade Acadêmica Deus, Cristo e Caridade, de onde os membros do Grupo Sayão são originários, dizendo:

> Perdei a ideia de propaganda. Não deis entrada nos vossos colóquios senão a médiuns muito dispostos a se aperfeiçoarem, muito dispostos a se moralizarem e muito decididos a cumprirem o programa da casa.

Ou seja, a proposta continua sendo manter o controle total dos médiuns do grupo em sua submissão aos guias e "espíritos puros" que se apresentavam como comandantes divinos das novas revelações em curso. A simples possibilidade de chegada de novos elementos "não confiáveis" significava riscos à razão, ao bom-senso, à dúvida e a qualquer tipo de questionamento, riscos que não queriam correr de modo algum.

À p. 35, a mesma mensagem apresenta um trecho ainda mais escabroso e impensável, que chama a atenção de imediato para sua incoerência e ousadia:

> Eu aconselho a pessoa que dirige os trabalhos nesta casa não fazer evocações certas e determinadas, com ignorância dos médiuns, senão depois de umas quatro ou cinco sessões, permitindo assim que eles se identifiquem imediatamente com os fluidos do seu guia e de todos que protegem estes trabalhos e que se compenetrem mesmo de todas as lições que deixamos entre vós hoje.

O que pensar desse "conselho" senão que o espírito comunicante não está disposto a ser questionado sobre alguma personalidade desconhecida dele e de seus companheiros invisíveis, tendo de responder algo que ainda não pensaram por antecipação. Ou seja, eles precisam de tempo para alinhavar o que irão responder, de modo a fazer sentido aos "evocadores". Qualquer um que tenha tido contato com a *Revista Espírita* há de saber minimamente que as evocações feitas na SPEE, por Allan Kardec, não guardavam esse tipo de cuidado, senão outros como o entendimento de que as evocações se submetiam às condições dos próprios espíritos evocados. Não poucas vezes, as evocações eram decididas quando surgia a necessidade durante as reuniões, o que não causava nenhum tipo de problema senão os oriundos da aludida possibilidade de atendimento por parte do espírito evocado. Antecipar aos médiuns a evocação com antecedência "de umas quatro ou cinco sessões" sob o argumento de "identificar os fluidos do seu guia" é não só uma extravagância doutrinária, mas também uma abertura de portas para a mistificação.

Kardec "preside" sessão em sua própria homenagem

No dia 3 de outubro de 1880, o Grupo Sayão realizou uma sessão comemorativa do aniversário de nascimento de Allan Kardec, com a presença de apenas oito pessoas (p. 128), as quais

> ocuparam as cadeiras ao redor da mesa dos trabalhos, que então achava-se ornada com jarros de flores, tendo no centro a Imagem de Nosso Senhor Jesus Cristo Crucificado, o retrato do Mestre [Allan Kardec] rodeado dos seus livros, bem como a Bíblia em uma salva, escreveu Sayão, para em seguida anunciar:
>
> A sessão vai ser presidida pelo nosso Mestre. É Allan Kardec que hoje nos dará a honra de presidir a nossa modesta festa. Aguardemos

a sua palavra para depois darmos expansão às alegrias que nos enchem o coração.

Quem quer que fosse assistir à reunião, no caso em que viesse a ser aberta ao público, talvez não soubesse distinguir o local de um templo católico, tais eram os objetos colocados à mesa e os arranjos preparados. E o espaço reservado ao "presidente" Kardec foi menor do que ao reservado à médium vidente Izabel e ao próprio Sayão. Como era praxe nas sessões do grupo, Izabel é quem dá o tom com suas descrições sobre o que "via" ou intuía. Nesse dia, sua descrição sobre o lado invisível, sempre orientada por seu guia S. João Evangelista, revela:

> Estão todos os nossos guias. Vejo mais os santos: Romualdo, Urias, Antonio de Pádua, Rita de Cássia, Catarina, Úrsula com suas Virgens (...) Vem Ismael com o Mestre [A. Kardec]! Chegam. Santa Cecília fere as cordas do alaúde (...). Aproximam-se as Virgens para junto do Mestre (...) Seguem-se os espíritos; querem beijar-lhe a mão, mas ele não consente (...).

Em seguida, Izabel passa a palavra a Sayão, dizendo: "Ouvi, saudai, já vos demos o exemplo". Este inicia um longo discurso a respeito da trajetória de Allan Kardec, desde o seu nascimento em 1804 até o desfecho da instituição do espiritismo em França. Após, Izabel retoma o protagonismo e "em pranto", diz:

> Obrigada, Mestre. Obrigada. O Mestre aproximou-se de mim e deu-me um ósculo na fronte. Está agora junto do irmão Silva e faz o mesmo e assim percorre a todos nós e dá um ósculo; finalmente fica perto do médium Frederico, pondo-lhe a mão sobre o ombro. Ele vai manifestar-se.

E então Kardec assume a "presidência"... falando pela boca de seu médium a respeito do tema "Os tempos são chegados". Trata-se de um Kardec oposto ao que os registros históricos apresentam, isto é, está agora totalmente místico, rendido ao Grupo Sayão, do qual reconhece a superioridade em relação à Sociedade Acadêmica. É o médium Frederico quem reproduz as palavras desse novo personagem coincidentemente denominado Kardec:

> Sois os filhos diletos daquela virgem sacrossanta que teve por batismo *"Deus, Cristo e Caridade"* e, no entanto, aonde venho eu vos saudar? Aonde venho eu oscular as vossas frontes pensadoras? Aqui no templo da Caridade; aqui neste santuário presidido por um espírito superioríssimo guia e protetor dos desvalidos.

A crítica à Sociedade Acadêmica Deus, Cristo e Caridade feita pelo espírito funciona como um aval à saída de lá dos membro do Grupo Sayão e, ao mesmo tempo, como uma espécie de validação do grupo que então é presidido por um "espírito superioríssimo": Ismael. Ou seja, Kardec verga-se à grandeza de Ismael e se mostra a seu serviço. Qual é, pois, o sentido que emprega à expressão "os tempos são chegados"? Vejamos.

> Mas que tempos são esses? Será a revelação da revelação? Já a possuímos e por ela vão se consumar as últimas palavras do Evangelho.
>
> (...)
>
> Mas eu vos digo e afirmo: não, o Espírito da Verdade prometido pelo Mártir do Gólgota não consiste na revelação do espiritismo. O espiritismo hoje representa para Ele o que João Batista representou, em outras eras, para o Cristo. A diferença é que naquele tempo veio visivelmente um só espírito para preparar o caminho do Senhor, ao passo que todos vós sois os preparadores do caminho pelo qual deve trilhar o Espírito da Verdade.

Sayão, então, destaca:

> O médium [Izabel, a vidente], apontando para a Bíblia, livros do Mestre e Roustaing, continua: "Eis aí os vossos alviões; eis aí os vossos arados; eis aí todos os instrumentos necessários para o vosso labor. É pelo emprego que tendes de fazer desses instrumentos que eu venho dar-vos um conselho e fazer-vos um pedido".
>
> (...)
>
> Portanto, meus bons irmãos, eu vos digo, mesmo referindo-me ao vosso tempo, *não tarda a vinda do Redentor* e é preciso que tenhais empregado todas as vossas forças para que Ele não encontre pelo menos no vosso perímetro um espinho que lhe magoe os pés, um abrolho que lhe dificulte a passagem, uma pedra na qual possa tropeçar.

O Allan Kardec de Sayão e do médium Frederico, conferido por Bittencourt Sampaio e demais médiuns do grupo é, efetivamente, aquele que esqueceu o seu passado enquanto responsável pela doutrina espírita erguida sobre o pedestal da Razão e agora reverencia a quem negou apoio ou reconhecimento de possuir uma parte na construção do espiritismo. Deixou de ser o comandante para se tornar vassalo. E para coroamento da passagem do bastão das mãos da antiga sociedade para o Grupo Sayão, vem o espírito afirmar:

> A Sociedade Deus, Cristo e Caridade é obra de espíritos superiores e ela tem uma grande missão na Terra. Que importa que aqueles infelizes, esque-

cendo-se do bom-senso, da razão, da vigilância séria, meditada, que todo espírita deve possuir, a coloquem na incapacidade até de vos unir no dia de hoje em um só corpo; que importa? Aqueles que aqui se acham viram a luz no berço daquela mãe. Os espíritos que se acham aqui presentes, ajudaram também a embalar os vossos berços e por conseguinte, se lá não existe a Sociedade Deus, Cristo e Caridade, ela existe aqui, porque seus membros se acham presentes; porque seus membros ainda não a renegaram, porque seus membros a amam, a idolatram.

Com estas palavras inflamadas, o Kardec de Sayão assina definitivamente o contrato do grupo com a espiritualidade comandada pelo Anjo Ismael, transferindo da Sociedade Acadêmica Deus, Cristo e Caridade para este a responsabilidade para com o futuro do espiritismo no Brasil. Com a transferência vão junto todos os espíritos puros, dos anjos, dos santos e dos evangelistas. Todos os ingredientes necessários à formação cultural do ambiente espírita brasileiro estavam reunidos e dispostos para que a religião fosse instituída, na linha mais conservadora da tradição católico-cristã. Afinal, os melhores entre aqueles que frequentavam a Sociedade Acadêmica Deus, Cristo e Caridade formavam agora o Grupo dos Humildes e eram obedientes a seus guias, dóceis aos anjos, crentes na sua missão de, com *Os quatro Evangelhos* como farol, fazer do Brasil a pátria de seus Evangelhos.

O ESPIRITISMO À MODA CATÓLICA

As sessões relatadas por Sayão no livro *Trabalhos espíritas de um pequeno grupo de crentes humildes* expressam com clareza que os membros do grupo não só eram oriundos do catolicismo como ainda nele bebiam sua água santa. A adoção dos princípios espíritas não foi realizada de modo integral, como conhecimento libertador; foram adaptados e para isso a obra de Roustaing, *Os quatro Evangelhos*, caiu como uma luva, uma vez que sua heteronomia guarda as mais íntimas relações possíveis com as crenças dogmáticas oriundas do catolicismo, que os membros do grupo desejavam manter. A adaptação se deu tanto na interpretação dos princípios quanto na sua realização prática, de tal forma que se pode observar a presença do sentimento relativo às antigas crenças se manifestando nas sessões e proporcionando oportunidade aos presentes de atingirem o ápice da satisfação. A linguagem, os símbolos, as aspirações futuras, a fé e as crenças, os sentimentos e as emoções, tudo se mescla, tudo se mistura e se assenta numa única base, de modo a dar sentido às sessões e aos espíritos invisíveis, com suas mensagens quase sempre dadas em nome dos espíritos puros, como era constantemente reforçado.

O Grupo Sayão não estudava as obras de Allan Kardec. Sua orientação provinha da obra de Roustaing, que era visitada em todas as sessões e tida como suficiente para o conhecimento espírita, pois se acreditava que ela estava à frente dos ensinos que os espíritos ofereceram através de Kardec, especialmente em matéria de fé. Eram *Os quatro Evangelhos* folheados e discutidos, vistos comparativamente com os Evangelhos canônicos e relacionados às mensagens mediúnicas que o grupo recebia. Os membros do grupo se tornaram espíritas, mas se mantinham crentes, presos à tradição católica e estimulados a ela pelos espíritos que os assistiam e, sem exagero, os conduziam. Vamos encontrá-los realizando sessões em comemoração ao natalício de Jesus, à exaltação da Virgem Maria e assim por diante; eles vão nos surpreender adorando a cruz e se ajoelhando diante dela. Vão, também, confirmar que Maria era virgem, Jesus era fluídico e era o Salvador da humanidade. Para Kardec a salvação transmutou-se em Caridade, fora da qual o espírito não evolui; para os roustainguistas do Grupo Sayão, a Salvação era ainda um ato de vontade do Cristo em sua saga no Gólgota. Sem a fé em sua imolação a favor da humanidade, em seus padecimentos na cruz, a salvação não se realizaria. E o Cristo continua preso lá.

Vamos, pois, conferir um pouco mais de tudo isso e alguns aspectos outros.

A 3ª sessão oficial do grupo, de 29 de junho de 1880, havia começado há pouco, quando Sayão observa:

> O médium Frederico refere ver: *uma cruz de madeira preta estendida em todo o comprimento da mesa de trabalho, uma coroa de espinhos, uma lança, um cálice, um sudário, uma cana, uma esponja e uma porção de pregos espalhados sobre a mesa, um livro grosso com páginas douradas.* O médium vidente confirma o fato e refere ver a Virgem Maria. Frederico cai em espasmo e chora. Izabel [a médium vidente] diz que o médium chora por não se julgar digno de presenciar o que se passa.

A convivência com os símbolos da tradição católica, seja por conta do seu emprego e uso por iniciativa de Sayão e seus companheiros, seja pela constatação por parte dos médiuns videntes, era uma constante nas reuniões do grupo. Na 41ª sessão, de 8 de fevereiro de 1881, por exemplo, um relato semelhante ao acima pode ser encontrado, relato este feito pelo mesmo médium Frederico. O grupo, em lugar de questionar-se sobre o apego a estes objetos, dá clara demonstração de intensa afetividade e dependência deles, entendendo que constituem prova da grandeza dos espíritos que com ele se manifesta, estando acima de todos Jesus, o Cristo.

No livro, Sayão não vai além dessa anotação sobre o começo da 3ª sessão, mas na 5ª sessão o grupo vê atendido um antigo anseio guardado na intimidade do coração e recebe uma visita da mais alta hierarquia. O espírito que se apresentava como S. João Evangelista falava pela médium Izabel um longo texto ao final do qual anuncia (p. 73):

Agora, Senhor, fazei o que vosso servo pediu. Rasgai a cortina que vos encobre e apresentai-vos.

O código foi pronunciado. A expressão "rasgai a cortina" era a senha para que um novo Pentecostes se reproduzisse, não a céu aberto como o da história, mas no palco privilegiado do grupo. Se o ambiente era "frequentado" pelos evangelistas e outros espíritos inolvidáveis, como Elias, Moisés, Urias, Kardec, Maria Santíssima e Anjo Ismael, por que não receber o maior de todos? Os atores desta peça mediúnica estavam em seus lugares, as falas haviam sido distribuídas, restava, apenas, a encenação.

Eis o que se segue, nas palavras de Sayão:

> O médium vidente [Izabel] anuncia ver Nosso Senhor Jesus Cristo com uma luz imensa! O médium Nascimento viu-o também. O médium Campos no momento escreveu: *"Levantai-vos, Ele lá vem"*. O médium Frederico festeja com entusiasmo (em estado sonambúlico) recitando uma poesia, chorando de alegria. O médium Nascimento deslumbrado pela irradiação de tamanha luz, parece por muito tempo desprendido! Izabel, o médium vidente, auditivo e de intuição não declarou ser-lhe dada aquela comunicação por João Evangelista; mas falava como se estivesse na presença do Cristo. O mesmo se deu com o médium Frederico.

Sayão, ciente naquele momento de que era testemunha ocular do fato extraordinário, iniciou a narrativa com um título que propositalmente deixamos para apresentar só agora. Escreveu ele: "O Espírito da Verdade aparece". De uma só tacada afirma: Jesus é o Espírito da Verdade e em pessoa se apresenta no Grupo Sayão, fato incontestável porque visto pela médium Izabel e sentido pelos demais médiuns e membros ali presentes, que entraram em êxtase fenomenal, sucumbindo às inenarráveis emoções e ao privilégio de estar em meio às mais altas expressões da espiritualidade planetária. Foi o fechamento de uma longa sessão, o clímax inigualável. Jesus não diz palavra, ninguém se apresenta ali para comentar coisa alguma. Restou ao texto o fecho dado por Sayão:

> Descrever as emoções por que passamos naquele momento em que todos se mostravam arrebatados, com a alma cheia de alegrias e de emoções vivas nunca sentidas é dar um testemunho real e fiel do que se passou nessa sessão.

Como se vê, os "espíritos superiores" do Grupo Sayão, vez por outra, surpreendiam os seus membros, certamente para estimulá-los e levantar o ânimo trazendo figuras da mais alta hierarquia cósmica. Se Maria, a Virgem, não fosse suficiente, se encarregavam de trazer o próprio Cristo, provocando espasmos e comoções. A tática funcionou por largo tempo.

Eis que, na 16ª sessão, de 14 de outubro de 1880, em meio a novas comoções, o Grupo Sayão recebe novamente a visita de Jesus, que lhes deixa uma mensagem assinada como Espírito da Verdade. Como já dito anteriormente, para o grupo Jesus e o Espírito da Verdade era uma só pessoa, também reconhecido como o Consolador prometido, mas, neste caso, o Consolador se expressava pela doutrina espírita somada à revelação coordenada por Roustaing. Jesus, pois, retorna ao grupo naquela sessão como Espírito da Verdade e apresenta uma mensagem pelo médium Frederico. Sua presença foi antecedida de anúncios indiretos, como era de praxe ocorrer naquelas sessões, como se um plano estivesse sido preparado. Primeiro, vem Ismael também pelo médium Frederico e diz, entre outras coisas:

> Bons irmãos, cedi por hoje o meu lugar ao *Espírito da Verdade*. Fostes presidido pelo vosso Divino Mestre e por Ele eu venho predispor as vossas almas à calma, à tranquilidade, a fim de que a sua voz possa ser ouvida neste momento.
>
> (...)
>
> Filhos da minha alma possam as vozes do nosso Redentor ter eco em vossas almas, e possa o fluido que se desprende d'Este Verbo Divino ligar-vos em uma só cadeia de amor, de paz e fraternidade.

São palavras atribuídas a Ismael, ditas pelo médium Frederico, o qual, "com voz suave e doce, com os braços estendidos" passa a dizer a mensagem que será assinada pelo Espírito da Verdade (Jesus). Antes, ouviu Izabel (a vidente) dizer: "sobe, sobe, está bem perpendicular. Ah! Senhor. Ah! Meu Deus! Rasga-se a estrela, tu o Senhor! Cristo! Que jorros de luz sobre nós! Quanta misericórdia, Senhor!"!

Ouvindo isso, Nascimento se envolve e "cai de joelhos de braços abertos. Izabel, Silva de joelhos, estáticos e assim todos os demais irmãos". Enfim, Frederico diz a mensagem no tom puramente católico-cristão, com seus símbolos tradicionais, mas na linha de pensamento de Roustaing, que vê na matéria a porção grosseira das punições destinadas aos espíritos desviados, que só por isso reencarnam, à qual o Cristo, puríssimo, não poderia se unir, o que, para Roustaing e, evidentemente, os membros do Grupo Sayão, Cristo só viria em aparência material, pois como Maria, ele também é Imaculado. A mensagem está disponível na p. 155 do livro *Trabalhos espíritas de um pequeno grupo de crentes*.

No dia seguinte à sessão deste 14 de outubro de 1880, Bittencour Sampaio leva a Sayão uma mensagem que teria recebido em casa, na qual o seu espírito guia, Elias, respondia à pergunta: "Jesus Cristo desceu entre nós e comunicou-se conosco, falando por intermédio do médium Frederico?" Elias, então, percebendo as sombras da dúvida de Bittencourt, corre para confirmar que, sim, Jesus desceu e falou por Frederico, mas... desenvolve uma teoria estapafúrdia pela qual Cristo e Ismael fizeram entre si uma fusão de perispíritos de modo a que este falasse e assinasse em nome dele. Eis como:

> Ele, o Divino Mestre, veio ao seu reino visitar seus novos discípulos, mas não desceu à matéria, porque não havia necessidade para tanto.
>
> Casou o seu perispírito com o do Bom Ismael e fez este repetir suas palavras, seus pensamentos, como se fosse ele próprio que o fizesse ao médium. Foi o Anjo Ismael o seu porta-voz, nada mais.

Desta forma, da mesma maneira que Roustaing criou adaptações e readaptações dos princípios de Kardec, os espíritos que se manifestaram no Grupo Sayão também encontraram maneira de burlar a lei e a verdade pelos caminhos do contraste, do maravilhoso, do inusitado, criando as manifestações mediúnicas do casamento triplo de perispíritos, tendo Jesus como ator principal, ou seja, casou os perispíritos do Cristo e de Ismael e, como deveria harmonizar-se (casar-se) com o perispírito do médium Francisco para poder manifestar seu pensamento, procedeu a essa tríplice aliança mediúnica, um verdadeiro achado que resolveu para Bittencourt e Sayão o problema da lógica necessária à razão. Era, convenhamos, uma maneira *sui generis* encontrada pelos dois primeiros para "garantir" à mensagem o pensamento imaculado do Cristo, sem o perigo das interferências de Ismael, de algum possível descuido dele, digamos, a fim de que os "novos discípulos" recebessem de Jesus suas bênçãos por verdadeiro merecimento. Eis o que mais buscavam e mais desejavam os membros do Grupo Sayão: obter revelações novas, que viessem em socorro das suas necessidades enquanto grupo de crentes, católico-espíritas, com um pé na doutrina de Kardec e o resto do corpo se apoiando no outro pé totalmente roustainguista.

Entre outras coisas de igual sentido, a mensagem de Elias trazida a Sayão em particular por Bittencourt, ainda diz, espantosamente:

> Já vos foi dito, e de novo repito, que *nenhum médium na Terra acha-se em condições de casar o seu perispírito com o de Nosso Senhor Jesus Cristo, mas que todos vós reunidos em amor faríeis um perispírito tão puro como o de vossos guias, e então o Divino Mestre se poderia manifestar entre vós.* Ele o fez porque desceu antes e esteve no meio dessa nuvem de incenso de vossas almas, como já vos disse; mas não podia isolar-se do centro para manifestar-se por esta ou aquela individualidade, bem como não *podia deixar-se ver* pelos videntes pela muita luz que os cegaria por certo.

WILSON GARCIA

Estamos assim diante de mais uma novidade, a indicação de uma espécie de centro de produção de perispírito, à semelhança do Laboratório do mundo invisível de Kardec, contido em *O Livro dos Médiuns*, com uma diferença fundamental no emprego do bom-senso, ou seja, o de Kardec sempre esteve assentado em Descartes e o desses espíritos sabe-se lá em quem, tal é o seu desvalor. Esse Elias de Bittencourt diz que a união em amor produz um "perispírito tão puro como o de vossos guias" e assim estariam criadas as condições para que o Cristo se manifestasse. Era ele em pessoa, mesclado a Ismael em pessoa e casado com Frederico, em pessoa. Talvez mirando-se no evento histórico da Estrada de Damasco, em que a luz do Mestre deixou Paulo de Tarso cego por um período, o Jesus de Bittencourt e Elias "não podia deixar-se ver pelos videntes pela muita luz que os cegaria por certo". Os inúmeros contrassensos da mensagem permaneceram como verdades, uma vez que ninguém do grupo ou dentre os adeptos de Roustaing os contestou...

Mas Jesus ainda uma vez mais visitaria pessoalmente o grupo de forma triunfal. É o que ocorre na 58ª sessão, realizada no dia 14 de abril de 1881. É importante destacar a informação dada por Sayão sobre as razões dessa sessão. Diz ele que é feita "em comemoração da Ceia do Senhor" (p. 370). O autor oferece todos os detalhes sobre como os fatos se desenrolam até o ápice que é a fala atribuída pelo médium Frederico a Jesus e a transcrição de sua mensagem feita em letras maiores em negrito. O grupo obedece ao mesmo esquema das reuniões anteriores: os médiuns são convocados a escrever ou dizer verbalmente a mensagem de seus guias, dentro de uma certa ordem sequencial estabelecida. Todas as mensagens exaltam o Bom Pai e as figuras de "Jesus Cristo, o Redentor" e da "Virgem Santíssima", até o momento em que Bittencourt lê uma pequena mensagem assinada por João Evangelista, assim vazada:

> Glória a Deus nas alturas e paz aos homens na Terra. Meus filhos, gravai em vossos corações as palavras que ides ouvir do Nosso Divino Mestre, para que jamais vos chameis a ignorância, do que tantas vezes tendes ouvido do vosso Bom Guia Ismael.

A senha estava dada. O grupo estuda pelos Evangelhos de Roustaing alguns capítulos de João e Bittencourt "explica os textos falando durante três quartos de hora eloquentemente, provocando lágrimas, e depois concentrados, todos esperamos o espírito que se ia manifestar pelo médium Frederico", relata Sayão. E prossegue:

> Esse médium, em estado sonambúlico, mostra grande sensação e em êxtase parece querer elevar-se por que atraído por uma força magnética, e diz: "Que luz! A estrela cresce! O médium fica estático, levanta-se, dirige as

mãos para o Céu em ação de prece e chora, dizendo: Não, não, oh! Eu sou indigno, e chora. Bittencourt reanima-o. Nesse momento a médium Izabel diz: Ei-lo! A seus pés está um Anjo, que traz uma salva e nela um cálice e o amor pela minha doutrina. Pois bem, que esse amor cresça mais e mais e produza essa corrente de pureza e santidade que vos dão.

O médium Frederico põe as mãos em atitude de receber alguma coisa e depois leva a mão direita à boca como querendo falar, e articula sons entrecortados de soluços... Pouco a pouco, mais calmo, falou com voz branda e suave, que mal se percebia, manifestando profunda humildade.

Como se vê, a senha dada por Bittencourt despertou no ambiente, formado de médiuns, uma reação em cadeia: Frederico vai do êxtase à posição estática, Bittencourt acode, Izabel anuncia a presença inusitada, Frederico soluça até se acalmar e falar com "voz branda e suave", demonstrando "profunda humildade". Todos "sabiam", estavam certos, com fé e crentes que o dono da voz branda e suave era Jesus. Eis, então, sua mensagem, registrada em letras destacadas por Sayão:

Filhos, convosco esteja a paz do Nosso Criador. Filhos, quanto se alegra o meu espírito em poder estar entre vós, que tanto amo! Oh! Eu sinto no âmago dos vossos corações o amor por Mim, o amor pela minha doutrina. Pois bem, que esse amor cresça mais e mais e produza essa corrente de pureza e santidade que vos deve ligar a todos. Vós, filhos, tende fé. Eu estou convosco. Estou no vosso templo, partilhando das vossas alegrias e das vossas tristezas. Filhinhos, se é uma verdade que sempre estou convosco, fazei que Eu vos encontre sempre cheios de amor uns pelos outros; que Eu vos encontre contritos, lavando os vossos espíritos no eflúvio suave e divino que sai das palavras do Evangelho. Filhos, a minha paz vos deixo, a minha paz vos dou e em paz possam os vossos espíritos santificarem-se sempre à ceia do vosso Humilde Mestre. Pai de amor, Pai de misericórdia, dai-me, dai-me a vossa bênção para eles, fracos, é verdade, mas humildes; fracos, mas cheios de vontade de ganharem forças nas palavras que lhes ditastes. Pai, dai a bênção e Eu transmito a eles. Filhos, em nome de Deus, eu vos abençoo. Jesus.

Aí está. A mensagem dispensa comentários, tão visíveis são suas fragilidades na forma e conteúdo. O espírito que a ditou, escondido atrás do nome Jesus, sequer se preocupou com o estilo: cinco vezes repete a palavra "filhos", uma vez "filhinhos", três vezes "Pai", seis vezes "Eu", quatro vezes "paz", outras quatro vezes "amor", sem falar do emprego dos pronomes "vós", "vosso" e "convosco" que, somados, chegam a incríveis 20 vezes! Estamos falando de um texto de dez a doze linhas, apenas! Quiçá o sagaz autor se inquietou com o mau gosto de frases como "que Eu vos encontre contritos, lavando os vossos espíritos no eflúvio suave e divino que sai das palavras do Evangelho", ou, então, em atribuir-se a si mesmo o título de "Humilde Mestre". Submetido o ambiente a profunda e comovida expectativa, ficou, *ipso facto*, carente de bom-senso, completamente imobilizado frente à razão. Mesmo depois de passadas várias horas do acontecimento a razão se mostrou entorpecida, eis que Bittencourt logo no dia seguinte vai até Sayão com uma nova mensagem recebida de seu guia, S. Elias, confirmando que fora mesmo Jesus quem falara na noite anterior. Eis aqui um estonteante trecho da mensagem a explicar como isso foi possível:

> Houve um casamento de perispíritos de todos os médiuns perfeitamente, e tão pura ficou a atmosfera que o nosso Divino Redentor achou que podia descer, porque todos nós fomos com o incenso de nossas almas à altura que não podeis imaginar.

Quando Jesus viera na última oportunidade, esse Elias criou a estranha teoria do casamento tríplice de perispíritos como forma de esclarecer como Jesus havia podido vir falar ao grupo, mas agora, sem nenhum pejo, afirma que o casamento de perispíritos foi realizado perfeitamente "por todos os médiuns", enchendo de pureza a atmosfera a ponto de dar a Jesus a certeza de poder descer entre eles. Tamanha é a desfaçatez que deixa subentendido que o tal casamento de perispíritos conduziu os médiuns "à altura que não podeis imaginar". O que isso quer dizer? Que eles foram até onde habita Jesus! Bittencourt, Sayão e, certamente, todos os outros piedosamente acreditaram.

Depois de Jesus, a Virgem Santíssima

O desfile de espíritos da tradição cristã no Grupo Sayão é uma constante que se repete sessão após sessão. A "aparição" de Jesus, aceita como verdade e acomodada pelos membros do grupo na sessão posterior, com explicações *sui generis* que superariam qualquer dúvida porventura reinante, escancarou a porta para que outras visitas ilustres ocorressem, como a de Maria, mãe de Jesus. O registro está feito na 8ª sessão, realizada em 2 de setembro de 1880. Os fatos deixam entrever um plano prévio arquitetado pelo invisível, pois se encadeiam de modo tal que o desfecho se torna inevitável, coroando as expectativas alimentadas. O estudo da obra *Os quatro Evangelhos* era entremeado com manifestações mediúnicas cujos espíritos invisíveis, autoidentificados, conduziam os médiuns na direção das vidências e dos atores mediúnicos. É dessa maneira que o vidente vê o que lhe é dito, os médiuns psicofônicos e psicógrafos falam e escrevem e todos se mostram confiantes no processo, sem demonstrarem percepção do encadeamento existente.

A manifestação de Maria, mãe de Jesus, se dá nesse clima construído. A certa

Ponto final – O reencontro do espiritismo com Allan Kardec | 199

altura da sessão, informa Sayão: "O médium Campos que havia escrito enquanto Nascimento falava, lê a comunicação que recebera" na qual o espírito que assina S. Mateus avisa da chegada do elevado espírito. Eis como:

> Irmãos, preparai-vos, preparai os vossos corações para se encherem de graças. Já aqui tendes um coro de Anjos que esperam e sabeis por que estão tão alegres? É por verem que estais merecendo as graças do Senhor. Irmãos, *Maria vem visitar-nos: para recebê-la* preparai vossos médiuns que por um deles *Ela vos deixará palavras de amor.*

O grupo folheia *Os quatro Evangelhos* exatamente em Mateus, 1º, v. 18 a 25 e Bittencourt toma a iniciativa de pedir que a luz venha pelos médiuns. Sayão relata: "Tratando-se da *virgindade de Maria*, disse Izabel que por intuição recebia: *que José respeitava-a tanto que sempre a considerou como Virgem Mãe do Senhor"*. Na sequência, pelo médium Silva, S. Vicente de Paula anuncia: "Irmãos, aí vêm as bênçãos da Virgem". S. Marcos, pelo médium Frederico, afirma: "A nossa Mãe Santíssima sempre foi virgem". E então Sayão descreve (p. 96):

> Depois de alguns momentos, Izabel levanta-se e diz: "Erguei-vos! Ela! Ei-la. Ela a Virgem que se apresenta. Como vem bela! Oh! Ela sorri para nós. Oh Virgem das Virgens! Oh senhora, Virgem Mãe Santíssima! Poderosa senhora! Quem somos nós para merecermos tanto? Oh Virgem Puríssima derramai sobre nós vossos eflúvios tão puros. Oh Imaculada Senhora os nossos corações transbordam de alegria ao sentir vossa presença entre nós. Eu me curvo porque não sou digno de tanto".

Após algumas breves palavras que teriam sido ditas por Maria, Sayão confirma a comoção em que se encontravam todos no ambiente e conclui, com a aprovação de Bittencourt Sampaio e demais membros, que de fato Maria foi apenas mãe aparente, mas que o grupo precisava da comprovação pela revelação dos espíritos. Assim, o corpo de Jesus era aparente, a gravidez de Maria era aparente, José a reconhecia como Virgem Puríssima e a respeitava. De tudo isso e mais o grupo estava completamente convencido.

Maria retornaria em outras oportunidades ao Grupo Sayão e uma delas ocorreu quando divergências grandes haviam se instalado entre seus membros, com risco de fechamento das portas. Foi na 41ª sessão, realizada em 3 de fevereiro de 1881. Após a mensagem, Sayão chorou a ponto de não conseguir fazer a prece de encerramento, como confessa: "Sendo testemunha de tantas graças e de tantas misericórdias, entretanto, um pungente pressentimento me diz que o nosso grupo vai dissolver-se, que os nossos trabalhos cessam".

O início da sessão ocorreu com uma narrativa do médium Frederico (Izabel, que era a médium designada para tal, nesse dia não estava presente) que narrou o que a vidência lhe apresentava:

> Vejo colocada na extremidade de nossa mesa de trabalho a *grande cruz* que já uma vez vi; porém, hoje perpendicularmente: bem assim o sudário ensanguentado que cai-lhe sobre as hastes. No sóco da cruz vejo um formoso Anjo de joelhos, com a fronte apoiada sobre uma das mãos. Na extremidade da cruz vejo outro Anjo de joelhos, segurando-se a uma âncora. Na outra extremidade outro Anjo na mesma posição, porém apoiado sobre um coração. Por cima da cruz uma nuvem diáfana, circulada por uma auréola de luz do feitio de uma coroa.

Cena semelhante já vimos em outra ocasião e como da outra vez ela fornece elementos que indicam uma relação com as mensagens que serão recebidas pelos médiuns do grupo, com a ideia de que foram planejadas pelos espíritos a fim de causar fortes impressões. Nada ali ocorria de modo fortuito ou sem um sentido prévio. É o que se vê com a mensagem que será assinada por Maria. Uma sucessão de relatos a antecede, até que surge Ismael e diz: "Pois bem. Rasga-te, rasga-te véu e mostra-nos a sempre Virgem e pura das mulheres!" O médium Frederico entra em êxtase, "estende os braços e diz: Oh Mãe!" Sayão anota: "Sentem-se emoções que é impossível descrever. Os irmãos levantam-se e choram; alguns com as cabeças baixas, outros estáticos, com os olhos fitos para cima e depois de alguns momentos, o referido médium Frederico fala com voz branda e suave":

> Filhos, ali, sobre aquela cruz exalou o suspiro final da sua peregrinação na Terra o meu amado Filho e Senhor. Ali, com as carnes dilaceradas, com a fronte cheia de espinhos, com os lábios cheios de amargura, o Vosso Redentor subiu ao seio do Nosso Divino Pai, ainda lançando bênçãos aos seus mais encarniçados inimigos!

A mensagem, breve, prossegue por mais dois parágrafos no mesmo tom e o espírito assina: Maria, a Virgem Santíssima. Sayão entrega ao médium Frederico o encerramento da sessão, mas acrescenta: "e assim encerrou-se uma das esplêndidas sessões que tivemos em nosso grupo", o que significa que, mais uma vez, o grupo deu provas de acreditar piamente nas falas e escritos dos espíritos.

Um mesmo Kardec impostor?

Historicamente, a Sociedade Espírita Fraternidade, fundada por dissidentes da Sociedade Acadêmica Deus, Cristo, Caridade, bem como o Grupo Sayão, que também foi criado por dissidentes da Fraternidade, ambos escola do espiritismo segundo Roustaing, tiveram muitas dificuldades para se manterem, dadas às divisões seguidas de seus membros, mesmo havendo entre eles o fator comum da mesma ideologia católico-cristã sob a ótica do livro *Os quatro Evangelhos*.

Assim, em 1889, o Grupo Sayão estava em estado de hibernação, enquanto alguns de seus membros retornaram ao Fraternidade para continuar no mesmo diapasão de experiências mediúnicas do antigo grupo. Um deles era o médium Frederico Jr., que no Grupo Sayão dividia com a médium Izabel Sampaio as principais atenções mediúnicas. Era por Frederico Jr. que os espíritos de maior destaque, especialmente Kardec e Ismael, se manifestavam.

Pois bem, naquele ano uma nova mensagem que seria assinada por Allan Kardec, foi recebida por Frederico Jr. na Sociedade Espírita Fraternidade, tendo sido publicada com o título: INSTRUÇÕES DE ALLAN KARDEC AOS ESPÍRITAS DO BRASIL. A mensagem tornou-se, com o tempo, um dos textos preferidos pelos adeptos brasileiros de Roustaing, especialmente os da FEB, para sustentar a supremacia deste sobre Kardec, mesmo que referindo-se como sendo no campo da fé, ou fase teológica. Foi e continua sendo uma mensagem que também dá forças à FEB, na sua condição de continuadora do Grupo Sayão, que em seus domínios ficou conhecido por Grupo Ismael.

Canuto de Abreu, em seu livro *Bezerra de Menezes*, no capítulo "As instruções de Allan Kardec", nos informa que a mensagem fora antecipada ao médium em uma sessão anterior, como se segue:

> A 5 de fevereiro de 1889 manifestava-se Allan Kardec através do médium Frederico Pereira da Silva Júnior, mais conhecido por Frederico Júnior, dizendo: "Eis que se aproxima para mim o momento de cumprir minha promessa, vindo fazer convosco em particular e com os espíritas em geral um estudo rápido e conciso, sobre a marcha da nossa doutrina nesta parte do planeta. É natural que a vossa bondade me forneça para isso ensejo, na próxima sessão prática, servindo-me do médium com a mesma passividade com que o tem feito das outras vezes. A ele peço, particularmente, não cogitar da forma da nossa comunicação, não só porque dessa cogitação pode advir alteração dos pensamentos externados, como ainda porque acredito haver necessidade, sem ofensa à sua capacidade intelectual, de submeter a novos moldes, quanto à forma, aquilo que tenho dito e vou dizer em relação ao assunto."

Diante dessa manifestação, que antecipa o fato, os participantes da sessão, mas, especialmente, o médium manteve-se em expectativa. Eis que, sobre o assunto, nos informa Canuto:

Realmente, na sessão seguinte, na sede da "Sociedade Espírita Fraternidade", no Rio de Janeiro, manifestou o espírito do codificador, dando as seguintes Instruções aos espíritas brasileiros, que na época viviam em constantes dissensões e rivalidades.

A seguir, reproduzimos o inteiro teor da mensagem atribuída a Kardec; antes, porém, torna-se preciso responder se a mensagem, recebida no mesmo ambiente ideológico das mensagens do Grupo Sayão, pelo mesmo médium, mensagens que, como se viu, estão eivadas de vícios de linguagem e conteúdo dissonante com a proposta de Kardec, se esta atual mensagem corresponde de fato à proposta que defende e concita os espíritas a praticar, podendo, assim, ser aceita como sendo de Allan Kardec.

De imediato, destacam-se inúmeras expressões e diversos sentidos produzidos que estão calcados nos textos condenados de Roustaing, expressões e sentidos que repetem o conteúdo que contrasta com Kardec. Tomou-se a liberdade de grifar, na mensagem, todos os aspectos em relação à linguagem que estão presentes nas mensagens semelhantes e do mesmo espírito recebidas no Grupo Sayão, pelo mesmo médium. Trata-se de uma linguagem católico-cristã, proeminente na obra *Os quatro Evangelhos* e, do mesmo modo, nos textos produzidos pelo Grupo Sayão. Mas, para além da linguagem, há também intenções claras de reforçar a chamada Revelação da Revelação, que nada mais é que o livro *Os quatro Evangelhos*. Desta maneira, sempre que a palavra Evangelho é dita, o objetivo é remeter a este livro, nunca ao *O Evangelho segundo o Espiritismo*.

Por cima de tudo está a intenção de valorizar a Revelação da Revelação e sua face espírita, dando à obra de Roustaing a primazia de ditar os rumos do espiritismo quanto aos seus sentidos, mesmo que haja tantas e insanáveis diferenças entre Kardec e Roustaing em nível de consciência e compreensão, já que o espiritismo se assenta numa proposta autônoma e o roustainguismo numa proposta heterônoma, fato que por si mesmo impede qualquer possibilidade de contato entre elas.

É dessa forma que termos bastante conhecidos de mensagens anteriores, denunciadores da sua origem espúria, se repetem na mensagem atual, tais como: Nosso Senhor Jesus Cristo, salvação, salvação futura da alma, gozo indefinido e imorredouro após a morte, amantíssimo Filho, Imaculado Filho, Evangelho, precioso livro de verdades divinas; Anjo Bom; enviado do Eterno; Mártir do Calvário; enviado da trindade divina; onde se adora a Deus; se venera o Cristo etc. Todas essas expressões e seus respectivos sentidos católico-cristãos são muito presentes nas mensagens do Grupo Sayão e denunciam a origem espiritual suspeita.

Há, porém, algumas expressões que merecem reflexão. Já no texto explicativo de Canuto de Abreu acima reproduzido se vê a estranha solicitação do espírito comunicante informando sobre a mensagem que daria e pedindo a total passividade do médium, além de solicitar que não pensasse no assunto. Isto é de uma suspeição absurda, cabendo perguntar: qual o médium que, acreditando no espírito, não será contaminado pela expectativa?

Por outro lado, frases como: *"Que será de vós – quem vos poderá socorrer – se à lâmpada do vosso Espírito faltar o elemento de luz com que possais ver a chegada inesperada de Jesus Cristo, testemunhando o valor dos bons e a fraqueza moral dos maus e dos ingratos?"* – expressam evidentes admoestações, como previsão de retorno de Jesus à Terra, na linha da tradição consagrada pela ideologia católico-cristã, além de funções na linha psicológica da imposição do medo, próprio das ideias heterônomas.

Esta outra expressão se alinha na mesma intenção: "Fazei a luz pelo vosso esforço; iluminai todo o vosso ser com a doce claridade das virtudes; disciplinai-vos pelos bons costumes *no Templo de Ismael, Templo onde se adora a Deus, se venera o Cristo* e se cultiva a Caridade. Então sim; – distribuí a luz, ela vos pertence." Jamais se permitiria Kardec a uma condição desta, de opor-se ao seu próprio ensino revolucionário que legou a extraordinária doutrina sustentada na razão e na liberdade.

Todos esses exemplos se colocam, juntamente com os demais grifados no próprio texto, como o sino que replica incessantemente, alertando para a necessidade de usar a razão contra a impostura. Vamos, pois, ao texto integral da mensagem.

> Paz e amor sejam convosco.
>
> Que possamos ainda uma vez, unidos pelos laços da fraternidade, estudar essa doutrina de paz e amor, de justiça e esperanças, *graças à qual encontraremos a estreita porta da salvação futura – o gozo indefinido e imorredouro para as nossas almas humildes.*
>
> Antes de ferir os pontos que fazem o objetivo da minha manifestação, devo pedir a todos vós que me ouvis – a todos vós espíritas a quem falo neste momento – que me perdoem se porventura, na externação dos meus pensamentos, encontrardes alguma coisa que vos magoe, algum espinho que vos vá ferir a sensibilidade do coração.
>
> O cumprimento de dever nos impõe que usemos de linguagem franca, rude mesmo, por isso que cada um de nós tem uma responsabilidade individual e coletiva e, para salvá-la, lançamos mão de todos os meios que se nos oferecem, sem contarmos muitas vezes com a pobreza de nossa inteligência, que não nos permite dizer aquilo que sentimos sem magoar, não raro, corações amigos, para os quais só desejamos a paz, o amor e as doçuras da caridade.
>
> Certo de que ouvireis a minha súplica; certo de que, falando aos espíritas falo a uma agremiação de homens cheios de benevolência, encetei o meu

pequeno trabalho, cujo único fim é desobrigar-me de graves compromissos, que tomei para com o nosso Criador e Pai.

Sempre compassivo e bom, volvendo os *piedosos* olhos à Humanidade escrava dos erros e das paixões do mundo, Deus torna uma verdade as palavras de seu *amantíssimo Filho, Nosso Senhor Jesus Cristo*, e manda o Consolador – o Espírito de Verdade – que vem abertamente falar da revelação messiânica a essa mesma Humanidade esquecida do seu *Imaculado Filho* – aquele que foi levado pelas ruas da amargura, sob o peso das iniquidades e das ingratidões dos homens!

Corridos os séculos, desenvolvido intelectualmente o espírito humano, Deus na sua sabedoria, achou que era chegado o momento de convidar os homens à meditação do *Evangelho* – *precioso livro de verdades divinas* – *até então ensombrado pela letra, devido à deficiência da inteligência humana para compreendê-lo em Espírito.*

Por toda a parte se fez luz; revelou-se à Humanidade o Consolador prometido, recebendo os povos – de acordo com o seu preparo moral e intelectual – missões importantes, tendentes a acelerar a marcha triunfante da Boa Nova

Todos foram chamados, a nenhum recesso da Terra deixou de apresentar-se o Consolador em nome desse Deus de misericórdia que não quer a morte do pecador – que não quer o extermínio dos ingratos – que antes os quer ver remidos dos *desvarios da carne,* da obcecação dos instintos!

Sendo assim, a esse pedaço de terra a que chamamos Brasil, foi dada também a *revelação da revelação,* firmando os vossos espíritos, antes de encarnarem, compromissos de que ainda não vos desobrigastes. E perdoai que o diga: tendes mesmo retardado o cumprimento deles e de graves deveres, levados por sentimentos que não convém agora perscrutar.

Ismael, o vosso Guia, tomando a responsabilidade de vos conduzir ao grande templo do amor e da fraternidade humana, levantou a sua bandeira, tendo inscrito nela – DEUS, CRISTO E CARIDADE. Forte pela sua dedicação, animado pela misericórdia de Deus, que nunca falta aos seus trabalhadores, sua voz santa e evangélica ecoou em todos os corações procurando atraí-los para um *único agrupamento onde,* unidos, teriam a força dos leões e a mansidão das pombas; onde unidos, pudessem afrontar todo o peso das iniquidades humanas; onde entrelaçados num único segmento – o do amor – , pudessem adorar o Pai em espírito e verdade; onde se levantasse a grande muralha da fé, contra a qual viessem quebrar-se todas as armas dos inimigos da luz; onde, finalmente, se pudesse formar um grande dique à onda tempestuosa das paixões, dos crimes e dos vícios que avassalam a Humanidade inteira!

Constituiu-se esse agrupamento; a voz de Ismael foi sentida nos corações. Mas, oh! misérias humanas! À semelhança das sementes lançadas no pedregulho, eles não encontram terra boa para suas raízes e quando aquele *Anjo Bom* – aquele *Enviado do Eterno* – julgava ter em seu seio amigos e irmãos capaces de ajudá-lo na sua grande tarefa, santa e boa, as sementes foram mirrando ao fogo das paixões – foram-se encravando na rocha, apesar do orvalho da misericórdia divina as banhar constantemente para sua vivificação!

Ali, onde a humildade devera ter erguido tenda, o orgulho levantou o seu reduto; ali onde o amor devia alçar-se, sublime e esplêndido, *até aos pés de Nosso Senhor Jesus Cristo*, a indiferença cavou sulcos, a justiça se chamou injustiça, a fraternidade – dissensão!

Mas, pela ingratidão de uns, haveria de sacrificar-se a gratidão e a boa vontade de outros?

Pelo orgulho dos que já se arvoraram em mestres na sua ignorância, havia de sacrificar-se a humildade do discípulo perfeitamente compenetrado dos seus deveres? Não!

Assim, quando os inimigos da luz, quando o espírito das trevas julgava esfacelada a bandeira de *Ismael, símbolo da trindade divina*, quando a voz iníqua já reboava no espaço glorificando o reino das trevas e amaldiçoando o nome do *Mártir do Calvário*, ele recolheu o seu estandarte e fez que se levantasse uma pequena tenda de combate com o nome – FRATERNIDADE!

Era este, com certeza, o ponto para o qual deviam convergir todas as forças dispersas – todos os que não recebiam a semente do pedregulho!

Certos de que acaso é palavra sem sentido e testemunha dos fatos que determinam o levantamento dessa tenda, todos os espíritas tinham o dever sagrado de vir aqui se agrupar, *ouvir a palavra sagrada do bom Guia Ismael*, único que dirige a propaganda da doutrina nesta parte do planeta, único que tem toda a responsabilidade da sua marcha e do seu desenvolvimento.

Mas, infelizmente, meus amigos, não pudestes compreender ainda a grande significação da palavra FRATERNIDADE.

Não é um termo, é um fato; não é sua palavra vazia, é um sentimento sem o qual vos achareis sempre fracos para essa luta que vós mesmos não podeis medir, tal a sua grandeza extraordinária!

Ismael tem o seu Templo e sobre ele a sua bandeira – Deus, Cristo e Caridade! Ismael tem a sua pequenina tenda, onde procura reunir todos os seus irmãos – todos aqueles que ouviram a sua palavra e a aceitaram como a verdade. Chamam-se FRATERNIDADE!

Pergunto-vos: Pertenceis à Fraternidade? Trabalhais para o levantamento desse Templo cujo lema é Deus, Cristo e Caridade?

Como, e de que modo?

Meus amigos! É possível que eu seja injusto convosco naquilo que vou dizer: – O vosso trabalho, feito todo de acordo – não com a doutrina – mas com o que interessa exclusivamente aos vossos sentimentos, não pode dar bom fruto. Esse trabalho, sem método, sem regime, sem disciplina, só pode, de acordo com a doutrina que esposastes, trazer espinhos que dilacerem vossas almas, dores pungentes aos vossos espíritos, por isso que, desvirtuando os princípios em que ela assenta, dais entrada constante e funesta aquele que encontrando-vos desunidos pelo egoísmo, pelo orgulho, pela vaidade, facilmente vos acabrunhará, com todo o peso da sua iniquidade.

Entretanto, dar-se-ia o mesmo se estivésseis unidos? Porventura acreditais na eficiência de um grande exército dirigido por diversos generais, cada qual com seu sistema, com o seu método de operar e com pontos de mira divergentes? Jamais! Nessas condições só encontrareis a derrota porquanto – vede bem, o que não podeis fazer com o Evangelho – unir-vos pelo amor do bem – fazem os vossos inimigos, unindo-vos pelo amor do mal!

Eles não obedecem a diversas orientações, nem colimam objetivos diversos; *tudo converge para a doutrina espírita – revelação da revelação* – que não lhes convém e que precisam destruir, para o que empregam toda a sua inteligência, todo o seu amor do mal, submetendo-se a uma única direção!

A luta cresce dia a dia, pois que a vontade de Deus, iniciando as suas criaturas nos mistérios da vida de além-túmulo, cada vez mais se torna patente. Encontrando-se, porém os vossos espíritos, em face da doutrina, no estado precário que acabo de assinalar, pergunto: – Com que elemento contam eles na temerosa ação em que se vão empenhar, cheios de responsabilidade?

Em que canto da Terra já se ergue o grande tabernáculo onde ireis elevar os vossos pensamentos – em que canto da Terra construístes a grande muralha contra o mal, contra a qual se hão de quebrar as armas dos vossos adversários?

Será possível que à semelhança das cinco virgens pouco zelosas, todo o cuidado da vossa paz tenhais perdido? Que repouseis sobre as outras que não dormem e que ansiosamente aguardam a vinda do seu Senhor?

Mas é assim, em que consiste o aproveitamento das lições que constantemente vos são dadas a fim de tornar uma verdade a vossa vigilância e uma santidade a vossa oração?

Se assim é, onde os frutos desse labor fecundado de todos os dias, dos vossos amigos de além-túmulo?

Acaso apodrecem roídas pela traça – trocados pelo bolor dos vossos arquivos repletos de comunicações?

Se assim é, e agora não há voltar atrás, porque já tendes a mão no arado, onde a segurança da vossa fé, a estabilidade da vossa crença, se entregues a vós mesmos, julgando-vos possuidores de grandes conhecimentos doutrinários, afastais, pela prática das vossas obras, aqueles que até hoje têm procurado incessantemente colocar-vos debaixo do grande lábaro – Deus, Cristo e Caridade?

Onde, torna a perguntar, a segurança da vossa fé, a estabilidade da vossa crença, se tendo uma única doutrina para apoio forte e inabalável, a subdividis, a multiplicais, ao capricho das vossas individualidades, sem contar com a coletividade que vos poderia dar a força, se constituíssem um elemento homogêneo, perfeitamente preparado pelos que se encarregam da revelação?

Mas onde a vantagem das subdivisões? Onde o interesse real para a doutrina e seu desenvolvimento, na dispersão que fazeis do vosso grande todo, dando já desse modo um péssimo exemplo aos profanos, por isso que pregais a fraternidade e vos dividis cheios de dissensões?

Onde as vantagens de tal proceder? Estarão na diversidade dos nomes que dais aos grupos? Por que isso? Será porque este ou aquele haja recebido maior doação do patrimônio divino? Será porque convenha a propaganda que fazeis?

Mas para a propaganda precisamos dos elementos constitutivos dela. Pergunto: – onde a Escola de Médiuns? Existe?

Porventura os homens que têm a boa vontade de estudar convosco os mistérios do Criador, preparando seus espíritos para o ressurgir na outra vida, encontram em vós os instrumentos disciplinados – os médiuns perfeitamente compenetrados do importante papel que representam na família humana e cheio dessa seriedade, que dá uma ideia exata da grandeza da nossa doutrina?

Ou a vossa propaganda se limita tão somente a falar do espiritismo? Ou os vossos deveres e as vossas responsabilidades, individuais e coletivas, se limitam a dar a nota do ridículo àquele que vos observam, julgando-vos doidos e visionários?

Meus amigos! Sei quanto é doloroso tudo isto que vos digo, pois que cada um dos meus pensamentos é uma dor que repassa profundamente o seu espírito. Sei que as vossas consciências sentem perfeitamente todo o peso das verdades que vos exponho. Mas eu vos disse ao começar: – temos responsabilidades e compromissos tomados, dos quais procuramos desobrigar-nos por todos os meios ao nosso alcance.

Se completa não está a minha missão na Terra, se mereço ainda do Senhor a graça de vir esclarecer a doutrina que aí me foi revelada, dando-nos nosso conhecimento compatível com o desenvolvimento das vossas inteligências, se vejo que cada dia que passa da vossa existência – iluminada pela *sublime luz da revelação, se produzirdes um trabalho na altura da graça que vos foi concedida* – é um motivo de escândalo para as vossas próprias consciências; devo usar desta linguagem rude do amigo, a fim de que possais, compenetrados verdadeiramente dos vossos deveres de cristãos e de espíritas, unir-vos num grande agrupamento fraterno, onde – avigorados pelo apoio mútuo e pela proteção dos bons – possais enfrentar o trabalho extraordinário que vos cumpre realizar para a emancipação dos vossos espíritos, trabalho que inegavelmente ocasionará grande revolução na Humanidade, não só quanto à parte da ciência e da religião, como também na dos costumes!

Uma vez por todas vos digo, meus amigos: – Os vossos trabalhos, os vossos labores não podem ficar no estrito limite da boa vontade e da propaganda sem os meios elementares indicados pela mais simples razão.

Não vem absolutamente ao caso o reportar-vos às *palavras de N.S. Jesus Cristo* quando disse que a luz não se fez para ser colocada debaixo do alqueire. Não vem ao caso e não tem aplicação, porque não possuis luz própria!

Fazei a luz pelo vosso esforço; iluminai todo o vosso ser com a doce clari dade das virtudes; disciplinai-vos pelos bons costumes *no Templo de Ismae Templo onde se adora a Deus, se venera o Cristo* e se cultiva a Caridade. Entã sim; – distribuí a luz, ela vos pertence.

E vos pertence porque é um produto sagrado de vosso próprio esforç – uma brilhante conquista do vosso espírito empenhado nas lutas sublime da verdade.

Fora desses termos, podeis produzir trabalhos que causem embriaguez vista, mas nunca que falem sinceramente ao coração. Podeis produzir emo ções fortes, por isso que muitos são os que gostosamente se entregam a culto maravilhoso; nunca, porém, deixarão as impressões suaves da verda de vibrando as cordas do amor divino no grande coração humano.

Fora dessa convenção ortodoxa, é possível que as plantas cresçam no vossos grupos, mas é bem possível que também seus frutos sejam bastan te amargos, bastante venenosos, determinando, ao contrário do que devi acontecer, a morte moral do vosso espírito – a destruição pela base do voss Templo de trabalho!

Se o Evangelho não se tornar realmente em vossos espíritos um broquel quem de vos poderá socorrer, *uma vez que a revelação tende a absorver toda as consciências, emancipando o vosso século?* Se o Evangelho nas vossas mão apenas tem a serventia dos profanos livros que deleitam a alma e encantan o pensamento, que vos poderá socorrer no momento dessa revolução plane tária que já se faz sentir, que dará o domínio da Terra aos bons, preparado para o seu desenvolvimento, que ocasionará a transmigração dos obcecado e endurecidos para o mundo que lhes for próprio?

Que será de vós – quem vos poderá socorrer – se à lâmpada do vosso Espírit faltar o elemento de luz com que possais ver a chegada inesperada de Jesus Cristo testemunhando o valor dos bons e a fraqueza moral dos maus e dos ingratos?

Se fostes chamados às bodas do filho do vosso rei, por que não toman os vossos espíritos as roupagens dignas do banquete, trocando conosco brinde do amor e da caridade pelo feliz consórcio do Cristo com o seu povo

Se tudo está preparado, se só faltam os convivas, por que cedeis o voss lugar aos coxos que virão como últimos, a ser os primeiros na mesa farta d caridade divina?

Esses pontos do Evangelho de Nosso Senhor Jesus Cristo, ainda, apesar d revelação, não provocaram a vossa meditação?

Esse eco que ressoa por toda a atmosfera do vosso planeta, dizendo – o tempos são chegados! – será um gracejo dos enviados de Deus, com o fim de apavorar os vossos espíritos?

Será possível nos preparemos para os tempos que chegam, vivend cheios de dissensões e de lutas, como se não constituíssemos uma únic família, tendo para regência dos nossos atos e dos nossos sentimentos um única doutrina?

Será possível nos preparemos para os tempos que chegam, dando a todo momento e a todos os instantes a nota do escândalo, apresentando-nos aos homens como criaturas cheias de ambições que não trepidam em lançar mãos até das coisas divinas para o gozo da carne e a satisfação das paixões do mundo?

Mas seria simplesmente uma obcecação do espírito – pretender desobrigar-se dos seus compromissos e penetrar no reino de Deus coberto dessas paixões e dessas misérias humanas!

Isso equivaleria o não acreditardes naquilo mesmo em que dizeis que credes: seria zombar do vosso Criador que, não exigindo de vós sacrifício, vos pede, entretanto, não transformeis a sua casa de oração em covil de ladrões!

Meus amigos! Sem caridade não há salvação. Sem fraternidade não pode haver união.

Uni-vos, pois, pela fraternidade debaixo das vistas do bom Ismael, vosso Guia e protetor. Salvai-vos pela Caridade, distribuindo o bem por toda a parte, indistintamente, sem pensamento oculto. Àquelas que vos pedem lhes deis da vossa crença ao menos um testemunho moral, que os possa obrigar a respeitar em vós o indivíduo bem-intencionado e verdadeiramente cristão.

Sobre a propaganda que procurais fazer, exclusivamente para o vosso seio maior de adeptos, direi: se os meios mais fáceis que tendes encontrado são a cura dos vossos irmãos obsessos, são as visitas domiciliares e a expansão dos fluidos, aí tendes um modesto trabalho para vossa meditação e estudo.

E, lendo, compreendendo, chamai-me todas as vezes que for do vosso agrado ouvir a minha palavra e eu virei esclarecer os pontos que achardes duvidosos. Virei, em novos termos, se for preciso, mostrar-vos que esse lado que vos parece fácil para a propaganda da vossa doutrina é o maior escolho lançado no vosso caminho, é a pedra colocada às rodas do vosso carro triunfante e será, finalmente, o motivo da vossa queda desastrosa, se não empenham numa tão grande causa.

Permita Deus que os espíritas, a quem falo, que os homens, a quem foi dada a graça de conhecerem em espírito e verdade a doutrina de *Nosso Senhor Jesus Cristo*, tenham a boa vontade de me compreender, a boa vontade de ver nas minhas palavras unicamente o interesse do amor que lhes consagro.

4

História falseada e história real

A Federação Espírita Brasileira conta sua história com ajustes, inversões e boas pitadas de açúcar, destacando o fator espiritual supostamente subjacente à sua fundação, o qual teria surgido à parte da consciência dos fundadores. Foram os espíritos – costuma-se afirmar – que induziram os homens a fundarem a FEB, para que ela viesse a brilhar no futuro em sua missão de conduzir o espiritismo e unir os homens em torno dele no Brasil e além-fronteiras. Esta história vem sendo contada de geração a geração, sensibilizando boa parte da comunidade espírita brasileira, dirigentes e frequentadores de centros. Juvanir Borges de Souza, ex-presidente da FEB, reforça-o em seu opúsculo *Escorço histórico*[51], texto comemorativo do primeiro centenário da instituição:

> Hoje, na perspectiva de um século decorrido, podemos identificar alguns fatos insólitos ligados à Federação Espírita Brasileira nos primórdios do movimento, antes e depois de sua fundação, os quais só encontram explicação plausível com manifestações do *plano invisível* e não das *fontes de produção originariamente terrena*.

Olhar do presente o distante passado sem os documentos comprobatórios em mãos costuma ser o meio de construir uma narrativa à base da ficção, tão a gosto do imaginário humano. Isso é diferente de tornar a história mais palatável ou menos pesada. A racionalidade espírita oriunda da postura científica de Allan Kardec ensina que os homens e os espíritos formam um só conjunto, uma só sociedade planetária, sabendo-se, por isso, que homens e espíritos estão em permanente estado de influências mútuas; em uma palavra, estão em comunicação. Ora, o fundamento da comunicação, seja entre homens, seja destes com os espíritos e vice-versa, é o diálogo em que as falas se alternam entre os sujeitos da comunicação. Embora homens e espíritos estejam em condições diferentes – os primeiros ligados ao corpo material, visível, e os segundos fora deste corpo e, portanto, invisíveis – tais condições não são impeditivas de que realizem esse diálogo na posição de sujeitos da fala e sujeitos receptivos, alternadamente. Ou seja, a fala está com os encarnados e com os desencarnados e só na compreensão desta condição dialógica é que se pode entender que ambos têm ideias a trocar, ambos podem ocupar o lugar do falante e do ouvinte e, com isso, ambos exercem influências recíprocas. Portando, a ideia de que existam "fontes de produção originariamente terrena" à parte da participação dos espíritos, depois de Kardec, se tornou algo quase incompreensível. Assim, mesmo que os espíritos, pelo diálogo, convençam os homens a realizarem algo, tal não terá sido sem troca de ideias, sem a contribuição de um lado e de outro. Isto reformula aquela ideia equivocada de que aos espíritos desencarnados é que se deve as grandes reali-

---

51. *Escorço histórico da Federação Espírita Brasileira*, p. 6.

zações humanas, ou seja, elimina-se o maravilhoso, o fantástico, o sagrado, tão a gosto de muitos, afirmando-se e ampliando-se o caráter do ser, o seu aspecto humano. Isso não diminui em nada o valor das obras, mas o coloca no seu justo lugar: o lugar da razão.

No caso em foco, a afirmação de que há fatos insólitos que só podem ser compreendidos pela presença do plano invisível constitui um equívoco diante dos documentos disponíveis, equívoco este que, esclarecido, impede de atribuir à FEB um caráter de coisa originalmente sagrada ou divina presente desde a sua fundação, caráter esse que, se verdadeiro, lhe daria o poder de autoridade sobre todas as demais instituições.

Vejamos como Juvanir continua o seu raciocínio:

> O primeiro desses fatos prende-se à própria denominação da Instituição. Quando foi fundada, em 2 de janeiro de 1884, nada havia propriamente a *federar*. Torna-se, pois, evidente, que seus objetivos no campo federativo projetam-se no futuro e talvez nem fossem percebidos pelos fundadores, *instrumentos terrenos a serviço de uma planificação maior* (grifos nossos).

Os fatos dizem o contrário do "nada havia a federar" e a crença de que os fundadores eram "instrumentos" dos espíritos arquitetos do plano está muito mais para a ideia heterônoma, a qual se filia a obra roustainguista, do que para a autonomia moral de Kardec, base do ensino da doutrina espírita. Até mesmo a dedução de que os fundadores não teriam consciência do que estavam de fato fazendo ao criar a FEB vai contra o bom-senso, pois, (1) fundar uma federação é diferente de fundar um centro espírita e (2) há fatos suficientes para demonstrar que o termo federação estava fortemente presente no contexto da época por conta do movimento que pouco tempo depois levaria à queda do Imperador e instalação da República *Federativa* do Brasil[52] segundo o consenso federativo[53].

Senão, vejamos. Antes do aparecimento da FEB, pelo menos duas outras instituições fizeram movimentos aglutinativos. Trata-se da Sociedade Acadêmica Deus, Cristo e Caridade (1879) e do Centro União Espírita (1881)[54]. Independen-

---

52. O sistema federativo foi adotado pelo Brasil pelo Decreto n.º 1 de 15 de novembro de 1889, juntamente com a Proclamação da República. E assim dispunha a Constituição de 1891: "Art. 1.º – A Nação Brasileira adota como forma de governo, sob regime representativo, a República Federativa proclamada a 15 de novembro de 1889, e constitui-se por união perpétua e indissolúvel de suas antigas províncias, em Estados Unidos do Brasil".

53. Adotado no Brasil desde 1891, o federalismo arraigou-se definitivamente na tradição constitucional brasileira. Consagrado como cláusula pétrea da Constituição da República de 1988, o alcance, a dimensão e o significado do princípio federativo estão constantemente desafiando os operadores do direito, haja vista a prodigalidade de reformas constitucionais, mormente no campo do direito tributário. Conf. http://www.revistadoutrina.trf4.jus.br/index.htm?http://www.revistadoutrina.trf4.jus.br/artigos/edicao058/Gabriela_Serafin.html – 02/12/2019 às 09:27.

54. *Autonomia, a história jamais contada do espiritismo*, de Paulo Henrique Figueiredo, pp. 100 e seguintes.

temente dos motivos que levaram à fundação das duas e dos propósitos delas, a evidência é de que já havia muitos grupos espíritas na cidade do Rio de Janeiro. A Sociedade Acadêmica Deus, Cristo e Caridade resulta da necessidade de enfrentar a lei do Império que não reconhecia os centros espíritas, ameaçando sua proibição; a Sociedade uniu quatro instituições e na assembleia de fundação contou com o voto de 695 espíritas. Pouco tempo depois, expressiva quantidade de instituições outras fizeram sua adesão. Este fato isolado já demonstra que a existência de uma instituição federativa à época, atuante, seria muito bem-vinda. O Centro União Espírita, por sua vez, surgiu da iniciativa da Sociedade Acadêmica Deus, Cristo e Caridade para proteger as instituições espíritas existentes, dos ataques e perseguições que sofriam. Em seu começo, 48 centros aderiram e em 1897 contava com nada menos do que 446 instituições. Novos centros foram surgindo ao longo do tempo, muitos por impulso da Sociedade Acadêmica Deus, Cristo e Caridade. Portanto, havia muito a federar quando a FEB foi criada em 1884 e a ideia de que sua criação surge de um projeto a ser concretizado apenas num futuro impossível de ser antevisto pelos seres humanos, mas não pelos espíritos, é, ao mesmo tempo, uma inferência resultante do desconhecimento dos fatos e um desejo de dar à história cores que não lhe correspondem.

Por outro lado, as razões que presidem a iniciativa da criação de uma federação[55], como dissemos acima, não podem ser consideradas semelhantes à ideia de fundação de um simples centro espírita. O termo federação tem sentido congregador, de união em torno de si, o que significa que deve haver entes necessitados de ou interessados em ser congregados para lhe dar sentido. Pode-se discutir que, num primeiro momento, não tenha sido esse o principal objetivo da fundação e que o próprio Estatuto, então, não se refere a tal, mas o bom-senso indica que a ideia está, no mínimo, subjacente.

Nas reflexões históricas que faz no livro *Bezerra de Menezes*, Canuto de Abreu indica que a fundação da FEB em 1884 decorreu de uma conclusão de Antonio Elias da Silva e seu grupo à frente do Reformador, da necessidade de unir os espíritas em uma frente ampla. Vejamos:

> Para travar com maior probabilidade de vitória a luta contra "os quatro inimigos do espiritismo: o materialismo, o positivismo, o racionalismo e o catolicismo", era imprescindível a união dos espíritas. O *Reformador* defendeu, por isso, o ponto de vista da União Espírita do Brasil, que era criar "um centro, no Rio, formado por delegados de todos os grupos". Não se tardou, porém, a perceber a dificuldade do plano. Não querendo ligar o

---

55. A palavra *federação* é originária do latim *foedus*, que quer dizer aliança, pacto, tratado. Assim, não é difícil afirmar que a federação é o resultado da união, da aliança entre Estados, membros de um todo. https://www.migalhas.com.br/dePeso/16,MI25113,61044-A+mecanica+do+federalismo, 20/01/2020, 04:30h.

Reformador a "nenhuma sociedade ou grupo espírita já organizado", Elias e seus amigos Quadros, Xavier Pinheiro, Fernandes Figueira, Silveira Pinto, Romualdo Nunes e Pedro da Nóbrega deliberaram, no Natal de 1883, fundar uma sociedade nova destinada a federar todos os grupos por um programa equilibrado ou misto. Esses amigos costumavam reunir-se em casa de Elias, à rua da Carioca n° 120, às terças, para confraternização espiritual e resolveram transformar esse grupo íntimo numa entidade jurídica de vastos horizontes. Na reunião seguinte, 1° de janeiro de 1884, aprovaram o plano duma Federação Espírita Brasileira. O médium Manoel Fernandes Figueira leu um interessante acróstico de "federação espírita brasileira", escrito na véspera, 31 de dezembro de 1883, em cujos dois últimos versos se pôde ver a verdadeira finalidade da agremiação:

Reunindo em um forte, indissolúvel laço
A crente comunhão espírita brasileira!

A FEB E SEU PERFIL INICIAL

O que, talvez, não agrade a muitos na origem da FEB é o seu perfil progressista, junto ao completo desinteresse por uma gestão baseada na autoridade. O Estatuto inicial valoriza a liberdade e a autonomia, em pleno acordo com os princípios básicos do espiritismo, princípios esses que se tornaram impertinentes aos seus pósteros roustainguistas e acabaram por conduzir a FEB a uma postura autoritária que perdura até os dias presentes, em relação ao comando do movimento espírita brasileiro.

Uma outra observação não pode ser deixada de registrar: a divergência de ideias entre pessoas sobre uma mesma doutrina, sobre sua interpretação e condução sempre foi e continua sendo um dos fatores mais determinantes na criação de movimentos contrários. Em vista disso, não se pode desconsiderar que, em havendo divergência de ideias entre os espíritas da época, mesmo que formassem eles um movimento pequeno, a criação de uma instituição que visasse reuni-los respeitando as diferenças seria perfeitamente compreensível.

A verdade nua e crua é a seguinte: a Sociedade Acadêmica Deus, Cristo e Caridade tornou-se, por seu projeto e suas atividades, por seus objetivos e forma de atuar uma verdadeira federação, porque a ideia de proteger as sociedades espíritas e levá-las ao reconhecimento de seus direitos civis no Império do Brasil, essa ideia era ampla a ponto de abrir-se como um guarda-chuva para lutar em todas as frentes necessárias, da orientação para fundação de novas sociedades espíritas e eventos coletivos de estudos e congraçamentos, numa atitude própria de federação livre e aberta. A revista da Sociedade Acadêmica Deus, Cristo e Caridade, uma das primeiras de suas criações, oferece uma dimensão do quanto ela se constituiu num modelo federativo, de tal modo que não será nenhum exagero entender que a própria Federação Espírita Brasileira vai incorporar nos seus propósitos quase tudo daquilo que a Sociedade Acadêmica Deus, Cristo e Caridade antecipou. Na primeira reforma de seu Estatuto feita em 1901, a FEB dispõe:

> Art. 1º A Federação Espírita Brasileira, fundada na capital do Brasil em 1 de janeiro de 1884, aí terá a sua sede, como mais conveniente aos fins da união e irradiação aqui expostos, e tem por objetivo:
>
> § 1.º O estudo, para orientação e experimentação, dos ensinos contidos na doutrina espírita, codificada por Allan-Kardec, e a propaganda desses ensinos, por todos os meios que oferece a palavra escrita ou falada, de modo a difundir por todas as classes os seus benefícios, de acordo com os princípios da moral cristã, que é a base da própria doutrina.
>
> § 2º Constituir-se, quer entre as associações espíritas do Brasil, quer entre estas e as suas congêneres no estrangeiro, o traço de união que estabeleça a sua solidariedade, integrando-se no movimento espírita universal, e procurando entre todas estreitar laços de confraternidade, de modo a promover, quanto possível, a mais completa harmonia de vistas e de fins.
>
> § 3º Praticar a caridade por todos os meios morais ou materiais ao seu alcance.

A par do que está colocado acima, outros artigos do referido Estatuto assinalam como compromisso da FEB: manter o seu órgão de divulgação, o *Reformador*; criar uma biblioteca e uma livraria, bem como editar os livros da codificação (sem nenhuma menção aos de Roustaing) e em seu artigo 3º propõe-se: "Para mais efetiva tornar a sua função como laço entre todas as associações federadas, a Federação lhes prestará todo o apoio ao seu alcance, na defesa dos seus direitos e prerrogativas, junto dos poderes públicos, sempre que preciso for". A semelhança com os propósitos e as ações efetivamente realizadas pela Sociedade Acadêmica Deus, Cristo e Caridade é evidente, o que reforça o entendimento de que aquela que hoje febianos condenam forneceu a esta quase tudo o que ela precisava para definir-se como a representante do espiritismo no Brasil, sobrando razão para compreender que a propalada herança divina não ocorreu de fato nem poderia ocorrer porque a razão espírita é suficientemente clara no que tange à participação dos espíritos nos projetos dos seres humanos, eliminando-se, assim, ideias sobrenaturais, mágicas, ou tudo o que se encontra fora das leis naturais. Os espíritos do plano invisível participam dos fatos humanos e os espíritos superiores não comandam, não dão ordens, não transferem poder, não criam privilégios; estes espíritos apoiam e orientam no sentido da sugestão, sem interferir nas decisões como forma de estabelecer escolhas certas ou impedir escolhas erradas. São eles livres e, por isso, propagadores da liberdade.

O perfil da Sociedade Acadêmica

Pode-se elencar, a título de conhecimento, os seguintes fatos relativos à existência da Sociedade Acadêmica Deus, Cristo e Caridade:

1. Como objetivo estatutário, instituiu a *Academia Espírita de Ciências*, que funcionou regularmente, com o objetivo de desenvolver estudos e pesquisas nos diversos campos do conhecimento correlacionados com as propostas espíritas.
2. *Revista da Sociedade Acadêmica Deus, Cristo e Caridade*: teve circulação inicialmente entre os seus sócios, assinantes e veículos congêneres. Posteriormente, ampliou o seu raio de ação, alcançando todo o território brasileiro e o exterior, vindo a ser conhecida, difundida e elogiada em diversos países sul-americanos e europeus.
3. Planejou a criação de: *livraria* para atender o interesse de leitura dos espíritas, oferecer livros a preços iguais ao que pagaram, sem qualquer acréscimo; *Biblioteca* com obras de interesse para os estudos espíritas e aqueles que lhe eram inerentes; *Editora*, para publicação de livros espíritas, iniciando pela *A Gênese* e demais obras da codificação; *Congresso Nacional* permanente, organizado e colocado em funcionamento, do qual surgiram duas ideias igualmente colocadas em prática: instituição da *União Espírita do Brasil*, para as sociedades espíritas de todas as latitudes do país, e instituição da *União Espírita Universal*, de modo a alcançar todas as sociedades espíritas do mundo.
4. Apoiou a auxiliou a criação de sociedades espíritas de diversas partes do Brasil, oferecendo-lhes suporte administrativo e jurídico na medida de suas necessidades.
5. Estabeleceu relações fraternas com instituições espíritas internacionais, estando entre as primeiras a Sociedade Constância, da Argentina, com a qual trocou certificados de reconhecimento.
6. Manteve longo processo, junto aos órgãos públicos do Império, inclusive com o Imperador D. Pedro de Alcântara, numa significativa batalha para alcançar o seu reconhecimento oficial, o qual, em última instância, se estenderia como precedente às demais sociedades espíritas, construindo, assim, uma força para lutar contra os ataques da Igreja e dos órgãos policiais constantemente realizados, inclusive com disposição de fechar o funcionamento dessas sociedades.
7. Travou batalha também longa com a ortodoxia católica, especialmente o Bispo do Rio de Janeiro de então, que atacava o espiritismo pela imprensa e por todas as igrejas da diocese, o qual expediu documento oficial dando a essas igrejas instruções para os ataques planejados e periódicos.
8. Era regida, unicamente, pelo estudo das obras espíritas de Allan Kardec, con-

forme informa em todos os números a *Revista da Sociedade Acadêmica Deus, Cristo e Caridade*.

Revista da Sociedade Acadêmica

Como se observa, o "nada a federar" interpretado pelo autor do *Escorço histórico* em relação à época em que a FEB foi instituída foi, na verdade, uma maneira de não reconhecer os fatos para fazer prevalecer uma narrativa histórica como uma peça de ficção.

Prosseguindo com o relato do *Escorço histórico*, Juvanir Borges de Souza atribui à criação da revista *Reformador* o mesmo sentido um tanto mágico dado à fundação da FEB, correlacionando os dois eventos e dizendo-se surpreso com o fato, como o classifica, de inabitual, porque o acessório veio antes do principal. Com o exposto acima já se tem por certo que isso está comprovado de modo contrário, mas vamos, ainda assim, analisar. Aqui está, nas palavras de Juvanir:

> Outra circunstância curiosa é a de que seu órgão de comunicação e de divulgação da doutrina – *Reformador* – já existia há um ano, lançado em janeiro de 1883 por Augusto Elias da Silva, o mesmo que aglutinaria os elementos para a idealização e concretização da Casa de Ismael. Não deixa

WILSON GARCIA

de ser pelo menos inabitual preceder o acessório ao principal, explicável, entretanto, por um desígnio superior, acima e além do plano.

Sem as provas, por inexistentes, de ligação entre a fundação da FEB e o *Reformador*, fica claro que a dedução de que ambos fazem parte de um plano feito além dos domínios do mundo material é uma ilação tendenciosa e uma narrativa particular com vistas à valorização da missão espiritual da Federação e se inclui entre os esforços para dotá-la de um atributo especial, de um mandato outorgado pelos espíritos superiores, tal como herança divina recebida com exclusivida- de. A história que se conta fica a dever à verdadeira razão dos fatos e estes nos conduzem aos dados passíveis de acessibilidade: de fato, o *Reformador* começou sua circulação em 21 de janeiro de 1883 e tinha algumas características que mais tarde, após sua incorporação à FEB, desapareceram paulatinamente. De início, se declara "órgão evolucionista", como anota Figueiredo em seu livro *Autonomia* (p. 101), esclarecendo:

> Encarregaram-se da redação desse jornal o diretor da União Espírita, Au- gusto Elias da Silva e os membros da comissão confraternizadora, doutor Antonio Pinheiro Guedes e Angeli Torteroli.

O nome completo da instituição era Centro União Espírita de Propaganda do Brasil, criado pela Sociedade Acadêmica Deus, Cristo e Caridade para reunir e defender as dezenas de sociedades espíritas da época que eram atacadas pelos adversários do espiritismo e à qual grande parte aderiu. Sendo participante dela, Augusto Elias da Silva e seus dois companheiros de redação do *Reformador* de- fendiam princípios comuns, perfeitamente coerentes com a autonomia moral dos livros de Allan Kardec. Destaca ainda Figueiredo, livro citado (p. 102), este tre- cho importante do primeiro número do *Reformador*, pelo qual se tem uma clara e precisa noção de como os redatores entendiam o espiritismo, entendimento esse que, posteriormente, na fase da FEB roustainguista, será desvirtuado:

> Ainda mais: se as hipóteses são úteis, podem mesmo tornar-se necessá- rias; as ideias preconcebidas, o apego aos conhecimentos adquiridos, o há- bito, a tendência à imobilidade e contrários ao progresso, e por isso devem ser combatidos como elementos de estagnação, de aniquilamento. Esta é a tarefa de cada um e, portanto, igualmente a do *Reformador*....

O que deu origem à criação do *Reformador*, entre outras razões, era também preencher o vácuo que se formou com a ausência da *Revista da Sociedade Acadê- mica Deus, Cristo e Caridade*, oferecendo, assim, um substituto à altura daquele dinâmico órgão jornalístico espírita. Esta é mais uma razão objetiva, que, como sempre, pode haver tido a inspiração dos bons espíritos, que sempre apoiam as boas causas, entre estes, aqueles diretamente comprometidos com o projeto de implantação da doutrina espírita em solo brasileiro.

O Escorço e o Grupo Confúcio

Continuando com a análise das informações contidas no *Escorço histórico*, o autor refere-se ao Grupo Confúcio como a associação primeira aonde as raízes da FEB estariam plantadas – e diz:

> Desde o "Grupo Confúcio", fundado em 1873, com duração aproximada de seis anos, delineava-se a futura casa de Ismael.
> A esse grupo pertenceram, entre outros, o Dr. Siqueira Dias, Dr. Bittencourt Sampaio, Dr. Antonio da Silva Neto, Dr. Joaquim Carlos Travassos, prof. Casimir Lieutaud, e a ele se deve a primeira revelação de ser o Anjo Ismael o Guia do Brasil.

A informação mais uma vez é dedutiva não amparada em documentos, além de não dar aos fatos o tratamento devido e necessário a uma história sustentável. Por exemplo, quando e como a revelação sobre Ismael ocorreu? Além disso, em que circunstâncias e sob que motivação? Especialmente porque o fato narrado é afirmativo, precisaria vir acompanhado das fontes passíveis de serem conferidas, como sói ser necessário a uma história confiável e como o exigem os estudos.

A questão do Anjo Ismael, além do mais, não pode ficar apenas neste plano especulativo, porque, aí, outras percepções precisariam ser analisadas. É verdade que o Regulamento do Grupo Confúcio anota como o guia da instituição a figura de Ismael. Está lá escrito em seu artigo 28: "O seu espírito protetor é o de ISMAEL que seus membros escolheram para seu guia espiritual" Não há qualquer outra referência ao espírito e sequer é ele designado por Anjo. Se o autor do *Escorço* se baseou no fato da designação do espírito Ismael como protetor para dizer que a revelação do Anjo Ismael teve origem no Grupo Confúcio, nada mais fez que especulação. Por outro lado, torna-se impossível não estabelecer uma ligação entre o Anjo Ismael, o Grupo Sayão e o Grupo Ismael, os três mencionados em documentos, revelando uma interligação entre si. O Grupo Sayão, como o próprio autor anotou, forneceu à FEB quatro das personalidades consideradas por ela de grande importância na sua história. Pois bem, foi no Grupo Sayão que Ismael, o Anjo, apareceu com elevado destaque, manifestando-se mediunicamente, em especial através do médium Frederico Jr., como descrito no capítulo 3, *Grupo Sayão: o roustainguismo brasileiro*. Ora, esse Anjo Ismael era um espírito impostor e sobre isso não pairam dúvidas, bastando observar com mediana atenção o que está descrito no referido capítulo e, com mais força, analisar as mensagens a ele atribuídas. De qualquer forma, como não há qualquer indicação de fonte, a afirmação fica prejudicada. Se o Ismael do Grupo Sayão era um impostor e o Ismael do Grupo Confúcio era confiável, significa que não são os mesmos espíritos. Porém, se ambos foram impostores, então poderiam ser considerados os mesmos espíritos. Nesse campo especulativo, tudo leva a crer que o Ismael que se instalou na FEB é o Ismael do Grupo Sayão, por um elemento comum a ambos, Grupo Sayão e FEB: a crença e a defesa indiscutível de ambos da doutrina de Roustaing. E então não se poderá dizer que o Grupo Confúcio também tinha Roustaing por orientação, porque não há nenhuma evidência disso; pelo contrário, como registra o seu Regulamento, o Grupo Confúcio regia-se apenas pelas obras de Allan Kardec e não se encontra, na linguagem desse Regulamento qualquer indício que pudesse ligar seus membros a Roustaing, sabendo-se, de antemão, que um dos traços comuns aos grupos e pessoas de mentalidade roustainguista é exatamente o linguajar místico de origem católico-cristã tradicional.

Um acréscimo a mais é preciso fazer em relação ao apontamento feito pelo autor do *Escorço* a respeito do Grupo Confúcio. Limita-se ele a nomeá-lo e a dizer que surgiu em 1873 e durou cerca de seis anos. Deve-se acrescentar ainda: o Grupo Confúcio foi uma das quatro associações espíritas que se uniram para fundar a Sociedade Acadêmica Deus, Cristo e Caridade (1879) e seu fim se deu em função desse fato. As outras três foram: Sociedade de Estudos Espíritas Deus, Cristo e Caridade, Congregação Anjo Ismael e Grupo Caridade. Figueiredo faz o registro no seu livro *Autonomia*, (p. 586). Esclareça-se, desde já, mais uma vez o que historiadores sérios já registraram: a Sociedade Acadêmica Deus, Cristo e Caridade não teve origem em um possível academicismo elitista apontado por alguns néscios desinformados. Surgiu por conta das condições políticas do Império, que só aceitavam a Igreja Católica como instituição de cunho religioso espiritual e, com isso, ameaçava os espíritas de se reunirem. Como sociedade nominalmente "acadêmica", encontrou-se um meio legal de evitar as condições adversas da época. Mas chama a atenção de imediato a existência entre as quatro instituições que formaram a Sociedade Acadêmica Deus, Cristo e Caridade, da Congregação Anjo Ismael, o que coloca o seguinte dilema a ser resolvido: de onde se origina o seu "Anjo Ismael". Sabe-se, por documentos, que o Grupo Confúcio, que tinha como espírito protetor Ismael, é o mais antigo grupo espírita do Rio de Janeiro. São questões pendentes de solução.

Para formar um juízo exato em relação ao Grupo Confúcio e à sua sucessora, a Sociedade Acadêmica Deus, Cristo e Caridade, é preciso correlacionar os seus objetivos e o contexto histórico da época. O Regulamento do Grupo Confúcio estabelece no seu Art. 1º: "A sociedade – GRUPO CONFÚCIO – tem por fim o estudo dos fenômenos relativos às manifestações espiríticas, bem como o de suas aplicações às ciências morais, físicas, históricas e psicológicas". E seu parágrafo único reza: "É absolutamente proibido tratar-se na sociedade de questões políticas, religiosas e de economia social". Como se vê, artigo 1º e parágrafo único são a reprodução do que está no documento de igual conteúdo da Sociedade Parisiense de Estudos Espíritas, quando de sua fundação. Assim, desde o início, o Grupo se revela não religioso, interessado unicamente ao que denomina "manifestações espiríticas" com base nas obras de Allan Kardec, e suas "aplicações às ciências morais, físicas, históricas e psicológicas". Esses quatro termos devem ser entendidos na linha de pensamento que Figueiredo reconstrói em seu livro *Autonomia*, com vistas ao entendimento do contexto histórico de Allan Kardec. Diz o autor:

> As *ciências filosóficas* estudam os fatos ou fenômenos do espírito humano, por isso tomam como base a psicologia experimental. É pelo uso do método científico que elas se diferenciam dos *sistemas filosóficos* tradicionais. O filósofo brasileiro Gonçalves de Magalhães (1811-1882), que trouxe ao Brasil e implantou nas escolas o espiritualismo racional, em sua obra *Fatos do espírito humano*, explica: "A base e o ponto de partida de todas as ciências filosóficas é a psicologia, da qual elas são ampliações e aplicações"[56].

Figueiredo chama a atenção para o fato de que, embora na França de 1870, o espiritualismo racional, que está na base da formação do espiritismo de Kardec, já estivesse banido das escolas, no Brasil ele estava sendo implantado, trazido que fora por Gonçalves de Magalhães, e compreender o espiritualismo racional para entender Kardec é tão necessário como para compreender porque o Grupo Confúcio assinala em seu Estatuto "ciências morais, físicas, históricas e psicológicas" como constantes de seus objetos de interesse.

Portanto, quando fazem confusões como a de assinalar o termo "Acadêmica" como resultado de uma ferida produzida no espiritismo, comete-se não apenas um erro histórico, como se revela estar à distância dos conhecimentos que devem sustentar qualquer narrativa histórica que visa facilitar a compreensão de um período ou fenômeno.

Mais imprecisões históricas

A imprecisão contida no *Escorço histórico* de Juvanir Borges de Souza não se limita, contudo, ao que foi exposto acima, porque alcança outras afirmações não verdadeiras, confusas e mal interpretadas como se vê no seguinte texto:

---

56. Idem, p. 195.

Ao "Grupo Confúcio" seguiu-se a Sociedade de Estudos Espíritas "Deus, Cristo e Caridade", fundada em março de 1876, com programação francamente evangélica estampada em seu próprio nome e cumprida até 1879.

Cindida a Sociedade, passando a denominar-se Sociedade Acadêmica Deus, Cristo e Caridade, num processo de seleção natural segundo as inclinações dos elementos humanos e dentro da liberdade individual sempre presente, uma ala, tendo à frente Bittencourt Sampaio, Sayão e Frederico Júnior, destacou-se para fundar o "Grupo Espírita Fraternidade", em 1880.

O "Fraternidade" prosseguiu com a orientação evangélica até transformar-se em Sociedade Psicológica, desaparecendo em 1893.

Está consolidado documentalmente que a Sociedade Acadêmica Deus, Cristo e Caridade não é a herdeira da Sociedade Espírita Deus, Cristo e Caridade, mas da fusão dela e outras três. Aliás, é preciso dizer que o nome completo da nova instituição é *Sociedade Acadêmica Deus, Cristo e Caridade*, não se justificando, também por isso, as críticas a ela desferidas pelo autor do *Escorço*. O próprio dístico *Deus, Cristo e Caridade* vai ser apropriado, mais à frente, pela FEB, permanecendo até os dias atuais. É estranha, também, a menção que este faz a uma possível "seleção natural" que teria ocorrido colocando de um lado os acadêmicos e de outro os místicos, ilação que foge totalmente da realidade dos acontecimentos, como registrado aqui. Quanto a dizer que uma ala se formou para fundar o Grupo Espírita Fraternidade trata-se de uma verdade incompleta que o livro *Trabalhos espíritas de um pequeno grupo de crentes humildes,* escrito por Sayão esclarece. É certo, pois, que a criação do Fraternidade se deu no ano de 1880, em seguida, por dissenções internas, surge o Grupo Sayão, objeto de estudo no capítulo 4, *Grupo Sayão: o roustainguismo brasileiro*. O Fraternidade e o Grupo Sayão coexistiram no mesmo período e apesar do esforço exercido por Sayão para unir os dois, não houve acordo, o que significa que diferenças consideráveis os separavam, fazendo com que o Grupo Sayão tivesse o seu voo solo até desfazer-se, indo parte dos seus membros alojar-se na FEB.

A seguir, o registro histórico contido no *Escorço* faz uma comparação indevida entre o que teria ocorrido no Brasil e o desfecho da *Revista Espírita* no período pós-Kardec. Vejamos:

> Observe-se a definição de rumos com a preocupação de alguns adeptos desavisados, suprimindo o qualificativo "espírita" e substituindo-o por "Acadêmica" e "Psicológica" nas duas sociedades. O mesmo ocorreria muito tempo depois, na França de nossos dias, com a transformação da memorável *Revista Espírita*, criação do codificador, não só em seu nome respeitável, mas em sua orientação.

Uma síntese histórica dessa ordem só pode desembocar numa tremenda confusão, que tanto desorienta quanto perturba. O processo histórico que levou a profundas mudanças nos rumos da obra de Kardec, indo atingir a *Revista Espírita* de frente, tem começo logo após a desencarnação daquele e está ligado também à adulteração do livro *A Gênese*, conforme atestam documentos de grande importância arquivados no CDOR-FEAL, cuja publicação está sendo organizada. E o fato mais gritante de tudo isso: tem como uma de suas fontes a obra de Roustaing, que a FEB adota desde o final do século XIX, defendendo a absurda tese de que Roustaing e Kardec fazem parte da mesma equipe espiritual de que se originaram os livros da codificação.

A opinião de que o qualificativo "espírita" foi substituído pelo "acadêmica", não só não é verdadeira como é injusta, implicando conotação elitista e anti-evangélica, como se aqueles que fundaram a Sociedade Acadêmica Deus, Cristo e Caridade estivessem interessados no distanciamento dos fundamentos morais da doutrina espírita. E para não cometer tal engano, bastaria recorrer aos documentos da época e proceder à análise considerando, ainda, o contexto que marcou a tomada de decisão que deu origem à referida Sociedade. Ademais, há todo um acervo de publicações promovidas pela Sociedade Acadêmica Deus, Cristo e Caridade, a começar por uma revista periódica, que dão o tom eminentemente doutrinário em seus artigos de opinião, estudos e notícias. Antes de ter sido empregado para indicar uma mudança na visão doutrinária, o termo acadêmico foi uma solução para superar impasses políticos e religiosos que impediam os adeptos do espiritismo de se organizarem livremente. A única coisa que, de fato, poderia ser imputada à Sociedade Acadêmica Deus, Cristo e Caridade é a de não promover a divulgação das teses contidas na obra roustainguista, por absoluto desinteresse por ela. Para os adeptos dessas teses, tal atitude significa um distanciamento dos Evangelhos, pois entendem que estes têm primazia sobre todas as demais partes da doutrina espírita, de tal modo que nenhum estudo científico e filosófico terá o condão de equiparar-se, sequer aproximar-se. Não se esqueça, porém, de que os Evangelhos a que aludem, outros não são que *Os quatro Evangelhos*, de Roustaing.

As imprecisões não param por aí. No mesmo *Escorço*, o autor ainda especula:

> O "Grupo Ismael" (Grupo de Estudos Evangélicos do Anjo Ismael), célula de ligação entre os trabalhadores dos dois planos da vida, funciona desde 15 de julho de 1880, fundado por Antônio Luís Sayão e Bittencourt Sampaio. Posteriormente vieram Bezerra de Menezes, Frederico Júnior, Domingos Filgueiras, Pedro Richard, Albano do Couto e outros companheiros provindos de diversos núcleos. Acedendo Bezerra de Menezes em aceitar a presidência da Federação, em 1895, o "Grupo Ismael" acompanhou o apóstolo, apoiou-o na direção da Casa e integrou-se nela.

O livro citado de Sayão é, mais uma vez, o documento que reformula a informação. Vemos em *Trabalhos espíritas de um pequeno grupo de crentes humildes* que o grupo era conhecido por Grupo do Sayão e Grupo dos Humildes. Suas reuniões tiveram início em julho de 1880, de fato, mas denominá-lo Grupo Ismael é um forçamento de barra. A linha do tempo criada pelo autor do *Escorço* é meramente especulativa e se junta ao sentido dado às ligações possíveis entre a criação do *Reformador* e a da FEB, ou a toda a história da FEB, como se um plano supranormal estivesse se revelando em sua magia intrínseca.

Por outro lado, ao considerar essa relação de continuidade entre o Grupo do Sayão e o Grupo Ismael, sediado na FEB, o autor, que é ex-presidente da centenária instituição assina embaixo tudo o que está registrado no livro *Trabalhos espíritas de um pequeno grupo de crentes humildes*, por mais absurdas, incoerentes e insanas que sejam as experiências mediúnicas ali relatadas, as mensagens e os atores espirituais que dominaram aquele cenário, numa demonstração de envolvimento com um processo obsessivo de grandes proporções, num grau de fascinação elevadíssimo, dado que ocasionado entre homens letrados, com destaque na sociedade e absolutamente respeitáveis. Os poucos membros do Grupo Sayão, todos médiuns, obedeciam às ordens dos seus guias, acreditavam nas identidades que os espíritos apresentavam, sonhavam em ser instrumentos da continuidade de *Os quatro Evangelhos* com a apresentação de outros livros de igual fonte e teor, enfim, extasiavam-se com as aparições da Virgem Maria e de Jesus, ao vivo e a cores. Não será nenhum excesso admitir que o livro do Sayão nos leva à presença de um dos maiores casos obsessivos de fascinação coletiva de todos os tempos.

Novo Centro da União Espírita?

Na primeira gestão na presidência da FEB, em 1889, Bezerra de Menezes fez um gesto pouco compreendido ainda atualmente: tentou fundar uma outra instituição para fazer o trabalho de unificação do movimento espírita, deixando de lado a própria FEB. O estudioso da história, Mauro Quintella afirma[57]:

> (...) parece que Bezerra de Menezes não acreditava que a FEB pudesse cumprir esse papel, pois assim que assume a direção da casa, ele convoca um inesperado congresso para o dia 31 de março de 1889. Nesse evento compareceram cerca de 34 grupos, que aceitaram sua sugestão de se criar um novo centro federativo, no qual cada grupo tivesse um representante. A ideia não era nova, pois o antigo Centro da União Espírita do Brasil já havia tentado colocá-la em prática.

Ao final daquele ano, Bezerra se afasta da presidência da FEB para dedicar-se à União, traça o seu formato estrutural e se empenha na criação de uma Esco-

---

57. Jornal Espírita, janeiro de 1988, Breve História da Unificação.

la de Médiuns, pensando, também, "criar um estabelecimento de ensino, uma revista de estudos práticos da doutrina sob o ponto de vista científico, realizar conferências públicas e fazer experimentações científicas sobre princípios e fatos espíritas", assinala Quintella[58]. Seus esforços não encontram a adesão necessária e a instituição pensada não vinga. Bezerra passa a dedicar-se exclusivamente ao Grupo Sayão, ao lado de Bitencourt Sampaio, Sayão e Frederico Jr.

Cinco anos depois, com a FEB vivendo severa crise e sem presidente, Bezerra de Menezes foi procurado como uma espécie de salvador da pátria. Foi insistentemente instado em assumir a chefia da FEB e sob grande pressão, acabou por aceitar. Contou para isso com o apoio dos companheiros do Grupo Sayão, aos quais confidenciou a situação. Como informa Canuto de Abreu em seu livro *Bezerra de Menezes* (2017, p. 58):

> Bezerra de Menezes ia ser o delegado desta aliança espiritual, à qual ficava daquela hora em diante confiada a bandeira Deus, Cristo e Caridade e a tarefa de erguer sobre os três polos o templo do Cristianismo Espírita no Brasil. Quem ia dirigir a Federação e a Assistência era o Grupo Ismael.

Será, portanto, sob Bezerra de Menezes que a FEB decidirá levar o programa de Roustaing à frente, confiando no projeto de instituição de um modelo baseado no Grupo Sayão e levando-o a todos os lugares. Instala-se na FEB o Grupo Sayão, agora, definitivamente, como Grupo Ismael. Bezerra, que passou a combater pelas colunas do *Reformador* os adversários dos crentes roustainguistas, partirá da Terra, enquanto Roustaing renascerá e assumirá os destinos. Em 1901, tem início a fase de sustentação ideológica baseada em *Os quatro Evangelhos*, com a primeira reforma estatutária da FEB.

Um Bezerra discricionário e o futuro da FEB

Para assumir a presidência da FEB no seu período mais longo (1895-1900), Bezerra de Menezes foi convencido de ser a mão e a voz mais forte, além de única capaz, naquele instante, de levar à frente a instituição em vista de sua profunda crise social e econômica. No *Escorço histórico da FEB*, o ex-presidente Juvanir Borges confirma o fato (p. 6):

> (...) a crise chegou ao auge com a completa ruína das finanças da Sociedade, quando os poucos remanescentes recorreram a Bezerra de Menezes, como último recurso para evitar a dissolução completa. Bezerra assume a presidência (...) com poderes absolutos.

---

58. Idem.

No caso, poderes absolutos e discricionários possuem o mesmo sentido: "livre de condições, de restrições; arbitrário, discricional, ilimitado"[59]. Bezerra não só aceitou a condição de possuir o direito de utilizar as mãos e o olhar a seu talante, como os empregou. Estava convencido, definitivamente, de que o espiritismo se completava com a Revelação da Revelação e esta, para ele, era o farol indispensável à concretização dos objetivos do espiritismo. Sem a obra de Roustaing, o espiritismo não poderia chegar no seu ponto máximo, porque ele, espiritismo, para Bezerra de Menezes, era a promessa e a concretização da Religião via Evangelhos. Tudo se resumia nesse ponto de vista que ele havia haurido no Grupo Sayão.

A ação, o comando e as decisões do destino da FEB, a fala e a pena, tudo se encontrava e se assentava na figura de Bezerra de Menezes, que, então, viu-se diante de dois pontos fundamentais para a implantação de seu plano: (1) enfrentar o Centro da União com sua visão de um espiritismo livre-pensador, sem as peias da religião que Roustaing valorizava, transferindo de lá para a FEB o comando do movimento espírita, pois o Centro da União era onde as sociedades espíritas se reuniam; e (2) sob o princípio de que o modelo das reuniões do Grupo Sayão era o ideal para as sociedades espíritas, instituí-lo no maior número possível delas, não apenas na Capital Federal, o Rio de Janeiro, mas em todo o país.

Bezerra de Menezes comandou a FEB nos últimos 5 anos do século XIX e introduziu ali a ideologia roustainguista sob a crença de que era necessária ao espiritismo.

---

59. Conf. definição em Dicionário Google.

Bezerra de Menezes não demorou para colocar o plano em funcionamento. Assim, já em janeiro de 1896, tendo sob o seu comando a FEB e o jornal *Reformador*, deu início às ações, deixando bem claro que tudo que dissesse respeito ao jornal e à instituição seria por ele determinado e resolvido. Com isso, passou o final de 1895 e o ano inteiro de 1896 no combate ao Centro da União e àqueles que por ele falavam ou os integravam, especialmente Torteroli, que considerava a cabeça pensante do Centro da União, a inteligência que a sustentava intelectualmente, cabeça essa por demais livre-pensadora e arrojada no modo de ver e praticar o espiritismo. O Centro da União e o próprio Torteroli defendiam e praticavam o espiritismo na sua faceta de filosofia e moral autônoma; Bezerra defendia o espiritismo como o promovia Roustaing, uma Religião baseada na moral heterônoma. Estava claro, nem um pingo de dúvida sobre isso havia.

Assim, o *Reformador* traz em sua edição de 1º janeiro de 1896, na terceira parte do artigo "Os tempos são chegados" assinado por Bezerra de Menezes, esta definição:

> O fim especial do espiritismo, revelação da revelação, é rasgar o véu da letra e apresentar ao mundo, em toda a sua divina nitidez, as puras verdades escoimadas das humanas impurezas.
>
> O meio, pois, de realizar o fim do espiritismo, consiste em compreender e divulgar o Evangelho, sagrado depositório de verdades ensinadas por Jesus, mas compreendê-lo em espírito e verdade, e divulgá-lo coerente com os novos ensinamentos, mediante a luz do espiritismo.

Reformador, veículo da FEB, em sua edição de janeiro de 1896

Bezerra é Roustaing integralmente, no pensamento e na linguagem. O espiritismo, para ele, é o divulgado por Roustaing, para quem Kardec é apenas fornecedor de princípios e, ainda assim, reformulados de acordo com o que estabelecem *Os quatro Evangelhos*. A revelação da revelação é o Evangelho "em espírito e verdade" e o espiritismo, para Bezerra, é o Evangelho e o tem como seu ponto culminante. A razão é do domínio da ciência, que não é capaz de dar ao ser humano aquilo de que ele precisa para retornar a Deus. A racionalidade científica é e será sempre subalterna, pois somente a Religião poderá encaminhar o ser humano ao seu destino junto a Deus. São expressões assumidas repetidas vezes por Bezerra de Menezes.

No mesmo artigo, Bezerra afirma, após condenar esse espiritismo que não respeita as tradições sagradas e, por isso, é profanado:

> É isto que não pode continuar; e para que não continue, desvirtuando a santa doutrina, é mister reunir, sob a bandeira branca de Ismael, aqueles que, muitos ou poucos, preferem o epíteto de místicos, contanto que compreendam o caráter essencial do espiritismo, a pertencerem aos grupos ou falanges que professam o espiritismo científico, que repele a comunicação dos espíritos, a pluralidade de existências, o aperfeiçoamento indefinido do ser humano, e todos ou quase todos os princípios de caráter moral.

O dístico "bandeira branca de Ismael" é uma espécie de reafirmação dos propósitos claros de Bezerra com relação ao seu projeto, que, nestas alturas, assumiu o epíteto de místico com que era designado pelos adversários de sua crença. Em vista disso, vai ficando cada vez mais enfática, vigorosa a sua luta, até alcançar um clima de quase guerra. No quarto capítulo do seu artigo "Os tempos são chegados", de 15 de fevereiro, diz ele:

> A orientação característica do espiritismo, temo-lo dito à saciedade, é a compreensão e a divulgação do Evangelho interpretado à luz da nova revelação; donde a obrigação dos grupos que abraçam aquela orientação e, por isso, constituem-se membros da verdadeira família espírita, de tão depressa conhecerem a doutrina, aplicarem a luz desta ao estudo do Evangelho.

Com atitude de uma verdadeira ofensiva ao Centro da União e seus membros mais destacados, Bezerra vê-se contraditado muito fortemente por aqueles a quem ataca, que, entre si e de forma aberta, comentam os textos que saíam de 15 em 15 dias, sem falhar uma quinzena sequer. Estava claro o desprezo de Bezerra pela ciência e sua definitiva adesão a uma forma de religião, que dizia não aspirar a templo nem a ritos, mas na prática era o que ocorria. Sabia-o ele, pois, conhecia de perto os métodos do Grupo Sayão, onde encontrou o tipo de espiritismo que mais lhe agasalhava os sonhos. O Grupo realizava sessões tendo, sempre, os símbolos cristãos-católicos presentes, ora na forma como se referiam a eles, ora na maneira como os introduzia e até mesmo tendo-os por referência material em algumas sessões voltadas à comemoração de datas do calendário católico. Os protestos aos seus artigos aumentavam na medida que Bezerra enfatizava a defesa da maneira como entendia o espiritismo moldado por Roustaing.

Na quinta parte do seu artigo "Os tempos são chegados", publicado em 1º de março de 1896, ele vai se defender:

> Aos que protestam contra a orientação dada ao espiritismo em meus passados artigos, dizendo que ela anula a ciência e reduz o próprio espiritismo a uma seita do espiritualismo, respondo:
>
> A ciência é a luz do entendimento, que aspira a compreensão de todas as leis da criação; mas essa luz foi dada por Deus ao homem, e só pelo cultivo do entendimento o homem jamais chegará à noção do supremo Criador.
>
> Ao contrário, é de simples observação que o estudo exclusivo da ciência, ou exclusivo desenvolvimento do entendimento, arrasta o homem para a negação, para a explicação da maravilhosa obra do universo pela natureza, pela força e matéria.

Ao afirmar que a ciência "arrasta o homem para a negação", porque o leva a interpretar o universo "pela natureza, pela força da matéria", Bezerra conscientemente se expõe como um defensor intransigente da Religião como a entende e como entende que o espiritismo é. Não causa estranheza, portanto, que essa afirmação alcance o público como uma bomba, aumentando as críticas contra ele. De fato, a afirmação é feita sem preocupação de provas; a generalização é um agravante a mais. Ninguém de bom-senso acreditaria que a racionalidade científica tornaria a todos aqueles que dela se ocupam materialistas ou negadores da espiritualidade humana.

O seu entendimento do valor da ciência é relativizado ao extremo. Acredita que a ciência tem seu valor, mas acima dela está a religião, que declara ser a "ciência das ciências".

No mesmo texto, prossegue Bezerra sua ênfase a favor da religião:

> Ora; a religião, a verdadeira e pura religião, revelada aos homens por Jesus o enviado de Deus, contém-se toda no Evangelho, entendido em espírito e verdade.
>
> E como é o espiritismo, revelação da revelação messiânica, que veio dar a luz para a interpretação do Evangelho em espírito e verdade, segue-se que outra não pode ser a orientação dele emanada, senão a que indiquei: estudo, compreensão e difusão do Evangelho, à luz da nova revelação.

E mais:

A religião, pois, é a grande luz do espírito, pela qual ele devassa os segredos da ciência, mas a luz da ciência não dá para compreender, antes afasta o espírito da fonte de toda a verdade.

Bezerra chega, assim, ao final da sua interpretação daquilo que identifica como "Os tempos são chegados", mas longe de encerrar aí a sua batalha pessoal. Os cinco capítulos não foram suficientes para deixar claro, de forma indiscutível, a verdade que propagava, verdade sua e da Federação Espírita Brasileira, de que era a voz definitiva. Na edição de 15 de abril de 1896, sob o título "Uma explicação", volta a insistir na questão da ciência, em longo artigo, do qual extraímos esta reafirmação:

Para nós, ciência verdadeira, única verdadeira, é a que emana da religião, a qual foi criada por Deus, sendo o espiritismo a consubstanciação das duas: ciência religiosa ou religião científica.

O Centro da União, por seus membros e diretores, mantinha sua postura, tendo sempre por divisa a visão espírita consubstanciada na moral autônoma; as sociedades espíritas a ele ligadas tinham liberdade para discutir e definir a maneira como entendiam o espiritismo, sem nenhuma censura ou voz dominante. E o Centro trabalhava a difusão ou propaganda (termo mais empregado na época) doutrinária com certa liberdade e arrojo, o que leva Bezerra a ter mais argumento para condenar o Centro da União, até que resolveu manifestar-se a respeito da notícia que lhe chegou, dando conta de que seu nome fora eliminado do quadro de diretores do Centro. Sua declaração está publicada na edição do *Reformador* de 15 de agosto de 1896, como segue:

Convencido desta verdade e ansiando por ver unido em pensamento e ação segundo o modelo que nos legou o Divino Mestre toda a gente espírita, eu fiz o sacrifício de permitir que meu nome, embora sem nenhum valor, figurasse como diretor do Centro da União Espírita, na esperança de alcançar que aquele Centro pautasse suas obras pelas normas da doutrina, que devem ser as de todos os grupos que quiserem merecer dignamente o glorioso nome de espíritas.

Bem cedo convenci-me de que nada conseguiria do meu intento, ouvindo dos lábios do chefe dos chefes palavras, que me queimaram as asas de minha esperança: Jesus não é meu senhor, é sim meu irmão e meu igual!

Desde então, procurava um meio de me desligar daquela escola, em meu humilde pensar, antiespírita e ruinosa, sem faltar à lei do amor e da fraternidade pela intransigência, que exclui a benevolência para com os nossos irmãos e procurava e procurava tal meio, quando tive pelos jornais profa-

PONTO FINAL – O REENCONTRO DO ESPIRITISMO COM ALLAN KARDEC | 233

nos o conhecimento de que o Centro da União Espírita, por voto de seus diretores, me havia expelido do seu seio, em razão de ser eu homem político. (...) encheu-me de grata satisfação o fato de ser satisfeito o meu desejo, sem que faltasse eu aos meus deveres de espírita.

De fato, o nome de Bezerra figurava entre os dos diretores do Centro da União quando ele retornou à Federação e assumiu seu novo mandato, agora com poderes discricionários. Não apenas isso, a própria Federação funcionava no prédio do Centro da União, onde também se localizava a sede da Sociedade Acadêmica Deus, Cristo e Caridade. Para dar força à Federação e transferir para ela o trabalho da unificação foi que Bezerra começou sua luta contra o Centro da União. Todavia, nem por isso seu nome deixou de constar entre os diretores desta.

A forma como Bezerra tratou a notícia de que ele havia sido afastado da diretoria do Centro da União, dizendo-se feliz por não ter precisado ele próprio tomar a iniciativa de sair, levou alguns espíritas a apoiá-lo por conta de uma aparente injustiça e até mesmo intolerância por parte do Centro da União. Ao mesmo tempo, deixou no ar algumas interrogações, que só foram resolvidas quando a direção do Centro da União publicou no próprio *Reformador*, edição de 2 de novembro de 1896, o seguinte esclarecimento endereçado à FEB:

> (...) não é verdade que o Centro tenha expelido de seu seio o vosso presidente; apenas não pode ele exercer as funções de diretor enquanto estiver exercendo o cargo de chefe de um partido político, que ele aceitou, conforme se vê em seu manifesto. Pode ele ser espírita, mas não pode exercer o cargo de diretor porque não queremos nos deixar direta ou indiretamente dominar pelos pseudopartidos políticos, acima dos quais colocamos a missão espírita e a obediência ao art. 17 parágrafo 4 dos estatutos do Centro.

Ou seja, Bezerra foi excluído do quadro de diretores do Centro da União pelo fato de estar atuando como chefe de um partido político e não por conta de qualquer outro motivo. Ao excluí-lo, o Centro da União fazia cumprir o seu estatuto, que assim o obrigava. Ainda hoje é comum as sociedades espíritas deixarem patente em seu estatuto a proibição de qualquer de seus membros ocupar cargo na sociedade ao mesmo tempo em que também o faz em partido político. Trata-se de uma prática amplamente defendida nos meios espíritas, prática que tem inspiração nas orientações de Kardec. Bezerra, com todos os poderes que lhe deram os companheiros da FEB, permaneceu atuando politicamente ao tempo em que dirigia esta instituição espírita.

Em setembro, na edição do *Reformador* do dia 1º, Bezerra prosseguiu sua campanha contra o Centro da União. Não lhe deram apoio apenas os companheiros da FEB de então, mas, também, os que o sucederiam. Embora houvesse quem o recriminasse, este era uma voz sem eco. Pelos tempos afora, ele será aquela figura considerada fundamental na preparação da estrada da FEB e na estrutura doutrinária. Seus atos e suas ideias foram e são elogiados até hoje.

Na edição referida, Bezerra volta-se, mais uma vez, contra as práticas utilizadas pelo Centro da União para difundir o espiritismo, considerando-as desrespeitosa e antirreligiosas. Em vista disso, conclama:

> Espírita, portanto, o que for verdadeiramente espírita, é sectário de uma doutrina religiosa, ou só tem de espírita o nome todo o que considerar de outro modo o espiritismo.
>
> A revelação da revelação, dizem os celestes propagandistas, é, como o nome o indica, a interpretação do Evangelho em espírito e verdade; logo, a nossa propaganda, a verdadeira propaganda espírita, deve ser modelada por aquele divino estalão.
>
> Se, pois, o espiritismo é uma revelação interpretativa da Revelação Messiânica, a única missão do espírita é compreender e propagar o Evangelho em espírito e verdade, quanto permite o progresso da humanidade.

Bezerra multiplica os adjetivos referentes à obra de Roustaing a cada parágrafo, do mesmo modo que reforça a sua visão unitária em relação à junção espiritismo-roustainguismo, deixando evidente que para ele o espírita verdadeiro é o que aceita a revelação da revelação. O olhar conservador apegado a preceitos limitadores das ações está disposto a condenar qualquer atitude mais arrojada, considerando-a desrespeitosa para com a Divindade. Domina o cenário mental de Bezerra a ideia fixa de um espiritismo que só pode ser entendido pelas luzes roustainguistas; fora disso, não há espiritismo e por consequência não há espíritas. "Se, pois, o espiritismo é uma revelação interpretativa da Revelação Messiânica, a única missão do espírita é compreender e propagar o Evangelho", afirma. E apresenta sua palavra de autoridade:

> Sejam, pois, espíritas científicos os que negam a N. S. Jesus Cristo supremacia sobre a humanidade, que nós, os membros da Federação Espírita, nos contentamos com a menor parte do espiritismo: o seu caráter religioso.
>
> Os nossos irmãos, que compreenderem assim o espiritismo, liguem-se conosco, para trabalharmos pela verdade.
>
> Os que não o compreendem assim têm aí Centros e Academias a que se ligarem.

Nesta mesma edição de 1º de setembro, Bezerra de Menezes fez publicar em espaço privilegiado do jornal *Reformador* a seguinte:

DECLARAÇÃO NECESSÁRIA

Aos espíritas da Capital Federal e dos Estados, julgo do meu dever, para evitar equívocos, declarar:

Que nenhuma relação tenho com o Centro da União Espírita de Propaganda;

Que a Federação Espírita Brasileira, de que este jornal é órgão, também não faz parte daquele Centro;

Que se, antes da minha presidência, a Federação nomeou delegado junto à União, eu não a ratifiquei, tendo recebido o cargo com poderes discricionários;

Que o fato de publicar o *Reformador* o expediente da União, não implica ligação, mas sim condescendência, que teríamos com qualquer outro grupo espírita.

A autoridade de Bezerra de Menezes está por ele mesmo assegurada em vista de, em suas palavras, haver "recebido o cargo com poderes discricionários". A partir de então, por decisão de Bezerra, a Federação não terá mais representante no Centro da União. O rompimento só não é mais incisivo em vista de o *Reformador* manter uma coluna do Centro da União em suas páginas, mas, ainda assim, isso acontece por pura "condescendência" da FEB, ou seja, de Bezerra de Menezes, uma vez que a FEB é ele. Essa declaração será mantida no mesmo espaço privilegiado por diversas edições futuras.

No número seguinte do Reformador, de 15 de setembro, o Centro da União será novamente combatido por Bezerra e uma das maneiras que utiliza para o combate é publicar uma informação sobre as comemorações do 92º aniversário de nascimento de Allan Kardec, que ocorreria no dia 4 de outubro próximo. Bezerra tomou conhecimento da uma nota do Centro da União, enviada ao Reformador para ser publicada naquela edição e, imediatamente, redigiu a sua nota em nome da FEB para evento semelhante. Eis o que diz o Centro da União:

CENTRO DA UNIÃO ESPÍRITA DE PROPAGANDA

A diretoria central, na sessão nº 64, resolveu que, no dia 3 de outubro próximo futuro, todas as agremiações unidas e filiadas, realizem a sessão magna em homenagem a Allan Kardec, nas respectivas sedes; e no dia 4, às 7 horas da noite, no salão da sociedade Derby-Club, à praça da Constituição nº 8, a diretoria central, em nome de todos os espíritas do Brasil, realizará a sessão magna para solenizar o 92º aniversário do nascimento do fundador da filosofia espírita, o 17º da instalação do Sociedade Acadêmica Deus, Cristo e Caridade, e 15º da fundação do Centro Espírita da União.

Na mesma página da nota do Centro da União aparece a da Federação; foi posicionada quase na mesma altura da outra, de modo a que se vê ambas num simples olhar. Redigida por Bezerra de Menezes, informa:

> ALLAN KARDEC
>
> No próximo sábado, 3 de outubro, 92º aniversário da encarnação daquele grande e luminoso espírito que a este desventurado planeta de sofrimentos veio trazer a palma da nova redenção, a Federação Espírita Brasileira, para solenizar essa data augusta dará um número especial do *Reformador*, exclusivamente consagrado ao Mestre, e fará em honra à sua abençoada memória uma sessão prática de caridade aos infelizes que sofrem, parecendo-lhe esse o meio mais agradável e simpático ao seu espírito de testemunhar-lhe todo o afeto e toda a gratidão que por tantos títulos lhe devotamos.
>
> Como não se trata de nenhuma sessão magna ou aparatosa, a Federação não distribui convites para essa festa. Receberá, todavia, em seu seio, com o maior agrado, todos os irmãos que a esse tributo de sinceridade e de afeto ao Mestre querido desejem vir associar-se.

Bezerra não perdia nenhuma oportunidade para espetar os diretores do Centro da União, ainda que parecesse, em momentos como esse, uma briga infantil e, do ponto de vista jornalístico, uma atitude pouco ética. Bezerra tinha nas mãos o poder de redigir o *Reformador* e ao publicar a nota sobre as comemorações da data de aniversário de Allan Kardec utilizou-se de modo autoritário deste poder, confrontando a boa ética que o direito de pensamento e expressão consagra, bem como a moral evangélica que a Bezerra era tão cara.

Bezerra prosseguiu em seu intento de reduzir a zero o Centro da União, pelas colunas do *Reformador* e alhures. Na edição do jornal, de 15 de outubro de 1896, o Centro de União Espírita de Propaganda do Brasil, em sua coluna que ainda era mantida no jornal da FEB, informa sobre sua decisão de não discutir em público, pela imprensa, sobre espiritismo, ou seja, quando atacada por uma agremiação espírita em vista de sua forma de compreender e difundir o espiritismo, ficaria em silêncio. Era uma clara resposta a Bezerra de Menezes. Eis a nota:

> A diretoria central, aceitando a orientação da filosofia espírita, deliberou não discutir pela imprensa com nenhuma agremiação espírita, porque por intermédio dos seus representantes todos podem discutir amplamente o espiritismo entre os espíritas, nas sessões ordinárias do Congresso, todos os domingos a uma hora da tarde....

Se esta nota esclarecia e deixava à vista o modo como o Centro da União havia decidido sobre o assunto, isso não teve efeitos sobre Bezerra de Menezes, que

PONTO FINAL – O REENCONTRO DO ESPIRITISMO COM ALLAN KARDEC | 237

prosseguiu em seu combate àquela instituição. Bezerra falava por si e pela FEB, configurando um debate pessoal e ao mesmo tempo institucional, mas o Centro da União manteve-se no comportamento anunciado.

A edição do *Reformador* de 2 de novembro seguinte apresenta um novo artigo de opinião de Bezerra de Menezes, sob o título "Fiat Lux", no qual ataca um outro artigo publicado no *Jornal do Brasil* de 10 de outubro, assinado por Victor Antonio Vieira, em que analisa e defende a postura científica do espiritismo. O tema espiritismo e ciência, já se sabe, era espinhoso para o religioso Bezerra, e este não se fez de rogado. Preparou seu texto para o jornal *Reformador*, dividido em três partes, sendo que a primeira apareceu nesta edição de 2 de novembro, enquanto as demais apareceram nas quinzenas seguintes. Bezerra aproveita para atacar o autor do artigo, o Centro da União e Angeli Torteroli, a quem elegeu um inimigo do espiritismo. Entre outras coisas, diz Bezerra:

> Espíritas. Graças ao Sr. Torteroli e seus sectários, criador e membros do Centro da União Espírita de Propaganda, tendes hoje duas lentes de ver e compreender o espiritismo: filosofia social, baseada em ciência positiva, que procura a conquista do bem-estar na vida terrena (espiritismo do Centro) e religião, ou se quiserdes, filosofia e ciência religiosa, que ensina o caminho de chegar a Deus e os meios de nos reconciliarmos com Ele (misticismo segundo os filósofos cientistas do Centro).

O assunto vai merecer por parte de Victor Antonio Vieira uma réplica ao "Fiat Lux" de Bezerra, que responderá de duas maneiras, sempre pelo *Reformador*: publicando as duas outras partes do artigo "Fiat Lux" e inserindo nas mesmas edições desse jornal um novo artigo em três partes, de título "Uma simples réplica". As discussões ficaram outra vez nos dois campos, o pessoal e o institucional, pois Bezerra era sua própria voz e a voz da FEB. Um resumo das discussões pode ser visto neste excerto, da edição do *Reformador* de 15 de novembro, nas palavras de Bezerra:

> Eu bebo as minhas ideias no Evangelho, que as mais elevadas mentalidades, posso dizer que quase todo o mundo inteligente, aceita como ensino de salvação: religião.
> O ilustre escritor bebe as suas noutra fonte, onde vão ter os que se preocupam exclusivamente do bem-estar nesta vida: ciência ou filosofia social.

Outra vez, Bezerra de Menezes reforça a visão roustainguista de que o Evangelho é o "ensino de salvação", ao mesmo tempo que é religião, enquanto para Kardec salvação e caridade consubstanciam-se no lema áureo do espiritismo: "Fora da caridade não há salvação".

Deve-se, portanto, a Bezerra de Menezes ir a Federação Espírita Brasileira para o trilho de Roustaing, ali fixando seus vagões e orientando sua direção. Com ele, o espiritismo unia-se, de forma indissolúvel, a Roustaing, óleo e água no mesmo pote, elementos esses que, para se manterem misturados precisam de uma constante e intermitente ação emulsificadora. Em estado natural, como o óleo e a água, espiritismo e roustainguismo se mantêm separados. Emulsionados, são células que se juntam, mas somente em aparência; basta deixá-los descansar para que voltem ao seu estado natural. O roustainguismo, por isso mesmo, interpenetrou o espiritismo para formar a cultura híbrida que mescla autonomia e heteronomia e espalhar-se nas massas que se vêm atraídas pela extraordinária construção kardequiana. O espiritismo, por mais paradoxal que pareça, não tem nada a ganhar com o roustainguismo, mas o roustainguismo não sobrevive sem o espiritismo. Ele é como as plantas vampiras, que se abastecem da seiva de outras plantas, sugando-lhes permanentemente. A cultura baseada apenas na moral autônoma de Kardec é uma construção que está por se fazer. É uma revolução à espera dos revolucionários destes tempos que, mais uma vez, chegaram.

CARIDADE E JUSTIÇA SOCIAL[60]

Justiça Social é uma construção moral e política baseada na igualdade de direitos e na solidariedade coletiva. Em termos de desenvolvimento, a justiça social é vista como o cruzamento entre o pilar econômico e o pilar social[61].

Fez-se recentemente uma conjectura sobre a possível presença de Kardec reencarnado atualmente, admitindo-se que, neste caso, ele possivelmente daria preferência ao termo Justiça Social em detrimento ao termo Caridade. Assim, teríamos "fora da justiça social não há salvação" em lugar de "fora da caridade não há salvação". Certamente, para que tal mudança ocorresse, teríamos de convir que também os espíritos que assessoraram o codificador assim pensariam, de modo a ocorrer o que no século XIX aconteceu: a opção de Kardec pela definição do paradigma "fora da caridade não há salvação". Mas tal decisão, hoje, não teria por motivação a oposição ao que pregava, então, a Igreja Católica, que afirmava "fora da Igreja não há salvação", uma vez que as lutas contemporâneas já não mais se concentram com igual força nas religiões, mas, sim, nos conflitos sociais, que por si mesmos são conflitos políticos e econômicos, em que o espectro social assenta-se nos extremos da injustiça

---

60. Artigo do Autor publicado no seu blog www.expedienteonline.com.br: https://www.expedienteonline.com.br/justica-social-nao-cobre-em-extensao-o-sentido-de-caridade/#more-4077.
61. Conf. https://pt.wikipedia.org/wiki/Justiça_social, em 28/01/2020 às 07:20h.

e afrontam violentamente, por isso, a individualidade humana nos seus direitos mais simples.

Por mais que a Justiça Social interesse de perto a todos os homens de bem, que pelejam por uma sociedade justa e igualitária, humana e fraterna, livre e solidária, há um sentido, um significado na expressão Caridade, quando empregada por Kardec, que a coloca numa dimensão ampla, na qual a justiça social se torna um de seus indispensáveis aspectos. Ou seja, Caridade para Kardec não é uma mera palavra e nem o seu significado, então, se destinava apenas à oposição ao que pregava a Igreja. Aliás, pode-se afirmar com segurança que este é um dos seus sentidos menos importantes, conquanto oportuno na época.

Segundo Kardec, "uma sociedade que se baseia na lei de Deus e na justiça deve prover a vida do fraco, sem que haja para ele humilhação. Deve assegurar a existência dos que não podem trabalhar, sem lhes deixar à mercê do acaso e da boa vontade de alguns"[62]. Como se vê, a Justiça Social, como Caridade ou solidariedade no seu sentido lato, praticada com desinteresse pessoal, por puro dever, faz parte da moral autônoma do espiritismo.

Um estudo acurado vai mostrar que o termo Caridade no espiritismo possui uma dimensão cósmica, pelo que abarca não apenas as relações humanas na Terra como também em todo o Universo, no mundo visível e no invisível aos sentidos humanos. A palavra pode ser empregada a uma inumerável quantidade de valores e de práticas, de sentimentos e ações, de relações naturais e culturais. É termo que expressa com perfeição a harmonia presente no Cosmos, entre os mundos, pois que estando configurado expressa, *ipso facto*, a completude, ou seja, as relações dos seres inteligentes entre si e com a natureza. À sua ausência por conta da passageira imperfeição humana, ela continua presente, mas então incompleta.

As injustiças sociais são indicativos da ausência da Caridade. Os sistemas econômicos e políticos incapazes de trazê-la ao cenário da vida humana resultam nas desigualdades, na falta de solidariedade, de convivência fraterna, na brutalidade dos sentimentos, nos sistemas de dominação, no bloqueio da liberdade, enfim, nos direitos humanos negados. Mas a ausência da Caridade aponta, também e de primeiro turno para o baixo nível de consciência dos indivíduos que implantam e mantêm esses sistemas políticos e econômicos, explicitando o deplorável estado de sofrimento a que o ser humano é submetido.

---

62. Apud Figueiredo, P. H. in *Autonomia*, 2ª ed., 2019, p. 295.

No quadro atual da evolução do nosso planeta, empunhar a bandeira da Justiça Social é dever e direito dos cidadãos já devidamente colocados na trilha da conquista da Caridade, sob o estímulo de sentimentos sublimes e assentado no maior desinteresse possível, ou seja, praticar a Caridade sem objetivar resultados espirituais consequentes da prática, mas fazê-lo segundo a consciência do dever. Negar à Justiça Social o seu valor e importância é mostrar-se distante da verdadeira consciência que a Caridade invoca.

A Caridade é, pois, conquista do espírito imortal. Ela não pertence a nenhum sistema filosófico, político, econômico, menos ainda a qualquer religião. A Caridade é apanágio do homem de bem e este não pertence a nada, senão a si mesmo. Os sistemas justos que a compreendem, dão-lhe o impulso para derrubar as barreiras da incompreensão instalados nos seres e nas sociedades egoístas. A Caridade, contudo, penetra cada vez mais nas consciências em expansão, pois é ela que indica o caminho sonhado da paz.

Kardec compreendeu isso nas suas reuniões com os espíritos da codificação, ao indicar a dimensão cósmica da Caridade. Factualmente, entendeu que "fora da Caridade não há salvação", mas ao fazê-lo sabiamente não circunscreveu a Caridade nos limites condicionantes da Igreja, nem mesmo ao significado temporário da salvação. Seu olhar estava fixado além dos contornos do Planeta ao perceber que a verdade se assenta no fato de que a Caridade é o caminho da paz e da inconteste felicidade. É de se crer, portanto, que os mundos superiores, onde paz e felicidade são estados naturais da vida em permanente evolução, coisas como Justiça Social já não constituem mais ideal, senão realidade, uma vez que participam da dimensão maior da Caridade.

Grupo Ismael e sua fase febiana

A instalação na FEB do antigo Grupo Sayão, agora com o nome definitivo de Grupo Ismael, foi o suporte ideológico a conferir razão e determinação para a construção do destino da Federação. O grupo prosseguiu com sua metodologia antiga, ao passo que adaptava os novos crentes à medida que substituía os antigos em razão de sua desencarnação. Dessa forma, vamos encontrá-lo em 1941 seguindo o mesmo roteiro e administrando a mesma convicção, que determinavam o norte da FEB, até mesmo sua razão de ser. Não é despropósito dizer que sem Kardec a FEB sobreviveria, mas não sem Roustaing, mesmo que se admita que, sem Kardec, Roustaing perderia sua razão de existir. É que Roustaing parte das bases espíritas e, modificando-as consideravelmente, busca instituir-se.

Assim como o Grupo Sayão ofereceu à posteridade a sua memória no livro *Trabalhos práticos de um grupo de crentes humildes*, também o seu continuador, o Grupo Ismael o fez, com a publicação do livro *Trabalhos do Grupo Ismael da Federação Espírita Brasileira*, em 1941, sob a autoria do então presidente Guillon Ribeiro. A obra reproduz as atividades do grupo de 1901 a 1939. Sobre este livro e seu conteúdo, publicamos o artigo a seguir, reproduzido com as devidas atualizações. Ei-lo:

Página de rosto do livro Trabalhos do Grupo Ismael. Exemplar entregue ao autor por Francisco Thiesen, devidamente autografado por ele.

Ismael, um Anjo na FEB[63]

A história do Grupo Ismael está registrada neste livro a partir da reprodução de um trabalho desenvolvido por Pedro Richard e publicado 40 anos antes, ou seja, em 1901, nas páginas do *Reformador*, da FEB. Embora o livro se destine a transcrever e comentar as mensagens recebidas pelos médiuns do grupo no período de julho de 1939 a dezembro de 1940, Guillon Ribeiro aproveita a oportunidade para destacar este histórico como forma de fixar aquelas que julga serem importantes contribuições ao espiritismo brasileiro, sendo, porém, certo que elas estão circunstancialmente presas ao contexto de crenças onde a FEB localizou-se.

Sob este aspecto, o texto de Richard é também um daqueles instrumentos que permitem avaliar as condições das práticas mediúnicas, antevistas por Allan Kardec em *O Livro dos Médiuns*, em que as influências do meio recaem sobre os médiuns e das quais quase sempre não é possível fugir. O clima psicológico e espiritual do grupo é de crença absoluta na sua importância enquanto conjunto de seres especialmente destacados pela espiritualidade superior para levar avante uma tarefa de semeadura da doutrina espírita, bem como de sua condução pelos tempos futuros. Trata-se, sem dúvida, para os líderes do grupo, de um mandato divino e único, ou seja, declaradamente não há dois grupos com as mesmas atribuições, nem dentro da FEB, à qual o grupo se subordina a partir de determinado momento, nem fora da FEB, por mais que houvesse instituições respeitáveis alhures.

Em cometimento dessa ordem, a narrativa de Richard busca deixar claro que a luta do grupo para se manter e se preservar da invasão de agentes sem clareza de consciência desse mandato é uma espécie de guerra entre a luz e as trevas. Por possuir tal responsabilidade, segundo Richard e seus pares, o grupo sofre a contestação dos adversários de modo contínuo, mas sua força está em sua perseverança e nesse núcleo da consciência de que o mandato justifica a luta, pois é a verdade – que o grupo crê saber avaliar melhor do que ninguém – que está sendo levada à frente. Este modo de ver e de ser vai conduzir a um ponto extremo, em que os conflitos não apenas de relacionamento no meio espírita, mas principalmente de interpretação doutrinária dificultam saber se as

---

63. Publicado no blog www.expedienteonline.com.br: https://www.expedienteonline.com.br/ismael--um-anjo-na-feb/#more-2892. Esclareça-se que este trabalho foi escrito e publicado antes do aparecimento dos livros *Revolução espírita* e *Autonomia, a história jamais contada do espiritismo*, de autoria de Paulo Henrique Figueiredo, onde informações e documentos inéditos são abordados, repondo parte considerável da história do espiritismo e da doutrina falsa de Roustaing.

Ponto final – O reencontro do espiritismo com Allan Kardec | 243

aludidas forças das trevas estão fora dos domínios do grupo ou dentro deste, a manipular, iludir e enganar.

Vejamos, pois, alguns aspectos curiosos da narrativa de Richard, que Guillon reproduz integralmente. Nota-se que o texto guarda a característica mística dos seus semelhantes à época, muito próxima da linguagem católico-cristã que os séculos enraizaram na cultura ocidental e a secularização afrouxou, sem eliminar, mas que a obra de Roustaing tratou de recompor para atender à demanda da ala de místicos que de fato se alojou nos meios espíritas. Por isso, esse é o primeiro destaque que se faz já a partir do parágrafo de abertura da narrativa de Richard, que está assim vazada:

"Quando, por determinação do Eterno, que é a manifestação integral do amor e da misericórdia, sem caprichos e sem imposição, pois o livre-arbítrio é sempre respeitado, foi lançada a propaganda do Evangelho do seu Divino Filho, em espírito e verdade, nesta parte do planeta, essa nobre e penosa missão foi confiada ao bom Anjo Ismael, que, com dedicação de que só são capazes os espíritos de enorme elevação moral, organizou o pequeno grupo denominado "Confúcio", reunindo para isso meia dúzia de trabalhadores de boa vontade, e deu começo à obra santa do Senhor".

O período a que Richard se refere é a década de 1870. Já então ou a partir daí começou-se a fortalecer a tese de que um certo anjo de nome Ismael recebera a missão de conduzir a implantação dos Evangelhos em espírito e verdade em terras brasileiras, o que seria e só poderia ser feito com a bandeira do espiritismo. Assim, com a criação do Grupo Confúcio, a ponta inicial da história do Grupo Ismael, e com a escolha dos primeiros componentes diretamente por Ismael estava atribuída a missão divina que eles conduziriam até alcançar o momento em que a FEB apareceria no cenário e finalmente se faria herdeira dessa missão. Subjaz, aqui, a ideia de que Ismael detinha não só autoridade para agir diretamente no planeta, fazer escolhas e implantar atividades-fim, mas também alterar, modificar, mudar. A classe dos Anjos é na escala espírita de Kardec a mais elevada, o que, então justifica e dá força à figura do Anjo Ismael. Esse detalhe, contudo, é irrelevante se considerar-se que a escala espírita[64] é um instrumento didático, destinado mais à reflexão a respeito da hierarquia espiritual e sua constituição do que propriamente um documento do tipo legal ou natural. Sua complexidade foi prevista por Kardec, dado que se trata de considerar individualidades inteli-

---

64. *O Livro dos Espíritos*, questão número 100.

gentes, com seus atributos, autonomia, níveis de consciência e trajetória evolutiva, fatores esses que impedem a determinação de níveis rígidos que as iguale em determinados tempos.

Assim, segundo Richard, em 1873 o Grupo Confúcio é dissolvido por Ismael e para o seu lugar o Anjo cria uma sociedade, de nome "Deus, Cristo e Caridade"[65]. A saga do grupo estava, então, em seu processo longo de maturação, seguindo a eterna dicotomia da luta entre a luz e as trevas, fato que vai prosseguir por anos. Para Richard, a escolha do nome da nova sociedade por Ismael é a escolha de um título "que por si só é a síntese da doutrina espírita". Ele reafirma ainda a ideia de os colaboradores escolhidos por Ismael possuírem uma condição especial, ao dizer: "o Guia do espiritismo no Brasil reuniu todos os trabalhadores de boa vontade que, ao encarnar, haviam tomado o compromisso de o auxiliar nesse memorável empreendimento", ideia essa que, junto a outras de igual teor, acabarão por formar a tiara sagrada dos integrantes do grupo. Apesar disso, a nova sociedade encontrará seu termo ao alterar suas concepções e modificar o nome para Sociedade Acadêmica Deus, Cristo e Caridade, o que, segundo Richard, ocorre por um desvio provocado pelas forças trevosas, gerando a divisão entre místicos e científicos, a merecer dele a crítica de que "a ciência que edifica e que exalta só pode ser adquirida por aqueles que possuem virtudes", concepção essa que em certa medida é colocada em prática com extrema força nos dias atuais, repetindo a mesma concepção defendida por Bezerra de Menezes no período de 1895-1900, quando presidiu a FEB com poderes absolutos.

Assim, a nova Sociedade Espírita Fraternidade, criada logo após, torna-se a sucessora natural da anterior, salvando-se dos escombros aqueles poucos obreiros que permaneceram fiéis a Ismael. E um detalhe chama a atenção nestas palavras de Richard: "À sociedade foi traçado o programa espírita mais completo que jamais temos conhecido". É que neste programa o polêmico Roustaing ganha presença destacada ao fornecer o material básico para as reuniões de estudo dos Evangelhos, enquanto Kardec ficava com a parte complementar. Segundo o autor, foi aí, na Fraternidade, que Kardec teria dado algumas mensagens em 1888 e as confirmado dois anos depois. É também onde Bezerra de Menezes começa a fortalecer a sua imagem de condutor e mestre.

A saga, porém, não estava concluída. Os científicos mais uma vez se tornaram obstáculo aos místicos e a fraternidade se modificou, exigindo dos crentes a busca de novos ares. Bezerra acorreu à FEB que estava

---

65. A informação está errada. O Confúcio foi uma das 4 instituições fundadoras da Sociedade Acadêmica Deus, Cristo e Caridade, conforme se pode conferir no capítulo 4 – História falseada e história real.

em situação difícil e para lá transportou os Estatutos da Fraternidade, ou seja, a concepção de um espiritismo místico, piedoso, essencialmente evangélico. Bezerra tornou-se assim uma espécie da representante direto de Ismael na Terra, embora ele, Ismael, continuasse agindo diretamente sobre os destinos da doutrina, segundo crê Guillon e seus antecessores.

Entra em cena, agora, o "Grupo Sayão", filho direto da antiga sociedade "Deus, Cristo e Caridade"[66], inicialmente conduzido por aquele que o fundou em sua casa e o fazia reunir em seu escritório e cujo nome completo era Antônio Luís Sayão, místico e adepto inveterado de Roustaing, amigo e admirador de Bittencourt Sampaio, escritor e poeta também da linha mística.

Os conceitos roustainguistas impregnavam o contexto interno dos adeptos e direcionavam os critérios para a escolha e aceitação destes. Consequências externas ocorriam e então inevitáveis conflitos se produziam a partir das divergências entre a interpretação do modo de ver de Kardec e o do seu adversário francês. Os adeptos de Roustaing produziam livros na tentativa de validar suas ideias e justificar a opção por ele, opção que diziam estar em relação à interpretação dos Evangelhos, onde Roustaing era, acreditavam, mais completo do que Kardec. Esta concepção, aparentemente, não atingia os demais livros da obra kardequiana, mas era visível que essa retórica não se sustentava, haja vista para o fato de que *O Evangelho segundo o Espiritismo*, de Kardec, não subsiste sem os demais livros, especialmente o primeiro – *O Livro dos Espíritos* – ou seja, não se pode ver nenhuma das obras de Kardec de modo isolado das demais, especialmente aquela que busca aplicar aos Evangelhos a interpretação espírita. Portanto, qualquer interpretação à base dos conceitos de Roustaing não só era vista como contrária à de *O Evangelho segundo o Espiritismo*, como também e especialmente à de *O Livro dos Espíritos* e seus consequentes. À semelhança da cultura judaica que ultrapassa os milênios de forma incisiva, os adeptos de Roustaing desenvolveram uma capacidade de resistir ao tempo sem ceder, mas também sem deixar de criar os espaços para que a crença geral se espalhasse, de forma a garantir sua presença junto à obra espírita dos séculos futuros. Essa marca está presente em grande parte dos adeptos de Roustaing que se destacaram na defesa dele e na propagação de suas ideias controversas, sob o slogan de Revelação da Revelação.

O Grupo Sayão foi levado para a FEB e lá se instalou sob o título de

---

66. Há aqui outra informação equivocada. O Grupo Sayão foi formado por uma dissidência do Fraternidade, que por sua vez nasceu de uma dissidência dos roustainguistas que se abrigavam na Sociedade Acadêmica Deus, Cristo e Caridade.

Grupo Ismael. Ali vai passar por diversas tribulações e viver períodos difíceis e constantemente seccionados, com Guillon atribuindo às forças das trevas a causa de todos os dissabores, e à incúria dos homens as influências perniciosas daquelas. Mas tem o autor um destaque que corrobora a interpretação de que Roustaing era imprescindível aos crentes. Guillon afirma que os lapsos de tempo – e foram muitos – em que o Grupo Ismael não funcionou não foram suficientes para interromper os estudos da obra de Roustaing. Eis como diz: " [...] jamais se interrompeu, de um só dia, desde 1880 até agora [o estudo] dos Evangelhos pela obra Revelação da Revelação, de J.B. Roustaing". Então, por conta da repercussão negativa que esse tipo de situação gera, o Grupo Ismael e, de resto, toda a base da FEB, uma vez que o grupo lá se instalou, sente-se pressionado a dar explicações públicas sobre a doutrina roustainguista e este livro de mensagens não faz por menos. Ainda em sua parte histórica conduzida por Guillon Ribeiro, este informa que a análise das mensagens objeto do próprio livro é uma demonstração de que a chamada espiritualidade superior conduzida pelo Anjo Ismael e representada por diversos espíritos nas mensagens mediúnicas sempre aprovou a doutrina de Roustaing, e o argumento aí está vazado nestes termos: "[...] nunca nenhum deles, em qualquer dos seus ditados, quer psicográficos, quer sonambúlicos, proferiu uma única palavra que se possa considerar de condenação, velada ou clara, de *Os quatro Evangelhos*, de Roustaing, ou, sequer, como restritiva de alguma das revelações e explicações contidas nessa obra". É como se a universalidade dos ensinos dos espíritos, que sustentou Kardec, estivesse funcionando para Roustaing. Não se esqueça, porém, duas coisas: (1) de que tais mensagens só apareceram nos grupos de crentes roustainguistas, daí serem suspeitas e não constituírem material veraz para tal fim; (2) Roustaing, por não alcançar para sua obra o acolhimento de Allan Kardec, fez-se crítico mordaz da universalidade dos ensinos dos espíritos, acusando Kardec de não ter empregado tal método em diversas situações.

Tais argumentos se assentam na ideia de que espíritos de tamanha grandeza jamais omitiriam pareceres esclarecedores àqueles que estudam e acreditam sinceramente no que fazem, especialmente porque acima de todos estava o Anjo Ismael, o mais destacado preposto de Jesus, sem perceber que no cerne desse argumento está o seu contrário, ou seja, o de que espíritos esclarecidos deixam por respeito à liberdade dos encarnados que estes tomem suas decisões por si mesmos, mormente nas questões de crença e especialmente quando estas assumem proporções extensas. Mas, se eventualmente algum comunicante faz uma incursão mais profunda neste tipo de assunto e deixa registrada sua preocupação com os excessos da crença, há de se perguntar que consequências isso teria em relação à credibilidade da fala do comunicante. Seria ele levado em consideração ou seria visto como um representante das trevas infiltrado entre eles e, quem sabe, utilizando-se de um conhecido nome alheio para melhor alcançar seus propósitos de desunião do grupo?

As palavras de Guillon, que fecham esse resumo histórico, refletem muito bem essa assertiva acima. Diz ele: "Mas, então, é quanto basta para que a Federação, mesmo aos que nela mourejam e a têm humanamente dirigido falecessem todos os requisitos intelectuais e morais para por si mesmo lhe apreenderem o subido valor e a sabedoria do que nela se contém, como provindo dos mais luminosos planos da espiritualidade, aceitasse, adotasse e recomendasse, para inteligência integral de tudo o que nos Evangelhos se encerra e em especial no de João, a aludida Revelação da Revelação, sem se perturbar com as opiniões personalistas dos que, sem a conhecerem, por não a terem estudado convenientemente, condenam, combatem, repudiam e achincalham essa obra sábia, que completa admiravelmente a de Kardec, imprimindo à revelação espírita o seu cunho mais relevante – o de complementar a Revelação Cristã".

Para finalizar, algumas informações necessárias ao livro em questão. A introdução e o resumo histórico ocupam cerca de 50 páginas do livro. As demais são divididas em duas partes, a primeira delas contendo a transcrição de comunicações mediúnicas recebidas no período aludido e a segunda parte contendo outras comunicações, mas acompanhadas de comentários do autor do livro. Traduzindo em números, são 32 mensagens assinadas na primeira parte e 31 na segunda parte. Entre estas, porém, aparecem algumas outras de espíritos em regime de orientação, sobre cuja presença e participação se tecem comentários. Todas as mensagens assinadas, porém, são dadas, em sua maioria, por espíritos que fizeram parte do grupo quando encarnados. Assim, temos Bittencourt Sampaio com 24 mensagens, Pedro Richard com 18, Romualdo com 9 e Bezerra com 3. Os demais espíritos nomeados que aparecem assinam 1 mensagem cada um. Há de se notar que estes espíritos são as antigas lideranças que parecem ter permanecido ali, sem arredar o pé, na continuidade de uma luta que começou lá atrás. Por fim, registre-se que as mensagens de ambas as fases oferecem material para análise crítica e questionamento em todos os aspectos do processo mediúnico, desde a autoria ao conteúdo, o médium e o meio em que os fenômenos descritos ocorrem. Este é um trabalho a fazer, necessário, que permanece em aberto.

5

Cultura espírita ou hibridismo cultural

Hibridismo cultural é uma questão interessante, vamos dizer, fazendo uma analogia que seria mais ou menos como o ar, só que um pouco mais visível, pois se pensarmos, realmente, não sabemos como e onde ele começa, não temos lembrança de uma última cultura realmente "limpa", sem influência de nenhuma outra. E por mais que sempre esteja presente no nosso dia a dia estamos tão acostumados com ele que, dificilmente, sem estarmos prestando atenção a isso, nos damos conta dessa coisa que desde então está presente na nossa vida.

(...)

O hibridismo acontece em todos nós, mesmo que não queiramos ou tentemos manter nossa suposta tradição viva, você simplesmente pega uma pessoa com uma formação cultural que provavelmente já recebeu influência de outras culturas, e essa pessoa ao longo de sua vida vai adquirindo com o seu contato com outras culturas uma nova formação cultural, que vai ser passada então para frente. Talvez seja dessa forma que o hibridismo vem atravessando séculos.[67]

---

67. Lima da Silva, R. & Palmeira, E. Mauch in Revista eletrônica "Contribuiciones a las Ciencias Sociales" – http://www.eumed.net/rev/cccss/09/lsmp.htm – 13/01/2020, 04:30h.

Foi em 1917 que o estudo da obra de Roustaing foi introduzido no Estatuto da Federação Espírita Brasileira, afirma Paulo Henrique de Figueiredo em sua obra *Autonomia, a história jamais contada do espiritismo*[68]. Mas desde o final do século XIX a cultura roustainguista estava em gestação ali, por meio dos defensores das teorias daquele que encarnaria a maior distorção do espiritismo no pós-Kardec, distanciando a doutrina espírita de seu principal construtor.

Quando se fala em cultura, fala-se não em simples adoção de princípios teóricos sejam eles quais sejam, mas em uma prática continuada de maneira que esses princípios se introjetam nas pessoas e nas instituições, tornando-os base de sustentação de pensamentos, expressão e hábitos, valores e crenças. Quando esse processo se instala e é chamado a reproduzir, estende-se pelo tempo afora e abraça a todos aqueles que, de uma forma ou de outra, ficam sob as asas da instituição, são por ela aceitos e recebem o aval do pertencimento. Ou seja, a cultura é, no caso, o verdadeiro código que rege internamente a instituição, projetando-se para além dela por meio das relações sociais e das ações comunicativas que ela, pelos seus adeptos e suas lideranças, realiza com a sociedade.

Segundo a definição genérica de Tylor:

> Tomado em seu amplo sentido etnográfico [cultura] é este todo complexo que inclui conhecimentos, crenças, arte, moral, leis, costumes ou qualquer outra capacidade ou hábitos adquiridos pelo homem como membro de uma sociedade. (GARCIA, 2008, pág. 30.)

Sociologicamente, cultura é tudo aquilo que resultada da criação humana. Nessa linha, Raquel Brito simplifica e estabelece:

> A resposta a essa pergunta envolve uma definição complexa, mas que é vivenciada no dia a dia por todos nós. Trata-se do *conjunto de conhecimentos*, valores, símbolos, tradições, ideias, costumes e práticas que se tornam características de um grupo, seja ele familiar, social, étnico, religioso e assim por diante.

E exemplifica:

> Esse conhecimento nem sempre é formal — ninguém precisou fazer um curso para aprender a cultura de seu próprio povo. Ela foi transmitida para as gerações seguintes no cotidiano: na conversa, nas atividades diárias, nas festas e comemorações, no exemplo das outras pessoas.

Aquilo que se classifica como cultura da FEB é derivado do conhecimento e das práticas decorrentes dos ensinos roustainguistas em sua mescla com o co-

---

68. P. 637.

nhecimento espírita racionalizado por Kardec. Nas instituições onde a doutrina espírita é levada a balizar e sustentar as práticas, sem os desvios e as infiltrações estranhas, forma-se uma base cultural espírita. Mas tal não ocorre quando o conhecimento espírita é mesclado com teorias contrárias, como acontece com a infiltração roustainguista. Nesse caso, não se pode falar em cultura espírita, mas da FEB, construída pela FEB e estendida por ela a outras instituições, seja por aculturação, seja por contato. Mas não se trata de uma cultura "pura", desenvolvida a partir da base racional que é Kardec, senão, agora, de um hibridismo cultural, em que as bases roustainguistas e kardecistas foram mescladas como a parecer uma só e única, de modo a alcançar o estádio de uma experiência total.

O caso é ainda mais grave porque: (1) tido equivocadamente como desenvolvimento do espiritismo de Kardec, o roustainguismo é, de fato, o oposto do espiritismo, ou seja, contrário à razão espírita; (2) para maior confusão, os defensores do roustainguismo defendem que este, no que tange às explicações dos Evangelhos, é superior e mais completo que o espiritismo.

É sob essa concepção que o roustainguismo foi levado a sustentar todo o saber e todas as práticas colocadas em funcionamento pela FEB ao longo dos mais de 120 anos de sua existência e, portanto, formatado como cultura própria a fundamentar as ações sociais, os cursos, as criações artísticas (escritura de livros, revistas, apostilas, artes plásticas etc.), crenças e valores defendidos pela instituição. A difusão dessa cultura febiana ganhou amplitude com os *mass medias* e alcançou as alturas com a rede digital.

Muitos se dizem contrários ao roustainguismo, mas não alcançando sua abrangência não compreendem o seu significado ou as significações que propõe. Assim como os primeiros adeptos do roustainguismo estavam impregnados dos conceitos católicos, adeptos que eram da religião cristã, o povo brasileiro, que vive também em sua maioria sob essa influência, por seguir seus líderes ditos espíritas terminam por padecer dos mesmos conceitos na incapacidade cultural em que estão de não poderem distinguir uma doutrina que confere ao adepto o direito à autonomia e outra que o prende à heteronomia, às normas e crenças místicas, das quais se tornam dependentes na sua jornada terrena.

A cultura espírita na atualidade brasileira é híbrida e ninguém sabe onde começa Kardec ou onde termina Roustaing. Até mesmo os mais cultos e experientes no cultivo das bases kardecistas são incapazes de perceber onde o hibridismo os alcançou, até onde estão envolvidos pelos dois polos respectivos: a autonomia moral de Kardec e a moral heterônoma de Roustaing.

"Boa parte dos frequentadores e organizadores das casas espíritas no Brasil vive mergulhada no paradigma tradicional da heteronomia"[69]. É preciso saber dis-

---

69. *Autonomia*, 2ª ed. 2019, p. 534.

so e colocar tal situação em destaque para compreender como, quanto e até onde a crença e os valores roustainguistas se espalharam pelo campo de atuação do denominado movimento espírita. Mesmo quando se acentua que os roustainguistas são poucos, desde a chegada de suas teorias no Brasil – já o eram assim em França – a questão não pode ser reduzida a uma influência mínima, sob pena de não lhe atribuir o peso e a extensão adequados. Na França, o peso pode ser visto como nulo, pelas circunstâncias sob as quais apareceu e pelo tempo rápido que desapareceu, mas no Brasil ele não só aportou como tornou-se fonte degradada de inspiração para alguns, aqueles mesmos que não se fizeram de rogados para empunhar a desgastada bandeira como, de fato, tornaram-se ativistas de Roustaing.

Por isso, tem razão Figueiredo (2ª ed., 2019, p. 585) quando, escrevendo sobre "os desvios ocorridos no movimento espírita brasileiro", explica:

> Por meio de novas fontes primárias, documentos, revistas, cartas, obras raras, desde o século 19, grande parte pertencente ao grandioso acervo de Canuto de Abreu, a história do espiritismo precisa ser refeita. Os fatos e registros de época corrigem, contradizem, denunciam como incompletas. Viciadas por um viés ideológico ou até mesmo falsas, muitas das histórias relatadas em livros e revistas, principalmente desde o século 20. A maioria desses textos não apresenta nem cita fontes para que se possa refazer os caminhos das pesquisas por eles elaboradas.

De fato. Leia-se esses relatos e ver-se-á seu conteúdo pleno de adjetivos elogiosos a partir dos quais se ergue e constrói mitos, histórias extraordinárias, sublimidades comoventes, amparo espiritual inigualável, privilégios, eleição decorrente de decisões dos planos superiores, mandatos especiais etc. A partir do momento em que tudo isso se torna base de uma história escrita e aceita, reproduz-se por meio dos adeptos de maneira quase natural e espontânea, pois torna-se condição para garantia do pertencimento. Afinal, a instituição é a herdeira espiritual da história, no caso em questão, da história do espiritismo e essa crença deve, precisa ser repassada para tantos quantos desejam tornar-se, manter-se e proclamar-se espírita. O universo do conhecimento e das experiências necessárias ao progresso dos indivíduos se reduz às quatro paredes da instituição elegida. Nada existe além que já não esteja aquém.

O hibridismo cultural espírita-roustainguista se manifesta de formas e modos diversos: no formato de relações entre humanos e divindades sob discursos de base místico-irracional ou na elogiosa referência a textos inúmeros escritos sob influência heterônoma. Livros são exaltados, espíritos são cultuados, personalidades destacadas, histórias são contadas, instituições são amadas sem que se saiba, de fato, a moral verdadeira que as preside ou presidiu no curso de sua existência. O espírito crítico proposto pela fé racional se perde em meio a relações promíscuas que na sua inconsciência os indivíduos realizam em base a mensagens que misturam erro e castigo, pecado e penalidade.

Entre os mais argutos, muitos não se deixam levar por esses cânticos sacros, entretanto, poucos são corajosos o bastante para se anteporem a essa corrente mística. Em nome, pois, de uma união pelo bem da doutrina espírita, aceita-se ou releva-se, admite-se ou tolera-se tudo isso, demonstrando-se o quão é pequena a capacidade dos homens de perceber o imenso prejuízo que causa um agir dessa ordem. O imobilismo impera. Quando não se tem a noção exata dos acontecimentos se é facilmente levado pelos sentimentos não guiados pela razão, afinal, como se diz popularmente, o inferno está cheio de bem-intencionados.

Todos sabemos que um fato tem três versões: a minha, a sua e a verdadeira. Esta última é a que interessa aos destinos, mas onde está ela? Como localizá-la e, mais do que isto, como abraçá-la sem o temor de causar aborrecimentos ou desgostos? É de Herculano Pires a afirmação de que quem não defende a verdade traída e conspurcada pela mentira não é digno da verdade. E quem não é digno da verdade abraça a mentira. Na cultura institucional, a verdade é a que é dita, escrita, propagada, reproduzida, afinal, a instituição está acima de todos. É ela, na forma como propagada institucionalmente, que representa a vontade dos planos superiores que, afinal, é a vontade de Deus. Tal é a cultura estabelecida nos códigos internos e nas referências escolhidas, que não devem ser contestadas por nenhum dos adeptos, para que o pertencimento não seja abalado. A autonomia individual é somente a permitida pela autoridade herdeira de um mandato divino. Submeta-se a ela todo aquele que não deseja ver seu futuro e seu sonho de liberdade destruído.

Então, perguntar-se-á: qual é a verdade histórica? Leia-se para esse fim Paulo Henrique de Figueiredo nas páginas do seu livro *Autonomia, a história jamais contada do espiritismo*, especialmente a partir do item "Os desvios ocorridos no movimento espírita brasileiro", páginas 585 e seguintes. Coteja-se com a história que foi escrita pelos adeptos de Roustaing, leia-se FEB, a partir da cultura por suas teses amplamente disseminadas. Por ora, aqui, cuidaremos de juntar mais alguns fatos pouco ou nunca revelados que darão ainda mais base à história real.

Centenário de Allan Kardec

Em 1904, a Federação Espírita Brasileira tomou a iniciativa de organizar um evento na cidade do Rio de Janeiro para comemorar o centenário de nascimento de Allan Kardec, ocorrido em 3 de outubro de 1804. As datas escolhidas para o evento: dias 1, 2 e 3 de outubro. Foram convidados os espíritas e os centros espíritas de todo o país para se fazerem presentes ou para nomearem representantes seus nas comemorações, sendo que a programação previa a tomada de algumas decisões importantes.

O *Livro do centenário*, publicado pela Federação em 1906, apresenta um relato do acontecimento, informa que as comemorações do primeiro dia ocorreram em sua sede da rua do Rosário, 97, 1º e 2º andar, tendo começado pouco depois das 7 horas da noite. Os itens importantes da pauta eram a inauguração dos cursos de Humanidades, a serem patrocinados pela FEB em sua sede, no período noturno e inteiramente gratuitos, além da discussão do documento "Bases da Organização Espírita" pelos delegados das instituições espíritas ou seus representantes presentes no evento. Assim, após a inauguração dos cursos:

> (...) o nosso ilustrado vice-presidente [Aristides Spinola] encerrou a cerimônia com algumas eloquentes palavras de congratulação e agradecimento, em que transparecia o mais eloquente júbilo pelo êxito dessa primeira festividade, efetuando-se em seguida e logo que se retiraram os convidados, a reunião dos delegados para aprovação das bases da organização espírita de que em primeiro lugar nos ocupamos.
>
> Na reunião dos delegados, foram aprovadas, depois de discussão e de ligeira retificação em alguns pontos do projeto original apresentado pela diretoria da Federação.

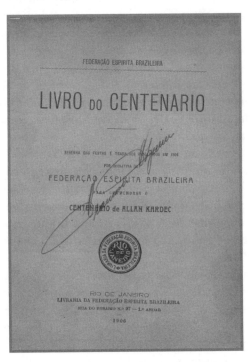

Página de rosto do Livro do Centenário, que relata as comemorações dos 100 anos de nascimento de Allan Kardec, realizadas no Rio de Janeiro pela FEB. Exemplar oferecido ao autor por Francisco Thiesen, devidamente autografado.

São desconhecidos "os pontos" objetos de discussão e modificação do documento, pois o livro da FEB não os registra nem a eles faz qualquer alusão. Depreende-se, contudo, que um desses pontos esteja relacionado ao estudo da obra *Os quatro Evangelhos*, de Roustaing, que aparece no documento quando da indicação dos livros de estudo do aspecto moral da filosofia espírita, ao lado de *O Evangelho segundo o Espiritismo*. Pretendia a FEB que o documento indicasse apenas a obra roustainguista? Diante disso, teria encontrado resistências intransponíveis, vindo a ceder para não perder a batalha?

A transcrição do documento se impõe pelo que contém, pelos desdobramentos futuros que terá e por sua vinculação à vontade da FEB de reforçar sua decisão de conduzir o movimento espírita brasileiro. Ei-lo:

BASES DA ORGANIZAÇÃO ESPÍRITA

Os espíritas do Brasil, tendo em vista a conveniência e oportunidade de uma organização geral da propaganda, sobre bases homogêneas, e:

Considerando que o espiritismo, sendo uma doutrina integral sobre o tríplice aspecto científico, moral e filosófico, não deve ser desmembrado por exclusivismos em quaisquer sentidos, e assim: convém, para o primeiro, observar sempre os seus fenômenos e deduzir as suas leis, ou confirmar as já estabelecidas como verdadeiras; para o segundo, isto é, quanto à moral, que é a própria moral instituída pelo Cristo nos Evangelhos e desenvolvidas pela Revelação moderna, deve ser objeto de especial cultivo, por ser esse o seu objetivo capital; e quanto ao último, convém sempre frequentar o terreno das induções e das deduções filosóficas, como um meio de evolução permanente da doutrina;

Considerando ainda que já é tempo de fazerem os espíritas a demonstração prática da doutrina que professam, não somente pelos círculos da investigação e propaganda existentes, dando-lhes uma organização metódica, mas também pela criação de institutos didáticos, em que, a par da instrução geral, sejam ministradas, da criança ao adulto, as noções da doutrina espírita, obtendo-se por essa forma a sua divulgação mais rápida e extensa

Resolvem:

Empregar desde já todos os esforços para a criação, na Capital de cada Estado da União Brasileira, de um Centro calcado nos moldes da Federação do Rio de Janeiro, tendo por fim promover a organização e filiação de associações de estudo e propaganda em todo o Estado. Tais instituições, aderindo ao programa da Federação Espírita Brasileira, a ela se filiarão com as respectivas associações subsidiárias, sem nenhuma relação de dependência disciplinar, mas unicamente com o intuito de confraternização e unidade de vistas.

Em todas essas agremiações o programa consistirá:

PONTO FINAL – O REENCONTRO DO ESPIRITISMO COM ALLAN KARDEC | 257

A) Para a parte experimental, na observação e análise dos fenômenos espíritas e conexos, criando-se para isso "Escolas de médiuns", em que, antes do ensaio das faculdades, receberão eles a instrução doutrinária completa, para uso e segurança de seu exercício, adotando-se para isso *O Livro dos Médiuns* como vade-mécum indispensável.

B) Para a parte filosófica, no estudo analítico e comentado, por ordem seguida, de *O Livro dos Espíritos*, podendo ser completado com *O Céu e o Inferno*, do mesmo modo.

C) Para a parte moral, no estudo dos Evangelhos, adotando *O Evangelho segundo o Espiritismo* os que assim o entenderem, ou *Os quatro Evangelhos*, ou *Revelação da Revelação*, dada a J. B. Roustaing, os que o preferirem, em todos estes estudos permitindo-se sempre a permuta de opiniões, para perfeito entendimento das questões tratadas.

Além disso, como complemento demonstrativo da moral que professam os seus filiados, as associações espíritas se esforçarão para criar e manter caixas de socorros, da natureza da Assistência aos Necessitados, ou semelhante, criando igualmente gabinetes mediúnicos receitistas nos moldes dos da Federação, para cura gratuita de enfermos e distribuição de medicamentos homeopáticos.

Serão também criadas aulas gratuitas de instrução elementar, ou secundária, com uma parte dedicada ao estudo da filosofia ou da moral espírita.

O presente programa será remetido por cópia a todas as sociedades espíritas do Brasil e aos espíritas militantes, onde não os haja, a fim de ser tentada a sua aprovação e consecutiva realização.

Sala das sessões da Federação Espírita Brasileira, no Rio de Janeiro, em 1 de outubro de 1904. (Grifos nossos)

Percebe-se em todo o texto destas bases da organização espírita o forte teor doutrinário de base roustainguista, sobre cuja base a FEB, com Bezerra de Menezes à frente em seu último mandato, proclamou o desejo de moldar os centros espíritas brasileiros. A frase "moral instituída pelo Cristo nos Evangelhos e desenvolvidas pela Revelação moderna" é uma lídima expressão do ideário roustainguista, sendo que os Evangelhos a que se refere o seu autor são os canônicos e a "Revelação moderna", assim mesmo, com R maiúsculo, é um designativo da chamada Revelação da Revelação, de Roustaing. O texto, portanto, é uma costura destinada a subordinar a Roustaing a organização daquilo que viria a ser chamado de movimento espírita.

De qualquer forma, as bases aprovadas no evento não teriam aplicação imediata, senão depois da aprovação das **"sociedades espíritas do Brasil' e dos "espíritas militantes"**, como consta do penúltimo parágrafo do documento acima transcrito.

O Estatuto oficializa as intenções

A FEB não nasceu sob o signo de Roustaing. Essa é uma afirmação que se pode fazer com convicção, o que não ocorria até pouco tempo atrás. Esconder a verdade é comportamento comum aos regimes autoritários e, portanto, heterônomos. A FEB também não nasceu com a intenção prévia de comandar o espiritismo brasileiro, nem mesmo com resquícios autoritários e concepções resultantes da ideia de herança divina. O nome de um dos fundadores mais destacados é disso garantia: Angeli Torteroli, ele que também foi cofundador da revista *Reformador*, criada pouco mais de um ano antes da FEB. Uma frase dita por Torteroli pode ser vista como um paradigma que confronta as ideias roustainguistas. Disse ele: "admito que Deus não castiga nem perdoa". (FIGUEIREDO, 2ª ed., 2019, p. 590) Esta frase, dita assim, com mediana leveza, seria motivo de grande discussão anos depois, combatida especialmente por parte de Manoel Quintão pelas páginas do *Reformador*.

A história contada da FEB tem uma semelhança com a ideia equivocada de evolução em linha reta, do roustainguismo. Aqui, a linha reta está na forma, na maneira como a história é contada, ou seja, quando a FEB surgiu no distante ano de 1884 já estava fundada no plano espiritual e teria sido, pois, a materialização de um desejo dos espíritos superiores sob a autoridade do Anjo Ismael. O pano de fundo dessa criação mental é o de que a FEB nasceu sob mandato divino e, por isso, tem o atributo do comando da condução do espiritismo brasileiro. Os fatos mostram o contrário, mas se contados em sua veracidade acabarão por seccionar a linha, promovendo um desvio. Não há, porém, como evitar os fatos e manter a história contada. Nem a evolução se dá em linha reta, como o demonstra Allan Kardec, nem a história do espiritismo comporta a versão oferecida pela FEB.

Até pouco tempo, não se tinha acesso ao primeiro estatuto da FEB, nem a alguns documentos e livros importantes. A busca incessante e tenaz por esses alfarrábios levou a descobrir os fatos e com a descoberta entender por que tantos esforços foram feitos para tirar deles a visibilidade. Infrutíferos, ainda bem! – do contrário ficaríamos escravos de um destino forjado no império da ilusão.

Leitura dos estatutos

Figueiredo, em *Autonomia*, revela de modo objetivo (p. 103) que o Estatuto da FEB relativo à sua fundação, publicado em 1º de março de 1893 no *Reformador*, dispõe em seu artigo primeiro que a finalidade da instituição era "dar o máximo de desenvolvimento às conquistas do espiritismo, concorrer com sua mais lata disseminação pela sociedade. Fomentar a solidariedade e a fraternidade entre todos, procurando erguer o nível moral."

Fundada em 1884, à época em que a Sociedade Acadêmica Deus, Cristo e Caridade centralizava as atenções do movimento espírita iniciante, tendo sido criada em 1879 a partir da fusão de quatro instituições: Grupo Confúcio, Sociedade de Estudos Espíritas Deus, Cristo e Caridade, Congregação Anjo Ismael e Grupo Caridade. O objetivo da criação da Sociedade Acadêmica Deus, Cristo e Caridade, como antecipado atrás, foi estabelecer um modo de resistência à situação reinante no Império do Brasil, em que as sociedades espíritas não conseguiam reconhecimento e direito de funcionamento devido à religião oficial no país ser o catolicismo. As leis proibiam qualquer outra e os centros espíritas eram colocados no rol das religiões.

A fundação da Federação Espírita Brasileira, pelo que se observa pelo seu Estatuto, não surge como um movimento de concorrência com a Sociedade Acadêmica Deus, Cristo e Caridade, mas como um complemento, um aliado, apesar do termo Federação e dos significados que à época lhe eram atribuídos, em razão de haver um movimento em prol de uma república federativa em substituição ao sistema imperial. Considere-se, também, que os principais fundadores da FEB eram membros da Sociedade Acadêmica Deus, Cristo e Caridade, haviam sido responsáveis pela criação do *Reformador* e por longo tempo continuaram nessa posição que só foi alterada tempos depois da assunção de Bezerra de Menezes à presidência da FEB. Foi por ação de Bezerra de Menezes que o Grupo Sayão foi trasladado para a FEB e lá se instalou com o nome de Grupo Ismael. Foi, também, com Bezerra de Menezes que aos poucos alguns membros fundadores, com destaque para Torteroli, se viram na condição de se afastarem da FEB e do *Reformador* em razão do viés roustainguista que Bezerra de Menezes fixou na FEB, atribuindo-lhe prioridade. Bezerra, com suas interpretações doutrinárias através do *Reformador* e do jornal *O Paiz*, interpretações calcadas nas bases roustainguistas, forçou a divisão entre a instituição e aqueles que não comungavam senão dos princípios espíritas instituídos por Allan Kardec.

Quando se observa os termos estabelecidos na primeira versão do Estatuto da FEB, pode-se perceber a diferença entre seus artigos e parágrafos e aqueles que, nas alterações estatutárias seguintes, foram estabelecidos, muito em função da introdução na FEB da ideologia heterônoma de Roustaing. Esta vai alcançando predominância paulatina, até chegar na atualidade, em que domina por completo o cenário e orienta toda a estrutura autoritária da instituição. Autoritarismo e dominação são resultantes diretos das doutrinas heterônomas. Além da direção roustainguista ter influência decisiva nos destinos da FEB, também o teve a mudança de rumos que foi tomada, decidindo-se por torná-la a orientadora do espiritismo no Brasil, fato este que fica patente já em 1904, quando das comemorações do centenário de nascimento de Allan Kardec.

Estatuto de 1884

Vejamos, agora, um resumo do Estatuto primeiro da FEB. Não se olvide, porém, alguns trechos em que o germe de uma futura corporação coletiva se faz presente.

A Federação Espírita Brasileira é uma agremiação que tem por fim: a) dar o máximo desenvolvimento às conquistas do espiritismo; b) concorrer com sua mais lata disseminação pela sociedade; b) fomentar a solidariedade e a fraternidade entre todos, procurando erguer o nível moral.

Nestes intuitos ela procurará: I. Manter relações com todos os agrupamentos ou indivíduos de dentro ou fora do país para: a) obter deles notícia do que se passa fora; b) comunicar-lhes o que se passa entre nós; c) solver as dúvidas sobre que consultem. II. Estar alerta a quantos embaraços queiram a imprensa e as corporações científicas ou não, opor à marcha do espiritismo, para defendê-lo pelos meios legais e acordes com sua parte doutrinária.

Parágrafo único. Não poderá, porém, encarregar-se das questões que se refiram individualmente a algum espírita, mas tão só tomar delas a parte que se refira às questões gerais.

III. Fazer conferências públicas quantas puder, convidando oradores habilitados, que se restringirão ao programa e às questões traçadas pela Federação.

IV. Obter de algum ou de alguns dos diários espaço para artigo de propaganda, convidando para escrevê-los pessoas habilitadas, que tratarão dos assuntos previamente pela Federação determinados.

V. Editar folhetos de propaganda e as obras fundamentais para derramá-los na mais lata escala e pelo preço menor.

VI. Manter um jornal ou revista que exclusivamente se ocupe do espiritismo e matérias correlatas, sem jamais afastar-se da moral espírita.

VII. Criar agremiações ou grupos com o fim de investigarem determinados pontos do espiritismo.

Parágrafo único. Terá principalmente em vista convidar estudiosos a se ocuparem das aplicações que a suas especialidades pode oferecer o espiritismo.

VIII. Constituir-se antes do mais em uma reunião de estudos com o fim de discriminar as adaptações que possa ter o espiritismo aos vários ramos dos conhecimentos humanos: ciências físicas, naturais e morais.

IX. Fazer-se presente por um ou mais delegados nas corporações de representação, nacionais ou estrangeiras.

X. Manter e desenvolver uma biblioteca espírita para franquear ao público.

XI. Prontificar-se para satisfazer a quantas informações forem solicitadas relativamente ao espiritismo.

XII. Constituir um serviço de estatística dos espíritas.

XIII. Convocá-los frequentemente para reuniões gerais com o fim próximo de tratar das questões referentes ao espiritismo, e com o remoto de confraternizá-los.

XIV. Colher elementos para a história do espiritismo no Brasil.

XV. Fomentar finalmente, pelos meios mais apropriados à ocasião, o cultivo do espiritismo em todas as camadas sociais.

Todos os itens acima compõem os dois primeiros artigos do primeiro Estatuto da FEB. Destaca-se claramente o sentido divulgador do espiritismo e o caráter individual dos membros e sócios, além do aspecto progressista que a instituição estabeleceu para si, em pleno acordo com os fundamentos espíritas de Allan Kardec. Nada, absolutamente nada, alude a qualquer princípio ou crença que não esteja de acordo com o estabelecido em *O Livro dos Espíritos* e obras subsequentes. Quando, a partir de Bezerra de Menezes, a FEB redefine sua destinação e se volta para a divulgação de Roustaing ao lado de Kardec junto às federativas estaduais e aos centros espíritas, não se lembrará de passar a instituição de formada por pessoas físicas individuais, para pessoas jurídicas, representativas de coletividades. Pelo contrário, a mudança de rumos em lugar de receber o sentido democrático, próximo do pretendido por Kardec com sua Comissão Central, reforça ainda mais o individualismo. Sócios pessoas físicas passam a comandar não-sócios, pessoas jurídicas, ou seja, a FEB, constituída de sócios individuais vai estabelecer a direção de um movimento formado por associações estaduais, entidades de caráter jurídico. Com o poder enfeixado em suas mãos e a disseminação da autodeterminada posição de Casa Máter do espiritismo brasileiro, as decisões se fixam no nível da autoridade, assim permanecendo indefinidamente, como sói ser ainda na atualidade, em contraste ao Estatuto inicial.

Em *Autonomia*, Figueiredo recupera informações que ao mesmo tempo confirmam os novos propósitos da FEB e reforçam o projeto de disseminação do roustainguismo no Brasil. Diz ele (p. 628):

> Já em 1893, quando participava das sessões de Sayão (na primeira fase do Grupo Sayão não participou) Bezerra de Menezes, anunciando na coluna semanal "Spiritismo", do Centro União, [que] iria aderir ao plano de "agremiar todos os grupos, uniformizando o seu modo de trabalhar e propagar toda a doutrina por todo o país, fundando nas capitais dos Estados núcleos ligados ao centro, de modo que todos se rejam pelas mesmas leis". Qual seria o modelo? Exatamente o pequeno grupamento roustainguista que tinha como médium Frederico, "o centro espírita, ora fundado, com sede na velha sociedade – Fraternidade – auxiliará o desenvolvimento intelectual".

262 | WILSON GARCIA

A virada da FEB, com Bezerra de Menezes, deixando a primazia de Kardec em favor da contestada obra de Roustaing passou a contar com o arrojado plano de disseminação nacional do roustainguismo como se espiritismo fosse o seu conteúdo.

Para corroborar o fato da guinada da FEB em direção a Roustaing, Figueiredo aporta o seguinte:

> Em 1897, quando já havia assumido a presidência da Federação Espírita Brasileira, [Bezerra de Menezes] faz uma apreciação do livro *Trabalhos de um pequeno grupo de humildes: estudo dos Evangelhos*, afirmando que "altíssima é a missão dos que foram escolhidos para fazerem na Terra a obra de Deus", considerando, "dentre aqueles missionários, Bittencourt Sampaio, com a sua *A divina epopeia*, e Antônio Luís Sayão, com seus *Estudos dos Evangelhos*" ou seja, as duas principais obras de divulgação do livro *Os quatro Evangelhos*".

ESTATUTO DE 1901

O primeiro Estatuto da FEB será reformado em 1901. É o começo da oficialização da mudança de rumos em direção a Roustaing e ao plano nacional de expansão dele, mesmo que não deixe isso claro, senão nas entrelinhas. Trata-se, na verdade, de um novo documento, guardando do antigo apenas alguns traços.

Com a decisão tomada por Bezerra de Menezes em seu mandato derradeiro, 1895-1900, de "agremiar todos os grupos, uniformizando o seu modo de trabalhar e propagar a doutrina por todo o país, fundando nas capitais dos Estados núcleos ligados ao centro, de modo que todos se rejam pelas mesmas leis", era de se esperar que se refletisse ela no documento básico, o Estatuto da FEB. Assim, em 1901, na primeira reforma, aparecem no seu texto:

> Art. 1º A Federação Espírita Brasileira (...) tem por objetivo:
> § 2º Constituir-se, quer entre as associações espíritas do Brasil, quer entre estas e as suas congêneres no estrangeiro, o traço de união que estabeleça a sua solidariedade, integrando-se no movimento espírita universal, e procurando entre todas estreitar os laços de confraternidade, de modo a promover, quanto possível, a mais completa harmonia de vistas e de fins.
> Art. 2º Na realização de seu programa (...):
> § 1º Para o estudo teórico e prático da doutrina, realizará sessões nos dias e pelo modo indicado no regimento interno, versando esse estudo sobre as obras fundamentais de Allan Kardec, ou outros subsidiários e complementares da revelação espírita, tendo em vista sua progressividade e assegurada sua liberdade de discussão.

PONTO FINAL – O REENCONTRO DO ESPIRITISMO COM ALLAN KARDEC | 263

Vê-se, com clareza, a substituição do objetivo principal de fazer a propaganda do espiritismo, como definido no primeiro documento de 1884, pelo de se constituir no "traço de união" entre as "associações espíritas no Brasil, quer entre estas e as suas congêneres no estrangeiro de modo a promover a mais completa harmonia de vistas e de fins". Esta disposição é, por assim dizer, o começo da materialização dos propósitos de Bezerra de Menezes e sua oficialização. Se a doutrina de Roustaing ainda não surge explícita, com todas as letras, os caminhos dela a partir de agora estão abertos e sua adoção oficial será questão de tempo.

O parágrafo primeiro do artigo segundo é uma continuidade dessa disposição, ou seja, está descrito de tal modo que reforça a abertura: "Para o estudo teórico e prático da doutrina, realizará sessões (...) pelo modo indicado no regimento interno, versando (...) as obras fundamentais de Allan Kardec, ou outros subsidiários e complementares da revelação espírita (...)". A indicação das "obras subsidiárias e complementares" faz com que as de Roustaing, que por essa ocasião já estão em plena aplicação na FEB, sejam consideradas de modo a não poderem ser rejeitadas.

ESTATUTO DE 1905

Do instante em que a FEB promove a primeira reforma do Estatuto em diante, inúmeras outras se sucederão, como a que ocorre apenas quatro anos após, 1905, um ano depois da realização das comemorações do centenário de Allan Kardec, quando foi aprovado – parcialmente – o documento denominado "Bases da Organização Espírita". Nessa nova reforma estatutária há acréscimos e reforços à sua condição de orientadora do movimento espírita brasileiro, fortalecendo a disposição. Assim, temos os seguintes aspectos a observar, que passaram a constar do documento:

> Art. 3º Para mais efetiva tornar a sua função de solidariedade com as associações federadas, a Federação lhes prestará todo o apoio ao seu alcance, na defesa dos seus direitos e prerrogativas, perante os poderes públicos, sempre que preciso for.
>
> Parágrafo único – No mesmo intuito de confraternização, quando o permitam as suas condições pecuniárias, enviará a Federação semestralmente ou anualmente, um representante dentre os seus membros, em excursão às associações federadas.

Pela primeira vez, a FEB assume de modo explícito a sua condição de Federação e as associações ligadas são agora federadas, ao mesmo tempo em que se posiciona como defensora destas "perante os órgãos públicos". Se na sua origem essa função, natural se pensarmos nas atribuições de uma instituição federativa,

264 | WILSON GARCIA

não foi colocada em seus objetivos, ela então aparece de maneira a não deixar mais dúvida, e aí permanecerá definitivamente. A Federação se propõe a defender as federadas, mas, como contrapeso, coloca-se como vigilante de suas atividades e práticas espíritas, deixando estabelecido que irá acompanhá-las de perto por meio de seus representantes. O princípio da autoridade está estabelecido.

ESTATUTO DE 1912

Sete anos após, em 1912, a FEB promove a maior reforma do seu documento legal. Se na reforma de 1905 o Estatuto continha 74 artigos, em 1912 passam a conter nada menos do que 126, abrangendo inúmeros aspectos e situações nunca alcançadas. É nessa reforma que aparece um capítulo especial destinado a regular as relações entre Federação e federadas, cujo título é "Organização Federativa". Aqui também surge a figura do Centro ou União Estadual e do Conselho Federativo, precursor do Conselho Federativo Nacional (CFN), nomenclatura que será adotada quando da assinatura, em 1949, do contrato que depois ficou conhecido como Pacto Áureo.

O Estatuto de 1912 é, ainda, o momento em que se pode dizer da pré-estreia legal da figura de Roustaing no documento mor da FEB. Como se sabe, no derradeiro mandato de Bezerra de Menezes como presidente, o Grupo Sayão trasladou-se para a instituição e adotou o nome de Grupo Ismael, ali realizando semanalmente suas sessões, evento que dura até os dias atuais. Pois bem, este Estatuto de 1912 registra o seguinte:

> Art. 30. Além das sessões de estudo e propaganda da doutrina, nos dias e modos indicados pelo regimento interno, realizará a Federação as seguintes sessões comemorativas:
>
> A) Do advento do cristianismo, representado no Divino Salvador, Jesus (dia de Natal).
> B) Data da fundação do espiritismo, personificado em seu codificador, Allan Kardec (3 de outubro).
> C) Da lição fraternal da Ceia do Senhor (quinta-feira santa).
> D) Das lições contidas nas cenas do Calvário (sexta-feira santa).

Os eventos indicados são antiga reivindicação do Grupo Sayão, que os comemorava quando de seu primeiro período de existência e cujos registros se encontram, como se viu, no livro *Trabalhos espíritas de um pequeno grupo de crentes humildes*, assinado por Sayão, de 1893. Sua adoção agora pela Federação em seu calendário de eventos oficiais indica que o antigo Grupo Sayão continua ativo e influente na instituição, em sua nova denominação de Grupo Ismael. A força deste vai ao ponto de impor-se no novo Estatuto e será consolidada dentro de cinco anos, quando surgirá com todas as letras no documento mor da FEB.

Estes eventos indicam mais do que um simples calendário oficial de comemorações; são eles a marca da catolicidade do grupo e da FEB, amplamente conhecida e denunciada pela leitura e interpretação do livro de Sayão acima citado. São três eventos de origem na tradição católica para um espírita, este, ainda assim, confuso, pois pretende marcar a fundação do espiritismo e para isso escolhe a data de nascimento de Allan Kardec, quando consensualmente a data preferida é a que corresponde ao lançamento de *O Livro dos Espíritos* em 18 de abril de 1857. É também uma prova do predomínio da obra de Roustaing sobre a de Kardec, tanto nos seguidores quanto na FEB.

Doutrinariamente, a contradição é acintosa e os eventos aprofundam ainda mais a distonia para com Kardec. Jesus é apontado pelos adeptos de Roustaing como Divino Salvador, enquanto Kardec e os espíritos superiores que o assessoraram o vêm como um irmão mais experiente, de grande evolução, mas, como todos os seres humanos, filho de Deus. O advento do Calvário é visto pelos mesmos adeptos de Roustaing como o momento marcante da Salvação pelo suplício, pela imolação do Cristo a favor da humanidade, numa contradição profunda da própria doutrina roustainguista, que defende para Jesus um corpo fluídico, portanto, insensível aos padecimentos físicos.

ORGANIZAÇÃO FEDERATIVA

A introdução de um capítulo inteiro sobre a Organização Federativa consolida a FEB e sua autoproclamada destinação. São 14 artigos e inúmeros parágrafos regulando a relação das federadas com a instituição, justificando ressaltar para reflexão os seus aspectos mais relevantes.

> Art. 106. A execução do § 2° art. 1° do programa da Federação compreende:
> § 1° A existência de um *Centro* ou *União* na capital de cada um dos Estados do Brasil, com um programa calcado nos moldes das "Bases de organização federativa" aprovadas por ocasião das festas centenárias de Allan Kardec, celebradas no Rio de Janeiro em 1904, cabendo a tais Centros promover a filiação dos grupos e associações locais, com o fim de estabelecer entre os mesmos a harmonia de vistas e a unidade do programa.

Este primeiro parágrafo vem na esteira das "Bases" de 1904, onde aparece pela primeira vez os termos Centro e União sugeridos às instituições federativas que deveriam ser criadas naqueles Estados onde não existiam. Era uma saída para o impasse do uso do termo federação, que estava em curso pela FEB. Mas a maioria dos Estados acabaria por optar pelo termo federação em lugar de Centro ou União e apenas dois deles utilizariam União: Minas Gerais e São Paulo, mesmo assim por conta de fatores históricos e não pela sugestão das "Bases".

Ao referir-se ao programa que tais entidades estaduais deveriam implementar, o parágrafo indica que deveria ser "calcado nos moldes das "Bases da organização federativa" **aprovadas** no evento do centenário de 1904. Essa aprovação jamais ocorreu simplesmente porque jamais foi feita a consulta e o documento das "Bases" nunca foi enviado aos centros espíritas e aos espíritas de forma geral. Ao colocar no Estatuto a aprovação a FEB contava com o esquecimento do fato que ela mesma registrou no *Livro do Centenário* em sua página 16: "*O presente programa será remetido por cópia a todas as sociedades espíritas do Brasil e aos espíritas militantes, onde não os haja, a fim de ser tentada a sua aprovação e consecutiva realização*". Fosse a FEB uma Confederação o problema não existiria. Por isso, temos até os dias atuais uma entidade federativa comandando um movimento constituído por entidades federativas, a primeira de cunho nacional e as demais de cunho estadual.

O § 3º do mesmo artigo 106 define a atuação da FEB como representante do Brasil no âmbito internacional, além de garantir que as decisões tomadas por ela em congressos seriam submetidas à aprovação das federativas estaduais que participassem do conselho federativo:

> § 3º A representação do espiritismo no Brasil, em todos os atos e solenidades internacionais, concernentes à marcha e organização da propaganda nos congressos que se efetuarem e cujas deliberações, examinadas pelo Conselho Deliberativo de que trata o artigo 112 deste Estatuto, serão também submetidas à aprovação dos Centros.

Os artigos 107 e 108 definem a disposição da FEB em fundar federativas nos Estados brasileiros onde elas não existem, nos moldes do seu programa (entenda-se, sob a ideologia doutrinária de Roustaing), tornando essas federativas automaticamente filiadas a ela, FEB. As demais federativas, para se filiarem, teriam que submeter seus Estatutos e os alterarem naqueles pontos que fossem considerados contrários aos "princípios e normas doutrinários", após análise feita pela própria FEB.

O artigo 109 cria uma situação especial para o Distrito Federal (então, a cidade do Rio de Janeiro), como se pode ler:

> Art. 109. A filiação de Centros e associações à Federação entende-se unicamente quanto ao dos Estados. No Distrito Federal e quando as necessidades dos desdobramentos dos serviços da Federação o exigirem, esta criará, nos arrabaldes e subúrbios núcleos de estudos e aplicação prática dos en-

sinamentos da doutrina, sob a direção de um consócio residente no local e designado pela própria diretoria da Federação.

Na prática, a FEB estabelece uma espécie de reserva territorial para si no local onde se encontra, atribuindo-se o poder de conduzir "estudos e aplicação prática dos ensinamentos da doutrina", consoante o seu programa e entendimento. Fica em suas mãos, também, a escolha daqueles que integrariam o "consócio", de modo a poder colocar nas funções apenas pessoas que comungassem de sua ideologia.

O artigo 110, o mais draconiano, estabelece o poder da FEB de eliminar do seu quadro de filiadas a federativa que "desvirtuar os intuitos elevados de orientação e propaganda espíritas". Mesmo que tenha criado para as federativas o Conselho Deliberativo, o poder de eliminação não lhes é dado para tanto, como órgão colegiado, mas é mantido enfeixado nas mãos dela, a FEB. Vejamos o referido artigo:

> Art. 110. A Federação reserva-se o direito de eliminar do respectivo quadro todo Centro ou associação que desvirtuar os intuitos elevados de orientação e propaganda espíritas, e se utilizar da doutrina para fins de especulação ou interesse material. Essa medida se tornará efetiva logo que os atos arguidos, submetidos a sua diretoria [da FEB], se verifiquem provados, dando esta conta de sua deliberação à primeira assembleia geral que se reunir.

O artigo 112 do documento estatutário cria a figura do Conselho Deliberativo, uma espécie de antecessor do Conselho Federativo Nacional, mas sua composição tanto quanto seu funcionamento operacional fica a critério unicamente da FEB:

> Art. 112. Integra o mecanismo funcional da Federação, no ponto de vista da propaganda e da organização geral, um Conselho Deliberativo composto: a) dos diretores da Federação e dos seus ex-presidentes; b) dos redatores do órgão oficial; c) dos presidentes dos Centros [federativas] filiados; d) dos veteranos da propaganda espírita, retirados daquelas funções ativas por motivos que não afetarem a integridade de suas convicções doutrinárias, os quais a diretoria da Federação elegerá para completarem o Conselho.

A feição democrática desse conselho, como se observa, inexiste, ou seja, a FEB mantém em suas mãos, de modo arbitrário e autoritário, o poder geral, conforme atestam os itens correspondentes às letras a, b e d, sendo que a figura dos "veteranos da propaganda" surge por estranha à composição do conselho. Assim, o

268 | WILSON GARCIA

comando jamais sai da FEB, por estar confiado a ela a composição do conselho, que será integrado por seus diretores e ex-presidentes, os "redatores do órgão oficial [*Reformador*]" e os "veteranos da propaganda" que ela mesma, a diretoria da FEB, decidirá quantos e quais. Às federativas filiadas cabe apenas representar-se por seus presidentes em exercício. Com tal formação, o Conselho Deliberativo não corre, jamais, o risco de sair da FEB, de modo que a ela o poder decisório sempre pertencerá.

O artigo 114 enfeixa, definitivamente, o poder nas mãos da FEB, a saber:

> Art. 114. O presidente da FEB é o presidente do Conselho Deliberativo. As decisões deste serão tomadas por maioria de votos, decidindo em caso de empate o voto de Minerva.

O artigo 115 em seus três parágrafos define as atribuições do Conselho:

> § 1º A execução do § 3º do art. 1º do *programa da Federação*.
> § 2º O exame dos ensinos progressivos e ampliativos *revelados pelos espíritos* e que devam ser incorporados ao patrimônio da doutrina.
> § 3º A convocação de congressos nacionais e internacionais, destinados quer à adoção de medidas relativas à propaganda, quer à *revisão dos ensinos doutrinários* que se tenham verificado deficientes em face dos progressos das ciências e sobretudo do adiantamento adquirido nos conhecimentos espíritas. (Grifos do autor.)

Os três parágrafos do artigo 115 receberam, assim, um tratamento textual ao gosto dos interesses roustainguistas que guiam os princípios defendidos pela FEB. Em primeiro lugar, impera, sobre todos, o programa da Federação, que deve ser executado pelo Conselho Deliberativo e ser imitado pelas federativas estaduais. A seguir, surge a questão da **revelação** expressa objetivamente: "exame dos ensinos progressivos e ampliativos *revelados pelos espíritos*", pois os roustainguistas brasileiros sempre defenderam o caráter de revelação para a obra de Roustaing, atribuindo-lhe ser a Revelação da Revelação, sobre a qual não têm dúvidas. A oportunidade para a reafirmação disso e para o seu reconhecimento por um órgão oficial não pode, portanto, ser desprezada. Uma vez alcançado tal objetivo no plano nacional, um congresso internacional onde o assunto seja aprovado seria o coroamento final de tudo.

ESTATUTO DE 1917

Apenas um período breve de cinco anos será suficiente para levar a FEB a rever seu Estatuto e, agora, com o propósito de tornar oficial e legal a presença em seu documento maior da figura de Roustaing e seus ensinos. Ao mesmo tempo em que isso é feito, cria-se um mal-estar e mesmo uma indignação no movimento espírita brasileiro, situação essa que se prolongará indefinidamente.

De um lado, ficaram os adeptos de Roustaing entrincheirados, a defender a providência, considerando, inclusive, que o parágrafo alusivo a Roustaing se constituía em cláusula pétrea, ou seja, não poderia ser removido em alterações futuras; de outro, os defensores de Kardec a acusar a Federação por tal comportamento contrário à doutrina espírita genuína. Isso durará até 2019, quando o parágrafo será eliminado, depois de muitas idas e vindas e de filigranas jurídicas que duraram nada menos do que 13 anos.

O Estatuto de 1917 registrou a cátedra dada a Roustaing em seu segundo artigo, assim exposto:

> Art. 2º Para o estudo a que se refere o § 1º do artigo antecedente, a Federação realizará duas ordens de sessões:
>
> A) Doutrinárias nos dias e pelos modos indicados no Regimento interno, versando o estudo sobre as obras fundamentais de Allan Kardec, de J. B. Roustaing e outras subsidiárias e complementares da revelação, tendo em vista a sua progressividade.

Desde a primeira alteração estatutária promovida em 1901 pela FEB, o terreno vinha sendo preparado para a oficialização de Roustaing, através de diversas medidas e recursos. Assim ocorreu em 1901, 1905 e 1912. Em 1917 realiza-se aquilo que pode ser visto como coroamento do objetivo maior, a chegada ao porto final. Se em 1912, a função de entidade federativa foi colocada de maneira explícita, assumida, com todo um capítulo sobre as funções nesse campo de atuação – Organização federativa – em 1917 o caminho se mostrou devidamente aplainado para a entrada de Roustaing no documento maior da FEB.

A história, contudo, vai registrar o fato da não concretização dos objetivos da FEB em relação à coordenação do movimento federativo brasileiro segundo os moldes por ela definidos e o seu programa de estudos e propaganda. O Estatuto, neste ponto, se tornou letra morta. Inúmeras iniciativas, partidas de vários pontos do país serão tomadas com vistas a superar aquilo que era objeto de crítica: a inoperância da FEB e a condição do movimento espírita, totalmente disperso. Apenas em 1949, com o advento do que se denominou Pacto Áureo, a FEB, enfim, assumiria o movimento, ainda assim enfrentando inúmeras resistências, especialmente criadas pela inteligência espírita, à frente pensadores livres e respeitados. A razão para isso foi o desvio da FEB em direção a Roustaing e toda a sua doutrina heterônoma, da qual não só derivam inúmeros conflitos com os

270 | WILSON GARCIA

ensinos de Kardec, mas também o sentido autoritário dominante no modelo de federativo imposto ao movimento espírita brasileiro pela Federação.

A oficialização de Roustaing no Estatuto de 1917 foi, em termos históricos e morais, a principal alteração, junto as inúmeras outras realizadas, entre as quais se encontram as de caráter de atualização.

A CONSTITUINTE E A LIGA ESPÍRITA

Após 1917, a próxima alteração estatutária da FEB de importância, que implica a ideologia roustainguista e a difusão das crenças por ela estabelecidas vai ocorrer em 1954. Entre as duas alterações, alguns acontecimentos históricos terão lugar no espiritismo nacional e, de forma direta ou indireta, determinarão influências no Estatuto de 1954.

Entre esses acontecimentos se incluem: (1) a fundação da Liga Espírita do Brasil pela Constituinte Espírita Nacional, em 1926; (2) o aparecimento do médium Francisco Cândido Xavier e a força de seus livros psicografados; (3) a fundação da União das Sociedades Espíritas do Estado de São Paulo (USE), em 1947, (4) a criação da Confederação Espírita Pan-americana no 1º Congresso Espírita Pan-americano de Buenos Aires, 1946; (5) a realização do 1º Congresso Brasileiro de Unificação, em 1948; (6) a realização do 2º Congresso Espírita Pan-americano no Rio de Janeiro, em 1949; (7) em paralelo à realização do Congresso Pan-americano, a concretização de um acordo entre lideranças espíritas e a FEB, do qual resultou um documento que ficou conhecido como Pacto Áureo.

Os anos 1925-1926 foram movimentadíssimos em termos de expansão do espiritismo no Brasil, especialmente pelos conflitos estabelecidos na defesa de Roustaing pela FEB, com sua oficialização no Estatuto de 1917, e devido também à impossibilidade de consenso em torno desta Federação quanto à condução de um movimento unido. O descontentamento espalhou-se por diversos Estados do país, revelando reivindicações e propostas, do que se originou um movimento que deu origem à realização da Constituinte Espírita Nacional e a consequente fundação da Liga Espírita do Brasil, cujos objetivos seriam realizar o trabalho de união das instituições espíritas que à FEB era negado.

"UM MOVIMENTO CHAMADO CONSTITUINTE ESPÍRITA NACIONAL[70]

Desde o momento em que surgiu a ideia, em 1925, do movimento para realizar uma Constituinte Espírita Nacional a revista *Verdade e Luz* , fundada pela legendária figura de Antonio Gonçalves da Silva, um português conhecido por Batuíra, emprestou inteiro apoio e abriu suas páginas para exaltar aquele pleito, que parecia de acordo com a forma de pensar de Lameira de Andrade, diretor da

---

70. https://www.expedienteonline.com.br/?s=constituinte+esp%C3%ADrita

evista, e seus companheiros de redação, além dos propósitos que alimentavam
le dotar o Estado de São Paulo de uma Federação Espírita.

*A Constituinte Espírita foi objeto de ampla reportagem na revista Verdade e
Luz, sob a direção do advogado Lameira de Andrade.*

Na edição de novembro de 1925, a revista informa sobre o recebimento da
circular enviada pela comissão organizadora e reproduz o inteiro teor do documento, registrando, ao final da notícia, a intenção de participar do evento, o que
de fato ocorreu através de seu diretor, Lameira de Andrade.

Na edição seguinte, de dezembro daquele ano, a revista dá a notícia de que a
FEB havia recusado o convite que lhe fora feito para comparecer e participar da
Constituinte, reproduzindo o inteiro teor da carta enviada à comissão por aquela
instituição e, em seguida, reproduz também o texto-resposta da comissão à FEB.
Ainda nessa edição, a revista reproduz a entrevista sobre a Constituinte, publicada no *O Jornal*, edição de 4 de dezembro de 1925, dada por Nóbrega da Cunha.

Na edição seguinte, de janeiro-fevereiro de 1926, a revista prossegue com a
repercussão do evento, mas registra sua crítica ao fato da comissão organizadora
não haver ainda publicado o programa dos trabalhos e o anteprojeto da Liga Espírita do Brasil, cuja fundação estava prevista para aquele congresso. Reproduz,
também, uma matéria extensa publicada pelo *Jornal Espírita*, de Porto Alegre, em
torno da Constituinte e sua oportunidade, bem como uma entrevista publicada
pelo jornal *O Globo*, feita com o senhor Jarbas Ramos, diretor do jornal *Brasil
Espírita*. Nesta entrevista surgiu a menção à questão defendida por Roustaing

do corpo fluídico de Jesus, fato este que levou Lameira de Andrade a acrescentar uma nota esclarecedora do assunto, concluindo pela tese do corpo material físico de Jesus.

A reportagem sobre a realização da Constituinte, na cidade do Rio de Janeiro, foi publicada na edição de março-junho de 1926 e é antecedida por um depoimento de Lameira de Andrade, onde registra a sua surpresa pelo clima de entendimento e fraternidade que encontrou entre os espíritas presentes, uma vez que, disse Lameira, o comum nesse tipo de reunião entre espíritas é perceber um vazio de ideias e a presença de grupos sectários. Segue-se a reportagem com mais de 18 páginas, com pormenores sobre o desenrolar do evento, a criação da Liga Espírita do Brasil e os passos futuros esperados para a nova instituição.

A Constituinte Espírita Nacional não se realizou pacificamente e Lameira de Andrade não deixa de registrar o fato. Não teve apenas a oposição da FEB, que temia perder seu poder com a fundação da Liga Espírita do Brasil, mas de alguns outros setores do movimento espírita. Por exemplo, Cairbar Schutel postou em *O Clarim*, jornal que publicava em Matão, matéria sobre a realização da Constituinte em que a desabonava e, mais, dizia que ela fora desorganizada e confusa, valendo-se disso para registrar: "folgamos imensamente ter nos precavido de tomar parte em tão heterogênea reunião". Mas Cairbar se utilizou de informações incompletas chegadas até ele para emitir seu parecer sem haver estado presente como testemunha ocular da história e isso levou Lameira de Andrade, que era seu amigo, a publicar nessa mesma edição da revista, matéria assinada por Eolia V. Doria, na qual esse autor rebate Cairbar a partir da citação do dito: "contra fatos não há argumentos", elencando uma série da argumentos contrários, inclusive a opinião daqueles que participaram do evento e os números dos presentes e representados, entre estes mais de 300 centros espíritas do Brasil. Argumenta, também, que à época a FEB era desleixada em relação ao movimento federativo e recebia críticas de todos os lados por isso. Vale-se de informações publicadas pelo então 2º Secretário da FEB, Guillon Ribeiro, que dava conta de que só havia 49 centros espíritas registrados como filiados à FEB, então, acrescentando que mesmo assim o registro não era confiável, pois estava envelhecido e alguns desses centros já não mais existiam. Assim, o próprio Guillon reconhecia a incompetência da FEB para liderar o movimento, vindo daí a ideia da realização da Constituinte e com esta a criação da Liga Espírita do Brasil para realizar o trabalho que a FEB não conseguia."

A criação da Liga Espírita colocou, pois, a FEB na retaguarda, em defesa daquilo que entendia como direito adquirido por procuração dos espíritos superiores que apareciam no Grupo Sayão, agora transformado em Grupo Ismael. Não desistiu do seu intento a FEB, da mesma forma que não deixou de trabalhar nos bastidores para convencer lideranças espíritas e federativas estaduais sobre seus

PONTO FINAL – O REENCONTRO DO ESPIRITISMO COM ALLAN KARDEC | 273

objetivos de liderar o espiritismo no Brasil. A Liga Espírita conheceu um período de crescimento em suas atividades, mas se tornaria em 1949, com o advento do Pacto Áureo, uma simples federativa do Estado do Rio de Janeiro, cedendo à FEB a primazia da atividade federativa nacional.

A USE E O MOVIMENTO EM SÃO PAULO

O evento que deu origem à fundação da União das Sociedades Espíritas do Estado de São Paulo (USE) apresenta semelhança com o contexto no qual se originou a fundação da Liga Espírita do Brasil, em 1926, durante a realização da Constituinte Espírita Nacional. No plano nacional, havia um mal-estar com as condições em que se encontrava o movimento espírita brasileiro, acéfalo e desorganizado. No plano regional, especificamente no que diz respeito ao Estado de São Paulo, dava-se o contrário: havia excesso de instituições com atividades federativas, mas não havia a contraparte de um movimento minimamente organizado. Havia nada menos de quatro instituições se colocando, de uma forma ou de outra, como aglutinadora do espiritismo estadual. Em 1916, havia sido fundada pelo português Antônio José Trindade a Sinagoga Espírita São Pedro e São Paulo. Dois anos após, passa a chamar-se Sinagoga Espírita Nova Jerusalém, em virtude de uma cisão interna, que separou os seus diretores. Após, surgem a Liga Espírita do Estado de São Paulo, a União Federativa Espírita Paulista e a Federação Espírita do Estado de São Paulo (FEESP).

O livro do 1º Congresso Espírita do Estado de São Paulo, realizado em 1949, assim contextualiza a situação da época:

1. Dispersão sistemática e generalizada, em caminho de desintegração, por força de interferências estranhas e de dissensões que, forçosamente, levariam à formação de cismas ou desmembramentos sectários.

2. Desvirtuamento da doutrina por força de interpretações capciosas e individualistas e de práticas nocivas visando interesses e ambições pessoais, com evidente desprezo dos seus postulados fundamentais, mormente os do campo moral.

3. Disseminação de práticas exóticas, misto de magia e de superstição, com a introdução de ritos de outros credos e cerimônias religiosas de estranho aspecto e significação, tudo o que está designado como "baixo espiritismo", mas que realmente não passa de "falso espiritismo".

4. Arbítrio e personalismo, imperantes na maioria das instituições, transformando-as, muitas vezes, em propriedades particulares de uns e de outros, do que resultava afrouxamento cada vez maior da comunhão geral, no campo da fraternidade.

5. Clandestinidade de muitas instituições existentes que, propositalmente, fu-

giam a uma organização regular e ao intercâmbio, para exercerem práticas condenáveis e explorações da credulidade pública, causando assim confusão e profundo dano à segurança moral da expansão da doutrina.

6. Infiltração nas fileiras espíritas de ideologias estranhas, ligadas a movimentos políticos-revolucionários e tentativas reiteradas de dominação político-partidária, tudo incompatível com os sãos princípios e com as finalidades essenciais da doutrina.

7. Desconhecimento completo que se tinha do vulto e da extensão do movimento espírita e do perigo que representava para a própria doutrina a expansão desordenada, sem diretrizes uniformes, sem disciplina, sem subordinação a um organismo central coordenador.

8. Por último, a ignorância ou o desinteresse que demonstravam inúmeras instituições a respeito do papel e das responsabilidades que o espiritismo assume, como cristianismo redivivo, na esfera da coletividade mundial.

Coube à Federação de São Paulo, sob a liderança do Comandante Edgard Armond, após acordo com as três outras federativas paulistas, a iniciativa de convocar e sediar o congresso de 1947, no período de 1 a 5 de junho, e fazer aprovar a tese de criação de uma quinta federativa, a União Social Espírita, posteriormente transformada em União das Sociedades Espíritas do Estado de São Paulo, conhecida pela sigla USE.

Fundada em 1947, a USE se tornou a solução para o Estado de São Paulo, mas em termos nacionais enfrentou a recusa da FEB que, embora não obtendo sucesso com o seu Conselho Federativo desde que o aplicou ao Estatuto de 2012, pois não o fez funcionar até então, manteve como entidade representativa do Estado de São Paulo a União Federativa Paulista, com o que aprofundou a crise nos domínios da unificação espírita no país.

Havia uma crise estrutural e conjuntural no movimento espírita brasileiro, mas acima de tudo a crise era doutrinária. O empenho em manter Roustaing ladeado com Kardec, de modo a obter o reconhecimento por parte de todas as principais lideranças brasileiras, paralisou a FEB e tornou inócuos os artigos e parágrafos do seu Estatuto em relação ao Conselho Federativo. Recorde-se que 44 anos antes, no evento do Centenário, a FEB conseguiu a aprovação parcial do documento Bases Federativas, dando um passo na direção dos propósitos de Bezerra de Menezes, que determinou como objetivo seu, pessoal, no último mandato (1895-1900) à frente daquela instituição, estruturar o movimento tendo por modelo as reuniões do antigo Grupo Sayão, que se assentavam na obra de Jean Baptiste Roustaing. Em 1948, quando da realização do 1º Congresso Brasileiro de Unificação, passados eram mais de 50 anos desde que Bezerra de Menezes expressara seus objetivos.

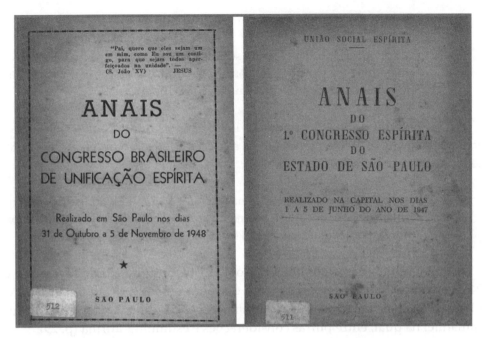

Importantes congressos deram origem à USE-SP e registraram o anseio de mudança no movimento espírita brasileiro.

CONGRESSO BRASILEIRO DE UNIFICAÇÃO

A crise de 1926, que deu origem à criação da Liga Espírita do Brasil, em 1948 estava elevada à máxima potência. De todos os lados surgiam movimentos e reivindicações exigindo providências para dotar o espiritismo de uma estrutura mínima, como previsto por Allan Kardec com sua Comissão Central. Centros, dirigentes, trabalhadores, jornalistas, escritores, enfim, lideranças expressivas eram uníssonas em relação a essa importante pauta. Segundo registra o livro dos Anais do Congresso Brasileiro de Unificação Espírita (p. 8), "A situação do espiritismo em São Paulo, antes do aparecimento da União Social Espírita, se bem que em escala reduzida e atenuada, refletia o que se passava em todo o país. E foi analisando esses aspectos e meditando sobre suas ruinosas consequências que se resolveu, sem mais delongas, iniciar o urgente trabalho da unificação."

Com pouco mais de um ano de existência, a USE tomou a iniciativa de convocar o congresso calcado em três pontos (p.11):

> 1º — A Unificação do espiritismo nos Estados. Planos de Execução. 2º — A Unificação do espiritismo Nacional. Sistema a adotar. 3º — Estudo de problemas de interesse fundamental e urgente para a marcha do movimento espírita nacional.

O foco no objetivo da unificação vem reforçado (p. 11):

> Por outro lado, o Congresso será de unificação porque essa foi a base dos entendimentos gerais e não convém arriscar discussões complexas numa primeira tentativa de confraternização geral como esta.

A Liga Espírita do Brasil, criada em 1926, há, portanto, 22 anos, perdera sua força inicial e em 1948 não atendia mais às necessidades do movimento, conforme os Anais registram (p.12):

> — Existem duas entidades na Capital Federal [FEB e Liga Espírita] que tomam posição nesse terreno, mas cuja atuação tem sido deficiente e improdutiva, por falta de apoio geral e outras razões.

O congresso foi realizado no período de 31 de outubro a 3 de novembro de 1948, contando com o comparecimento de representantes de 15 federativas estaduais e recebeu uma mensagem de Francisco Cândido Xavier assinada por Emmanuel na qual, entre outras considerações e estímulos, afirma (p. 29):

> Reunidos, assim, em grande conclave de fraternidade, que os irmãos do Brasil se compenetrem, cada vez mais, do espírito de serviço e renúncia, de solidariedade e bondade pura que Jesus nos legou. O mundo conturbado pede, efetivamente, ação transformadora. Conscientes, porém, de que se faz impraticável a redenção do Todo, sem o burilamento das partes, unamo--nos no mesmo roteiro de amor, trabalho, auxílio, educação, solidariedade, valor e sacrifício que caracterizou a atitude do Cristo em comunhão com os homens, servindo e esperando o futuro, em seu exemplo de abnegação, para que todos sejamos um, em sintonia sublime com os desígnios do Supremo Senhor.

Se em 1926, a Constituinte Espírita Nacional resultou objetivamente na criação da Liga Espírita do Brasil, o Congresso Brasileiro de Unificação concluiu pela aprovação de um documento que transferia à Federação Espírita do Estado do Rio Grande do Sul a continuidade das tratativas para prosseguir na direção da criação de uma entidade que assumisse a coordenação do movimento espírita brasileiro, traçando as seguintes diretrizes (p. 111):

> Para a almejada concretização, os Congressistas procuraram, no caldeamento de interesses e programas, obter a essência das proposições oferecidas. Ficou deliberado que a Federação Espírita do Rio Grande do Sul, com seu passado de marcantes realizações e como mandatária coordenasse a

Unificação da Família Espírita Brasileira, dentro de normas básicas, traçadas e aprovadas em plenário. I — Promoverá entendimentos com entidades federativas do Estado, do Distrito Federal e dos Territórios, no sentido de consertar a forma direcional do espiritismo; II — Que esses entendimentos sejam feitos em torno de organização federativa existente, que se adapte como entidade confederativa ou federativa de âmbito nacional; III — Que a entidade existente, adaptada ao item anterior, se conserve autônoma quanto à parte social e patrimonial próprias; IV — Que as Uniões ou Federações estaduais elejam seus representantes — um por Estado, Distrito Federal e Território — para a formação do Conselho Confederativo ou Federativo Nacional, com sede na Capital da República e mandato de cinco anos; V — Que esse Conselho seja presidido pelo Presidente da entidade federativa que adotar o caráter definido no item II, regulamente e dirija o espiritismo Unificado.

O MÉDIUM CHICO XAVIER

Sobre nenhum médium se escreveu tanto, nem se continua a escrever, como sobre Francisco Cândido Xavier. A obra que lhe deu ingresso à literatura mediúnica – *Parnaso de Além-Túmulo* – foi lançada pela Federação Espírita Brasileira em 1932 e seu impacto carreou para ele tantas atenções de maneira a nunca mais desaparecerem, mesmo em se tratando de haver vivido mais de nove décadas e já haver passado quase duas de seu retorno à vida espiritual. A sua obra, inigualável em número de títulos e em extensão, encontra-se, entre tantos outros setores, também implicada com a questão do movimento espírita brasileiro, especialmente o livro *Brasil, coração do mundo, pátria do Evangelho*, lançado em 1938 com a assinatura de Humberto de Campos.

Esse livro é objeto de análise e apreciações críticas sob diversos aspectos, desde a linguagem quanto aos fatos abordados. O que desponta como elemento histórico importante em relação ao movimento espírita brasileiro é a afirmação que apresenta a respeito de Jean Baptiste Roustaing (p. 72), colocando-o como um dos missionários designados para auxiliar Allan Kardec em seu trabalho de estruturação da doutrina espírita. Eis como o fato é registrado:

> Foi assim que Allan Kardec, a 3 de outubro de 1804, via a luz da atmosfera terrestre, na cidade de Lião. Segundo os planos de trabalho do mundo invisível, o grande missionário, no seu maravilhoso esforço de síntese, contaria com a cooperação de uma plêiade de auxiliares da sua obra, designados particularmente para coadjuvá-lo, nas individualidades de João Batista Roustaing, que *organizaria o trabalho da fé*[71]; de Léon Denis, que efetuaria

---

71. Grifo nosso.

o desdobramento filosófico; de Gabriel Delanne, que apresentaria a estrada científica e de Camille Flammarion, que abriria a cortina dos mundos, desenhando as maravilhas das paisagens celestes, cooperando assim na codificação kardequiana no Velho Mundo e dilatando-a com os necessários complementos.

A frase grifada acima – *organizaria o trabalho da fé* – tornou-se um mantra para os adeptos de Roustaing, mantra repetido à exaustão desde pouco depois do lançamento de *Os quatro Evangelhos*, em 1866. Este mesmo mantra servirá de estímulo para que a FEB aplique em seu Estatuto de 1954, pós-Pacto Áureo, a indicação de que o livro *Brasil, coração do mundo, pátria do Evangelho* se torne referência obrigatória no espiritismo brasileiro, tendo sido inserido, antes da reforma estatutária de 1954, no próprio texto do documento assinado por diversas lideranças espíritas, depois popularizado como Pacto Áureo. Eis que, assim, Chico Xavier passa a ter presença, mesmo que a contragosto, na sustentação da suposta parceria entre Roustaing e Kardec.

A manutenção no Estatuto da FEB da referência ao livro acima referenda a afirmação de que as mudanças ocorridas no documento não alcançam a totalidade da presença de Roustaing.

Uma das melhores análises da obra *Brasil, coração do mundo, pátria do Evangelho* é feita por Leonardo Marmo Moreira[72], quando reflete sobre cada um dos 30 capítulos da obra de Chico Xavier. Antes dele, porém, inúmeros autores espíritas apontaram as incoerências que geram desconfianças sobre a lisura da obra. Entre esses, como o primeiro ou um dos primeiros, está Julio Abreu Filho, primeiro tradutor para o português dos 12 volumes da *Revista Espírita*. Abreu Filho estranhou – e com veemência denunciou – o fato de exatos um ano antes da aparição de livro *Brasil, coração do mundo, pátria do Evangelho* haver sido lançado o livro *Crônicas de além-túmulo*, recebido também por Chico Xavier e assinado pelo mesmo Humberto de Campos, no qual se encontra uma mensagem de igual teor em que só são citados Camille Flammarion, Léon Denis e Gabriel Delanne, sem nenhuma referência a Roustaing. Trata-se da crônica de número 21, intitulada "O grande missionário". A primeira edição desse livro é de 1937, enquanto o livro *Brasil, coração do mundo, pátria do Evangelho* é de 1938. Terá havido interpolação no livro *Brasil, coração do mundo, pátria do Evangelho*?

A resposta à pergunta formulada seria de fácil solução se pudessem ser consultados os originais do livro *Brasil, coração do mundo, pátria do Evangelho*. Bastaria à FEB colocá-los à disposição dos interessados. Entretanto, após inúmeros e insistentes apelos, a FEB passou a informar que, à triste semelhança do que ocorreu com Leymarie em relação a inúmeros documentos de Kardec que mandou incinerar, os originais do livro *Brasil, coração do mundo, pátria do Evangelho* foram queimados, o que inviabilizou qualquer tentativa de comprovação. A questão se agravou e gerou uma pergunta ainda mais incisiva: um crime para acobertar outro?

Moreira, na obra citada – *Brasil, coração do mundo, pátria do Evangelho? Uma análise crítica* – entra no mérito do que seria uma missão segundo os espíritos, interpretando-a comparativamente aos três missionários citados no livro *Crônicas de além-túmulo*, e assim se pronuncia:

> Entretanto, indiscutivelmente, a missão de Roustaing é a mais ambígua, confusa e contraditória em relação a diversos fatores (destacamos três deles): 1) em relação ao texto propriamente dito exarado em "Brasil, coração..."; 2) com respeito à obra escrita deixada pelos respectivos missionários e; 3) no que se refere também ao que realmente foi feito no Movimento Espírita da época, em termos de atuação por parte dos referidos desenvolvedores da obra de Kardec.

O autor arremata com notável bom-senso:

---

72. *Brasil, coração do mundo, pátria do Evangelho? Uma análise crítica*. https://drive.google.com/file/d/12bhHcZbS8ChG7Q01cIaHuBt-XMUhn4OT/view

280 | WILSON GARCIA

Vejamos, primeiramente, em relação ao texto de "Brasil, coração...": o que seria a missão da "organização do trabalho da fé", pura e simplesmente, sem nenhuma explicação adicional? O texto é vago, estranho...afinal, a doutrina espírita é a doutrina da "fé raciocinada", da libertação das consciências pela aquisição do entendimento das leis da vida. Assim sendo, a missão de Denis, focada em desdobramentos filosóficos é uma missão de aprofundamento da "Fé Raciocinada"; assim como a missão de Delanne, buscando evidências científicas da imortalidade da alma através do estudo do fenômeno mediúnico, é uma missão de aprofundamento da "Fé Raciocinada"; assim como a missão de Flammarion, discutindo as questões relacionadas à "Pluralidade dos Mundos Habitados", também fortalece a "Fé Raciocinada", concernente a um dos princípios básicos do espiritismo. E Roustaing? Nada! Simplesmente a missão da "organização do trabalho da fé"! Da forma como está colocado, o texto, além de ser, ironicamente, um comentário que remete, mais uma vez, ao jargão católico, sugere, indiretamente, uma espécie de "fé cega".

Moreira transcreve em seu livro a posição de Herculano Pires[73] que muito bem se encaixa na questão da suposta "organização do trabalho da fé" atribuída a Roustaing:

Ainda hoje há espíritas, não raro ocupando posições de direção em instituições doutrinárias, que não compreendem a necessidade e o valor desse livro orientador da intuição religiosa popular. Não compreendem que o aspecto religioso do espiritismo constitui a base inabalável do movimento espírita no mundo. Outros chegam a criticar Kardec por essa capitulação, e outros, mais ingênuos, chegam ao cúmulo de alegar que essa tarefa cabia a Roustaing, o infeliz fascinado de Bordeaux que lançou a obra de evidente mistificação *Os quatro Evangelhos,* em que os evangelistas se contradizem a si mesmos e tentam forçar um retrocesso católico do religiosismo popular. A tese espúria, levantada pela Federação Espírita Brasileira, de que Roustaing estava incumbido do problema da fé é simplesmente alucinante. O pobre fascinado não foi discípulo de Kardec, jamais militou ao seu lado e teve sua obra rejeitada pelo mestre. A fé de Roustaing não podia entrosar-se na obra de Kardec, pois era a fé católica medieval, enquanto a fé espírita, definida por Kardec como fé racional, não precisava de nenhum assessor místico e fanático para se implantar na consciência dos novos tempos. O espiritismo rejeita toda mitologia de ontem, de hoje e de amanhã. Sua função é de transformar os erros em verdades, como se lê em Kardec, e não em remendar as mitologias antigas com novos ridículos mitos, como Roustaing tentou fazer em sua obra mistificadora, em que a obra kardeciana é defor-

---

73. *A evolução espiritual do homem – na perspectiva da doutrina espírita* (capítulo primeiro – "O homem no mundo como ser na existência", quarto parágrafo).

mada por um trabalho de plágio vergonhoso e de remendos adulteradores que denunciam a debilidade mental do autor.

CONFEDERAÇÃO ESPÍRITA PANAMERICANA

A Segunda Guerra Mundial trouxe ao espiritismo inúmeros prejuízos e um deles foi o encerramento das atividades da Federação Espírita Internacional, sediada em Paris. Este e outros problemas fizeram aumentar consideravelmente o movimento pela estruturação de um organismo espírita que pudesse de fato reunir, em nível internacional, as lideranças espíritas. A fundação da Confederação Espírita Pan-americana (CEPA) resultou de um movimento nascido na Argentina e destinado aos espíritas do continente latino-americano. Essa iniciativa se somou às iniciativas semelhantes, regionais e nacionais, que tiveram lugar no Brasil e acabou por formar entre aquelas que pressionaram a FEB, em suas pretensões por liderar o movimento espírita brasileiro e, por extensão, o movimento internacional. Ademais, a fundação da CEPA surgia com um ingrediente a mais: a opção por um espiritismo fundamentalmente filosófico, científico e de consequências morais, ou seja, à parte da linha dominante de uma visão religiosa ou religião instituída, como a pretendida pelo pensamento heterônomo dominante na FEB.

A fundação da Confederação Espírita Pan-americana (CEPA)[74] deu-se em:

> (...) 5 de outubro de 1946, durante o primeiro Congresso Espírita Pan-A-mericano, realizado na cidade de Buenos Aires, Argentina.
>
> A iniciativa da fundação da CEPA se deu por parte de um grupo de líderes espíritas argentinos, entre eles, Humberto Mariotti, Naum Kreiman, José Salvador Fernández, Natalio Ceccarini, Santiago Bossero, José Tejada, Hugo Nale, Luis Di Cristóforo Postiglioni, Antonio Melo, Albíreo Barcón e Elías Toker, preocupados com a organização do movimento espírita no Continente Americano. Tal preocupação era justificada diante de acontecimentos históricos como a Guerra Civil Espanhola e a Segunda Guerra Mundial, que afetaram as atividades do espiritismo na França, seu país de origem, na Espanha e em todos os países da Europa, o que como consequência culminou no desaparecimento da Federação Espírita Internacional, com sede em Paris, e dos principais periódicos espíritas de língua espanhola, pois antes a Espanha fornecia normalmente revistas, livros e material doutrinário para as instituições e comunidades espíritas da América Latina.
>
> Diante dessas dificuldades, e da proposta da Confederação Espírita Argentina da criação de uma Confederação Espírita da América, para organizar o movimento espírita no continente, realizou-se em Buenos Aires, Argentina, o I Congresso Espírita Pan-americano, contando com represen-

---

74. https://pt.wikipedia.org/wiki/Confederação_Espírita_Pan-Americana

tantes da Argentina, Brasil, Chile, Cuba, Equador, Estados Unidos, Honduras, México, Porto Rico e Uruguai.

O Congresso tomou a decisão de fundar a Confederação Espírita Pan-americana, cujo estatuto adotou a integração do espiritismo Latino-americano, dentro de um programa mínimo de objetivos comuns, e o estabelecimento de Congressos Periódicos que seriam realizados de três em três anos, com o objetivo de apreciar todas as ações desenvolvidas durante o período da gestão anterior, examinar as questões relacionadas com o corpo da doutrina espírita, e a organização do movimento espírita, bem como, a revisão do Estatuto, quando se fizer necessário.

II Congresso Espírita Panamericano

O II Congresso, realizado no Rio de Janeiro de 3 a 12 de outubro de 1949, foi organizado pela Liga Espírita do Brasil sob a presidência de Aurino Barboza Souto e secretariado por Deolindo Amorim. Participaram desse Congresso personalidades do espiritismo brasileiro como Lins de Vasconcellos, Carlos Imbassahy, Lauro Sales, Francisco Klors Werneck, o deputado Campos Vergal, coronel Delfino Ferreira, Leopoldo Machado, João B. Chagas, Eden Dutra Nascimento, Sebastião Costa, Eurípedes de Castro e muitos outros representantes de organizações estaduais do Brasil, desde Pernambuco até o Rio Grande do Sul. As circunstâncias permitiram que os brasileiros reunidos nesse Congresso tivessem a oportunidade de iniciar a aproximação do Movimento Espírita Brasileiro em torno da FEB. Alcançaram um entendimento e criaram o Conselho Federativo Nacional. Ainda nesse Congresso foi eleito o segundo presidente da CEPA, o coronel Pedro Delfino Ferreira, um brasileiro, que cumpriu o triênio 1949 – 1952.[75]

Mesa diretora do II Congresso Espírita Pan-americano realizado na cidade do Rio de Janeiro em 1949.

As pressões sobre a FEB em termos de liderança de um movimento federativo

---

75. https://www.cepabrasil.org.br/portal/institucional-cepa/169-cepa-no-brasil em 19/12/2019 às 08:15.

aumentaram quando a CEPA organizou o seu 2º Congresso em terras brasileiras. Para esse importante evento, contou a novel instituição com a adesão de outras importantes lideranças espíritas no Brasil, além daquelas que estiveram presentes no 1º Congresso de Buenos Aires e que assumiram compromissos institucionais.

O 2º Congresso tinha interesses mais amplos, decorrentes de seus objetivos definidos a partir de sua fundação, quais sejam[76]:

1. Difundir o espiritismo por todos os povos americanos, através do movimento espírita organizado no âmbito Pan-americano entre os países participantes e suas relações mundiais, velando constantemente pelo respeito aos princípios da doutrina espírita.
2. Estimular o estudo permanente da doutrina, de conformidade com seu caráter fundamentalmente evolutivo, para atualizar seus postulados científicos, filosóficos e morais às exigências do momento, bem como a absorção de novas ideias.
3. Contribuir para um bom relacionamento entre todas as organizações espíritas continentais, procurando unidade de propósitos dentro dos princípios doutrinários, visando o aprimoramento dos ideais de fraternidade.
4. Organizar foros de debate filosófico, científico e cultural que representem integralmente os propósitos de divulgação do pensamento espírita, propiciando o intercâmbio continental entre os seus participantes, respeitadas as experiências regionais.
5. Participar dos atos de caráter continental realizados pelos países e instituições americanos, que tenham por objetivo o desenvolvimento do conhecimento científico, filosófico e espiritual, visando o aprimoramento do pensamento espírita e a evolução moral dos indivíduos.

As possibilidades de expansão da atuação da CEPA em todo o território compreendido pelos diversos países do continente significavam objetivo entrave às pretensões da FEB, uma ameaça evidente que estava prestes a ocorrer com o 2º Congresso do Rio de Janeiro, uma vez que havia a previsão da aperfeiçoamento de uma estrutura organizativa com tal finalidade.

Eis como aborda o fato o jornalista Jorge Rizzini[77]:

> Em 1949 realizou-se no Teatro João Caetano, no Rio de Janeiro, o 2º Congresso Espírita Pan-americano – à revelia, mais uma vez, da Federação Espírita Brasileira. Participavam desse conclave vários confrades que no congresso da USE defenderam a proposta de fundar-se a Confederação Espírita

---

76. Idem.
77. https://web.archive.org/web/20160222215919/http://www.herculanopires.org.br/apostolo-abertura/303-pordentro.

Brasileira porque o perfil da FEB lhes parecia "mais de um Centro-Modelo que de uma Federação propriamente dita" e... porque era "obsoleto seu atual sistema federativo", o qual sendo "platônico e inoperante acarretou atrofia do setor propriamente federativo" (conforme escreveram e afirmaram de viva voz no plenário do congresso paulista). Pois esses mesmos confrades, após uma reunião no Hotel Serrador com Carlos Jordão da Silva dirigiram-se à Federação Espírita Brasileira – mas sem nada revelar aos demais companheiros que se encontravam no Congresso Pan-americano – com o objetivo de terem uma conversa sigilosa com Wantuil de Freitas. Lins de Vasconcelos fora incumbido de promover o encontro. Leopoldo Machado, que estava, casualmente, na porta da livraria da FEB, acompanhou-os. Eram três horas da tarde do dia cinco de outubro de 1949.

Rizzini adianta mais em seu relato[78]:

Wantuil de Freitas sentia-se, evidentemente, ferido com as recentes críticas feitas à FEB no congresso paulista. Ele ouvira a gravação dos principais discursos. A reunião foi constrangedora. Vexatória. Wantuil de Freitas ouviu os confrades, um por um. Depois, foi incisivo ao apresentar seu plano para um novo Conselho Federativo.

1. A verificação das federativas estaduais, e consequentemente, dos centros espíritas do país, seria de um eficiente Conselho Federativo Nacional.

2. Novo CFN, além de umbilicalmente vinculado à Federação Espírita Brasileira, seria presidido pelo presidente da FEB. Ou seja, por ele, Wantuil de Freitas.

3. Cada federação estadual deveria apresentar uma lista com o nome de três confrades. Wantuil de Freitas escolheria um para representá-la no CFN.

4. A Liga Espírita do Brasil deixaria de ser federativa nacional. Sua ação não ultrapassaria os limites do Estado do Rio de Janeiro e o nome deveria sofrer alteração.

Nenhum dos itens expostos por Wantuil de Freitas foi contestado. E eram dezoito! Cada confrade, então, tirou do bolso a caneta-tinteiro, curvou-se e assinou o documento que alguns, depois, chamaram de "acordo de cavalheiros" e que Artur Lins de Vasconcelos Lopes (vice-presidente da Liga) pela imprensa batizou com o pomposo título de "Pacto Áureo".

O jornalista, contudo, mostra sua inconformação com o fato, observando[79]:

Difícil buscar a razão de tão desconcertante atitude desses confrades. Porque até aquele instante haviam trabalhado muito, e com profundo amor, pela difusão da doutrina espírita. O que, então, os levou a assinar sem dis-

---

78. Idem
79. Ibdem

cussão o pacto que Herculano Pires com propriedade chamou de "bula papalina"? O excesso de misticismo criara sentimento de culpa e o grupo passara a admitir infalibilidade no presidente da FEB? Sua presença dominadora teria obnubilado a consciência dos confrades? Ou careciam todos, na verdade, de conscientização doutrinária?

Havendo Herculano Pires considerado o ato da assinatura do documento e este próprio uma "bula papalina", qual seria a posição de outro líder de grande credibilidade nos meios espíritas e não espíritas, Deolindo Amorim? Rizzini esclarece[80]:

> Abramos o livro *Ideias e reminiscências espíritas* (edição do Instituto Maria, sem data) de Deolindo Amorim. Eis o que se lê na página 144:
> Em 1949, por exemplo, quando a Liga Espírita do Brasil aceitou o acordo de 5 de outubro (...) Acordo que se denominou, depois, 'Pacto Áureo', tomei posição contrária à de Aurino, votei (na assembleia da Liga) contra a resolução, porque não concordei com o modo pelo qual se firmara esse documento. E o fiz em voz alta, de pé, na Assembleia, com mais doze companheiros que pensavam da mesma maneira(...) Votei contra para ser fiel a uma convicção.
> E em carta de 30 de setembro de 1983 endereçada ao confrade Mauro Quintella reafirma Deolindo Amorim sua posição doutrinária acrescida de detalhes reveladores:
> Fui contra o acordo de 49, depois chamado de Pacto Áureo, porque não concordei com a forma, o modo *político* (o grifo é do Deolindo) pelo qual se realizou o plano, trabalhado em segredo. Não houve assembleia antes. Tudo já veio preparado. (Essa carta de Deolindo Amorim foi publicada no jornal santista *Abertura*, edição de setembro de 1988, página 5).

Em reforço às manifestações de J. Herculano Pires a respeito do controvertido Pacto Áureo, o jornalista Rizzini reproduz importantes trechos, os quais sintetizam um sentimento generalizado de inúmeras lideranças espíritas de incontestável posição progressista e livre-pensadora[81]:

> Herculano Pires, por sua vez, com visão crítica, fidelidade à doutrina e coragem moral que o iluminavam, analisou em vários artigos o Pacto Áureo. Os trechos a seguir sintetizam seu pensamento:
> Vinícius, que era uma alma pura, sonhava com a ligação da FEB ao movimento de unificação. Arquitetou e conseguiu realizar essa ligação, mas teve de pagar o preço do pacto áureo. Instalou-se no Rio o Conselho Federativo Nacional (órgão da FEB) e tivemos a primeira eclosão

---

80. Ibdem
81. Ibdem

dos instintos vaticânicos. O Conselho começou a baixar bulas papalinas sobre questões doutrinárias, a conceder licenças para realização de concentrações e congressos, a negar aos jovens o direito de deliberar em seus movimentos etc.

Espiritismo e liberdade são sinônimos, pois a doutrina considera que sem liberdade não há responsabilidade. Queríamos provar, e provamos, que a violação da liberdade espírita, da autonomia das instituições, ameaçava os próprios fundamentos da doutrina. Precisávamos de fraternidade, solidariedade, trabalho e tolerância, mas não de sujeição passiva a pretensas autoridades doutrinárias que se arrogavam o direito de dirigir o movimento. A USE correspondia às exigências de organização do movimento sem o risco do autoritarismo. Mas o chamado Pacto Áureo matou essa possibilidade. Firmado o pacto com a FEB, a USE submeteu-se ao Conselho Federativo Nacional, órgão da FEB, que através dele começou a baixar bulas papalinas sobre a doutrina e decretos cardinalícios sobre a organização. Houve atritos sérios da FEB com Federações estaduais, mas o pacto continuou em vigor. Uma contradição flagrante. O movimento livre da USE entregava-se à FEB, voltava ao jugo da carne, segundo expressão do Apóstolo Paulo aos hebreus, cristãos judaizantes. A reforma estrutural da USE suicidava-se num pacto de ouro, entregando-se aos rabinos do Templo. (Jornal *Mensagem*, edições de fevereiro de 1975 e dezembro de 1976).

Em depoimento, Leopoldo Machado[82], respeitado líder e grande apoiador das juventudes espíritas, revela o seu desapontamento com o pacto[83]:

Vimos (...) que a existência da lista tríplice, conferindo ao presidente da FEB autoridade discricionária (...) seria motivo de desentendimento (...) uma organização à parte em que a FEB entrasse como uma outra qualquer instituição (...) embora gozando de maiores distinções (...) por seu passado (...) daria muito mais certo. E teria dito isso se fosse o caso de discutir o plano. Aceitamo-lo, contudo, e disso não nos arrependemos. Era 10% que se obtinha, depois de tantas lutas e percalços. Quem já obteve 10% conquistou naturalmente alguma coisa mais do que zero.

Leopoldo deixa claro que não houve debate sobre a ideia contida no plano apresentado pelo presidente da FEB de então, Wantuil de Freitas, que apenas fez sua proposta e a submeteu de forma integral, logrando convencer os presentes. O pensamento de Leopoldo era instituir um formato de unificação em que todos teriam participação igualitária, sem prevalência de uma federativa, a FEB, inclu-

---

82. Leopoldo Machado de Souza Barbosa, baiano radicado em Nova Iguaçu, RJ, foi escritor e educador, tendo fundado o Colégio Leopoldo e outras instituições com base na filosofia espírita.
83. Jornal *Abertura*, O Pacto Áureo, setembro de 1988, por Mauro Quintella.

PONTO FINAL – O REENCONTRO DO ESPIRITISMO COM ALLAN KARDEC | 287

sive, sobre as demais, mas o clima entre os participantes não era propício a essa discussão. Como diz ele, "teria dito isso se fosse o caso de discutir o plano". Tivesse dito, estaria representando inúmeros outros líderes. Não fora possível, o plano não estava em discussão, daí o fato de contentar-se com os "10%", renunciando a 90%.

PACTO ÁUREO – O DOCUMENTO

No seu *Escorço histórico da FEB*, já citado e cujo texto se encontra reproduzido em diversas edições do *Reformador*, o ex-presidente Juvanir Borges apresenta seu relato segundo a linha romanesca preferida, diversa, portanto, das narrativas feitas na linha factual, clara e objetiva. Eis como narra:

> Em 5 de outubro de 1949 concretizava-se formalmente a unificação da família espírita brasileira, velho sonho acalentado por sessenta anos, desde os esforços iniciais de Bezerra de Menezes.
>
> Precedera à Grande Conferência Espírita do Rio de Janeiro[84] um Congresso Espírita Pan-Americano, que atraíra à antiga Capital da República muitos espíritas dirigentes de instituições estaduais. A ideia de aproveitarem a ocasião para se dirigirem à Federação Espírita Brasileira nasceu simultânea e espontaneamente em diversas mentes, buscando-se uma fórmula de entendimento entre todos os espiritistas, que exprimisse as aspirações de fraternidade, preconizada nos ensinos evangélicos, e de organização livre e responsável das instituições espíritas, isenta de imposições e personalismos.

A narrativa romanesca, que sobreleva: "A ideia de aproveitarem a ocasião para se dirigirem à Federação Espírita Brasileira nasceu simultânea e espontaneamente em diversas mentes" – se contrapõe ao fato, não narrado, da pauta do congresso, disposta para consolidar uma ideia de estruturação de um modelo confederativo calcado na liberdade e nos princípios básicos da autonomia defendida pela doutrina espírita. Reforça-o o fato de que, uma vez conseguido o intento de obter o aval e a assinatura do documento unificador, os próceres da FEB, de imediato, enviaram um mensageiro ao congresso que se realizava ali perto, para lhes dar, em primeira mão e de modo auspicioso, conhecimento de que ela lograra seu intento e, assim, frustrava a tentativa da CEPA e dos brasileiros presentes no evento pan-americano.

A ata da reunião ficou assim lavrada[85]:

---

84. Esclareça-se que o encontro na FEB de que resultou o Pacto Áureo, foi, posteriormente, denominado de "Grande Conferência Espírita". Assim, pois, tratou-se de dar ao acontecimento, que contém todos os ingredientes de um acontecimento com planejamento prévio e levado a efeito após ações de ordem política que o induziram, ares de um fato decorrente de ações de espíritos superiores, para cuja concretização os humanos foram sugestionados, pois deles apenas aqueles espíritos possuíam conhecimento.
85. https://www.FEBnet.org.br/wp-content/uploads/2014/07/65_anos_do_Pacto_Aureo.pdf

Ata da reunião entre os diretores da Federação Espírita Brasileira e os representantes de várias Federações e Uniões de âmbito estadual: Aos cinco dias do mês de outubro do ano de mil e novecentos e quarenta e nove (1949) na sede da Federação Espírita Brasileira, à Avenida Passos, nº 30, na cidade do Rio de Janeiro, Capital da República, Brasil, presentes o Sr. Antônio Wantuil de Freitas, presidente da F.E.B., e demais signatários desta, após se dirigirem ao Alto, em prece, suplicando bênçãos para todos os obreiros da Seara Espírita do Brasil, bem como para toda a Humanidade, e depois de longo e coordenado estudo do Movimento Espírita Nacional, a que pertencem, acordaram em aprovar os seguintes itens, "ad referendum" das Sociedades que representam: 1º) Cabe aos espíritas do Brasil porem em prática a exposição contida no livro "Brasil, Coração do Mundo, Pátria do Evangelho", de maneira a acelerar a marcha evolutiva do espiritismo. – 2º) A F.E.B. criará um Conselho Federativo Nacional, permanente, com a finalidade de executar, desenvolver e ampliar os planos da sua atual Organização Federativa. – 3º) Cada Sociedade de âmbito estadual indicará um membro de sua diretoria para fazer parte desse Conselho. – 4º) Se isso não for possível, a Sociedade enviará ao presidente do Conselho uma lista tríplice de nomes, a fim de que este escolha um desses nomes para membro do Conselho. – 5º) O Conselho será presidido pelo presidente da Federação Espírita Brasileira, o qual nomeará três secretários, tirados do próprio Conselho, que o auxiliarão e substituirão em seus impedimentos. – 6º) Considerando que desde a sua fundação a F.E.B. se vem batendo pela autonomia do Distrito Federal, conforme se vê em seu órgão – "*Reformador*" – fica o Distrito Federal considerado como Estado, em igualdade de condições com os demais Estados do Território Nacional. – 7º) O presidente da Federação Espírita Brasileira nomeará uma comissão de três juristas espíritas e dois confrades de reconhecida idoneidade, para elaborar o Regulamento do Conselho Federativo Nacional e propor as modificações que se tornarem necessárias no atual Estatuto da Federação Espírita Brasileira. – 8º) No caso de haver mais de uma sociedade de âmbito estadual em algum Estado, tudo se fará para que se reúnam em torno de uma terceira, cuja presidência será exercida em rodízio e automaticamente pelo presidente de cada uma delas, substituídos que serão, anualmente, no dia 1º de Janeiro de cada ano 1. – 9º) Anualmente, em sua primeira reunião do mês de Agosto, o Conselho organizará o seu orçamento, o qual, uma vez aprovado pela Diretoria da FEB, será entregue ao tesoureiro dessa 1. – 10º) Cabe à Federação Espírita Brasileira entrar com cinquenta per cento do que for determinado para o referido orçamento, devendo os restantes cinquenta per cento ser distribuídos em cotas iguais entre todas as Sociedades pertencentes ao Conselho 2. – 11º) Na escrita da F.E.B. o seu tesoureiro deverá criar um título no qual lançará todo o movimento de valores, inclusive de donativos que forem feitos com a finalidade de facilitar os trabalhos do Conselho, quantias essas que, de forma alguma, poderão ser aplicadas senão por deliberação do dito Conselho. – 12º) As Sociedades componentes do Conselho Federativo Nacional são completamen-

Ponto final – O reencontro do espiritismo com Allan Kardec | 289

te independentes. A ação do Conselho só se verificará, aliás, fraternalmente, no caso de alguma Sociedade passar a adotar programa que colida com a doutrina exposta nas obras: *O Livro dos Espíritos* e *O Livro dos Médiuns*, e isso por ser ele, o Conselho, o orientador do espiritismo no Brasil. – 13º) Deverá ser organizado um quadro de pregadores espíritas, composto de sócios das sociedades adesas, os quais, dentro de suas possibilidades, serão escalados para visitar as Associações que ao Conselho dirijam convites para festividades de caráter puramente espírita – 14º) Se possível, será criado, também, um grupo de pregadores experimentados e cultos, com a difícil missão de levar a palavra do Evangelho aos grupos que, ainda mal orientados, ofereçam campo à semeadura cristã. – 15º) Nenhum membro do Conselho poderá dar publicidade a trabalhos seu individual, subscrevendo-o como membro do Conselho Federativo Nacional, salvo se o trabalho for antecipadamente lido e aprovado pelo conselho. – 16º) Os membros do Conselho são considerados como exercendo cargo de confiança das Sociedades que os indicarem. – 17º) Sempre que possível, o Conselho designará um dos seus membros para assistir aos trabalhos doutrinários realizados pelas Sociedades. – 18º) Se alguma colidência encontrar, pedirá ele se convoque a diretoria da Sociedade e, então, confidencialmente, exporá o que deverá ser modificado, de acordo com o plano geral estudado pelo Conselho. E nada mais havendo, eu, Oswaldo Mello, servindo de secretário, a escrevi e datilografei, assinando-a juntamente com os componentes da reunião, que decorreu sob a mais viva emoção dos circunstantes. E, para constar, fiz esta, que subscrevo, aos cinco dias do mês e ano referidos. A) Oswaldo Mello, secretário.

O texto da ata reproduz as ideias já constantes, às vezes, *ipsis litteris*, do Estatuto da FEB desde a primeira reforma de 1901, mas em especial a reforma de 1912, que introduziu o tema federativo oficialmente na FEB. O primeiro item, contudo, traz para o documento e levará, depois, para o Estatuto da FEB, a figura de Chico Xavier e o livro *Brasil, coração do mundo, pátria do Evangelho*, de Humberto de Campos, uma vez que sua controvertida aparição é motivo de contentamento da FEB, considerado que é o reforço de peso de que ela precisava para consolidar de maneira definitiva a figura e a obra refutada de Roustaing.

Perceba-se a semelhança de procedimentos, pela FEB, dos seus esforços para impingir ao movimento espírita a obra de Roustaing, em um primeiro momento no encontro de 1904, quando as Bases Federativas foram discutidas, e o procedimento de 1949, no documento do Pacto Áureo. No primeiro, Roustaing é ombreado a Allan Kardec e, no segundo, Roustaing aparece reforçado pelo livro de Chico Xavier/Humberto de Campos.

Estatuto de 1954

Como reflexo dos acontecimentos citados, a reforma do Estatuto realizada em 1954 contempla a nova realidade: Roustaing surge pela primeira vez com o reforço do livro *Brasil, coração do mundo, pátria do Evangelho* e a contestada citação feita no bojo de seu conteúdo, pela qual é elevado à categoria dos missionários integrantes da equipe espiritual de Allan Kardec, ladeando Flammarion, Denis e Delanne. A reforma, no que diz respeito aos interesses roustainguistas, direta ou indiretamente, abrange os artigos 2º, 64, 109, 121 e 122.

> Art. 2º Para os estudos a que se refere o nº I do artigo antecedente, a Federação utilizará duas ordens de sessões:
> I doutrinárias, nos dias e pelo modo que o Regimento Interno determinar, versando o estudo sobre as obras de Allan Kardec, a de J. B. Roustaing e outras subsidiárias e complementares da Revelação, atenta à sua progressividade e, notadamente, o estudo metódico, sistemático e intensivo do Evangelho de Nosso Senhor Jesus Cristo.

Há que se destacar neste artigo 2º e demais as características da linguagem e das intenções do legislador, notadamente fundadas na crença roustainguista, a ver-se: (1) em relação ao Estatuto anterior de 1944, surgem ligeiras mudanças textuais designando, agora, o estudo das obras de Kardec e Roustaing; (2) aponta-se também o estudo das obras ditas "subsidiárias e complementares da *Revelação*". Este termo – *Revelação* – surge como designativo de *Os quatro Evangelhos*, e não, como se poderia imaginar, da obra da codificação. A obra de Roustaing é tida por Revelação da Revelação, ou seja, o sentido revelador é uma das marcas dos adeptos de Roustaing e de suas atividades e práticas mediúnicas, nas quais buscam, tradicionalmente, "receber" novas obras ou novas "revelações", maneira pela qual entendem se realiza o progresso, a evolução da doutrina; (3) a referência ao "Evangelho de Nosso Senhor Jesus Cristo" remete, também, a *Os quatro Evangelhos*, sendo que referir-se ao Mestre por *Nosso Senhor Jesus Cristo* é a forma adotada pelos adeptos de Roustaing e cujo sentido primordial é fazer entender que ele é o Salvador, aquele que imolou-se na cruz com o objetivo de redimir a humanidade, sentido, como se observa, fundamentalmente contrário à fé raciocinada defendida por Kardec. Não se trata, pois, de simples opção linguística, mas de toda uma representação calcada na tradição católica, devidamente superada pelo espiritismo, mas não por Roustaing, que a busca restaurar.

Surge, também, na alteração estatutária de 1954, pós-Pacto Áureo, os seguintes artigos e serem considerados:

> Capítulo IX, do Departamento Editorial
> Art. 64. Os fundos acima estipulados serão aplicados à edição e venda,

por conta própria, das obras espíritas, preferencialmente das de Allan Kardec e J. B. Roustaing.

A criação do Departamento Editorial é oficializada, com a devida referência às obras de Kardec e Roustaing como aquelas a serem publicadas preferencialmente, significando, mais uma vez, que os dois autores são vistos equiparadamente.

> Capítulo XVI, da organização federativa
> Art. 109. A execução do programa da Federação, quanto ao que prescreve o Art. 1º , nº III, deste Estatuto, consistirá na integração das Sociedades espíritas dos Estados, dos Territórios e do Distrito Federal no seu organismo, por ato federativo ou de adesão, de modo a constituírem com ela um todo homogêneo, em o qual, com o único objetivo de confraternização, concórdia e solidariedade, se verifique completa harmonia de vistas e unidade de programa, moldado este pelas "Bases de organização espírita" aprovadas no Rio de Janeiro, em 1904, pág. 338) e acordemente com o deliberado na Conferência Espírita realizada no Rio de Janeiro, em 5 de outubro de 1949 (*Reformador* de 1949, pág. 243).

O capítulo da organização federativa, já contemplado no Estatuto anterior, recebe adequação de modo a expressar o que se convencionou no denominado Pacto Áureo, mantendo-se a afirmação, inverídica, de que as "Bases da organização federativa" foram aprovadas no evento de 1904, quando o próprio livro daquele evento destaca a sua necessidade de submissão à consulta dos espíritas e centros espíritas do Brasil, consulta jamais realizada.

> Art. 121. As Sociedades componentes do Conselho Federativo Nacional e todas as sociedades adesas são completamente independentes. A ação do Conselho só se verificará, fraternalmente, no caso de alguma Sociedade passar a adotar o programa que colida com a doutrina exposta nas obras: *O Livro dos Espíritos* e *O Livro dos Médiuns.*

Esse artigo, repetido de reformas estatutárias anteriores, não só colide com o que reza o artigo 2º, no qual as obras de Allan Kardec como um todo recebem destaque, bem assim é, em si mesmo, contraditório, pois especifica que apenas quando o programa de algum centro espírita colidir com o exposto nos dois livros citados – *dos Espíritos* e *dos Médiuns* – será motivo de reprimenda. Qualquer distonia, pois, em relação às demais obras da codificação, em tese, não será passível do mesmo procedimento. Tal situação decorre de uma intenção subsumida de não mencionar a obra *O Evangelho segundo o Espiritismo*, devido à preferência da FEB pelo estudo e aceitação, em seu lugar, de *Os quatro Evangelhos,* de Roustaing.

> Art. 122. O Conselho fará sentir a todas as Sociedades espíritas que lhes cabe pôr em prática a exposição contida no livro "Brasil, Coração do Mundo, Pátria do Evangelho".

Nesse artigo, o reforço a Roustaing surge de modo claro através do destaque, mais uma vez, da obra dita psicografada por Chico Xavier e assinada por Humberto de Campos, onde Roustaing é elevado a missionário membro da equipe de Kardec, apesar de todos os argumentos em contrário elencados pelos estudiosos e pesquisadores, bem como a inexistência de provas que sustentem a narrativa do livro, uma vez que os seus originais, entregues à FEB pelo médium mineiro, teriam sido por ela incinerados.

ESTATUTO DE 1991

A reforma do Estatuto da FEB, realizada em 1991, contempla ligeiros retoques, que podem ser observados no artigo 1º:

> Art. 1º – A Federação Espírita Brasileira, fundada em 2 de janeiro de 1884, na cidade do Rio de Janeiro, é uma sociedade civil religiosa, educacional, cultural e filantrópica com personalidade jurídica e que tem por objeto e fins:
>
> I – O estudo, a prática e a difusão do espiritismo em todos os seus aspectos, com base nas obras da codificação de Allan Kardec e no Evangelho de Nosso Senhor Jesus Cristo.
>
> Parágrafo Único – Além das obras básicas a que se refere o inciso I, o estudo e a difusão compreenderão, também, a obra de J. B. Roustaing e outras subsidiárias e complementares da doutrina espírita.

Comparativamente ao Estatuto de 1954, verifica-se que o artigo primeiro incorpora aquilo que estava prescrito no artigo segundo dos anteriores, mantendo-se a referência à codificação de Allan Kardec e, ao mesmo tempo, no "Evangelho de Nosso Senhor Jesus Cristo", objeto da análise feita. Desaparece – de forma significativa – o termo "Revelação", com o que os legisladores assumem o equívoco de seu emprego e dos sentidos que essa palavra expressa no contexto em que foi utilizada. Se tal procedimento reduz as referências à obra de Roustaing, por outro lado possui pouca importância prática, uma vez que o caldo cultural formado por mais de um século de crenças heterônomas define, de maneira inequívoca, a realidade do movimento espírita brasileiro, em que Kardec e Roustaing se misturam, tanto no imaginário quanto nos hábitos e valores aceitos e praticados nesse movimento. A difundida e equivocada ideia de erro e castigo é uma das marcas profundas dessa mescla cultural, cuja

Estatuto de 2003

A reforma do Estatuto da FEB pretendida para 2003 foi antecedida de diversos embates e desembocou num período de disputas judiciais por mais de dez anos. Durante esse período, o movimento espírita brasileiro, pelo menos a parcela formada por aqueles interessados no assunto, viveu um verdadeiro caos, com notícias as mais contraditórias sobre o que de fato ocorria. A assembleia da FEB marcada para 2003 deveria deliberar sobre duas propostas de alteração do Estatuto: a eliminação do parágrafo do artigo primeiro, que indicava as obras de Roustaing como do programa da FEB e a adequação (obrigatória) do Estatuto ao novo Código Civil Brasileiro.

Instalada a assembleia no dia 25 de outubro daquele ano, eis que uma liminar exarada pela justiça impede que a assembleia delibere a respeito da retirada da menção a Roustaing. Eis como a ata da respectiva assembleia aborda a questão:

> Aberta a sessão, apresentou-se à Assembleia um Oficial de Justiça, com intimação ao Presidente da Assembleia e da Federação Espírita Brasileira, Nestor João Masotti, referente a uma, digo, a um Mandado de Intimação e Citação de uma "Medida Cautelar Inominada", proposta pelo sócio efetivo Luciano dos Anjos. O pedido constante dessa ação, na decisão da Juíza da 29ª Vara Cível, é alternativo, no sentido da "concessão liminar pleiteada, *inaudita altera pars*, para que a referida Assembleia, após instalada, delibere sobre a proposta de alteração do Estatuto da Federação Espírita Brasileira, restringindo-se tão somente às cláusulas de adequação ao novo Código Civil, determinando a obediência ao artigo 73 do Estatuto vigente, que limita qualquer reforma somente à organização administrativa, vedando, portanto, a de natureza básico-doutrinária (Art. 1º), sob pena de nulidade.

Diante do fato, a retirada da citação de Roustaing do Estatuto da FEB passou do âmbito interno para a esfera judicial e aí permaneceu por pouco mais de dez anos, vindo a ser decidida após a desencarnação de seu postulante, de forma contrária ao seu pleito. Durante o transcurso da ação e mesmo após o seu trânsito em julgado, o tema permanecia obscuro, sendo necessário uma ampla pesquisa para esclarecer os fatos.

10 ANOS DEPOIS[86]

Quem leu os autos do litígio jurídico entre Luciano dos Anjos e a Federação Espírita Brasileira (FEB), iniciado em 2003 e concluído em 2013, há de perguntar se o ardoroso roustainguista estava no melhor do seu juízo ao publicar, em 2009, um texto em que se vangloria de ter vencido todas as etapas, até então, da pendenga jurídica da qual, na verdade, sairia derrotado. Caso seja positiva a resposta, restará questionar: o que desejava ele, objetivamente, uma vez que ao dar publicidade ao texto estava dando um verdadeiro nó de marinheiro no assunto, nó que só se sustenta enquanto suas quatro pernas estão presas?

Vamos aos fatos.

Em 2003, o então presidente, Nestor Masotti, costurava a eliminação do Estatuto da FEB do parágrafo que a compromete com a difusão e o estudo da obra de Jean Baptiste Roustaing, aproveitando-se da necessidade de adequação do Estatuto ao Código Civil Brasileiro. O argumento era de que a doutrina de Roustaing mais divide do que une os espíritas e, por consequência, o Conselho Federativo Nacional (CFN).

Tudo indica que Masotti conseguiria seu intento não fosse a providencial atitude de Luciano dos Anjos que concordou em ser o porta-voz dos adeptos do bastonário francês, ingressou na Justiça e obteve liminar em processo cautelar, cuja notificação à FEB chegou a tempo de obrigar a assembleia, já reunida, a retirar da pauta o item correspondente a Roustaing. Sustentaram Luciano e seus companheiros, para a obtenção da liminar, sem audiência da parte contrária, ser aquele item cláusula pétrea, portanto inamovível. Explica-se: a concessão de uma liminar, adiantando provisoriamente o atendimento de um pedido presente na ação principal e sem a instauração do contraditório, é possível quando o requerente alega duas situações juridicamente tratadas por estas expressões latinas: a existência do "fumus boni juris", ou seja, a fumaça do bom direito; e do "periculum in mora" (perigo de demora), hipótese em que o risco de retardamento da decisão final possa trazer dano de impossível ou difícil reparação. No caso, o juiz, liminarmente, entendeu estarem presentes esses dois requisitos e concedeu a medida, que sempre é provisória, e cuja manutenção irá depender do exame a ser feito mais profundamente no decorrer da ação.

A partir de então e durante longos 10 anos a questão rolou nos tribu-

---

86. Com o título de "Nó de marinheiro", este texto foi publicado pelo autor no blog expedienteonline, contando com a assessoria jurídica de Milton Medran. Sua reprodução aqui é feita com as necessárias atualizações.

nais até ser concluída em 2013, com o julgamento de todos os incidentes processuais e do mérito do pedido, dando ganho de causa à FEB e encerrando-se com o devido trânsito em julgado. Para Luciano dos Anjos, no entanto, a FEB teria sido derrotada em todos os recursos interpostos, como se pode ler no texto que publicou em 2009:

> Durante a tramitação da ação, a FEB já perdeu quatro vezes: I – Contestou a liminar concedida que suspendeu os efeitos da estranha assembleia-geral realizada em 25-10-2003. Concomitantemente, recorreu, em segunda instância, ao Tribunal de Justiça do Estado do Rio de Janeiro, através de agravo de instrumento, para cessar a liminar. **Perdeu**; 2 – Em resposta à apelação interposta, resultando provimento em favor de Luciano dos Anjos, interpôs embargos infringentes no Tribunal de Justiça. **Perdeu**; 3 – Interpôs agravo interno desta decisão. **Perdeu**; 4 – Interpôs recurso especial cível perante o Tribunal de Justiça do Estado do Rio de Janeiro, que foi inadmitido. **Perdeu**; 5 – Acaba de interpor agravo de instrumento em recurso especial ao Superior Tribunal de Justiça, em Brasília, na mais recente tentativa de reverter a situação. Processo em andamento.

Em fins de 2013, quando o processo efetivamente se encerrou, Luciano não se manifestou e em maio de 2014, dia 3, veio ele a falecer. As perdas que ele atribuiu à FEB são estranhas, mesmo em se tratando de manifestação quatro anos antes do encerramento do processo. Vejam-se as peças por ordem cronológica. Ao que consta, Luciano teria obtido apenas uma vitória parcial, que lhe valeu sustar provisoriamente a votação do item na assembleia de 2003 que retirava Roustaing do Estatuto da FEB. Foi pela medida liminar interposta, concedida pelo magistrado que a recebeu e entendeu ser-lhe devida. Todos os recursos processuais interpostos ao longo desse tempo por Luciano buscaram fazer, sem êxito, com que aquela liminar fosse mantida. Alegava que a decisão prolatada na ação principal, e que lhe fora inteiramente desfavorável, não tinha revogado a liminar prolatada na ação cautelar. Essa tese foi sucessivamente rejeitada, pois a decisão prolatada na ação principal termina por fazer com que a ação cautelar perca o objeto.

Mesmo com esse entendimento claramente exposto nas decisões, parece que a medida insistentemente repetida pelo autor da ação acabou prevalecendo não apenas para a ocasião, mas de forma extensiva, uma vez que, apesar de haver vencido o processo, a FEB não utilizou, senão em 2019, o direito de alterar quando e onde desejar o seu Estatuto, pois a decisão final não reconhece nenhuma cláusula pétrea no referido documento, senão aquelas que dizem respeito às determinações do Código Civil Brasileiro. E a alegação de cláusula pétrea era o principal argumento do processo movido por Luciano dos Anjos e os recursos que interpôs a cada decisão do Tribunal contrária aos seus interesses.

O histórico do processo deixa isso bem claro:

1. Luciano dos Anjos entrou na Justiça com solicitação de medida cautelar contra a FEB. O objetivo maior era impedir a realização da assembleia geral, especialmente a discussão e votação da supressão do estudo e difusão da obra de Roustaing sob o argumento de que o item constituía cláusula pétrea. Dizia Luciano que o artigo 73 do Estatuto limita a reforma estatutária somente a questões de ordem administrativa, "vedando, portanto, as de natureza básico-doutrinárias sob pena de nulidade".

2. A liminar concedida atendeu em parte ao desejo de Luciano, ou seja, entendeu o magistrado que a assembleia deveria se ater apenas às modificações exigidas pelo Código Civil Brasileiro, vedando-lhe tratar da questão Roustaing. Luciano fez ainda um esforço para estender a liminar à realização da assembleia como um todo, o que lhe foi negado.

3. Apesar de tentar cancelar a liminar parcial, a FEB não alcançou seu intento.

4. A manutenção da liminar, que teria curta duração, como se verá, deu a Luciano a sensação de êxito no seu intento. Mesmo assim, não satisfeito, entrou ele com recurso, alegando "falsidade documental", entre outros, objetivando anular os efeitos da assembleia, no que não obteve sucesso.

5. Em suas alegações na demanda principal, a FEB argumentou: "não existe motivo a impedir a reforma do estatuto, pois o art. 73 representa apenas regra de competência a fim de promover a alteração estatutária. Afirma também que a proposta de reforma do estatuto não tem como objetivo se afastar das bases teóricas do espiritismo, pugnando pela improcedência do pedido do autor". Com isso, obteve a revogação da liminar obtida por Luciano dos Anjos lá no início do feito.

6. Numa nova tentativa frustrada, Luciano alegou que a FEB havia perdido um prazo processual na ação principal, o que não foi reconhecido.

7. Em decisão subsequente, o magistrado declarou formalmente "a perda da eficácia da liminar", já que o exame do mérito na ação principal havia determinado a extinção daquele processo cautelar. Com essa decisão julgou extinto aquele feito.

8. Luciano dos Anjos recorre sob a alegação de que a perda do efeito da

liminar não extingue a ação principal, no que consegue, provisoriamente, sucesso.

9. Entretanto, nova decisão em juízo recursal declarou a ação principal improcedente e a perda do objeto da ação cautelar, ocasionando outra derrota para Luciano dos Anjos.

10. Luciano entrou com novo recurso, insistindo na sustentação de que "o julgamento conjunto da ação cautelar e a correlata ação principal ofende a autonomia do processo acessório (cautelar), razão pela qual pugna pelo prosseguimento do processo cautelar até o trânsito em julgado da ação principal".

11. Tal recurso sustenta o seguinte: no processo principal, Luciano requer a declaração de nulidade da Assembleia de 25 de outubro de 2003 com base na afirmação de falsidade documental da sua Ata. Para ele, houve arbitrariedades do tipo "descumprimento da medida cautelar, tendo sido votado o seu novo estatuto alterando o art. 73; omitiu, ainda, diversas intervenções dos sócios inconformados com as decisões de Nestor Masotti e, finalmente, alegando que a Ata da Assembleia padece de falsidade.

12. A FEB, em suas contrarrazões, nega a alegada falsidade ou que tenha descumprido a liminar, "afirmando que a alteração estatutária se limitou a adequar o estatuto aos ditames do Código Civil", no que foi acolhida pelo órgão julgador. Luciano, teve, mais uma vez, uma derrota.

13. Não satisfeito, Luciano dos Anjos entra com novo recurso, afirmando, entre outros argumentos, a necessidade de ouvir-se os sócios da FEB em relação à assembleia, mas a decisão toma em consideração as próprias palavras de Luciano, em fase anterior, em que além de não requerer a produção de provas orais, dispensou-as por entender ser desnecessária ao caso.

14. Ainda assim, entendeu a decisão que as manifestações orais durante a assembleia, não constantes da Ata, visavam tão somente reforçar que o parágrafo único do art. 1º não poderia entrar em discussão em virtude da liminar, o que de fato não ocorreu, não havendo, portanto, nenhuma nulidade.

15. Nessa quadra do processo e já se considerando derrotado em sua demanda, Luciano dos Anjos usa do artifício de inverter o chamado "ônus de sucumbência" sob o argumento de que foi a FEB que deu origem à causa. Ou seja, desejava passar à FEB as custas do processo, algo que vinha de encontro às suas afirmações públicas de que não desejava obter nenhum ganho material com o processo, o que, em suma, pode ser entendido como não querer causar prejuízo material à instituição FEB.

16. Luciano dos Anjos interpõe um agravo de instrumento junto ao Superior Tribunal de Justiça, em Brasília, buscando reverter as decisões anteriores. Em decisão de 4 de fevereiro de 2014, o Tribunal negou provimento ao agravo.

17. Cumpre reproduzir, para clareza, a decisão prolatada em 11 de setembro de 2013, favorável à FEB, cuja ementa (síntese do acórdão) ficou assim: "Apelação cível. Alteração de estatuto de associação religiosa. Possibilidade de ausência de disposição acerca do caráter imutável da norma. Nos 78 artigos que compõem o estatuto não existe qualquer cláusula limitadora do poder de reforma, além do comando do art. 73, imposto para adequar-se à norma do art. 19 do Código Civil de 1916, vigente na época, que estabelecia no capítulo referente ao registro de pessoas jurídicas, o modo como seria reformável no tocante tão somente à administração. Atualmente o dispositivo corresponde ao artigo 46, incisos III e IV do CC/02. Recurso desprovido".

Mesmo tendo recorrido à instância superior em Brasília e, mais uma vez, receber a negativa de acolhimento do seu recurso, a decisão acima surge como aquela que decreta o encerramento moral do processo e seu trânsito em julgado, isto é: Luciano dos Anjos tem a decisão definitiva e insuscetível de modificação, que coloca por terra seu argumento de cláusula pétrea para o parágrafo que aponta para a presença da difusão e estudos da obra de Roustaing no Estatuto da FEB. Uma vez que isso ficou assentado, pode a FEB alterar quando e como quiser o seu documento maior, sem nenhum constrangimento.

ESTATUTO DE 2019

Embora o processo litigioso referente ao Estatuto da FEB de 2003 tenha se encerrado formalmente em 2013, havendo a instituição recebido decisão favorável da Justiça para proceder às alterações estatutárias que seus membros desejassem – a tese da cláusula pétrea em relação ao parágrafo sobre Roustaing não foi reconhecida – tinha-se a dúvida de que a retirada de Roustaing viesse a acontecer, especialmente por conta de mudanças no comando da instituição, mudanças que fizeram retornar sua direção às mãos dos adeptos de Roustaing mais comprometidos com suas crenças.

Em 2019, contudo, a situação jurídica referente à assembleia de 2003 permanecia pendente de solução, uma vez que a sustação das mudanças estatutárias então pretendidas caíra. Em razão disso, a direção da FEB convocou nova assembleia para a solução da pendência e esta foi realizada no dia 10 de agosto, constando de sua Ata:

PONTO FINAL – O REENCONTRO DO ESPIRITISMO COM ALLAN KARDEC | 299

Aos dez dias do mês de agosto de dois mil e dezenove, em sua sede em Brasília, a Avenida L2 Norte, Quadra 603, Conjunto F, Asa Norte, reuniu-se a Assembleia-Geral Extraordinária dos sócios efetivos da Federação Espírita Brasileira (FEB), às 14h30 (...) o Presidente da FEB esclareceu que o objetivo da Assembleia é a retomada do exame da proposta de alteração do art. 1º do Estatuto da FEB, cuja deliberação ficou pendente na Assembleia Geral Extraordinária deste Colegiado, realizada no dia 25 de outubro de 2003, por força de ação judicial, cuja decisão, transitada em julgado, foi favorável à FEB, que considerou que todos os artigos do Estatuto podem ser modificados pela Assembleia convocada para esse fim, conforme assinala a respectiva ata.

Assim, a Assembleia Geral da FEB instalada em 10 de agosto de 2019 tinha por objetivo resolver a pendência jurídica de 2003 e decidir, unicamente, sobre a proposta de alteração estatutária referente ao artigo primeiro do Estatuto, que versava sobre o estudo da obra de Roustaing, como se pode observar:

Art. 1º – A Federação Espírita Brasileira, fundada em 2 de janeiro de 1884, na cidade do Rio de Janeiro, é uma sociedade civil religiosa, educacional, cultural e filantrópica com personalidade jurídica e que tem por objeto e fins:

I – O estudo, a prática e a difusão do espiritismo em todos os seus aspectos, com base nas obras da codificação de Allan Kardec e no Evangelho de Nosso Senhor Jesus Cristo;

Parágrafo Único – Além das obras básicas a que se refere o inciso I, o estudo e a difusão compreenderão, também, a obra de J. B. Roustaing e outras subsidiárias e complementares da doutrina espírita.

De acordo ainda com a Ata da Assembleia de agosto de 2019, os sócios deram acolhimento e aprovaram a alteração, eliminando do artigo a citação a Roustaing, conforme se lê:

Submetida a proposta à apreciação do plenário, a Assembleia deliberou pela aprovação, à unanimidade do caput do artigo 1º, seus incisos II e III e parágrafos, e, com 58 votos favoráveis e 1 contrário (...).

Portanto, o Estatuto da FEB retira de seu artigo primeiro a referência a Roustaing e, a partir dessa data, 2019, tem sua redação assim definida:

A Federação Espírita Brasileira, fundada a 2 de janeiro de 1884, na cidade do Rio de Janeiro (RJ) é uma organização religiosa, cultural, educacional, beneficente e filantrópica, prestadora de assistência social, sem fins lucrativos e que tem por finalidades:

300 | WILSON GARCIA

I – O estudo, a prática e a difusão do espiritismo, em todos os seus aspectos, com base nas obras de Allan Kardec que constituem a codificação espírita, e no Evangelho de Jesus Cristo;

II – A vivência da caridade espiritual, moral e material por todos os meios ao seu alcance, dentro dos princípios da doutrina espírita;

III – A união solidária das instituições espíritas do Brasil e a Unificação do movimento espírita brasileiro, bem como o seu relacionamento com o movimento espírita internacional.

Parágrafo 1º – Os objetivos e finalidades da Federação fundamentam-se na doutrina espírita codificada por Allan Kardec e nas obras que, seguindo os seus princípios e diretrizes, lhes sejam subsidiárias e com ela guardem concordância.

Parágrafo 2º – Os programas de estudo e divulgação das obras de que trata este artigo serão estabelecidos pelo Conselho Diretor.

A comparação da nova redação deste artigo primeiro com o Estatuto anterior mostra que foram excluídos: (1) a expressão "Nosso Senhor" e (2) a indicação "a obra de J. B. Roustaing", deixando, portanto, tais indicativos de cunho roustainguista de ter presença no Estatuto da FEB, decorridos exatos 102 anos de sua inserção neste mesmo Estatuto. Se considerado, apenas, que foram eliminadas as duas palavras de origem da tradição católica – "Nosso Senhor" – e a referência direta à "obra de J. B. Roustaing", a mudança adquire um valor considerável. Tal, contudo, não extingue a presença roustainguista no Estatuto da FEB, que permanece robusta, entre outras, nestas significativas situações:

• Na contradição indiscutível presente na redação do item I acima, que define a codificação como as obras fundamentais para estudo e difusão e ao mesmo tempo inclui o Evangelho de Jesus Cristo, como se lê: "I – O estudo, a prática e a difusão do espiritismo, em todos os seus aspectos, com base nas obras de Allan Kardec que constituem a codificação espírita, e no Evangelho de Jesus Cristo". A citação em separado contida na expressão "Evangelho de Jesus Cristo" permite questionar, com evidente razão, se o ensino de Jesus não está devidamente estudado pelo *O Evangelho segundo o Espiritismo*, a terceira obra de Kardec destinada à reflexão sobre as consequências morais da filosofia espírita, bem como nos estudos complementares presentes nas obras *O Céu e o Inferno* e *A Gênese*. Considerando que estas três obras possuem conteúdo suficiente para dar conta da moral do Cristo, a referência em separado ao Evangelho conduz à convicção de que se desejou deixar aberta a porta para a manutenção da obra de Roustaing no mesmo Estatuto. No geral e no específico, sempre que a FEB utilizou a referência do Evangelho foi para remeter a *Os quatro Evangelhos*, contrariamente ao que se tem às vezes entendido: de que se trata dos Evangelhos canônicos, unicamente, ou até de *O Evangelho segundo o Espiritismo*.

Na manutenção no Estatuto de 2019, com plena vigência na atualidade, dos artigos 45, 47, 56 e 57 e seus respectivos parágrafos, artigos esses que mantêm a Federação e as federativas adesas direta ou indiretamente subordinadas à doutrina de Roustaing, além de submetidas às consequentes resultantes da moral heterônoma contida na obra *Os quatro Evangelhos*, sabidamente contrária a autonomia da moral da doutrina espírita.

Em seu artigo 45, o Estatuto atual (2019) da FEB prescreve:

> Art. 45 – A execução do programa da Federação, quanto ao que prescreve o inciso III do artigo 1º deste Estatuto, consistirá na integração das associações espíritas dos Estados e do Distrito Federal no seu organismo, por ato federativo ou de adesão, de modo a constituírem com ela um todo homogêneo, com o objetivo de confraternização, concórdia e solidariedade, para que se verifique completa harmonia de objetivos, moldado este pelas "Bases da organização espírita" aprovadas no Rio de Janeiro, em 1904, ("*Reformador*" de 1904 pág. 338), e acordemente deliberado na Grande Conferência Espírita realizada no Rio de Janeiro, em 5 de outubro de 1949 ("*Reformador*" de 1949, pág. 243).

O "programa da Federação" é, na prática, aquele programa doutrinário que tem Roustaing em sua base e será este programa o orientador das ações das associações adesas ao organismo da FEB, uma vez que essas associações aderem à Federação antes de aderirem ao CFN, pois este é parte da Federação e a ela prestam obediência, a fim de "constituírem com ela um todo homogêneo". Sem integração ao programa da Federação não há homogeneidade. Tem-se ainda a submissão às orientações das "Bases da organização espírita", neste artigo mantido como aprovadas em 1904, quando está demonstrado que tal aprovação não ocorreu senão parcialmente, faltando para sua colocação em prática a submissão das Bases às federativas e centros espíritas brasileiros, fato que jamais ocorreu.

> Art. 47 – Além dos casos especiais de exclusão que o Regimento considerar, a Federação, ouvido o Conselho Federativo Nacional, tem o direito de eliminar do respectivo quadro toda associação que desvirtuar os intuitos elevados de orientação e divulgação espírita ou utilizar-se da doutrina para fins de especulação ou mero interesse material.

No artigo 47, observa-se o poder da Federação de, a seu talante, excluir "do respectivo quadro [federativo] toda associação que desvirtuar" a doutrina, seja na sua difusão, seja na sua prática. Tais poderes são discricionários e, embora determine-se que seja "ouvido o Conselho Federativo Nacional", não se vin-

302 | WILSON GARCIA

cula a exclusão a este Conselho, mas unicamente à decisão da Federação, por seus diretores.

> Art. 56 – As associações componentes do Conselho Federativo Nacional e todas as associações adesas são independentes. A ação do Conselho só se verificará, fraternalmente, no caso de alguma associação passar a adotar programa que colida com a doutrina exposta nas obras: "*O Livro dos Espíritos*" e "*O Livro dos Médiuns*", de Allan Kardec.

A manutenção deste artigo 56 no Estatuto aprovado em 2019 mantém também a estranheza já anteriormente referida, ou seja, a exclusão de qualquer federativa que "passar a adotar o programa que colida" com os livros *dos Espíritos* e *dos Médiuns*, não sendo absolutamente compreensível porque apenas estes dois se os três outros – *O Evangelho segundo o Espiritismo*, *O Céu e Inferno* e *A Gênese* – constituem o edifício inamovível da doutrina espírita. Qual é a intenção do legislador em destacar apenas os dois livros e não incluir os três outros? Por que, em lugar da citação dos dois livros, não foi utilizada a expressão codificação espírita inúmeras vezes utilizada no mesmo documento? Tem-se aqui, por conseguinte a mesma desconfiança de se estar deixando uma porta aberta para o argumento pró-Roustaing, o que não ocorreria se a citação fosse nominal dos cinco livros básicos ou se a referência fosse a codificação espírita.

> Art. 57 – O Conselho fará sentir a todas as associações espíritas do Brasil que lhes cabe pôr em prática a exposição contida no livro "Brasil, Coração do Mundo, Pátria do Evangelho" de Francisco Cândido Xavier.

Chega-se, finalmente, ao artigo 57, onde se ordena ao Conselho a obrigação de fazer "sentir a todas as associações espíritas do Brasil" – e não apenas às federativas adesas – "que lhes cabe pôr em prática a exposição contida no livro *Brasil, Coração do Mundo, Pátria do Evangelho*. A intenção, óbvia, é reafirmar a posição de Roustaing como missionário da fé ligado à equipe de Allan Kardec, conforme já se viu atrás. Esse livro dito psicografado por Chico Xavier surge como de vital importância para os desejos da FEB e é essa a razão de sua colocação no documento do Pacto Áureo, de 1949, além da sua inserção no Estatuto da FEB a partir de 1954, de onde não mais saiu.

A manutenção no Estatuto da FEB de todas as disposições contidas nos artigos supramencionados como que anula qualquer ganho, até aqui, em relação à supressão feita no artigo primeiro do Estatuto de 2003, na reforma de 2019. Desde a decisão de Bezerra de Menezes, no transcurso de seu último mandato na presidência da FEB (1895-1900), de consagrar ideal o modelo do Grupo Sayão para as associações espíritas brasileiras, centros e federativas, que a doutrina de Roustaing fez-se base para a formação de uma cultura espírita brasileira. Cerca de 120 anos depois, temos a cultura espírita a refletir aquele plano.

A FESTA, O EMBATE E A RAZÃO[87]

Como fica a doutrina espírita após a retirada, neste dia 10 de agosto de 2019, do artigo sobre as obras de J.-B. Roustaing, dos Estatutos da Federação Espírita Brasileira?

Em 1904, quando a FEB realizou no Rio de Janeiro, então capital da República, o evento para comemorar os 100 anos do nascimento de Allan Kardec, a defesa da obra *Os quatro Evangelhos* dentro daquela instituição já estava estabelecida e foi este o motivo para que a instituição tentasse, com êxito parcial, introduzir a aceitação de tal obra nas conclusões do evento. O objetivo, então, era colocar a doutrina de Roustaing como a indicada para os estudos "relativos à fé" no que diz respeito ao espiritismo, considerando-a como superior ao *O Evangelho segundo o Espiritismo*.

Diz-se que o êxito foi parcial porque a reação contrária à obra de Roustaing impediu a aceitação simples da proposta, determinando-se que ficaria a critério dos espíritas utilizar ou não *Os quatro Evangelhos*, permanecendo, pois, com o estudo de *O Evangelho segundo o Espiritismo*. Reconheça-se, mesmo que o êxito tenha sido parcial, foi uma vitória para os líderes da FEB de então e um desastre de grandes proporções para a doutrina espírita.

O fato, contudo, é que o grupo de espíritas que no Rio de Janeiro tomou a decisão de estudar e defender *Os quatro Evangelhos* desde a década de 1880, de início pequeno, havia já logrado implantar tal obra na FEB quando no final do século XIX alcançou ali o poder. O objetivo do grupo era de espalhar o pensamento roustainguista para todo o Brasil e não fosse a reação firme de muitos espíritas esclarecidos teria alcançado tal desiderato.

Como mostram agora os estudos de Paulo Henrique Figueiredo com seu acesso ao acervo de Canuto de Abreu, ampliando sobremaneira a visão da situação do espiritismo ao final do século XIX e primeira metade do século XX, a FEB não era, inicialmente, constituída por defensores destas teses combatidas por Kardec já ao seu tempo, mas torna-se a porta-voz delas após a chegada ao poder daquele pequeno grupo.

---

[87]. Matéria publicada em https://www.expedienteonline.com.br/a-festa-o-embate-e-a-razao/#mo--4095, blog do autor.

A mudança estatutária que proporcionou a instalação de Roustaing no documento maior da FEB ocorreu em 1917 e desde então tornou-se oficial. Esta digressão se mostra necessária aqui para deixar explícito que a retirada da citação roustainguista dos Estatutos ocorre 102 anos após a sua fixação ali, tempo este que aumenta de mais de duas décadas quando se vê a penetração de Roustaing ainda antes do começo do século XX. Temos, assim, no mínimo 120 anos de presença das teses roustainguistas no movimento espírita brasileiro.

Um fato curioso ocorrido sábado, dia 10 de agosto, foi que a obra de Paulo Henrique Figueiredo – *Autonomia, a história jamais contada do espiritismo* – ao mesmo tempo que era lançada em São Paulo ocorria na FEB, em Brasília, a assembleia que discutia e ao fim logrou aprovar a retirada dos Estatutos da menção ao *Os quatro Evangelhos* e seu autor. E fica ainda mais interessante observar que esse livro apresenta, documentadamente, estudos e conclusões que põem por terra, em definitivo, qualquer argumento em defesa de Roustaing e sua doutrina. Atente-se para o termo – *Autonomia* – apresentado no livro, pois ele é a chave para o entendimento da diferença entre as teses defendidas por Roustaing e a obra espírita assinada por Allan Kardec.

Durante a palestra do autor, Paulo Henrique Figueiredo, no Centro Espírita Nosso Lar, em São Paulo, quando foi anunciada a decisão sobre Roustaing tomada em Brasília, a plateia não se conteve e aplaudiu efusivamente a supressão roustainguista dos Estatutos da FEB. Um sentimento contido por mais de século explodiu, num ambiente de profundas emoções, como a dizer que Roustaing nunca deveria existir no seio do espiritismo. Mas existiu e existe, e desde que aí está faz parte de uma história que não é simples e não se extingue apenas com a borracha que apaga palavras, porque não elimina as consequências dos fatos graves que tais palavras expressaram num tempo tão extenso quanto destrutivo.

Para entender a importância dos fatos e sua possível extensão, será preciso responder a questões amplas que se acham presentes, cultural e socialmente, no espiritismo brasileiro, a começar por uma necessária compreensão de que a doutrina roustainguista, defensora do pensamento heterônimo oposto ao pensamento autônomo expresso em Kardec, carreou para o meio espírita não simplesmente dissensões entre homens, mas profundas marcas cuja supressão não se dará, se o der, num espaço curto de tempo. Essas marcas se expressam por uma cultura que contaminou de maneira inequívoca a proposta dos espíritos interpretada por Kardec, desenvolvendo um caldo de contradições que não se escoará senão com mudanças que demandam tempo, vontade e coragem.

A primeira pergunta está respondida com a eliminação de Roustaing do artigo primeiro do Estatuto da FEB. Mas esta mudança é a coisa mais simples e menos importante de quantas são necessárias, embora tenha demorado mais de século para ocorrer. A da mudança cultural necessária à produção de efeitos duradouros será respondida apenas com o tempo. Entre elas, surgem outras questões tão graves quanto: a mudança estatutária é feita a partir do reconhecimento por parte da FEB do erro doutrinário em que incidiram? Ou simplesmente para atender ao pedido de troca de uma camisa suja por uma limpa, sem, contudo, tratar do corpo doutrinário adoecido? Se, porventura, a FEB estiver consciente do erro fará conhecer o movimento todo de modo direto e transparente dessa nova consciência, propondo mudanças amplas e necessárias à correção dos rumos? Se, entretanto, a FEB está agindo protocolarmente e politicamente, para sustentar por mais tempo o poder em suas mãos, sem nenhuma pretensão de extirpar o nódulo canceroso, tudo continuará como antes e a contradição entre a autonomia e a heteronomia prosseguirá alimentando a mentira na sua luta contra a verdade.

As consequências da adoção das teses anti-doutrinárias de Roustaing que desembocam na dominação são mais evidentes e desastrosas, de forma coletiva, do que se imagina. Contra a doutrina que destaca a Autonomia uma outra contrária se fez prevalecer, direcionando indivíduos e centros espíritas à subserviência e modulando de maneira inequívoca a sustentação da religiosidade amesquinhada, retrógrada, dependente, que hoje se manifesta por todos os lados, tornando ilhas isoladas as manifestações amparadas apenas e tão somente na proposta de Allan Kardec.

A heteronomia prevalecente mantém a direção de um espiritismo como religião instituída, contra tudo e contra todos os intérpretes dos significados colocados por Kardec, cuja compreensão do que representam as religiões tornou claras as oposições. A religião instituída é causa de dominação, enquanto o espiritismo é uma proposta de autonomia como base de evolução ou progresso. Aliada dos heterônomos, a FEB construiu todo um arcabouço ao longo dos mais de 100 anos de história, arcabouço sobre o qual se erigem ideias que vão de encontro às petições de autonomia amparadas nas leis naturais.

A instituição proeminente do espiritismo brasileiro, que tomou sobre si a condução dos rumos do movimento, trabalhou muito mais para manter o poder do que para colocar o espiritismo na rota das grandes ideias. Cuidou desde cedo de fazer prevalecer suas propostas coibindo e desestimulando ações progressistas. Colocou-se contra os eventos que poderiam lhe causar desconforto, mesmo sabendo que eles eram necessários ao progresso do espiritismo. Condenou congressos até o momento em que os condicionou aos seus interesses, contribuindo para o estado deles nos tempos atuais, em que são eventos festivos, coloridos pelo consumo de bens e mitos.

O que se espera da FEB, quando decide alterar os seus Estatutos é a coragem de romper com o passado, assumindo os erros. Igual comportamento se espera daquelas instituições que, obedecendo ao comando da FEB, ajudaram a descaracterizar a doutrina da autonomia e instituir o seu contrário. Mas isso só o tempo dirá.

6

O espiritismo reencontra Kardec

[O espiritismo] tem seus representantes na geração que vem. As ideias que se apagam são aquelas que têm seus representantes na geração que parte. A.K.

A senhora lamenta as perturbações que os inimigos da doutrina lançaram entre os grupos espíritas de Lyon: um fato que conheço há muito tempo, mas que não terá, pode estar certa, nenhuma consequência desagradável. Não se deve levar em consideração uma questão [apenas]: mas o conjunto; ora, seria necessário sermos cegos para não ver o terreno que, sob qualquer ótica, as ideias espíritas ganham dia a dia, e o quanto elas penetram a opinião [pública]. Na posição em que me encontro, minha visão não se detém em um pequeno lugar da Terra; ela se estende por todo o mundo, e sou particularmente capaz, através dos documentos que me chegam de toda a parte, de constatar a marcha geral do progresso, que pode sofrer flutuações localizadas, mas que não é interrompida um só momento em seu conjunto. Igualmente, é com plena satisfação que lhe apresento; quanto ao futuro, se pudesse eu ter tido dúvidas, o estado atual das coisas dar-me-ia uma segurança ainda maior, que nossos adversários trabalham, sem o saber, pelo sucesso da causa que cresce sob seus golpes desajeitadamente aplicados. Se eles vissem o que vejo e soubessem o que sei, compreenderiam a futilidade de seus esforços para interromper a corrente de ideias que os provoca, malgrado eles mesmos. Seria de fato extremamente pueril, e seria necessário ter a visão muito limitada, para crer esteja a sorte do espiritismo atrelada à existência ou à dissolução de alguns grupos, [ou] mesmo à vida de certos indivíduos. O que constitui sua força é o poder da ideia trazida pelos espíritos aos quatro cantos do globo, e que desafia todas as maquinações humanas para sufocá-lo. Pode-se matar um homem, mas uma ideia não se mata, sobretudo quando ela marcha de acordo com o movimento progressivo do século, e que ela responde às aspirações das massas, às suas necessidades intelectuais e morais; até um cataclisma não a destruiria, porque ela tem seus representantes na geração que vem; as ideias que se apagam são aquelas que têm seus representantes na geração que parte.

Do fato de que, à força de manobras, os adversários do espiritismo cheguem a paralisar-lhe o desenvolvimento em alguns pontos isolados, concluir que o tenham aniquilado seria como entrever-se a fome porque alguns pontos isolados [da plantação] foram devastados pelo granizo; ou então como se uma toupeira se vangloriasse de ter arruinado toda uma lavoura porque dela levantou um torrão de terra e roeu-lhe algumas raízes. Se ela pudesse, pobre cega, ver aquilo que se passa ao redor, se pudesse sondar as forças da natureza, veria que ela, sem o desejar, colaborou no preparo da terra, e que, quando a charrua houver passado por cima, estará ela ainda mais fértil.

O que se passa em Lyon é o resultado de lutas que nos foram anunciadas; o espiritismo deve ter as suas para afirmar sua força. É na luta que se revelam os grandes corações, projeta-se o caráter, as máscaras caem, e os sentimentos secretos são trazidos à lume; distinguem-se os verdadeiros amigos dos falsos irmãos; é o crivo que separa o grão bom do mau; a foice que desbasta os galhos parasitas do tronco; elas são necessárias para a depuração: é por isso que Deus as permite. "Bem-aventurados", disse o Cristo, "os que perseveram até o fim".

Para nossos adversários, todas as armas são lícitas; após terem tentado inutilmente através da força explícita, recorreram à trapaça, a arma daqueles que reconhecem sua fraqueza. Obrigado [que sou], pela minha posição, de seguir o movimento geral, de observar-lhe as flutuações e estudar-lhe as causas, eu não ignoro que, seja de um lado, seja de outro, alguns de caráter fraco tenham podido sucumbir à sedução; que tenham preferido o ouro da Terra ao ouro do céu: em outras palavras, que tenham se vendido; ainda que restando, quanto à forma, atrelados à doutrina; que até mesmo, sob este manto, façam-se espiões dos adeptos sinceros e devotados, e que se introduzam em suas fileiras apenas para relatar o que se passa aos inimigos destes. É uma triste troca que lá fazem, e pela qual pagarão bem caro. "Como os reconhecer?", pode-se perguntar. Isto não é difícil; a sinceridade verdadeira tem uma franqueza com cuja aparência não nos podemos enganar; pois então, Deus permite que surjam circunstâncias em que o mais ardiloso termina por se revelar.

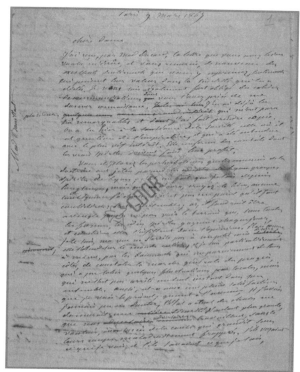

Carta de Kardec à Sra. Bouillant

O discurso acima, inédito, não foi pronunciado por Allan Kardec em nenhuma tribuna, nem mesmo em Lyon, cidade à qual se refere já na primeira linha. Não. Trata-se de uma carta, igualmente inédita, escrita pelo codificador em 9 de março de 1867, pouco mais de dois anos antes de sua partida do corpo físico. Kardec estava no ponto mais alto de sua produção intelectual, absorvido como nunca pelo trabalho de finalização da doutrina espírita. Já havia ele repelido, então, Roustaing e sua doutrina, afastando-os do espiritismo. Em menos de um ano, colocaria a público o seu último livro, fechando a obra doutrinária: *A Gênese, os Milagres e as Predições segundo o Espiritismo*. Assim como os demais livros que o precederam, este teria em curto tempo outras três tiragens, denominadas, então, de edições, pois Kardec partiria em 31 de março de 1869.

O peso do imenso trabalho, das inúmeras atividades que o assoberbavam naquele ano de 1867, ao invés de vergá-lo, redobrava suas forças, a ponto de manter sua correspondência em ordem e preparar longas cartas-respostas, quando necessário, a seus amigos e consulentes de diversas partes do mundo, como esta que lhe enviara a Senhora Bouillant, ali mesmo, da França, cujo original se encontra nos arquivos do CDOR-FEAL. Respondendo longamente, Kardec dava, de um lado, o necessário tratamento a temas por demais importantes naquele momento e, por outro lado, permitiria aos estudiosos e pesquisadores da modernidade, como hoje, entender com mais propriedade os meandros ou bastidores do seu tempo e de sua obra. Kardec surge nessas suas correspondências com uma inteireza que não se vê facilmente naqueles que, pela força inexorável do tempo, estão distantes do homem de hoje e, no entanto, parecem agora tão próximos.

A carta-resposta à Senhora Bouillant é um desses preciosos manuscritos sobre os quais, depois de acumular poeira e perder cor, se debruçam com afetividade indescritível os olhos atentos do observador. Kardec acalma e consola aquela que lhe escreve, ao mesmo tempo que demonstra a segurança de quem olha o campo florido e verdejante que se estende no horizonte, sem se deter nas pequenas clareiras abertas pelas pragas. Aquele que cuidou de semear entende estar seguro da frutificação, ao mesmo tempo em que entende que a força destruidora que se observa aqui e ali são vãos esforços da alma medíocre, que não se mostra capaz de olhar senão para o que está próximo de si.

Aplique-se isso ao momento atual do espiritismo no mundo, onde se acha após atravessar borrascas terríveis e ver-se atingido sem, contudo, soçobrar. Seu mastro surge com a bandeira na linha do horizonte, levantando-se à medida em que se aproxima da terra firme. É hora de reencontrar o mestre, abandonando as mazelas que buscaram lhe acoplar à nau, na tentativa desenfreada de iludir, enganar e provocar sua destruição nos acidentes marítimos. O espiritismo retorna ao porto de Kardec, onde este o aguarda com a mesma firmeza que o colocou a navegar.

"Não se deve levar em consideração uma questão [apenas]: mas o conjunto", diz ele à Senhora Bouillant, significando que muitas Lyon, muitas Bordéus e tantas outras localidades se multiplicarão, mas serão insuficientes para deter a marcha do progresso. Causarão algum tipo de estrago sem dúvida, mas tal é inevitável. A nau, porém, vencerá as borrascas, onde quer que surjam, para manter o rumo traçado e chegar ao seu destino.

"Na posição em que me encontro, – diz o comandante – minha visão não se detém em um pequeno lugar da Terra; ela se estende por todo o mundo, e sou particularmente capaz, através dos documentos que me chegam de toda a parte, de constatar a marcha geral do progresso, que pode sofrer flutuações localizadas, mas que não é interrompida um só momento em seu conjunto." Esta é a certeza de quem está no leme, dispõe do mapa à sua frente e da bússola em suas mãos. Kardec quase deixa entrever que neste final de vida na Terra se recorda do que lhe disse lá atrás Jobart, diretor do Museu Real da Indústria, de Bruxelas, por carta em 15 de junho de 1858:

> Não vos desencorajeis, tanto quanto eu, com a indiferença de vossos contemporâneos; o que está escrito, está escrito; o que foi semeado germinará. A ideia de que a vida não é senão uma purificação de almas, uma prova e uma expiação, é grande, consoladora, progressista e natural. Aqueles que a ela se ligam são felizes em todas as posições; em lugar de se lamentarem pelos males físicos e morais que os oprimem, devem com eles se alegrarem, ou ao menos suportá-los com uma resignação cristã.

Em seu momento de plena convicção, dessas que superam a razão das razões por já as ter absorvido o suficiente, Kardec ousa afirmar: "Se eles vissem o que vejo e soubessem o que sei, compreenderiam a futilidade de seus esforços para interromper a corrente de ideias que os provoca, malgrado eles mesmos". Eis que olha à frente, mesmo que isso signifique um ano ou um século de duração, para assegurar-se de que o tempo é mesmo senhor do destino. Por isso é que pode o homem de hoje aguardar que a nau seja reparada e, depois, recolocada na água para, enfim, prosseguir em segurança.

Quando no corpo deu o seu último suspiro, Kardec se viu impelido à nova realidade, mas então já havia fixado os alicerces firmes da doutrina, pôde dizer, como o faz, que "seria de fato extremamente pueril, e seria necessário ter a visão muito limitada, para crer esteja a sorte do espiritismo atrelada à existência ou à dissolução de alguns grupos, [ou] mesmo à vida de certos indivíduos". Todos os esforços empreendidos para embaralhar suas cartas restariam, ao fim de tudo, inúteis, como o demonstra o instante presente, quando a claridade feita pela história expõe o que pertence e o que não pertence à doutrina, separando, naturalmente, o óleo da sujeira e das águas malsãs.

"É na luta que se revelam os grandes corações – diz na carta Kardec –, projeta-se o caráter, as máscaras caem, e os sentimentos secretos são trazidos à lume; distinguem-se os verdadeiros amigos dos falsos irmãos; é o crivo que separa o grão bom do mau; a foice que desbasta os galhos parasitas do tronco". O homem do campo, forjado à luz inclemente do sol, aguarda paciente o tempo de colher. Antes, agiu no instante adequado para ceifar, desbastando e retirando as ervas daninhas. Agora, a recolha do alimento.

Duro, sem dúvida, é vencer as correntes marítimas quando a nau atravessa; exige força, coragem, destemor, principalmente quando estas correntes se apresentam na imagem da mediocridade humana. Dirá ele, então: "eu não ignoro que, seja de um lado, seja de outro, alguns de caráter fraco tenham podido sucumbir à sedução; que tenham preferido o ouro da Terra ao ouro do céu: em outras palavras, que tenham se vendido".

O fim da jornada é o ponto de parada, em que a trajetória será reencetada. É o ponto final, onde o espiritismo reencontra Kardec e abandona a parcela da carga que não lhe pertence, acrescentada que fora na calada da noite dos interesses espúrios. O hibridismo cultural acompanhará aqueles que, complacentes com a heteronomia moral, se derem por satisfeitos com as parcas conquistas alcançadas. Para os novos espíritas, todo o tempo do mundo para uma nova cultura, ao som das experiências das reencarnações, no influxo superior do hino da liberdade.

Referências Bibliográficas

ABREU, C. *Bezerra de Menezes*. Ed. FEESP, São Paulo, 1981.

ANDRADE, H. *A bem da verdade*. Ed. do Autor, Rio de Janeiro, 1945.

ANJOS, L. *A posição zero. Introdução histórica e dialética a Roustaing*, série Jornal Obreiros do Bem, Rio de Janeiro, 1978.

ANJOS, L. *Os adeptos de Roustaing*. Ed. AEEV, Rio de Janeiro, 1994.

ANJOS, L. *Os mais novos argumentos contra Roustaing*, Rio de Janeiro, 1990.

AUTUORI, L. *Kardec ou Roustaing?* Ed. Editora Espírita Ltda., Rio de Janeiro, 1935.

BORGES DE SOUZA, J. *Escorço histórico da Federação Espírita Brasileira*. Ed. FEB, Rio de Janeiro, 1984.

CARVALHO, A. C. P. *União dos espíritas – para onde vamos?* Ed. EME, Capivari, São Paulo, 2018.

CÉSAR, C. *Uma análise do roustainguismo*. Ed. Sociedade Espírita Emmanuel, Uberlândia, MG, s/d.

CIRNE, L. *Anticristo, senhor do mundo*, Ed. PDF, Portal Luz Espírita, São Paulo, 2018.

COSTA, L. *Kardec e não Roustaing*. Ed. Edicel, São Paulo, 1972.

D'ARAGONA, M. R. *Simulador, o Cristo?* Ed. do Autor, Rio de Janeiro, 1942.

FEB, *Esboço histórico da Federação Espírita Brasileira*. Ed. FEB, Rio de Janeiro, 1924.

FEB. *O livro do centenário*. Ed. FEB, Rio de Janeiro, 1906.

FEB. *Trabalhos do Grupo Ismael*. Ed. FEB, Rio de Janeiro, 1941.

FIGUEIREDO, P. H. *Autonomia, a história jamais contada do espiritismo*. 2ª ed. FEAL, São Paulo, 2019.

_____FIGUEIREDO, P.H. & SAMPAIO, L. *Nem céu nem inferno – as leis da alma segundo o espiritismo*, Ed. FEAL, São Paulo, 2020.

GARCIA, W. & MONTEIRO, E. C. *Sinal de vida na imprensa espírita*. Ed. EME, Capivari, São Paulo, 1994.

GARCIA, W. *O corpo fluídico*. 2ª ed. Eldorado/OpiniãoE., Capivari, São Paulo, 1995.

_____*Barroso, 90 anos. Pequenas crônicas para uma grande história*. Ed. CEJB, São Paulo, 2004.

_____*Estratégia, linguagem e informação.* Ed. Eldorado/EME, Capivari, São Paulo, 2008.

_____*Os espíritos falam. Você ouve?* Ed. CPDoc, Eldorado, EME, Capivari, São Paulo, 2014.

GOIDANICH, S. P. *O legado de Allan Kardec.* Ed. USE/CCDPE-EMC, São Paulo, 2018.

HESSEN, J. *Pacto Áureo.* Ed. e-book Espírita, www.ebookespírita.org.

KARDEC, A. *O Evangelho segundo o Espiritismo.* Trad. J. Herculano Pires, 2ª ed. FEESP, São Paulo, 1970.

_____*A Gênese, os Milagres e as Predições.* Trad. Carlos de Brito Imbassahy, 3ª ed., FEAL, São Paulo, 2018.

_____*A Gênese, os Milagres e as Predições.* Trad. Victor Tolendal Pacheco, 2ª ed. LAKE, São Paulo, 1974.

_____*O Livro dos Espíritos.* Trad. J. Herculano Pires, ed. LAKE, São Paulo, 1957.

_____*O Céu e o Inferno.* Trad. Guillon Ribeiro, Ed. FEB, Rio de Janeiro, 2012.

_____*O Livro dos Médiuns.* Trad. Eliseu Rigonatti, ed. LAKE, São Paulo, 1970.

_____*Obras Póstumas.* Trad. Guillon Ribeiro, 12ª ed. FEB, Rio de Janeiro.

_____*Revista Espírita*, 1858-1869. Trad. Julio Abreu Filho, ed. Edicel, São Paulo, 1972.

MACEDO, G. *A natureza do corpo de Jesus Cristo.* Ed. Cruzada dos Militares Espíritas, Rio de Janeiro, 1930.

MACHADO, R. *Máscaras abaixo.* Ed. Instituto Kardecista da Bahia, Salvador, 1930.

MARTINS, J. D. & BARROS, S. M. *Jean Baptiste Roustaing, o apóstolo do espiritismo.* Ed. ebook Espírita, www.ebookespírita.org.

MONTEIRO, E. C. & D'OLIVO, N. *USE, 50 anos de unificação.* Ed. USE, São Paulo, 1997.

PIRES, J. H. & ABREU FILHO, J. *O verbo e a carne.* Ed. Cairbar, São Paulo, 1973.

PIRES, J. H. *A pedra e o joio.* Ed. Cairbar, São Paulo, 1975.

RIBEIRO, G. *Jesus nem Deus nem homem.* 2ª ed. FEB, Rio de Janeiro, 1978.

ROUSTAING, J. B. *Os quatro Evangelhos.* Trad. Guillon Ribeiro, 5ª ed. FEB, Rio de Janeiro, 1959.

SAMPAIO, B. *A divina epopeia.* Ed. FEB, Rio de Janeiro, 1941

SANT'ANNA, E. T. & ÁUREO. *Universo e vida.* Ed. FEB, Rio de Janeiro, 1978.

SAYÃO, A. L. *Trabalhos espíritas de um pequeno grupo de crentes humildes.* Ed. Tip. Moreira Maximino & Co., Rio de Janeiro, 1893.

SAYÃO, L.A. *Elucidações evangélicas.* 5ª ed. FEB, Rio de Janeiro, 1945.

THIESEN, F. & ZÊUS, W. *Allan Kardec.* Ed. FEB, 3 vols., Rio de Janeiro, 1980.

UEF. *J.-B. Roustaing diante do espiritismo – Resposta a seus alunos*, Paris, 1883.

USE. *Anais do 1º Congresso Brasileiro de Unificação Espírita*, Ed. USE, São Paulo, 2018.

WERNECK, A. *Um punhado de verdades*. Ed. A. Gomes Ferreira & C., Rio de Janeiro, 1923.

XAVIER, F.C. & CAMPOS, H. *Brasil, coração do mundo, pátria do Evangelho*. 10ª ed. FEB, Rio de Janeiro, 1970.

OUTRAS FONTES

Col. Jornal espiritismo e Unificação, Santos, SP.

Col. Obreiros do Bem, Rio de Janeiro, RJ.

Col. Revista Verdade e Luz, 2ª época, 1922-1926, São Paulo, SP

Col. Revista de Metapsíquica, números 1-5, São Paulo, SP.

Col. Jornal Espírita, São Paulo, SP.

Col. Jornal Abertura, Santos, SP.

Col. Jornal *Reformador*, FEB, Rio de Janeiro, RJ

Col. Revista da Sociedade Acadêmica Deus, Cristo e Caridade, Rio de Janeiro, RJ.

WILSON GARCIA – RESUMO BIOGRÁFICO

Formado em Jornalismo, com pós-graduação em Comunicação Jornalística e mestrado em Comunicação e Mercado, é natural de São João Nepomuceno, Minas Gerais, nasceu a 7 de maio de 1949. Em janeiro de 1970, mudou-se para a cidade de São Paulo, onde naquele mesmo ano veio a conhecer o espiritismo através da leitura de *O Livro dos Espíritos*, na tradução de J. Herculano Pires para a edição especial da Editora LAKE, comemorativa do centenário de publicação da obra de Allan Kardec.

Ingressou naquele mesmo ano na Federação Espírita do Estado de São Paulo (FEESP), onde fez os cursos de Aprendizes do Evangelho e Curso de Médiuns. Tornou-se colaborador do Departamento Federativo da FEESP por vários anos, expositor dos cursos da Federação, conselheiro, editor do jornal *O Semeador*, gerente das livrarias e responsável pelas edições FEESP.

Em 1976, ingressou no corpo de redatores do jornal *Correio Fraterno do ABC*, atualmente *Correio Fraterno*, ali permanecendo por 14 anos e participando de diversas ações de modernização do jornal e do projeto da Editora Correio Fraterno do ABC, sendo o responsável pelos projetos editoriais até o ano de 1989. Publicou pela Editora alguns de seus livros com temática espírita, entre os quais *O corpo fluídico*.

Teve participação em outros projetos editoriais, como a fundação da Editora Nova Era, em 1978, a criação da Editora Eldorado Espírita, bem como da Sociedade Espírita Anália Franco, para a qual a editora foi criada. Integrou, também, outros projetos jornalísticos, entre os quais: reestruturação do *Jornal Unificação*, da União das Sociedades Espíritas do Estado de São Paulo (USE), transforma-do em *Jornal Dirigente Espírita*; criação do *Jornal Opinião E.*, pela Editora EME, de Capivari.

Em 1986, fundou a agência Gente de Propaganda Ltda., sendo seu diretor por mais de 20 anos.

Participou da Associação Brasileira de Jornalistas e Escritores Espíritas como vice-presidente em dois mandatos, bem como dos seus congressos desde o VII, em 1979, no Rio de Janeiro, tendo sido coordenador e presidente do IX Congresso realizado em São Paulo em 1986. Em 1989, participou da fundação da Associação dos Jornalistas Espíritas de São Paulo, tendo sido o seu primeiro presidente.

Entre 2004 e 2018, residiu em Recife, Pernambuco, onde integrou a Associa-ção dos Divulgadores do Espiritismo de Pernambuco (ADE-PE), participou do projeto e direção do programa radiofônico Realidade Paralela por 8 anos, foi membro do Projeto Vaga-lume de apoio às casas espíritas do interior do Estado de Pernambuco.

Em 2019, retornou a São Paulo, onde foi Diretor de Comunicação Social do CCDPE-ECM - Centro de Cultura, Documentação e Pesquisa do Espiritismo Eduardo Carvalho Monteiro (janeiro a outubro de 2020); pesquisador do CDOR – Centro de Documentação e Obras Raras, da Fundação André Luiz; membro do Conselho Curador da Fundação Maria Virgínia e José Herculano Pires e presi-dente do CPDoc – Centro de Pesquisa e Documentação Espírita.

Participa de quatro dezenas de livros, como autor, coautor, organizador e tradutor.

OBRAS DO AUTOR

- Ao cair da tarde – Momentos de paz
- Barroso, 90 anos (Pequenas crônicas para uma grande história)
- Cairbar Schutel, o bandeirante do espiritismo (com E.C. Monteiro)
- Chico, você é Kardec?
- Chico Xavier + reencarnação, parapsicologia e outros temas (organizador) J.H. Pires
- Conversa sobre mediunidade + curas, obsessões, sonhos (organizador) J.H. Pires
- Conversa sobre Bíblia + Evangelho, espiritismo (organizador) J.H. Pires
- Doca e o menino – O laço e o silêncio
- Entre o espírito e o mundo
- Espiritismo cultural – arte, literatura, teatro
- Estratégia, linguagem e informação
- Imprensa na berlinda (com Norma Alcântara e Manuel Chaparro)

- Jorge Rizzini – Entre luzes e sombras
- Kardec é razão
- Médicos médiuns (opúsculo)
- Mensagens de saúde espiritual (Antologia popular)
- Nosso centro – Casa de serviços e cultura espírita
- O centro espírita – Fundação, organização e administração
- O centro espírita e suas histórias
- O corpo fluídico
- Os espíritos falam. Você ouve?
- Ponto final: o reencontro do espiritismo com Allan Kardec
- Sérgio, o impostor
- Sinal de vida na imprensa espírita (com Eduardo C. Monteiro)
- Um desafio no espaço (organizador) J. H. Pires – a sair.
- Uma janela para Kardec
- Vidas – Memórias e amizades
- Vinicius – Educador de Almas (com Eduardo C. Monteiro)
- Você e a obsessão
- Você e a reforma íntima
- Você e o passe (com Wilson Francisco)
- Você e os espíritos

TRADUÇÕES
- Cérebro e pensamento – e outras monografias (Ernesto Bozzano)
- Herculano Pires, filósofo e poeta (H. Mariotti e C. Ramos)
- Victor Hugo espírita (H. Mariotti)

TRADUÇÃO E INTERPRETAÇÃO
- O destino de lorde Arthur Saville (Oscar Wilde)
- O fantasma de Canterville (Oscar Wilde)

CONHEÇA TAMBÉM

Vidas - memórias e amizades
Wilson Garcia
Biografia • 16x23 cm • 200 pp.

Este é um livro que fala de vidas e dos conflitos que permeiam as relações humanas e a intimidade dos seres. Wilson Garcia recorda fatos e amizades. Visita o passado, relembrando as personalidades de Aluysio Palhares, Antonio Lucena, Ary Lex, Carlos Jordão da Silva, Deolindo Amorim, Eduardo Carvalho Monteiro, Hamilton Saraiva, Hélio Rossi, Jorge Rizzini, Paulo Alves Godoy e Valentim Lorenzetti.

O cristianismo nos romances de Emmanuel
Donizete Pinheiro
Estudo • 15,5x22,5 cm • 320 pp.

Donizete Pinheiro reúne as informações de Emmanuel colhidas na espiritualidade e acrescidas de suas próprias experiências narradas em seus romances históricos, permitindo uma ampla compreensão das origens do cristianismo, bem como as lutas dos cristãos primitivos que garantiram a subsistência da Boa Nova até a chegada do espiritismo.

O homem que conversou com os espíritos
Geziel Andrade
Estudo • 16x23 cm • 256 pp.

Por meio de pesquisa em mais de 25 livros e na coleção completa da Revista Espírita de Allan Kardec, o autor apresenta um passeio instrutivo pelos fatos que marcaram a vida e a obra do codificador, além de um exame dos princípios essenciais do espiritismo, em seu tríplice aspecto, e da sua contribuição para a transformação moral dos seres humanos.

Não encontrando os livros da **EME** na livraria de sua preferência,
solicite o endereço de nosso distribuidor mais próximo de você através de
Fones: (19) 3491-7000 / 3491-5449
(claro) 9 9317-2800 (vivo) 9 9983-2575
E-mail: vendas@editoraeme.com.br – Site: www.editoraeme.com.br